新　时　期
台湾问题研究

张仕荣 / 著

九州出版社　全国百佳图书出版单位
JIUZHOUPRESS

图书在版编目（CIP）数据

新时期台湾问题研究 / 张仕荣著. -- 北京 ：九州
出版社，2020.6
　　ISBN 978-7-5108-8764-2

　　Ⅰ．①新… Ⅱ．①张… Ⅲ．①台湾问题—研究 Ⅳ.
①D618

中国版本图书馆CIP数据核字(2020)第035202号

新时期台湾问题研究

作　　者	张仕荣　著
责任编辑	王海燕
出版发行	九州出版社
地　　址	北京市西城区阜外大街甲 35 号（100037）
发行电话	(010)68992190/3/5/6
网　　址	www.jiuzhoupress.com
电子信箱	jiuzhou@jiuzhoupress.com
印　　刷	天津奥丰特印刷有限公司
开　　本	720 毫米 ×1020 毫米　16 开
印　　张	18.5
字　　数	300 千字
版　　次	2020 年 6 月第 1 版
印　　次	2020 年 6 月第 1 次印刷
书　　号	ISBN 978-7-5108-8764-2
定　　价	58.00 元

目　录

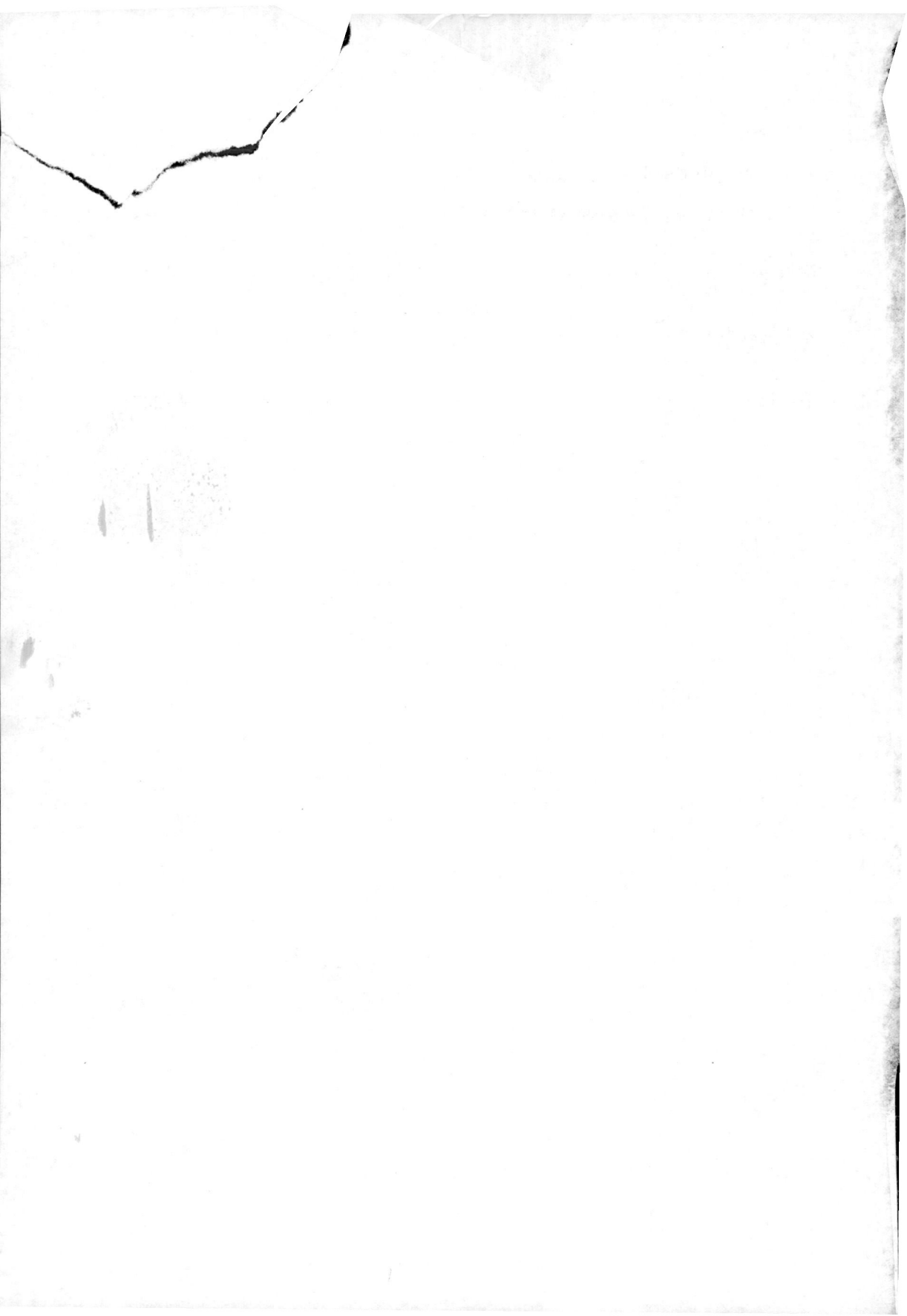

祖国统一是新时代中华民族伟大复兴的必然要求①
（代序）

2019 年 1 月 2 日上午，《告台湾同胞书》发表 40 周年纪念会在人民大会堂隆重举行。中共中央总书记、国家主席、中央军委主席习近平出席纪念会并发表重要讲话。习近平总书记的讲话是对"和平统一、一国两制"思想里程碑式的总结提升，是对马克思主义国家统一理论的最新贡献，也是指导我们下一步对台工作的纲领性文献。

国家统一的大势符合人类历史潮流，民族复兴、国家统一是大势所趋、大义所在、民心所向。邓小平同志曾指出：国家一百年不能统一，一千年也要统一。习近平总书记在十九大报告中说，解决台湾问题、实现祖国完全统一，是全体中华儿女共同愿望，是中华民族根本利益所在。习近平总书记在 1 月 2 日纪念会的讲话中又指出，回顾历史，是为了启迪今天、昭示明天。祖国必须统一，也必然统一。这是 70 载两岸关系发展历程的历史定论，也是新时代中华民族伟大复兴的必然要求。

中国国家统一的道路是曲折艰辛的，是与中华民族的复兴进程相伴而生的。台湾问题的产生和演变同近代以来中华民族命运休戚相关。台湾问题因民族弱乱而产生，必将随着民族复兴而终结！

台湾问题曾是中华民族的国殇，海峡两岸分隔已逾 70 年。1949 年以来，中国共产党、中国政府、中国人民始终把解决台湾问题、实现祖国完全统一作为矢志不渝的历史任务，推动台海形势从紧张对峙走向缓和改善、进而走上和平发展道路，两岸关系不断取得突破性进展。习近平总书记指出，台湾前途在于国家统一，台湾同胞福祉系于民族复兴。中国梦是两岸同胞共同的梦，民族

① 注：该文由作者署名发表于《光明日报》，2019 年 1 月 4 日第 11 版。

复兴、国家强盛，两岸中国人才能过上富足美好的生活。在中华民族走向伟大复兴的进程中，台湾同胞定然不会缺席。两岸同胞要携手同心，共圆中国梦，共担民族复兴的责任，共享民族复兴的荣耀。

"和平统一、一国两制"是实现国家统一的最佳方式。同时，习近平总书记也指出要探索"两制"台湾方案，丰富和平统一实践，体现了"一国两制"作为中国特色社会主义思想理论体系的重要组成部分也必然要与时俱进。这表明，"一国两制"在台湾的具体实现形式会充分考虑台湾现实情况，会充分吸收两岸各界意见和建议，会充分照顾到台湾同胞利益和感情。在确保国家主权、安全、发展利益的前提下，和平统一后，台湾同胞的社会制度和生活方式等将得到充分尊重，台湾同胞的私人财产、宗教信仰、合法权益将得到充分保障。

2018年2月28日，国务院台办、国家发展改革委等29个部门发布《关于促进两岸经济文化交流合作的若干措施》，许多人士称之为"惠台31条"，在海峡两岸引发强烈反响，让台湾同胞率先感受到"台湾和大陆同属一国"的尊严和红利，对培育和加强台湾同胞与大陆的情感和利益联结发挥了重要作用，体现了我们对台湾同胞一视同仁，率先同台湾同胞分享大陆发展机遇，并为台湾同胞、台湾企业提供同等待遇的民本理念。此外，两岸同胞要共同传承中华优秀传统文化，推动其实现创造性转化、创新性发展。

一个中国原则是两岸关系的政治基础。习近平总书记的讲话强调指出：尽管海峡两岸尚未完全统一，但中国主权和领土从未分割，大陆和台湾同属一个中国的事实从未改变。"台独"是历史逆流，是绝路。以习近平同志为核心的党中央展现了遏制"台独"分裂活动的坚定意志，尤其指出"中国人不打中国人"，愿意以最大诚意、尽最大努力争取和平统一的前景，因为以和平方式实现统一，对两岸同胞和全民族最有利，而不承诺放弃使用武力，保留采取一切必要措施的选项，针对的是外部势力干涉和极少数"台独"分裂分子及其分裂活动，绝非针对台湾同胞。

历史不能选择，现在可以把握，未来可以开创！新时代是中华民族大发展、大作为的时代，也是两岸同胞大发展、大作为的时代。前进道路不可能一帆风顺，但只要我们和衷共济、共同奋斗，就一定能够共创中华民族伟大复兴的美好未来，就一定能够完成祖国统一大业！

第一章　台湾是中国不可分割的一部分

　　台湾是中国的领土，台湾岛内的居民是中华民族大家庭的成员。在文化体系上，海峡两岸同属于源远流长的中华文化，相同的文化特质和深厚的渊源关系进一步密切了两岸关系，充分证明台湾与大陆是骨肉相亲的一家人。

　　然而，随着西方殖民主义以及近邻日本扩张野心的发展，富饶的台湾吸引了侵略者的注意，令其垂涎不已，台湾逐渐沦为任人宰割的刀俎之肉，变得命运多舛。尤其是《马关条约》签订后，日本侵占台湾，实行严酷的殖民统治，五十年的被迫离散给两岸人民带来了无比的伤痛。直至第二次世界大战结束，日本战败，台湾才挣脱殖民统治的枷锁回到祖国的怀抱。

第一节　台湾作为中国固有领土的历史沿革

　　台湾拥有得天独厚的自然条件，地理位置特殊，因此战略意义非常重要。而且，台湾自古以来就是中国神圣领土不可分割的一部分，这一点在中国历史发展中是有迹可循的，许多典籍中都有明确记载。

一、台湾的地理位置和战略价值十分重要

　　台湾地区包括台湾本岛及兰屿、绿岛、钓鱼岛等 21 个附属岛屿，澎湖列岛等 64 个岛屿，目前所称的"台湾地区"还包括台湾当局控制的福建省的金门、马祖等岛屿，总面积为 36006 平方公里。[①]

　　康熙三十三年（1694 年）高拱乾主修的《台湾府志》中即记载着，夏商时期的扬州包括台湾。据此，日本学者尾崎秀真也认为"岛夷"就是台湾最早的

---

　　① 中共中央台湾工作办公室、国务院台湾事务办公室:《中国台湾问题：干部读本》，九洲图书出版社，1998 年，第 2 页。

名称。① 在《三国志》中有关东吴政权的记述中曾经提道，"二年春正月……遣将军卫温、诸葛直将甲士万人浮海求夷洲及亶洲"，这里所说的"夷洲"就是指台湾，两员东吴将领最后顺利地抵达台湾。② 此外，东吴临海郡太守沈莹还曾经写过《临海水土志》，其中就有对台湾情况的专门记载，这应该是世界上较早记录台湾的文献之一。惜此书已失佚，但其主要内容在《太平御览》之中还有收录留存。至隋唐时期，台湾又被称为"流求"。据记载，隋时已有人开始移居澎湖地区。发展到宋元时期，汉族移民在澎湖地区已有相当数量，并逐渐向台湾岛发展。

至于后代所称"台湾"这一地名，可在连战的祖父、著名历史学家连横的代表作《台湾通史》的记述中知其由来。据《台湾通史》记载："台湾原名'埋冤'，为漳泉人所号。"这主要是因明代许多闽南人为求生存而背井离乡渡海前往台湾，虽历尽艰辛到达心中理想的"乐土"，却由于水土不服和劳累困苦致使其病死者甚众，这些客死异乡者是最终连尸骨都无法运回故乡的，只能草草葬于当地，"故以'埋冤'名之"。因为"埋冤"不吉利，而闽南话"埋冤"又与"台湾"同音，所以易名为"台湾"。③

台湾地区物产富饶，因之被誉为中国的"宝岛"，历史上"野沃土膏，物产利溥，耕桑并耦，鱼虾滋生，满山皆属茂树，遍地俱植修竹"，属于"肥饶之区"。④

21 世纪是"海洋的世纪"，中国军事科学院罗援研究员指出："台独"势力一旦得逞，中国 300 万平方公里海洋国土的一半和大量海洋资源将随之丧失。1966 年联合国亚洲及远东经济委员会经过对包括钓鱼岛列岛在内的我国东部海底资源的勘查，得出结论：东海大陆架可能是世界上最丰富的油田之一，钓鱼岛（与台湾岛在地理上共生）附近水域可能成为"第二个中东"。据我国有关科学家 1982 年估计，钓鱼岛周围海域的石油储量约 30 亿—70 亿吨。还有材料说，该海域海底石油储量约为 800 亿桶，超过 100 亿吨。钓鱼岛周围海域的渔业资源也十分丰富，盛产飞花鱼等多种鱼类。长期以来，我国台湾等地渔民经常到

① 中国网—台湾百科，http://www.china.com.cn/chinese/zta/439081.htm。
② 《三国志》卷四十七，《吴书二》，中华书局，1982 年，第 1136 页。
③ 中国网—台湾百科，http://www.china.com.cn/chinese/zta/439081.htm。
④ 转引自施能泉：《为统一，施琅立奇功》，《两岸关系》，2004 年第 1 期，第 64 页。

这里从事捕捞活动，年可捕量高达 15 万吨。[①]

台湾的重要性不仅在于其自然特产的丰富，更主要的在于其所处的战略地理位置。自明清以来，就已有"七省藩篱""东南门户"之称，是中国东南沿海地区的天然海上屏障。至清康熙朝统一台湾后，大臣施琅就针对朝廷中关于弃留台湾的争论，上《恭陈台湾弃留疏》，敏锐地指出："台湾地方，北连吴会，南接粤峤，延袤数千里，山川峻峭，港道迂回，乃江、浙、闽、粤四省之要害"，"东南数省之藩篱"；并一针见血地指出"此地原为红毛住处，（红毛）无时不在涎贪，吆必乘隙以图"，"弃守台湾，不仅金瓯破缺"，"沿海数省，断难晏然无虑"，"弃之必酿成大祸"！施琅的论述说明有识之士已经充分认识到了台湾的重要战略地位。[②]

地缘安全上，台湾问题对中国主权和领土完整产生巨大的辐射作用。一度紧张的台海局势已成为威胁中国国家安全的最紧迫的核心议题。台湾一旦从中国分离出去，中国的东部海上通道将处于他人的监控之下，地缘环境严重恶化；海南岛一旦失去台湾岛的彼此呼应，保卫南沙群岛的作用将会降低，南沙的海权更加难以维护，台湾问题与钓鱼岛问题、南沙问题、东海大陆架问题息息相关，所以日本国内右翼势力认为一旦中国统一，钓鱼岛问题将会不复存在。从日本群岛、朝鲜半岛、冲绳列岛到菲律宾群岛，台湾地区是美日在太平洋封锁中国的中间链条，中国国家统一后中国海军就能冲破第一岛链的封锁，从近海防御走向远洋防御，这对于中国保护日益重要而脆弱的能源运输通道有着至关重要的作用。在中国的海洋经略中，只有台湾岛以东的部分洋面是中国进出太平洋的战略通道，这一战略通道如果被其他国家控制，中国的海洋发展战略将会严重受挫，中国就不可能成为真正的海洋强国。

二、历代中央王朝对于台湾地区的管控

公元 12 世纪，南宋已经将澎湖纳入管辖之下，隶属于福建泉州晋江县，并派兵戍守。1335 年，元朝正式在澎湖设立"巡检司"，是为中央政府派驻台澎地区的第一个行政执法机构。自此以后，历代中央王朝开始派员管理台澎地区。

明朝在东南沿海实行海禁政策，导致东南沿海海盗盛行，为保卫沿海地区

[①]　《新闻背景：日本租借钓鱼岛的背后》，http://news.sina.com.cn/c/2003-01-05/0108862556.shtml.

[②]　转引自施能泉：《为统一，施琅立奇功》，《两岸关系》，2004 年第 1 期，第 64 页。

不受海盗侵扰，明廷在基隆、淡水二港派驻军队，防止海盗利用台澎地区作为骚扰东南沿海的基地，这是中央政府第一次在岛内驻扎军队，保卫海防。

台湾高雄凤山出有特产"三宝姜"，即为明代郑和下西洋的行程中到达台湾时留下的，因此以郑和原名命名此物，以示纪念，这也是中原到达台湾的第一支大规模的商队。

17 世纪初期，由于明末农民起义和东北满族势力逐渐兴起、强大，明廷疲于应付，御外之心略有松懈，这就为西方殖民主义势力提供了侵入台湾的可乘之机。西班牙、荷兰等西方殖民势力借机进入中国台湾。1622 年 7 月，荷兰人侵占澎湖，并积极为其侵台行动做准备。1624 年 9 月，以精心策划的欺骗手段为遮掩，荷兰武装船队全面入侵台湾。在此后至 1642 年为止的殖民争夺战中，荷兰人最终打败了西班牙人，台湾完全沦为荷兰的殖民地。

明亡清兴之际，烽火遍地，抗清斗争极其活跃，及至清初依然如此。随着形势的发展变化，长期从事抗清斗争的志士郑成功决心收复为荷兰殖民者所盘踞的台湾，将之开辟为巩固的抗清根据地。清顺治十八年（1661 年）四月二十一日中午，郑成功大军于金门料罗湾誓师出发。其在出发前的《祭海表文》等文告中郑重宣告：收复台湾，上报国家，下拯苍生，建立万世不拔基业。

郑成功军与荷兰殖民者的军队进行了艰苦激烈的斗争，1662 年 2 月最终打败荷兰殖民者。荷兰总督揆一向郑成功投降，热兰遮城内降下已经飘扬了 38 年的荷兰国旗。荷兰在台湾的殖民统治彻底结束，郑成功一举收复台湾，这也是中国人第一次把占领自己领土的外国侵略者驱赶出去。

1662 年 6 月，爱国英雄郑成功收复台湾后不久去世。继承延平王位的儿子郑经、孙子郑克塽等人，凭恃武力在台湾割据。于是，遏制分裂、统一祖国成为大清王朝的重要任务。1667 年，在清朝"征剿"台湾的几次军事行动受挫后，清廷的对台政策改为"议和"。从 1667 年到 1682 年，康熙皇帝先后派福建招抚总兵孔元章和道员刘尔贡、知州马星等人作为谈判代表，与郑经进行了四次七轮谈判。郑经坚持仿效朝鲜"称臣纳贡不登陆不削发"，其理由为"朝鲜亦箕子之后，士各有志，未可相强"。当时清廷为统一国家，做出了最大限度的让步，同意台湾郑氏政权"称臣纳贡不登陆"，但康熙皇帝坚决拒绝"不削发"的条件，因为"削发"是清廷臣民的象征，台湾是大清王朝的领土，朝鲜只是保护国，台湾"东宁小朝廷"不能不削发。其实郑氏集团早已图谋"自立乾坤"，公开分裂国土，并无和谈诚意。面对其分裂行径，康熙起用施琅将军，采取"因剿寓抚"的正确战略，着手完成统一大业。郑氏集团惊慌失措，一些人甚至主张，派使者南联吕宋、苏禄诸国，北结日本，许以重酬，请他们派船派兵来台，共同赶走清军。1683 年，澎湖决战，清军击败郑军，郑氏集团无奈同意议和，对清廷称臣，台湾又一次回归祖国。[①]

1683 年从郑氏家族手中收复台湾后，清廷经商讨决定在台湾正式立府设县。最初是在台湾岛内设立台湾府，下辖台湾、凤山、诸罗三县。台湾府隶属于福建省管辖，后又改为二府八县四厅。清政府对台湾地区逐步建立起完整的统治机构，实施有效管理。

除在行政区划上规范对台湾的统治外，康熙六十一年（1722 年），清廷还决定派遣御史巡台，主要是由肩负监察职责的都察院定期遴选御史担当巡台之差。这一制度至乾隆后期废止，总计历时 60 余年。巡台御史的职责包括稽查监督台湾的地方官员，纠举不法官吏，督理地方学政，加强文教管理建设，巡查营伍，奏报当地民间情状，妥善处理不同民族、不同群体间的矛盾冲突等诸多方面。巡台御史的差派，对于宣扬朝廷政令教化，加强对台湾的管辖治理，以及密切中央政权与台湾的联系都起到了积极作用。

自设立巡台御史以来，先后有近 50 名御史奉差巡台。其中一些巡台御史在出差巡行期间，非常注意收集当地的各种文献资料和进行实地调查，撰写了很多反映台湾面貌的书籍，如黄叔璥的《台海使槎录》、六十七的《台海采风图考》及《番社采风图考》等，提供了大量丰富真实的资料。通过这些相关记载，人们进一步对台湾的历史沿革有所了解。

第二节　台湾海峡两岸同属于中华民族

台湾与大陆虽隔海相望，但却是源出同脉的血缘同胞，两岸同属于中华民族，血浓于水的亲情是无法轻易割断的。血脉、亲情之外，使两岸紧紧相系的还有强大的、绵延不息的五千年同根文化。对于恒久共同的中华血脉，海峡两岸都非常珍视，这也是海峡两岸之间交流的重要桥梁和纽带。

---

① "清政府收复台湾"这段记述主要转引自孙力：《台海两岸分合历史之反思》，《史学集刊》，2003 年第 4 期，第 45 页。

一、台湾岛内民族与中华民族源流的一致性

"中华民族"这一名称是直至近代才出现的。1902 年，梁启超在《论中国学术思想变迁之大势》一文中正式提出了"中华民族"一词。三年后，随着他对这一词义理解上的进一步科学化和明晰化，梁启超又撰写了《历史上中国民族之观察》一文，系统阐述了"中华民族自始本非一族，实由多民族混合而成"的观点。梁启超在民族思想上的创见，受到了当时学术界人士以及中国进步人士的高度重视，赢得了积极响应和广泛认可。至中华民国创立，孙中山先生提倡"五族共和"的理论，这使得"中华民族"作为多民族共同体的理念逐步深入人心。

20 世纪 80 年代末，著名的人类学与民族学家费孝通先生在香港中文大学泰纳（Danner）讲座发表题为"中华民族多元一体格局"的演讲。这篇讲稿凝聚了他数十年的深邃思考，是其长期研究的成果体现，更是一个崭新的民族理论体系诞生的重要标志。在这一学术成就的影响下，专家学者围绕中华民族的多元一体基本形成共识——"'多元'：指各兄弟民族各有其起源、形成、发展的历史，文化、社会也各具特点，从而区别于其他民族；'一体'：指各民族的发展相互关联，相互补充，相互依存，与整体有不可分割的内在联系和共同的民族利益"。[①]

台湾岛内各民族正是中华民族多民族共同体之中的一分子，它们既具有自身的历史发展轨迹和特定的社会、文化内涵，又与中华民族体系内的其他民族之间存在着紧密相连的关系。"台湾的原住民是指祖国大陆汉民在明清时期大规模渡海来台之前就已居住在台湾的土著民族，包括现今台湾地区的山地高山族和主要分布在西部平原高度汉化的平埔族人。"民族考古学的新进展表明，台湾少数民族及其文化主要起源于华南大陆。[②]至清代在台湾正式设立府县等行政区划后，进一步明确了中央王朝对该地区的统治管理。雍正年间，台湾少数民族中的"熟番"就曾经赴闽贺寿，开启了清代台湾少数民族通过官方渠道赴大陆参访的先声，成为清廷与少数民族在皇朝仪轨范畴互动的开端。乾隆时期，台湾"生番"于乾隆五十三年（1788 年）和五十五年（1790 年）两次进京朝觐

---

① 邸永君：《"中华民族多元一体"理论的创立、内涵及其影响》，《中国社会科学院院报》，2003 年 4 月 17 日。

② 郭志超，吴春明：《台湾原住民"南来论"辨析——兼论"南岛语族"起源》，《厦门大学学报》（哲学社会科学版），2002 年第 2 期。

贺寿，可谓是清廷在"理番"台湾中施恩有加的高峰。[①]上述史实表明了当时台湾少数民族的向化之心，他们对中央政权有着很强的认同感和归属感。透过乾隆末年的台湾"生番"赴大陆朝觐贺寿，可以看到清廷在台"理番"事务中一定程度的开明、远见和身体力行的政策变革，及其成效在后世的影响。这种影响的其中之一即为平埔之地的番社加速了民番杂处的过程，"平埔番"日趋汉化，台湾"番多民少"的格局发生根本性变化。[②]因此，无论从源头上追溯还是从后来的历史发展来看，台湾少数民族都应是属于中华民族体系之内的。

除了少数民族外，历代以来还有很多大陆人口迁移到台湾岛内居住生活。这些外来迁移人口以汉族为主，大部分来自福建、广东两地。1949年国民党退据台湾后，又随之迁移来了大批人口，他们来自大陆的各个地区，其中也包含了一些少数民族人士，由此使得台湾岛内民族成分日益呈现出多样化的趋势。毋庸置疑，这些后来的迁移人口同样也是中华民族的一部分，向来与中华民族有着不能割裂的、千丝万缕的密切联系。

综上所述，无论是台湾岛内的少数民族还是后来迁移入台的汉族及其他民族，都属于中华民族的一部分，它们与中华民族具有源流上的深刻的一致性。

二、海峡两岸的文化源出一脉，同属中华文化

台湾文化异彩纷呈，具有浓郁的地方特色，但其本质上与大陆各个地方的文化一样，同属于中华文化的范畴，它们所植根的土壤是相同的，都源自古老的中华文明。

2002年9月，举办了"海峡两岸'中华文化多元一体架构'研讨会"。与会的海峡两岸学者就"中华文化多元一体架构"的历史轨迹、发展趋势、国家认同、民族整合等诸多方面进行了认真探讨。时为中国社会科学院副院长的王洛林研究员指出，大陆和台湾的居民都是中华民族多元一体格局中的组成部分，大陆和台湾的文化都是中华文化多元一体架构的组成部分。[③]中华文化的这种多元性与一体性，共同创造和丰富了绚丽灿烂的中华文化，也使中华文化成为维系全体中国人的精神纽带。台湾学者桂宏诚、叶锦栋则进一步提出："我们应

---

① 郝时远：《清代台湾原住民赴大陆贺寿朝觐事迹考》，《明清史》，2008年第4期。

② 郝时远：《清代台湾原住民赴大陆贺寿朝觐事迹考》，《明清史》，2008年第4期。

③ 邸永君：《"中华民族多元一体"理论再探索》，中国社会科学网，http://www.cssn.cn/news/381863.htm。

该深切体认中华民族文化的包容性与凝聚性，更应该在这中华文化多元一体的大架构上，在两岸关系上先从文化上紧密联系而凝成一体。"① 总之，海峡两岸在文化上的渊源关系非常深厚，不是"一湾浅浅的海峡"就能隔绝和阻断的。

对于中华文化而言，首要提倡的就是对祖先的追念和敬祭，这是最能体现中华民族特性的文化活动。海峡两岸同为炎黄子孙，同根同源，血脉相连。轩辕黄帝作为中华民族的人文初祖，无论是大陆人民还是台湾民众都对他怀有敬仰之情，共有的黄帝情结让人感念。近些年来，在河南省新郑举行的黄帝故里拜祖大典和在陕西省黄陵县举行的黄帝陵公祭典礼上，总有来自宝岛台湾的同胞参加。2007 年，中国国民党荣誉主席连战参加新郑的黄帝故里拜祖大典，向黄帝像敬献花篮，点火上香，并为大典题字。2009 年，亲民党主席宋楚瑜在黄帝故里祠前写下"河洛原乡追远，黄帝故里归宗"的题词。时隔两年，亲民党副主席张昭雄在参加拜祖大典时亦写下"河洛拜祖，华夏一统"的题词，并郑重将写有"两岸和平，国泰民安"心愿的祈福牌挂在祈福树上。2005 年清明节，中国国民党中常委蒋孝严参加公祭轩辕黄帝典礼，并祈福台海和平。2005 年 5 月，亲民党主席宋楚瑜率大陆访问团到陕西黄帝陵祭拜，祭文讲到"炎黄子孙不忘本，两岸和平一家亲"，并且说要"缅怀祖德，永矢弗忘"。2009 年清明节，连战携夫人同赴黄帝陵参加公祭大典，这是 1949 年后国民党赴黄陵祭祖的最高级别人士。当年清明节前日，在台北圆山忠烈祠亦举行了遥祭黄帝陵典礼。台湾地区领导人马英九打破过去由"内政部长"代表主祭的惯例，亲自主持了典礼。2011 年清明节，中国国民党荣誉主席吴伯雄参加黄帝陵公祭大典。2012 年 3 月 24 日，陕西省举办了"恭送轩辕黄帝圣像赴台供奉"活动，台中市举行了恭迎黄帝圣像仪式，中国国民党前副主席、台湾"立法院院长"王金平出席并为两岸共祭黄帝活动题词"慎终追远，饮水思源"。4 月 5 日，马英九第二次在台北遥祭黄帝陵。由此可见，台湾与大陆之间是同祖同宗的血缘关系，台湾同胞同大陆人民一样，始终认为轩辕黄帝是中华民族的共同始祖，是所有华夏子孙的根之所在。

明清之际，郑成功收复台湾。在管理台湾的过程中，深受传统文化熏陶的郑成功非常重视发展教育，兴办学校，甚至用读书就免除徭役的办法鼓励当地少数民族子弟学习中华传统文化。郑成功病逝后，咨议参军陈永华倡议仿照

---

① 邱永君:《"中华民族多元一体"理论再探索》，中国社会科学网，http://www.cssn.cn/news/381863.htm。

大陆在台修建孔庙，台南孔庙由此诞生。这座孔庙是台湾的第一座孔庙，号称"全台首学"。清政府从郑氏家族手中收复台湾后，又在凡是设有府治和县治的地方都陆续兴建了孔庙和儒学。台湾孔庙除官修外，还有一些是民间修建的。目前台湾孔庙大大小小有几十所之多，遍布全台。每年，台湾各地都会举行祭孔仪式。自马英九就任台湾地区领导人以来，已经四次亲自祭孔，两次在台北市孔庙，一次在台南市孔庙，一次在台中市孔庙，开台湾地区领导人祭孔先河。自古以来，大陆各地孔庙每年都举行祭孔活动。如今，很多保留孔庙的地方早就恢复了祭孔的传统。尤其是孔子故乡曲阜的孔庙本庙，因为建立时代最早、规模最大，且祭孔典礼隆重和更加原汁原味，总是备受海内外关注，每年都有很多人千里迢迢赶来参加。大陆和台湾的祭孔活动，不但是对儒家先师孔子的缅怀纪念和敬仰尊崇，还体现了薪火相传的寓意，同时也是对后世进行的传统文化熏陶。凝重博厚的儒学，传世旷远，其间所蕴蓄的则是传承不绝的中华文化的脉络与根基。这充分表明了台湾与大陆之间由来已久的亲密一体关系和深层次联系。

在大陆和台湾均有妈祖信仰、妈祖文化。妈祖，相传是诞生于福建莆田湄洲岛的一位名为林默娘的女子。她心地善良，一生救助海上遇险渔民，拯救海难，还精通医理，为人治疗疾病，受到人们的尊敬，逝后被奉为神明。妈祖作为海上的守护女神，自宋经元、明、清等几代传播迄今已历千年以上。当时随着大批福建移民进入台湾，妈祖信仰也被带到了台湾，并逐渐根深蒂固。如今，妈祖已是台湾人普遍信仰的神祇，宫庙众多。早期妈祖庙例定诞辰日的"遥拜"仪式，要求一律面向莆田湄洲祖庙的方向施行，体现出了对大陆故乡的深切怀念。基于同样的妈祖信仰，两岸进行了多次妈祖文化交流。1997年1月24日，大陆的妈祖元始金身出巡台湾，可谓盛况空前，是两岸一次大规模的宗教交流活动。湄洲妈祖祖庙还三次向台湾赠送妈祖圣像，即1991年向台湾北港朝天宫赠送高14.35米的妈祖石雕像，2005年向金门县天后宫妈祖会赠送高9.9米的妈祖石雕像，2011年向台湾大甲镇澜宫赠送高1.28米的翡翠妈祖像。海峡两岸还在妈祖诞辰与羽化升仙纪念日联合举办庆典和祭祀大典。文化部所属中华文化联谊会与福建省对外文化交流协会、福建省广播影视集团、湄洲妈祖祖庙董事会、大甲镇澜宫董事会等多家单位联合主办的"妈祖之光"系列大型电视晚会，不但入台演出多场，还向全球直播和转播。妈祖文化、妈祖信仰弘扬了中华民族的传统美德，凝聚着彼此相通的民族情感，可以说"中华妈祖同一人，两岸信众共一家"。

　　以上，仅是海峡两岸共有中华文化的几个典型示例。事实上，除此之外充分反映出两岸文化同源同质特点的例子还有很多，不胜枚举，譬如岁时节庆、民间风俗以及语言、汉字等等。2006年12月24日上午，台北市文化部门就曾在孔庙举办过"祭文祖仓颉"的仪式。时任台北市市长的马英九和台北县县长周锡玮担任献祭官，焚香进酒，感念汉字文化源远流长。所有这些共有的文化基础是增进两岸了解、加强感情联系的重要纽带，进一步推动了两岸交流互动。胡锦涛总书记曾在《告台湾同胞书》发表三十周年的座谈会上，发表过重要讲话，对台湾文化赞誉有加，他说："中华文化在台湾根深叶茂，台湾文化丰富了中华文化的内涵。"因此，不可否认，台湾文化与中华文化一脉相承，是中华文化的一部分，是对其内涵的拓展延伸。

第三节　曾沦为殖民地的宝岛台湾在二战后回归祖国

　　19世纪末的中日甲午战争后，台湾彻底沦为日本的殖民地，这种状况一直持续到二战结束。由于日本战败，作为战胜国的中国才得以收回自己的固有领土——台湾，从而结束了台湾地区长达半个世纪的殖民历史。

一、日本在历史上一直觊觎台湾

　　日本为中国一衣带水的邻邦，但是在历史上日本对中国台湾的觊觎之心可谓由来已久，夺取台湾是其处心积虑的阴谋。早在明代后半叶，来自日本的倭寇就不断侵扰中国东南沿海地区，对当地的贸易、民生造成了极大破坏。彼时，倭寇就已窜入澎湖及台湾岛为非作歹。后明代著名将领戚继光等率军痛予还击，倭寇被驱逐出东南沿海一带地区，不敢继续兴风作浪。但残余倭寇贼心不死，一路逃窜进澎湖、台湾，妄图将之作为日后重新进犯东南沿海的据点。倭寇在澎湖、台湾无恶不作，为患几近五十年。直至1601年，福建都司沈有容派兵剿杀，才尽行歼灭，彻底平息倭患。[①]

　　16世纪末，日本在侵朝的同时亦派遣官员到台湾，命令台湾居民向其纳贡，并派战船200艘，企图进犯、占据台湾。明廷及时得到奏报，在沿海警戒，并

　　① 王芸生：《台湾史话》，中国青年出版社，1978年，第51页。

于澎湖地区设兵防范。日本方面见无可乘之机，暂且退兵作罢。[①]

17世纪的德川幕府时期，日本政府继承了前代对台湾的野心，曾于1609年和1616年两次试图以武力占据台湾，但都因受到中国军民的顽强抵抗而遭遇失败。[②]

德川幕府统治期间对外主要推行"锁国"政策，其嚣张气焰有所平息。尽管如此，主张侵略、扩张的思想潮流依旧在日本国内暗潮涌动，从未中断。这种思想的主要代表人物之一吉田松阴更在其《幽囚录》中明确提出他所构想的日本进取计划，其中"南则掠取台湾"即为重要一步。[③] 对台湾的图谋，已经变成赤裸裸的文字形诸笔端。

第一次鸦片战争后，西方侵略者入侵中国，中国面临着前所未有的危机。19世纪六七十年代，英国、法国、俄国等列强纷纷入侵中国边疆，造成普遍的边疆危机。恰于此时发生了"牡丹社事件"。

1871年12月，两艘琉球渔船在海上遇到飓风，漂流至台湾海岸，其中一艘遇救，被安全送到台湾府；另一艘在台南琅峤北瑶湾触礁沉没，逃生船员上岸后，与当地牡丹等社居民发生冲突，结果54名琉球渔民被误杀，史称"牡丹社事件"。

其时正在进行明治维新的日本，对外扩张欲望很强，琉球、台湾成为其向南扩张的目标。"牡丹社事件"为日本提供了入侵台湾的借口，其诡称琉球渔民为日本属民，于1874年5月出动军队，进军台湾，并于6月初占领牡丹社，在台湾节节推进。得知日本出兵，清政府迅即就日军入侵台湾提出交涉，随后命福建船政大臣沈葆桢全权处理。由于浩罕阿古柏入侵新疆，以及沙俄乘机出兵强占伊犁，中国西北边疆危机不断，塞防、海防难以兼顾。日益衰微的清政府为"息事宁人"，避免冲突扩大，在列强的压力下，被迫做出让步，签订了是非颠倒的《北京专条》，向日本侵略者赔偿军费50万两，以换取日本军队全部撤出台湾。此后，日本对清藩属国——琉球的侵占更加有恃无恐，1879年最后吞并琉球，改为冲绳县。

---

① 王芸生：《台湾史话》，中国青年出版社，1978年，第51—52页。
② 王芸生：《台湾史话》，中国青年出版社，1978年，第52页。
③ 古川万太郎：《近代日本的大陆政策》，[日]东京书籍，1991年，第49页。转引自张耀武：《中日关系中的台湾问题》，新华出版社，2004年，第3页。

二、《马关条约》的签署及割台引起举国公愤

明治维新后，日本逐步强盛，攫取中国台湾的野心更加膨胀，窥伺以待时机。1894年，朝鲜爆发起义，请求清政府出兵协助镇压，日本借机挑起侵略性的中日甲午战争。甲午一战，中国军队终因抵抗不力遭到惨败。次年，中方代表李鸿章在日本的马关被迫签订了丧权辱国的《马关条约》。《马关条约》规定：中国承认朝鲜完全独立自主；割辽东半岛、台湾及其附属岛屿、澎湖列岛给日本；赔偿日本军费白银二亿两；开放沙市、重庆、苏州、杭州为商埠，日本轮船可沿内河驶入以上各口；允许日本在中国的通商口岸开设工厂，产品运销中国内地免收内地税等。台湾被割让给日本，并要求条约批准互换后两个月交接清楚。①

《马关条约》的屈辱内容传入京师，"廷臣交章论奏，谓地不可弃，费不可偿，仍应废约决战，以期维系人心，支撑危局"。②此时正逢乙未科会试完毕，等待发榜之际。惊闻《马关条约》，应试举人群情激愤，奔走相告。台籍举人更是痛心疾首，垂泪请命，他们会同在京台籍官员多方奔走，并在台湾会馆集会，上书都察院，表明台湾民众心迹：只要清政府不舍弃台岛，"台地军民必能舍生忘死，为国家效命"，强烈反对割让台湾。③4月22日，应试的十八省一千三百多名举人响应联名上书的主张，推举康有为起草上书。康有为慷慨陈词，写成一万八千字的《上今上皇帝书》，强烈反对清政府割地求和，尖锐指出割台湾给日本是"弃台民""散天下"，会造成"民心先离"，中国将有土崩瓦解之患。④这就是著名的"公车上书"。"公车上书"把反对割让台湾与救亡图存、维新变法结合起来，赋予反割台、维护国家统一的斗争以新的内容，将其推进到一个新的高度。

然而，懦弱的清政府最终还是批准了这一不平等条约。对此，光绪帝亦深感上愧对祖宗，下难平民心，于其后发布朱谕，详述自开战以来尽管"征兵调饷，不遗余力，而将少宿选，兵非素练，纷纭召集，不殊乌合，以致水陆交绥，战无一胜。至今日而关内外情事更迫，北则竟逼辽、沈，南则直犯京畿，皆现

---

① 连横：《台湾通史》，华东师范大学出版社，2006年，第67—69页。
② 《清实录·德宗实录》卷366，光绪二十一年四月戊午。中华书局，1987年，第780页。
③ 中国史学会主编：中国近代史资料丛刊《中日战争》（四），上海人民出版社，1957年，第28页。
④ 中国史学会主编：中国近代史资料丛刊《戊戌变法》（二），上海人民出版社，1953年，第131—133页。

前意中之事"。声称"陪都为灵寝重地,京师则宗社攸关","加以天心示警,海啸成灾,沿海防营多被冲没,战守更难措手","将一和一战,两害熟权,而后幡然定计。此中万分为难情事,乃言者章奏所未详,而天下臣民皆应共谅者也"。[①] 时局风雨飘摇,煌煌天子当此深重国难之际除了万般无奈的兴叹却无计救民救国于水火之中。腐朽的清政府一味退让,以割让台湾来保全其京师重地和东北的"龙兴"要地,所付出的沉重代价不仅仅是丧权辱国,而且还深深地伤害了国人尤其是台湾人民的心灵。台湾人民认为清政府这种以散地换要地的做法是彻底的弃之于不顾,使之蒙受侵略者的凌辱,由此在广大爱国台胞心底形成了一种极为浓重的悲情意识。

《马关条约》割让台湾的消息传入台湾岛内后,台湾民怨沸腾,人们奔走相告,聚哭于市中,夜以继日,哭声达于四野。人们痛心疾首,发出"丞相有权来割地,孤臣无力可回天"的无奈慨叹。爱国民众义愤填膺,纷纷冲进台湾巡抚衙门示威抗议,发表檄文质问大清国皇帝"为何弃吾台民",指斥签订《马关条约》的李鸿章等人,是十足的"贼臣""无廉耻"。同时,激愤的民众也并未丧失爱国保台的愿望。台北市民鸣锣罢市,宣布:"抗缴厘金,谓台归中国则缴;并禁各盐馆售盐;饷银不准运出,制造局不准停工,皆称应留为军民抗倭之用。"[②] 台湾人民发誓"愿人人战死而失台,决不愿拱手而让台"。士绅富商联名致电清政府,表达誓死抗日卫国的决心。爱国乡绅丘逢甲血书"守土抗倭"四字,率领台民通电清政府要誓死守御。[③] 负责防守台南的清军总兵刘永福、台东知州胡传等也先后表明守土决心,誓与台北城共进退。台湾岛内开始了波澜壮阔的"反割台"武装斗争,台湾人民和留下的清军官兵在艰难的条件下浴血奋战,历时长达五个多月,日本侵略者为实现真正意义上对台湾的占领付出了极其惨重的代价。台湾军民用鲜血和生命谱写了中国近代史上的一曲慷慨悲歌,其捍卫祖国领土完整的坚定决心和不屈斗争在中国人民的反侵略斗争史上留下了光辉的一页。

《马关条约》中,日本强迫清政府割让台湾,在包括台湾岛在内的中国国内引起了强烈反对,并引发了不同形式的"反割台"斗争,这足以说明台湾与中

---

① 《清实录·德宗实录》卷366,光绪二十一年四月戊午。中华书局,1987年,第780—781页。

② 中国史学会主编:中国近代史资料丛刊《中日战争》(一),新知识出版社,1956年,第387页。

③ 戚其章主编:中国近代史资料丛刊续编《中日战争》第3册,中华书局,1991年,第74页。

国的血脉始终相连，中国对台湾拥有无可争议的合法主权，因此才会在日本侵略者侵略、攫取台湾之时，在中国人心中有如此锥心刺骨的、"四万万人齐下泪"的伤痛。

誓愿抗击日本侵略者的台籍乡绅丘逢甲在遭遇失败、台湾沦丧后，携家眷来到大陆的广东居住。1896年春天，被迫离开家乡的丘逢甲愁绪满怀，写下了题为《春愁》的诗篇寄托对家乡台湾的思念。诗中他这样写道："春愁难遣强看山，往事惊心泪欲潸。四百万人同一哭，去年今日割台湾。"表达出广大台湾同胞不愿与祖国骨肉分离的强烈情感，以及对日本侵略者占据台湾的痛恨厌恶。爱国爱家者，不止丘逢甲一人，还有全部的台湾人民，他们虽自此身陷日本的殖民统治之中，却时刻都渴望摆脱侵略者的控制回归祖国。

三、二战中日本战败与台湾回归祖国

台湾被割让后的50年里，无数爱国的仁人志士在魂牵梦萦中一直心系国家的统一。著名爱国诗人闻一多就在《七子之歌》第三首中放声慨叹：

台湾

我们是东海捧出的珍珠一串，

琉球是我的群弟，我就是台湾。

我胸中还氤氲着郑氏的英魂，

精忠的赤血点染了我的家传。

母亲，酷炎的夏日要晒死我了，

赐我个号令，我还能背城一战。

母亲！我要回来，母亲！

此外，还有其他一些作家的文学作品也反映出热切盼望台湾回归的主题。作家钟理和祖籍广东，但出生于台湾屏东，他就是在日本侵占下的台湾成长起来的一代，对这一时期的台湾状况有深刻了解。后来，他以之为背景创作了短篇小说《原乡人》。他在小说中写道，"自父亲的谈话中得知原乡本叫作'中国'，原乡人叫作'中国人'"，通过从懵懂到逐渐变得清晰起来的对大陆故乡的向往之情这样一条线索，最终发出"原乡人的血，必须流返原乡，才会停止沸腾"的高声呐喊。

《马关条约》的签署，使日本长期以来占有台湾的贪欲得以实现，此后其在台湾进行了长达50年的殖民统治。日本殖民者以残暴的高压政策统治台湾，妄

图使台湾人民屈从。但台湾人民始终进行着不屈不挠的斗争，抵制日本的殖民统治。据日本方面的统计，仅 1898 年至 1902 年间，被其杀害的抗日志士就达1.19 万余人，战死者无计其数。[①]1937 年 7 月 7 日，"卢沟桥事变"爆发，日本发动全面侵华战争。自此，中国大陆处于艰苦的对日抗战时期。日本对台湾的控制，也变本加厉，强制推行所谓"皇民化运动"，企图借此进一步同化台湾人民。对于日本侵略者而言，台湾在其对华南以及东南亚扩张战略中发挥着日益重要的作用，因此在台湾的经济和军事方面，日本采用极端强硬的暴力手段，妄图使台湾成为配合其侵略计划的基地，为其推行的侵略活动提供相应保障。然而这一切都不能彻底压制台湾民众的反抗斗争，更不能阻断台湾人民的日夜思归之心。这一时期的台湾诗人就用真情的诗句传达出台湾人民的泣血心声："未曾见过的祖国，隔着海似近似远，梦见的，在书上看见的祖国，流过几千年在我的血液里，住在胸脯里的影子，在我心里反响，呵！是祖国呼唤我呢？或是我呼唤祖国？……还给我们祖国呀！向海叫喊，还我们祖国呀！"[②]也正是由于这种深藏于台湾人民心中的、血浓于水的爱国情感，在抗战时期很多台湾同胞设法回到大陆积极参加抗战，为抗战的胜利做出了贡献。

1941 年 12 月，日本偷袭美国海军基地珍珠港，太平洋战争爆发。美国、英国、中国相继对日宣战。12 月 9 日，中国政府正式发布对日《宣战布告》，明确宣布："兹特正式对日宣战，昭告中外，所有一切条约、协定、合同有涉及中日间关系者，一律废止。特此布告。"[③]根据国际法的一般原则，中国对日宣战就意味着《马关条约》等中日之间一切条约协定的自然废止，因此日本借以侵占台湾的法理依据也就不复存在。

1943 年，苏联红军在欧洲战场上取得了斯大林格勒保卫战的伟大胜利，美军也逐渐取得了太平洋战场上的主动权，世界反法西斯战争朝着有利于同盟国的方向发展。11 月下旬，中、英、美三国首脑在开罗举行会议。会议三方最终达成共识，并于 12 月初发表了由三国政府签署的《开罗宣言》。《开罗宣言》明确规定："三国之宗旨在剥夺日本自 1914 年第一次世界大战开始以后在太平洋所夺得或占领之一切岛屿，在使日本所窃取于中国之领土，例如满洲、台湾、

---

① 杨开渠：《日本帝国主义下之台湾》，第 220 页，见施联朱：《台湾史略》，第 184 页。转引自苏格：《美国对华政策与台湾问题》，世界知识出版社，1998 年，第 16 页。

② 中国社会科学院台湾研究所：《台湾研究文集》，北京时事出版社，1988 年，第 200—201 页。

③ 苏格：《美国对华政策与台湾问题》，世界知识出版社，1998 年，第 17 页。

澎湖列岛等，归还中华民国"。①《开罗宣言》的实质精神是要瓦解所谓的日本帝国，亦体现着尊重中国领土完整的原则。宣言明确向国际社会宣告，中国对包括台湾在内的一系列被日侵占领土拥有神圣不可侵犯的主权，日本对中国领土的窃取是非正义的侵略，中、英、美三国将联合起来对日本的侵略行为采取必要的行动。

随着战事的发展，1945 年 5 月 8 日，陷于内外交困境地的德国不得不宣布无条件投降。这是第二次世界大战又一个重要转折点。自此，战争发展局势更加清晰明朗，同盟国的打击目标直接集中指向仍在负隅顽抗的日本。1945 年 7 月 26 日，中、英、美三国共同签署《促令日本投降之波茨坦公告》，后苏联亦加入此公告。《波茨坦公告》再次重申"开罗宣言之条件必将实施，而日本之主权必将限于本州、北海道、九州、四国及吾人所决定之其他小岛之内"。②《波茨坦公告》敦促日本终止其逾越自身领土范围的非法侵略活动，进一步明确了中国对台湾等领土无可争议的主权，肯定了台湾作为中国领土一部分的法律地位。

1945 年 8 月 15 日，日本宣布无条件投降。9 月 2 日，美、英、中、法等九国代表于停泊在东京湾的美国海军战舰"密苏里"号上接受日本投降。日本签署了《无条件投降书》，表示接受"中、美、英共同签署的、后又有苏联参加的一九四五年七月二十六日的《波茨坦公告》中的条款"。③战败的日本亦对《波茨坦公告》的内容予以认同并加以确认，这就表明当时的国际社会对中国拥有台湾等地区的领土主权是不存在任何争议的。

国际反法西斯战争期间的《中国对日宣战布告》《开罗宣言》《波茨坦公告》以及日本《无条件投降书》等一系列的国际协定，组成了环环相扣的国际法律链条，确定了台湾的法律地位，即台湾为中国的神圣领土，是中国领土不可分割的一部分。

1945 年 10 月 25 日，国民政府台湾省行政长官兼警备总司令陈仪在台北市主持对日受降仪式，接受日本第 10 方面军司令长官安藤利吉的投降。陈仪庄严宣告："从今天起，台湾及澎湖列岛已正式重入中国版图。所有一切土地、人民、政事皆已置于中国主权之下。此一极有历史意义之事实，本人特向中国同胞及

---

① 关捷、谭汝谦、李家巍主编：《中日关系全书》，辽海出版社，1999 年，第 1417—1418 页。

② 关捷、谭汝谦、李家巍主编：《中日关系全书》，辽海出版社，1999 年，第 1419 页。

③ 国务院台湾事务办公室研究局编：《台湾问题文献资料选编》，人民出版社，1994 年，第 852 页。

全世界报告周知。"[①] 至此，自《马关条约》签订后被日本窃取了 50 年有余的台湾主权终于又回归中国。

半个多世纪以来，台湾民众饱受日本殖民统治的欺凌和压迫，历尽坎坷艰辛，终于以不屈的抗争迎来了胜利的解放，台湾人民"终以纯洁的中华血统归还给祖国，以纯洁的爱国心奉献给祖国"。[②] 受降典礼结束的当天，"台北 40 余万市民……老幼俱易新装，家家遍悬灯彩，相逢道贺，如迎新岁，鞭炮锣鼓之声，响彻云霄，狮龙遍舞于市，途为之塞。""家家户户，欢欣无比，家家户户，祭祖谢神，向先民冥中告知台湾已归回祖国。"[③] 台北乃至整个台湾都沉浸在重归祖国母亲怀抱的无比喜悦之中。创刊于当日的《台湾新生报》发表社论指出："回忆 50 年的往事，像一场噩梦。一旦醒来，说兴奋不是，说安慰也不是。应清算的历史被清算了，我们只觉得幸福与感谢……说到光复，我们的心里，自有压抑不住的欢乐。'否极泰来'，台湾所以有今天，实乃祖国无数灾难换来的果实。台湾同胞所受的痛苦，尤其深重……台胞们！前日我们是奴隶，今天我们是主人，做了主人责任加重了！"[④] 为了纪念这个具有重大历史意义的事件，台湾人民把 10 月 25 日定为"光复节"。

中国人民以无畏的勇气和坚强的决心驱逐了日本侵略者，收回了被日本侵略者占据和践踏的领土。尤其是台湾的光复，从此洗却甲午战争留给中华民族的 50 年的耻辱烙印，也表明中国抗战为世界反法西斯战争做出的伟大贡献赢得了国际社会的普遍承认，这无疑进一步加固了日后两岸统一的历史依据和国际认同。

中国政府收回了台湾并对其进行了有效的管辖。因此，第二次世界大战结束之后，台湾领土及主权不仅在法律上而且在事实上已经归还中国。

---

① 高贤治:《台湾三百年史》，众文图书公司，1977 年，第 465—468 页；王芸生:《台湾史话》，中国青年出版社，1978 年，第 94 页。

② 杨肇嘉:《杨肇嘉回忆录》，台北：三民书局，1977 年，第 4 页。

③ 崔之清:《台湾是中国领土不可分割的一部分》，人民出版社，2001 年，第 116、117 页。

④ 李恢:《台湾光复四十周年纪念》，《史学月刊》，1985 年第五期，第 84—85 页。

第二章　国共内战与台湾问题的形成、演化

1949 年 10 月 1 日，中华人民共和国正式宣告成立，它是代表中国人民利益的唯一合法政府。然而，败逃台湾的国民党残余势力仍旧负隅顽抗，据守台湾与大陆对峙。朝鲜战争爆发后，美国抛弃了短暂的对台不介入政策，封锁台湾海峡，阻挠中国人民解放事业的继续推进，台湾问题随之形成。

美国以公然干涉中国内政的方式与新中国对抗，并企图制造"两个中国"，但终因国共两党的抵制未能得逞。随着美苏争霸的愈演愈烈，在 20 世纪 60 年代末呈现"苏攻美守"的态势，美国逐渐认识到中国的重要性，表露出与中国改善关系的愿望，中国在中苏关系破裂的情况下亦希望打破中美关系的僵局。此后，中美双方经过数年的接触及艰难曲折的磋商、谈判，美方对中方做出让步，同意与台湾当局"断交""废约""撤军"，于 1979 年元旦正式与中华人民共和国建交，实现了两国关系的正常化。

第一节　国共内战与新中国的成立

抗战胜利后，以蒋介石为首的国民党统治集团对和平建国毫无诚意，在美国的支持下了发动反共反人民的内战，遭遇失败后，逃往台湾，企图伺机反攻大陆。面对中国国内形势的变化，美国基于自身利益考虑，在对华政策上选择了冷静观望，尤其是对台湾，甚至一度准备放弃以从中脱身。

一、抗日战争结束后国共陷入内战与美方的介入

1945 年 8 月，日本投降，抗日战争宣告结束。中国国内的形势发生了变化，中日之间的民族矛盾不再是支配中国局势的主要矛盾，国内阶级矛盾上升为主要矛盾，中国未来的政局走向仍旧扑朔迷离。

然而，在纷飞的战火中艰难生存的中国人民热切渴望安宁和平。中国共产党以人民利益和大局为重，为避免内战，尽快实现全国人民和平建国的愿望，派出毛泽东、周恩来、王若飞组成的代表团前往重庆同国民党统治集团进行和平谈判。经过激烈争论，1945 年 10 月 10 日，国共双方正式签订《政府与中共代表会谈纪要》，即《双十协定》，在避免内战以及和平建国基本方针等方面达成共识。1946 年 1 月 10 日，在中国共产党代表团的坚持和斗争下，国共两党签订了《停战协定》。

根据《双十协定》的规定，1946 年 1 月 10 日至 31 日，在重庆召开了政治协商会议，国民党、共产党、民盟、青年党和无党派人士 38 名代表与会。经过激烈斗争，会议最终通过政府组织案、国民大会案、和平建国纲领、军事问题案、宪法草案等五项协议。政治协商会议协议反映了人民和民主党派的意愿，在一定程度上有利于冲破国民党独裁统治和实行民主政治，有利于和平建国，符合最广大人民的利益。

表面看起来，形势似乎在向着好的方面发展，中国国内和平的实现指日可待，但真实的情况是错综复杂的。以蒋介石为首的国民党统治集团与中国共产党进行和平谈判，只是迫于国内外舆论的压力，事实上国民党方面对这次具有重要意义的谈判毫无诚意，他们在举行和平谈判的同时正积极进行内战的准备。尽管《停战协定》业已签订，国民党却暗中密令其军队迅速"抢占战略要点"，屡次调动军队攻击解放区，不断进行挑衅。

在世界反法西斯战争结束后，美国的经济和军事力量都获得空前膨胀，开始推行全球扩张政策，控制中国为其全球战略的重要组成部分。美国担心一个中国共产党统治的中国将在政治、经济、军事上与苏联结成紧密的联盟，出于"遏制苏联"的总体战略考虑，美国企图推动中国建立一个统一的亲美政府，以在亚洲赢得一个主要支持者，借以稳定其亚洲战线。美国认为长久以来奉行亲美外交路线的蒋介石可以作为其长期控制中国的工具，因此确定了其战后的对华基本政策——扶蒋反共，对国民党蒋介石提供大力援助就是这一政策的重要内容。因此日本一宣布投降，美国就迅速出动飞机、舰艇运送蒋军约 54 万人到达发动内战的前线和战略要地，帮助国民党抢夺抗战的胜利果实。美军还在中国塘沽、青岛、秦皇岛等地登陆，进驻北平、天津等战略要地和华北的铁路和公路交通线。120 万驻华日军的绝大部分军械装备落入了国民党手中。至 1945 年 11 月底，驻华美军已达 9 万余人。美国的扶植令国民党蒋介石集团更加有恃无恐。在完成了内战的相关准备后，国民党蒋介石集团置广大中国人民的和平愿望于不顾，单方面撕毁了《停战协定》和政协协议。1946 年 6 月 26 日，国民党 30 万军队围攻中原解放区，悍然向解放区发起全面进攻。国民党蒋介石集团无情地打破了人民对和平建国的憧憬，挑起了反共反人民的内战，再次将人民置于水深火热之中。

面对国民党蒋介石集团的背信弃义，中国共产党领导解放区军民进行了不屈不挠的斗争，人民解放战争自此揭开帷幕。

在解放战争期间，美国继续对蒋介石集团予以大力支持。美国总统杜鲁门就曾经承认，美国在抗战胜利后给予蒋介石政府的物资援助，是抗战胜利前美国援华物资的两倍。除了物质上的投入，在技术和装备方面美国也不遗余力，陆续为国民党军队训练了各种技术军官 15 万人，重新装备了 45 个陆军师（旅），为空军配备了各类飞机 936 架（其中大部分是抗战胜利后移交给国民党军队的）。全面内战爆发后，美国政府又向国民党军移交了舰艇 131 艘。[①]1948 年，美国国务院正式向国会提出援华法案，随后国会磋商后通过，蒋介石政权共计得到 2.75 亿美元的援助和 1.25 亿美元的赠款。[②]美国走上了出钱、出枪、出顾问帮助蒋介石打内战的道路。

1946 年 6 月，全面内战成为事实后，中国共产党领导解放区军民开始了自卫战争。从 1946 年 6 月至 1947 年 6 月，战争主要在解放区进行，得到美国军事和经济援助的国民党军队装备相对精良，处于优势地位；中国人民解放军则装备落后，人数少并分散于各个根据地，处于劣势。双方力量相差悬殊，中国人民解放军只能进行战略防御。但是，在中国共产党正确方针的指导下，人民解放军粉碎了国民党的全面进攻，并努力打破其重点进攻，同时国统区人民还在中国共产党的领导下掀起了反饥饿、反内战、反迫害的民主爱国运动，形成了反对国民党蒋介石集团反动统治的第二条战线。1947 年 7 月起，人民解放军开始由战略防御转入战略进攻，迅速改变了敌我力量的对比。尽管有美国的大力支持，国民党军队却战绩不佳，节节败退。1948 年 9 月至 1949 年 1 月，人民解放军先后进行了著名的三大战役——辽沈战役、淮海战役、平津战役，基本上歼灭了国民党军主力，解放了长江中下游以北地区。为早日结束战争，实现国内和平，1949 年 4 月以周恩来为首席代表的中国共产党代表团同以张治中

---

① 姚夫等编：《解放战争纪事》，解放军出版社，1987 年，第 123—124 页；

② 《美国与中国的关系》白皮书，1948 年 8 月，第 387—390 页。

为首席代表的国民党政府代表团在北平举行谈判，但南京的国民党政府拒绝接受谈判达成的《国内和平协定最后修正案》，谈判宣告破裂。1949 年 4 月，中国人民解放军打响了渡江战役，摧毁国民党军的"长江防线"，并于 23 日占领南京，延续 22 年的国民党反动统治覆灭。随后，人民解放军各路大军继续向全国进军，1949 年 9 月底，大陆绝大部分地区获得解放。经过三年的艰苦奋斗，中国共产党领导人民取得了解放战争的伟大胜利。1949 年 10 月 1 日，中华人民共和国宣告成立。

二、国民党战败后退踞台湾与美方意图"放弃台湾"

1949 年，国民党军在人民解放军势如破竹的猛烈攻势下不断失利，败局已成定势。蒋介石只得带领部分军政追随者及大批军队败逃台湾，企图盘踞该地以待"反攻大陆"的时机。

早在 1948 年，随着中国人民解放军在战场上以摧枯拉朽之势对国民党军队予以沉重打击，国民党在大陆的失败已见端倪，美国不得不重新审视其在中国的政策，开始考虑是否该从中国内战的泥潭中抽身而退。美国参谋长联席会议从战略角度得出的结论是：台湾对美国在西太平洋的安全有重要战略地位，一旦为在苏联影响下的力量所控制，对美极不利。因此，要尽量保证其不落入共产党之手，而要保留在对美友好的政府手中；美国在全世界战线已拉得很长，无力对台承担任何军事义务。根据这一分析，美国政府于 1949 年 3 月，由总统正式批准了一项对台政策，规定目标是"不让台湾、澎湖列岛落入共产党手中"，为此要将该岛屿与中国大陆隔开。同时规定只能通过外交和经济手段实现此目标，美国无意承诺以任何武装力量"保卫"该岛。这是此后的一年里，美国实施其对台政策的基本原则。①

配合其对台政策，美国对台湾为中国领土这一点也不断予以强化确认。1949 年 8 月，美国务院发表《美国与中国的关系》白皮书，其中说："台湾人民受异族管辖五十年，因之欢迎中国解放，于日本占领期中，台湾人民最大希望为重归祖国。""1945 年 9 月，根据日本投降书……中国军队从日本手里接收了该岛行政权"。12 月 23 日，美国务院内部又发出了《关于台湾政策的宣传指示》，指出"台湾在政治上、地理上和战略上都是中国的一部分"，"在政治上和

---

① 苏格：《美国对华政策与台湾问题》，世界知识出版社，1998 年，第 88—89 页。

军事上，它是一种严格的中国的责任"。^①1950 年 1 月 5 日，杜鲁门发表声明，他说："过去四年来，美国及其盟国亦承认中国对该岛行使主权。""美国对台湾或中国其他领土从无掠夺的野心。现在美国无意在台湾获取特别权利或建立军事基地。美国亦不拟使用武装部队干预其现在的局势。美国政府不拟遵循任何足以把美国卷入中国内战的途径。"^②同年 2 月 9 日，美国务院就台湾问题向众议院外交委员会做公开答复说："自从驻在台湾的日军向中国投降后，台湾即由中国管理，它已包括在中国之内，成为一省。……参加对日作战的各盟国对这些步骤并未质疑、美国政府对这些步骤也未质疑。因为这些步骤，明显地符合于开罗所作的并在波茨坦重予确认的诺言。换句话说，包括美国在内的各盟国在过去四年中，已认为福摩萨是中国的一部分。"^③美国关于台湾的系列阐述有这样两层含义：一是台湾为中国领土的一部分是国际公认的事实；二是中国拥有对台湾主权并在二战后恢复对台湾行使主权都是毋庸置疑的。其中特别需要指出的是杜鲁门总统的声明，它是公开表示美国已经准备遵守有关台湾问题的国际协议的信号，透露出美国实行一项不介入台湾问题的政策的信息。质言之，美国政府所做的上述阐述均是在为其日后可能采取的"放弃台湾"做舆论准备。

由于国民党大势已去，美国早已更加着意于美中特别是与台湾关系的探讨研究，以图制定出更符合自身利益的相关政策。1949 年 10 月，美国务院据美中央情报局分析估计，中国人民解放军不久将对台湾进行军事攻击，台湾的国民党政权无抵抗这种进攻的能力，如无美国的军事占领或控制，台湾大约将于 1950 年年底处于中共控制之下。^④根据形势的这种未来发展趋势，美国面临着两种选择：或者放弃台湾；或者强力支持国民党政权，甚至以武力"保卫"台湾。对于这一问题，在美国政府内部产生了严重分歧，双方展开了激烈的辩论。以国务院为代表的一方主张放弃台湾，认为不应"被牢牢地钉在一个名誉扫地的政府的桅杆上，去参加一场早已注定失败的斗争"。以军事部门为代表的另一方主张仍以少量军事援助帮助支持蒋介石，尽量延长国民党在台湾的统治时间。最后，由杜鲁门总统裁决，支持了国务院的意见。^⑤1949 年 10 月 26—27

---

① 国务院台湾事务办公室研究局编:《台湾问题资料选编》，人民出版社，1994 年，第 855—858 页。

② 《中美关系〈文件和资料选编〉》，(北京)人民出版社，1971 年，第 231 页。

③ 贾亦斌编:《论"台独"》，第三章第四节《驳台湾"托管"论》，团结出版社，1993 年。

④ 沈骏:《中共三代领导集体与祖国和平统一》，华中师范大学出版社，2002 年，第 62 页。

⑤ 沈骏:《中共三代领导集体与祖国和平统一》，华中师范大学出版社，2002 年，第 65 页。

日，在美国务院做出的八条决定中讲道："我们不应试图把'福摩萨'（台湾）和共产党控制的大陆分离开来。"① 12 月 29 日，艾奇逊在会见参谋长联席会议主席布莱德雷等人时指出，"共产党事实上已控制中国""我们必须面对这个现实"，如果再继续援蒋，台湾只是推迟一年"陷落"，美国的代价甚大，根本问题在于没有理由说明"台湾会真正危及我们的防务"，"除非说明台湾战略的重要性"。② 1950 年 1 月 5 日，美国总统杜鲁门发表声明："过去四年（注：1945—1949 年），美国及其他盟国亦承认中国对该岛（注：台湾）行使主权"，"美国对台湾或中国其他领土从无掠夺的野心"。③ 1 月 12 日，艾奇逊又在"新闻俱乐部"发表了有关亚洲政策的讲话，把台湾划在了美国远东防线之外。可见，此时的美国对台政策的立场是不介入，甚至准备接受中共可能接管台湾的现实，已经在积极准备"脱身"。

在国际大背景下，这一时期的美国尽管在对华政策上处于争论之中，但就其外部而言，开始有意识地逐步拉开与蒋介石政权的距离并暂时放弃分离台湾的计划，其所推行的对华政策表现为较为冷静的观望态度，一直在等待"尘埃落定"。美国此举完全是出于其自身利益的需求。对于美国来说，无论中国的当权者是谁，美国的长远目标都是试图发展起一个对己友好的国家。尤其是美国政府内的一些决策者认为，中共"不一定是传统正宗的马克思主义者，也不一定受苏联的控制"，"如果美国的目的是防止中国成为苏联的附庸，美国则应该及时改变策略，离间中共和苏联的关系，将中国的民族主义情绪引向俄国人"。④ 这种观点也更加促使美国适当调整其策略，希望可以改善与中共的关系，在对外政策中把发展和提升中美关系摆在重要位置上，同时也阻止中国继续向苏联靠拢并成为其"附庸"，力图防止形成对美国不利的局面。美国的这一对华政策突出地反映了其现实主义的外交思想。

①　朱成虎：《中美关系的发展变化及其趋势》，江苏人民出版社，1998 年，第 161 页。

②　《中美关系文件和资料选编》，人民出版社，1971 年，第 231 页。

③　国务院台湾事务办公室研究局编：《台湾问题文献资料选编》，人民出版社，1994 年，第 858—859 页。

④　郝雨凡：《美国对华政策内幕》，台海出版社，1998 年，第 19—26 页。

第二节 朝鲜战争与"解放台湾"的延迟

1949 年 10 月，中华人民共和国成立。为彻底实现全国统一，渡海解放台湾成为首当其冲的重要目标。台湾特殊的地理位置，给人民解放军的军事行动带来了相当大的难度。朝鲜战争爆发后，美国又迅即派遣其第七舰队封锁台湾海峡，为中国的统一事业人为设置障碍，逐渐转向与中华人民共和国的公开对抗。台湾的解放，遇到重重阻碍。

一、中华人民共和国成立前后中国人民解放军积极准备解放台湾

攻台作战即渡海解放台湾是解放战争末期和中华人民共和国建立初期，毛泽东和中央军委准备实施而没有实施的一次重大战役。从 1949 年 6 月至 1950 年 6 月整整一年间，毛泽东和中央军委对这一战役进行了认真而紧张的战略筹划。在中央军委的指导下，具体担负攻台任务的华东军区暨第三野战军做了大量的战役准备工作。当时直接负责作战的华东军区暨第三野战军副司令员粟裕为此付出了许多心血，组建了攻台作战兵团，并且提出了若干重要攻台作战原则。

1949 年 7 月上旬，中国人民解放军入闽作战，主力为第三野战军第十兵团。第十兵团在司令员叶飞的率领下以排山倒海的态势向南推进，先后发动了福州、平潭岛等战役，不断取得胜利。1949 年 10 月 1 日，中华人民共和国正式宣告成立，人民解放军的士气更加锐不可当，所向披靡。10 月 17 日，福建战场的解放军一举解放了厦门。在这种情势下，位于厦门东部七八海里处的大金门岛迅即成为解放军的下一个首要军事目标。大金门岛作为连接台湾与大陆的重要枢纽，其地理位置及战略意义至关重要。攻克该岛，则台湾失去了一道天然屏障，解放军也就成功控制了台湾海峡的交通线，下一步解放台湾岛就会变得轻而易举。因此，福建战场的解放军为尽快实现解放台湾，决心乘胜攻打大金门岛，进而进军台湾。叶飞将军最后确定以 28 军作为进攻金门的主力。为便于海战，又命令集中有限的船只，将 32 军所属船只分发给 28 军。尽管对船只进行了这样的必要集中，解放军的船只数量仍未充足敷用，鉴于此，确切的进攻日期被迫向后推延，并未立即确定。延至 10 月 24 日，人民解放军最终于当天夜间打响了金门战役，28 军下属三个团共 9000 余人渡海进攻大金门。是

役，打得极其艰苦而又惨烈，解放军遭遇了失利。进攻部队在岛上与国民党守军苦战三昼夜，终因船只缺乏，后援不继，而全军覆灭。此次金门战役的严重失利，根本原因在于在作战准备不足的情况下轻率发动进攻，犯了兵家轻敌的大忌，而战中相应的组织指挥又不力，故而未能成功。金门战斗失利后，粟裕在毛泽东和中央军委的领导下总结经验，继续积极准备攻台作战，但是1950年6月25日，爆发了朝鲜战争，两天后，美国政府派海军第七舰队侵入台湾海峡，阻挠中国人民解放台湾的正义行动。在这种突如其来的严峻形势下，毛泽东和中共中央推迟了攻台作战的实施。此后，国际形势的不断变化为中国大陆实现解放台湾的既定目标设置了重重障碍。

尽管新中国成立之初解放台湾的尝试遭遇了挫折以及由于国际形势的转换而搁浅，但是中国共产党"解放台湾"、实现真正意义上祖国统一的坚强决心并未动摇。

二、朝鲜战争爆发，美方入侵台湾海峡阻挠人民解放军解放台湾

1950年，美国内部形形色色的"保台"方案又相继提出，不断冲击美国当时所持的观望并等待"尘埃落定"的对华政策。这些"保台"方案中最具代表性的有两个：一是麦克阿瑟于1950年5月和6月两次提出的内容相似的备忘录；一是杜勒斯和远东事务助理国务卿腊斯克正式提出的台湾中立化备忘录。麦克阿瑟在其备忘录中提出，台湾如掌握在"一个敌对的强国手里，可以比作一艘不沉的航空母舰和潜水艇供应舰，处于完成攻势战略的理想的地位"。[①] 这里，麦克阿瑟所说的"航空母舰"是指台湾可能成为苏联的航空母舰，其前提是如中共占有台湾，必然会提供给苏联使用。麦克阿瑟认为，若听凭"福摩萨"为敌视美国的力量所统治，美国的战略利益将受到严重破坏。因此，美国应把西部战略边界沿阿留申群岛经菲律宾向南伸展，台湾处于这条防线的中段，与大陆遥遥相望，战略意义重大。可见，麦克阿瑟的备忘录已把台湾的战略地位大大提升，而且与美国政府不介入台湾问题的政策相左。同样，在杜勒斯和远东事务助理国务卿腊斯克台湾中立化备忘录中亦指出，美国在世界的地位目前处于一个新的关键时刻。中国之"沦入共产党之手"，标志着局势起了有利于苏联而不利于美国的变化。"美国必须在远东采取激烈而强硬的立场，不应在世界

---

① 北京人民出版社编：《中美关系：文件和资料选编》，人民出版社，1971年，第239页。

处于一个新的关键时刻的形势下畏缩不前,全世界的目光都注视着'福摩萨'"。[①]
这句话意味深长,暗示了美国应该在台湾问题上采取更加强硬的立场,为此甚
至不惜增加战争风险。该备忘录还提出,派第七舰队驻扎台湾水域,防止海峡
双方动武。事实证明,此备忘录提出的对台政策产生了极为重要的影响,为美
国后来军事介入台湾海峡奠定了舆论基础。

1950 年 6 月,朝鲜战争爆发。战争战爆发两天后的 6 月 27 日,美国政府
公开抛出了其"台湾地位未定"论。杜鲁门宣称:"我已命令第七舰队阻止对台
湾的任何攻击……台湾未来地位的决定,必须等待太平洋安全的恢复,对日和
约的签订,或经由联合国的考虑。"[②]同时,美国派遣其第七舰队封锁台湾海峡,
公然以武力干涉中国内部事务,阻挠中国大陆与台湾统一。自此,美国在台湾
问题上所持的不介入政策被彻底抛弃,竭力将台湾纳入其亚洲战略的轨道,转
而采取嚣张的军事介入,这是美国军事干涉中国内政的新起点。

三、朝鲜战争结束后,美苏陷入对峙与中美对抗

1946 年 3 月 5 日,英国前首相丘吉尔由杜鲁门陪同在美国的富尔敦发表
关于"铁幕"的演说,揭开了"冷战"序幕。1947 年 3 月 12 日,杜鲁门在国
会两院联席会议上宣读了一篇咨文,攻击苏联是"极权国家",要求国会批准
向希腊和土耳其提供 4 亿美元的紧急援助,以抵制"极权政体"强加于它们的
种种侵犯行动,杜鲁门提出的这项政策后来被称为"杜鲁门主义"。"杜鲁门主
义"是美苏"冷战"正式开始的重要标志。美国为了持续推行遏制苏联的战略,
1949 年 4 月 4 日与加拿大、英国、法国、比利时、荷兰、卢森堡、丹麦、挪威、
冰岛、葡萄牙、意大利共计 12 国在华盛顿签订了《北大西洋公约》,宣布成立
北大西洋公约组织（简称"北约"）,北约于 1949 年 8 月 24 日生效。随着 1955
年联邦德国加入北约后,在苏联的发起下,欧洲社会主义阵营国家包括民主德
国签署了《华沙公约》,形成了与北约对立的社会主义同盟。《华沙公约》由苏
联领导人赫鲁晓夫起草,1955 年 5 月 14 日于波兰首都华沙签署,东欧社会主
义国家除南斯拉夫以外,全部加入了华约组织,条约规定:"如果在欧洲发生了
任何国家或国家集团对一个或几个缔约国的武装进攻,每一缔约国应……以一
切她认为必要的方式,包括使用武装部队,立即对遭受这种进攻的某一个或几

---

① 朱成虎:《中美关系的发展变化及其趋势》,江苏人民出版社,1998 年,第 162—163 页。
② 北京人民出版社编:《中美关系文件和资料选编》,人民出版社,1971 年,第 234—235 页。

个国家给予援助。"华约是作为对抗北约组织而成立的政治军事同盟，从此以美苏为首的两大阵营展开了近半个世纪的对峙。

冷战开始后，美国对于中国的内战及其产生的台湾问题曾经持观望态度，直到 1950 年朝鲜战争爆发，美国政府才公开抛出了"台湾地位未定论"，并且入侵台湾海峡，阻挠中国实现国家统一。1953 年 1 月，美国共和党上台，艾森豪威尔入主白宫。2 月，艾森豪威尔即发表第一个国情咨文，其中宣布不保护一个在朝鲜对美作战的国家，取消台湾海峡"中立化"。[①] 根据这个咨文，美国第七舰队随即中止在台湾海峡进行的所谓"中立巡逻"。艾森豪威尔咨文的内容不过是表面文章，只是美国对自己行为冠冕堂皇的粉饰，其潜在用心则是暗中怂恿台湾当局对大陆进行武装袭扰，这就是"放蒋出笼"的政策。这一政策的目的性极为明确，就是企图借以增加中国的心理压力，以此为标志，美国政府对中国政府的政策也逐步走向强硬。此外，朝鲜战场的美军还向中朝前线投放大量炸弹，并扩大增强了对韩国的军援，艾森豪威尔更试图说服参加"联合国军"的 16 国支持对中国实行封锁。不仅如此，美国政府甚至还就使用原子弹的可能性进行了反复讨论。美国先后采取这一系列措施就是要增加对中朝方面的压力。

中国人民志愿军入朝作战后，同朝鲜人民军一道，以运动战为主，连续进行了五次战役，把"联合国军"和南朝鲜军从鸭绿江边赶回到三八线附近，迫使对方转入战略防御和接受停战谈判。1951 年 7 月，朝鲜战争进入了打打谈谈的新阶段。中朝方面在谈判中提出了原则上以三八线为军事分界线，双方军队各后撤 10 公里，脱离接触，建立非军事区的建议。但因不从朝鲜撤军是美国的既定方针，美方代表拒绝接受这一建议。谈判进展极其艰难。与此同时，在战场上中朝两国军队也进行着不屈不挠的艰苦斗争，不但粉碎敌方多次局部进攻，而且成功进行了多次反击战役，使美军大受挫折。这些在战场上的较量有效地配合、推动着谈判的继续，促使美国不得不对朝鲜战争加以重新考虑。1953 年 7 月，美国最终同中朝双方在板门店签署停战协定。

侵朝战争的失败使美国政府开始重新审视自身力量，意识到了局限性的存在，也进一步认识到要在世界各地维持庞大的地面部队显然在经济上力不从心。实际上 1953 年艾森豪威尔出任美国总统不久即已考虑改变这种战略，准备着手

---

① FRUS, 1952—1954, Vol. 14, p.140.

制定新的战略。至 1954 年 1 月，美国国务卿杜勒斯发表演说，公开而详尽地阐述了一种新的战略。他宣称，美国目前的基本决定主要依靠一支庞大的报复力量，它能够用我们选择的武器与我们选择的地方马上进行报复。这种新的军事战略被称之为"大规模报复战略"。杜勒斯的"大规模报复战略"得到了总统艾森豪威尔的批准，这一战略主要把赌注压在核武器上，主张削减常规兵力，重点扩充导弹核力量和战略空军，在外交上提出要执行比杜鲁门的遏制政策更有利、更主动的"解放"政策，即把社会主义国家从共产党的领导下"解放"出来。该战略得以确立的根本基础就在于美国具有核垄断和核优势。

第三节　一个中国原则与"两次海峡危机"

20 世纪 50—60 年代，中美两国陷入对抗的局面，中日关系从属于中美关系，期间又伴随着中苏关系的恶化，台湾地区成为冷战期间中国与美、日对峙的前沿。

一、"美台共同防御条约"的签订

随着朝鲜战争的结束，台湾当局意识到大陆方面的战略部署势必做出相应调整，针对台湾的军事力量注定会得到增强，形势的变化令其恐慌不安，对大陆方面控制的沿海岛屿的担心与日俱增，感受到了极大威胁。因此蒋介石迫切希望同美国缔结"共同防御条约"，使双方的关系以"条约"的形式固定下来。

关于双方的签约问题，美国却有自己的考虑，艾森豪威尔政府不愿因此被绑在蒋介石"反攻大陆"的战车上被拖下水，卷入与中国大陆的战争，所以迟迟未对蒋介石的要求给予积极回应，与台湾方面的迫切形成鲜明对比。1953 年 10 月，美国与南朝鲜签署了共同防卫条约。台湾当局得知这一消息后，再次急切敦促美国，希望能够借机签订类似的防御条约。1954 年 11 月间，美台双方在华盛顿为此进行了多次谈判，虽最终达成协议，但美台之间始终存在着一定分歧。后又中经几次交涉，最后于 12 月 2 日签订"美台共同防御条约"。该条约第五条称："每一缔约国承认对在西太平洋区域内任一缔约国领土上之武装攻击，即将危及其本身之和平与安全，兹并宣告将依其宪法程序采取行动，以对付此共同危险。"美台之间的战略伙伴关系基本形成。"美台共同防御条约"基本上贯彻了美国的意图，没有使美国承担为台湾保卫沿海岛屿的义务，相反还规定台湾要对大陆方面动用武力还必须得到美国同意，这就有效防止了蒋介石贸然对大陆动武从而使美国深陷战争危机的危险。对于台湾而言，也获得了美国的保障，进入了美国的安全防御体系。但恰恰因为如此，使得美国一直以来的、使台湾与大陆分离的图谋可以更加顺利地推行。

尽管国民党当局公开地为这个"条约"的签订表示欢欣鼓舞，蒋介石甚至称之加强了"反攻大陆"的堡垒之战斗力，[①]但私下里美台双方对于"条约"的解释存在明显的差异。尤其是该"条约"第六条中规定的所谓共同防御的"领土"，就"中华民国"而言，应指台湾与澎湖，显然将仍被蒋军占领的金门和马祖等沿海岛屿排除在外，因此美国是否会对这些地区施以保护就缺乏明确依据，这对于台湾方面和蒋介石的而言，始终存有悬念，是一块心病。台湾当局和蒋介石的这种担心是不无道理的，这一点在第二次台海危机中就得到了充分印证。

对于"美台共同防御条约"，中国政府表示了强烈反对和坚决抵制。12 月 5日，《人民日报》刊登了题为《中国人民不解放台湾决不罢休》的社论谴责这一条约。12 月 8 日，周恩来外长代表中国政府发表郑重声明，对该条约进行了批驳，严正谴责其为"一个露骨的侵略条约"，"根本是非法的，无效的"，指出中国人民一定要对干涉者和挑衅者给予坚决回击，只有反抗侵略，才能保卫和平。[②]

针对美国同台湾当局策划、签订"美台共同防御条约"的挑衅活动，中国政府决定采取措施打击美台的嚣张气焰，准备通过军事行动收复浙江沿海国民党军控制下的岛屿，以显示维护祖国统一的坚强决心。在"美台共同防御条约"签订前后，浙东前线中国人民解放军从 1954 年 12 月中旬到 1955 年 1 月上旬，进行了三军联合演习，加紧为解放一江山岛做着积极的准备工作。1 月 10 日，浙东前线解放军空军和海军航空兵共出动飞机 130 架次，投弹 709 枚，对大陈岛上的国民党军进行轰炸，令其遭受重大损失。浙东前线解放军的行动迫使国民党海军舰艇白天不敢在大陈锚地停泊，飞机不敢飞抵大陈上空，成功地将大陈地区制空、制海权控制在中国人民解放军手中。18 日，浙东前线解放军出动 1 个步兵师、137 艘舰艇、22 个航空兵大队，陆海空三军互相配合，对一江山

---

① 《纽约时报》(New York Times)，1955 年 1 月 1 日。转引自苏格：《美国对华政策与台湾问题》，世界知识出版社，1998 年，第 250 页。

② 《周恩来政论选》(下册)，中央文献出版社、人民日报出版社，1993 年，第 733—734、739—740 页。

岛发起了猛烈攻击。参战部队经过数小时的激烈战斗，于翌日迅速攻克了一江山岛。取得了这一重大胜利后，解放军将目标迅即指向大陈岛。

大陈岛离大陆海岸只有 19 公里，离台湾有 320 多公里，岛上岩石遍布，易攻难守。美国对这种状况心知肚明，因此主张台湾方面放弃大陈岛，将军队撤出。台湾当局并不肯轻易就执行美国主张，而是借此时机向美国讨价还价，想趁机换取美国保证协助其保卫金门、马祖的承诺，以解决自"美台共同防御条约"签订以来自己非常关心却又始终悬而未决的遗留问题。然而，台湾方面没有很快得到期望中的美方许诺，大陈岛形势的发展又不容其继续迟延，再加上当时"美台共同防御条约"虽已签订，却尚未得到美国国会的正式批准，对此蒋介石集团也难免心存顾忌，因此台湾当局最终还是遵从了美国让其从大陈岛撤军的主张。美国政府命令第七舰队和其他部队帮助国民党军队从大陈岛撤退。2 月 8 日至 12 日，美军派出大量舰只到大陈，并以大量飞机护航，接运守岛的国民党军并裹胁岛上居民去台湾。解放军顺利占领了上下大陈岛。至 2 月底，浙东海面的岛屿全部获得解放。

中国政府的此次军事行动有效打击了国民党军对沿海地区的骚扰活动，也打破了台湾当局利用沿海岛屿封锁大陆实现其反攻计划的梦想。

二、两次海峡危机与美方的介入

美国舰队进入台湾海峡，虽然提出了"中立"台湾海峡的政策，但主要意图在于保护台湾的蒋介石集团，至于台湾当局对大陆进行骚扰的军事袭击活动，美国不但没有控制甚至还予以纵容，因此美国的"中立"是带有明显偏袒性质的中立。美国的介入为中国人民的解放战争制造了障碍，从而形成了台湾问题，使之进一步复杂化。但其时正值朝鲜战争期间，由于形势的变化，中国的军事战略重心发生了转移，尚无暇集中精力解决台湾问题，因此延迟了解放台湾的时间。[①]

对于台湾问题，中国领导人还认识到若长久拖延会在世界形成中国政府接受既成事实的错误认识，使之误以为台湾海峡等同于又一条"三八线"，这将造成不利的国际影响。中国领导人始终警惕着美国使台湾与大陆分裂长期化的企图，认为决不能用维持现状的办法来解决台湾问题。

---

① 萧劲光:《萧劲光回忆录（续集）》，解放军出版社，1988 年，第 26 页。

进入 8 月，中共中央在要求华东军区加紧准备攻打大陈岛的同时，积极准备通过炮击金门对国民党军实施惩罚性打击，以显示解放台湾的决心和力量。在掌握国民党军的状况后，打击行动于 9 月 3 日正式发起，中国人民解放军驻福建前线部队猛烈炮击金门，连续发炮 5000 余发，摧毁国民党军炮兵阵地 7 个，击沉炮艇、拖轮各 1 艘，击毁其水下活动码头 1 个。国民党部队立即以炮火回击，并从 9 月 6 日起出动飞机连续轰炸厦门大嶝，9 日出动舰只攻击梧屿白石炮台，由此第一次台海危机爆发。这一状况的发生，迫使美国国务卿杜勒斯紧急赶赴台湾。为向世界表明中国人民强烈反对美国干涉台湾问题的立场，中国人民解放军驻福建前线部队向大小金门继续发动连续炮击。

中国人民解放军的行动对美台双方不啻为有力警示，表明了中国政府坚决反对将台湾问题固定化，反对美国制造"两个中国"的阴谋。

随着形势的发展变化，1955 年 1 月底美国国会通过了"授权总统在台湾海峡使用武装部队的紧急决议"，授权总统在其认为"对确保和保护台湾和澎湖列岛不受武装进攻的具体目标是必要的事后，使用美国武装部队，这项权力包括确保和保护该地区中现在在友好国家手中的相关阵地和领土，以及包括采取他认为在确保台湾和澎湖列岛的防御方面是必要的和适宜的其他措施"。[①] 这一授权法案的通过，意味着美方甚至将把台湾方面最关注的金门和马祖也置于其保护之下，但从中也不难体会到美国之所以如此，其根本出发点完全是美国自身的战略安全。美国试图利用台湾海峡的局势变化之际明确其在台湾海峡地区的保护范围，发出可能以武力参与其中的战争预警信号，企图通过这样的威慑令中国政府妥协退让。然而美国并没有收到想象中的预期效果，中国政府对美国的行为进行了深刻揭露，谴责了其侵略性和干涉中国内政的实质，也更加坚定地表明了统一祖国的决心。

1955 年初解放军的系列军事行动使蒋介石高度警觉，他开始重点关注金门列岛。金门列岛位于福建南部、厦门以东，包括大小金门岛，距大陆约 5.5 海里，地理位置极其重要。从 7 月起，蒋介石开始向金门大量增派军队，加强该地区军事力量。在台湾岛内，1955 年下半年以后"反攻大陆"的论调亦甚嚣尘上。特别是在 1956 年，东欧发生了"波匈事件"（即波兰和匈牙利国内爆发的反对苏联干涉其内政的大规模群众运动），无形中使盘踞台湾的国民党集团深受

---

① 国务院台湾事务办公室研究局编：《台湾问题文献资料选编》，人民出版社，1994 年，第 928—929 页。

鼓舞，"反攻大陆"的宣传和准备在 1957 年再度急剧升温。在美国艾森豪威尔政府的怂恿和包庇下，台湾方面不断出动飞机深入中国大陆内地，在云南、贵州、青海、四川等地空投特务、散发传单，号召大陆人民起来造反，配合其反攻行动，甚至对福建沿海地区进行轰炸。不仅如此，蒋介石继续向金门方面增派军队，至 1958 年夏季在金、马地区集结的军队已达 10 万人，其中绝大多数驻于金门，约占全部国民党军队的 1/3，而且是国民党军队中较为精锐的部分。金门岛附近的大担、二担两个小岛，亦均被国民党军困守，他们以金门岛及其附近岛屿为据点不断对福建沿岸进行骚扰，对中国大陆造成了严重威胁。台湾海峡地区局势日益紧张。

1957 年年底，美国还中断了中美大使级会谈，再次表明了与中国政府对立的立场。除纵容甚至暗中鼓励台湾当局对中国沿海进行骚扰破坏活动外，美国还在台湾建造了可供 B52 轰炸机起降的大型机场。更有甚者，3 月 6 日，美台就在台湾部署中程导弹斗牛士导弹达成协定，5 月 6 日双方就此发表联合声明。报刊文章透露，这种导弹既可以携带常规弹头，也可以携带核弹头，"而其实际效用主要在于可以携带核弹头"。文章没有披露，核弹头是否运到了台湾，但推测说，核弹头"或许已与美军一起驻在台湾，或许储存在附近的海军或空军基地，一旦开战，即可运往台湾"。[1] 中国政府对美国的这种做法予以强烈谴责，指出："美国在被它侵占的中国领土台湾、南朝鲜和日本设置发射核弹头的火箭的基地，加剧了远东的紧张局势，并且已经引起中国人民和亚洲各国人民的强烈反对。"[2]

1958 年中东地区风云突变。7 月，伊拉克人民举行了武装起义，推翻了费萨尔王朝，组建了革命政府，宣布退出由美英组织的巴格达条约组织，退出由英国一手炮制的伊拉克—约旦联邦。英国迅即出兵入侵约旦，威胁伊拉克人民的民族革命。美国亦调动第六舰队运送美军在黎巴嫩登陆，悍然入侵，扼杀黎巴嫩的人民起义。英美对他国内政的干涉引发了中东危机，中东局势骤然紧张。中国政府敏锐地看到中东危机的深刻根源就在于美国，于是在 7 月 16 日发表声明，明确要求美军撤出黎巴嫩、英军撤出约旦，并宣布承认伊拉克共和国。

① Appu K. Soman："'Who's Daddy' in the Taiwan Strait? The Offshore Island Crisis of 1958 "The Journal of American East Asian Relations, Vol.3, No. 4, pp.376-377; Thomas E. Stolper, China, Taiwan, and the Offshore Islangds, p.115. 转引自陶文钊：《中美关系史（1949—1972）》（中卷），上海人民出版社，1999 年，第四章第三节。

② 《中美关系资料汇编》，第 2 辑下，世界知识出版社，1960 年，第 2590 页。

为进一步支持中东人民的解放斗争，同时抓住这一有利时机对美国支持的国民党残余势力在军事上给予打击，中共中央决定再次对金门实施大规模炮击。这一决定一方面旨在通过炮击金门牵制美国军事力量，支援中东地区的反侵略斗争；另一方面更主要的是为了反对美国使台湾与大陆分离成为固定化，以顺理成章地制造"两个中国"的阴险企图。

中国人民解放军进行了一系列周密准备，在各个战略要地部署驻扎了军队，并对侵犯大陆领空的国民党空军予以迎头痛击，夺取了福建上空的制空权。8月6日，台湾当局命令军队进入紧急戒备状态，并迅速增兵沿海诸岛，为增强蒋介石的力量，美国也提供了一定军事援助。

8月23日，中国人民解放军福建前线部队对大小金门岛进行了大规模炮击，前线部队的36个地面炮兵营和6个海岸炮兵营一起向金门猛烈开炮，重创国民党军，极大地破坏了其相应军事设施，取得了此次炮击的重大胜利，实现了对大小金门和大担、二担等岛屿的严密封锁。此后，中国人民解放军继续实施对国民党军的军事打击，大小战役不断打响。台海地区的炮火硝烟令美国深觉不安，美国迅速增加第七舰队军事力量，短时间内在台湾海峡集结了7艘航空母舰、3艘重巡洋舰、40余艘驱逐舰。美国空军巡逻队和海军陆战队也进驻台湾和菲律宾。此外海军陆战队近4000人在台湾登陆。[1]

9月3日，毛泽东决定从次日起对金门暂停炮击三天。9月4日，中国政府即发表声明，宣布中华人民共和国领海宽度为12海里，包括大小金门岛、大担、二担等岛屿，一切外国飞机和军用船舶，未经中国政府许可，不得进入中国领海及其上空。[2]中国政府暂停炮击、明确领海，是有着深刻用意的，主要是为了探测美国的动向，搞清美国究竟要在台湾和金门马祖问题上准备介入多深，其长远的战略意图是什么。[3]这种酣战之中暂停作战的举措具有非同寻常的意义，唯有做到"知己知彼"，方可在这场复杂的军事、政治、外交斗争中应对自如，制定出最为恰切的对策。

金门受到中国人民解放军的炮轰并被严密封锁，供给困难，岛上的国民党军陷入困境，台湾当局紧急向美国求援。9月7日，美国军舰公然为国民党军

---

[1]　资中筠：《战后美国外交史》，第303页。转引自苏格：《美国对华政策与台湾问题》，世界知识出版社，1998年，第300页。

[2]　《人民日报》，1958年9月5日。

[3]　《中华人民共和国政府次于今公海的声明》，苏格：《美国对华政策与台湾问题》，世界知识出版社，1998年，第301页。

运输船和军舰护航。对此，毛泽东做出指示：一照打不误；二只打蒋舰，不打美舰。9月8日，福建前线实施了一次大规模炮击，炮击持续5个多小时。11日，人民解放军又炮击3个多小时。在这两次大规模炮击行动中，为国民党军护航的美国军舰均在蒋舰遭受炮击时仓皇逃离战场，至外海处观望，并未妄自采取军事行动。由此可见，美国出于自身利益和潜在目的（即制造"两个中国"），并不愿意卷入这场战争之中直接与中国政府对立冲突。

洞悉美方的态度，一方面中国人民解放军将火力集中于打击国民党军。9月11日后，又增调一些部队陆续入闽作战，使参加炮击的地面炮兵力量达到14个团又7个营又14个连；参战的海岸炮兵也增加至8个连。[①] 对国民党军队实施军事压力。另一方面，中国政府积极准备和美国重新开始中断9个月之久的大使级会谈。9月6日，周恩来发表《关于台湾海峡地区局势的声明》，阐明中国政府在台湾问题上的立场和原则，反对任何外来干涉，尤其是反对美国的侵略和干涉，并建议"同美国政府坐下来谈判"，以利于缓和台海地区的紧张局势。[②]

面对国际舆论的巨大压力，美国政府立即同意恢复中美大使级会谈，9月15日在波兰首都华沙，中美双方的代表再次坐到了一起。尽管中方代表王炳南受命在会谈中采取委婉、策略的方式，但再次回到会谈桌上的美国依然坚持其在台湾问题上的错误政策，态度顽固，没有丝毫改变，缺乏诚意，因此会谈未取得任何突破性进展。

接下来一段时期内，中国人民解放军断续对金门进行炮击，但是火力猛烈程度已经降低，且不以进占金门为目的，这也令蒋介石更加坚定了其驻守金、马的决心，不轻易听从美国从该地区撤军的动员。

配合军事行动的变化，中国政府的对台重心转移到了政治攻势方面。10月6日，以国防部长彭德怀的名义发表了由毛泽东亲自起草的《告台湾同胞书》，文告首先强调说明"我们都是中国人，三十六计，和为上计"，并宣布"以没有美国人护航为条件"暂停炮击7天，以方便金门地区国民党军"充分地自由地输送供应品"。[③]10月13日，又宣布继续停止炮击两星期，以使金门军民同胞

---

① 《当代中国军队的军事工作》（上），中国社会科学出版社，1989年，第402—405页；《周恩来年谱：1949—1976》，中卷，中央文献出版社，1998年，第169页。

② 《周总理关于台湾海峡地区的声明》，《人民日报》，1958年9月7日。

③ 《国防部长彭德怀告台湾金马居民同胞举行谈判实行和平解决》，《人民日报》，1958年10月6日。

得到充分补给。

但是 10 月 19 日，美国军舰再次为国民党军护航侵入金门海域。此外，美国国务卿杜勒斯计划将于 21 日访台。中央军委立即做出决定，提前恢复炮击。10 月 20 日，福建前线部队向金门实施了大规模炮击。10 月 25 日，彭德怀又发表了由毛泽东起草的《再告台湾同胞书》。文告宣布"仍以不引进美国人护航为条件"，规定"逢双日不打金门的飞机场、料罗湾的码头、海滩和船只，使大金门、小金门、大担、二担大小岛屿上的军民同胞都得到充分的供应，包括粮食、蔬菜、食油、燃料和军事装备在内"，以利其长期固守，而且还宣布如有不足，只要开口，人民解放军可以供应。文告同时说明"逢单日，你们的船只、飞机不要来。逢单日我们也不一定打炮，但是你们不要来，以免受到可能的损失。这样，一个月中有半月可以运输，供应可以无缺"。① 这就基本明确了对金门"单日打炮、双日不打"的方针。一般我方炮击都不以对方军队阵地和居民驻地为目标，逢年过节还要停炮三天，对金门的炮击进行到后期，炮弹已经不再是具有杀伤力的炸药，而改装宣传品。② 这场战争也日益演变为象征性色彩浓厚的战争。对于这种双日不打单日打、事先向对方进行通告的做法，美国方面感到极其困惑不解。艾森豪威尔怀疑："我奇怪我们是不是在进行一场滑稽歌剧式的战争。"③ 然而在这场令艾森豪威尔也为之迷惑的"滑稽歌剧式的战争"中，中国政府始终掌握着主动权，一旦时机合适，就决不含糊地真枪实弹。11 月 3 日，为反对美国政府的"战争边缘政策"和干涉中国内政的行径，毛泽东指示大打一天。1959 年 1 月 3 日，金门国民党军炮击大陆沿海村庄，为惩罚国民党军，福建前线炮兵奉命于 1 月 7 日对金门实施大规模炮击，发射炮弹 2.6 万余发。④ 1960 年 6 月，艾森豪威尔公然出访台湾。中国人民解放军福建前线司令部发表《告台、澎、金、马军民同胞书》，宣布按例于 17、19 日两天打炮，以特殊方式对艾森豪威尔进行"迎送"，并提醒当地同胞尽量避免炮火危险。⑤ 这样"打打停停，半打半停"、只有少数几次真打的"炮战"，从 1958 年秋冬一直延续到 1979 年元旦，整整打了 20 年。从这个过程可以看出，最初的炮击是

---

① 《中国人的情况能由中国人自己解决》，《人民日报》，1958 年 10 月 26 日。

② 叶飞：《毛主席指挥炮击金门》，《人民日报》，1993 年 12 月 24 日。

③ 《缔造和平》，第 1 册，第 340 页。转引自陶文钊：《中美关系史（1949—1972）》（中卷），上海人民出版社，1999 年，第四章第三节。

④ 杨贵华：《万炮轰金门》，人民网，2002 年 7 月 15 日。

⑤ 《人民日报》，1960 年 6 月 18 日。

真正意义上的战斗，是对美国和台湾国民党军的武装骚扰、挑衅进行有效打击的必要步骤；后来的炮击则逐渐转变为一种策略，更主要的是为了粉碎美国企图实现"划峡而治"、制造"两个中国"的阴谋。

三、国共双方联手抗击美国所谓"划峡而治"

1954 年 9 月，第一次台海危机发生后，美国企图借机实现台海状况的固定化，使"一中一台"成为既定事实，于是蠢蠢欲动。经过一番预先精心策划，美国决定将台海局势问题交由联合国安理会讨论决定。但此事需要由一个会员国提出，美国并不打算此时亲自出面，于是在其盟国英国的支持下暗地里授意、指使新西兰充当这一角色，新西兰遂领命于 1955 年 1 月 28 日向联合国安理会提出了关于台湾海峡两岸对立双方停火的提案。新西兰的这一提案把中国解放台湾和沿海岛屿的内政问题说成是"国际冲突"，要联合国出面"斡旋停火"，将本属中国内政的问题国际化，意图完全是要制造"两个中国"，以使海峡两岸关系从此固定化。对新西兰的提案，苏联清楚其幕后主使者为美国，因此针锋相对地提出了一个制止美国侵略中国的提案。1 月 31 日，安理会通过决议，把两项提案都列入议程，但要先讨论新西兰提案，然后再讨论苏联提案，并决定邀请中华人民共和国代表与会，一起参加讨论新西兰提案。

对于来自联合国的这一邀请，中国政府深知其意在何处。2 月 3 日，周恩来在致联合国秘书长哈马舍尔德的复电中坚决反对干涉中国内政、掩盖美国对中国侵略行为的新西兰提案，表示在蒋介石集团代表仍占据联合国中国合法席位的情况下，中华人民共和国不能派代表参加安理会的讨论，在没有中华人民共和国代表参加的情况下安理会对有关中国问题的任何决议都是非法的、无效的。[①]中国政府明确表明了对提案的态度。此后，周恩来分别在同瑞典大使雨果·维斯特朗和印度大使赖嘉文的谈话中指出，新西兰提案包含着阴谋，企图把属于任何外国或联合国都无权干涉的中国内政的事情，放在国际舞台上，要在台湾地区造成"两个中国"的形势，要割裂中国领土，因此，中方不能同意新西兰的提案，也完全有理由拒绝参加此次讨论。[②]

对于新西兰的提案，台湾当局同样持强烈反对意见。蒋介石明确表示反对新西兰提案的态度，他认为新西兰的提案只会对共产党有利，但是他也敏感地

---

① 《中美关系资料汇编》，第二辑下，世界知识出版社，1960 年，第 2198—2200 页。

② 《周恩来外交文选》，第 106—107 页；《周恩来外交活动大事记》，第 100 页。

指出沿海岛屿停火和中立只是第一步，下一步就是"台湾中立化"，再接下去就是中共代表进入联合国，形成"两个中国"，然后直至台湾被共产党接管。他向美国指出，如果台湾赞同这个议案，那么对国民党军队、生活在台湾的老百姓、海外华人和大陆的中国人将产生"毁灭性影响"。因此，他致电指示台湾当局驻华盛顿"大使"顾维钧，指示其"对新西兰在安理会的行动应予以极大保留，它将引起巨大的疑惑、忧虑和误解，并将鼓励和支持那些正在以'两个中国'为目标的人"。虽然从狭隘的立场出发，国民党认为"停火"无异于要台湾放弃"反攻大陆"的计划，是有利于中国共产党的举措，但是台湾当局乃至蒋介石本人坚决反对美国制造"两个中国"的阴谋是确定无疑的，也是值得肯定的。

由于海峡两岸都坚决反对新西兰提案，提案遇到的困难是美国始料未及的。2月15日，苏联代表在安理会谴责新西兰提案，并要求讨论苏联提案，但是遭到美英拒绝。双方僵持不下，安理会只得决定无限期搁置讨论。美国暗中操纵的新西兰提案最终破产，美国的如意算盘落空。

1958年8月23日，第二次台海危机爆发，台海局势再度紧张。早在1956年2月8日，台湾当局新任"驻美大使"叶公超在答复美国立法院有关外交的询问时就坚定地表示："我政府决心坚持外岛，任何国家不能迫我方放弃外岛。"[1]对于金、马等岛屿，台湾当局坚持占据，绝无退让之心。这与美方主张其放弃外岛，仅孤立驻守于台湾岛本身与大陆对峙，从而达到其制造"两个中国"的企图南辕北辙。而且美国公众舆论也不希望美国军队卷入台海地区的冲突，美国决策者不能不顾及国内公众的意愿。因此，在台湾当局试图保障其外围岛屿的军事行动上，美国的支持是甚为有限的，历来不是很积极。

1958年8月的金门炮击来势十分凶猛，蒋介石据此断定目前的台海局势已经形成了金、马争夺战关系台湾存亡的印象，而且可以借此战机使得这种印象进一步强化，最终迫使美国也参与进来，因此金门炮战伊始，蒋介石便拼命拉美国下水，要求美国共同袭击中国大陆福建沿海地区。美国从制造"两个中国"的阴谋出发，未同意蒋方要求，双方发生分歧、争执。

1958年10月21日，时值解放军继续停止炮击两星期之际，美国国务卿杜勒斯趁机访台。杜勒斯声称此行目的是为完成所谓"和平使命"，实则是借此停火之机压迫蒋介石将军队撤出沿海岛屿，放弃金、马，使美国"划峡而治"的要

---

[1]　陶文钊：《中美关系史（1949—1972）》（中卷），上海人民出版社，1999年，第四章第三节。

求顺理成章地得以实现。中共中央对美国的态度早已了然于胸,因此决定以特殊的方式——恢复对金门的炮击助台坚定占据金、马的决心,彻底粉碎美国的阴谋。

杜勒斯抵达台湾后一直试图说服蒋介石听从美国意见,并在会谈期间向蒋介石提交了一份书面文件。台湾"外交部长"黄少谷斥责杜勒斯的书面文件的建议"几乎是动摇中华民国的基础。这等于让本政府自愿承认接受'两个中国'的概念",接受这样的建议是不可能的。[①] 此时,金门战火又重新燃起,根本不是美国期待中的风平浪静,美国也就失去了借以向台湾方面进行强势说服、施加政治压力的依据。因此在固有的分歧之上,美台双方经过一番激烈的讨价还价,于 23 日达成"联合公报"。在"公报"中,美国承认"金门、马祖与台湾、澎湖在防卫上有密切之关联","中华民国是自由中国的以及广大中国人民所抱的希望和愿望的真正发言人";台湾当局则在"公报"中宣布放弃军事"反攻大陆"口号,称"恢复大陆人民之自由的主要途径,为实行孙中山先生之三民主义,而非凭借武力"。[②] 这一"公报",美台双方互有妥协,都做了某种程度的让步。但是蒋介石所代表的台湾当局始终坚守"一个中国"理念的底线,不肯以此做交易,再次打乱了美国推行"两个中国"的计划,让美国也感到无可奈何。

两次台海危机前后相继,从规模、影响和意义上讲,第二次台海危机要远远超过第一次台海危机。但在两次台海危机中,无论见解分歧存在多么大的差距,国共双方领导者均有一致的共同点——反对"两个中国"。也正是基于这样的共同点,中国政府并没有打算真正拿下金门、马祖等地区,而是把金、马等保留在台湾当局手中,作为连接大陆与台湾的纽带,以此反对美国使台湾与大陆分离永久化的企图,维护了"一个中国"的局面。

---

① FRUS, 1958-1960, Vol. 19, pp.421-425,428-429.

② FRUS, 1958-1960, Vol. 19, pp.439-440,442-444.

第四节 中美三个联合公报及"与台湾关系法"

从 20 世纪 60 年代到 70 年代，中美两国开始了两国关系正常化艰难曲折的历程，尽管中美两国有约束和解决台湾问题的《上海公报》与《建交公报》，但台湾问题始终如幽灵般困扰双方关系的健康发展，因此到 80 年代初，中美针对美对台军售问题签署了《八一七公报》。

一、中美《上海公报》的签署与美方承认"一个中国"

20 世纪 50 年代中期至 60 年代初是苏美争霸的第一阶段。此阶段双方关系既有缓和的一面，又有紧张的一面。其中 1959 年赫鲁晓夫访美并在戴维营举行会谈，表明美国实际上承认了苏美同是超级大国的事实。"柏林墙"的修筑和"古巴导弹危机"后，苏联已走上同美国进行全球争夺的道路，同时也表明当时的战略优势仍在美国方面。另一方面，由于苏联推行大国沙文主义和在国际共产主义阵营中的大党主义，导致 50 年代末中苏两党关系陷入停滞，而两国则从关系破裂发展到接近全面战争的边缘，所以 60 年代大部分时期中国面对的国际环境十分不利，处于两个超级大国的夹击之下，对外战略也是"两个拳头打人"。

60 年代中期至 70 年代末，是美苏争霸的第二阶段，此时转换为"苏攻美守"。此时的苏联经济实力与美国的差距大为缩短，苏联的扩张野心不断膨胀。勃列日涅夫执政时期的主要战略目标，已是要与美国争夺世界霸权的积极进攻战略。1979 年苏军出兵阿富汗，直接实行军事占领，标志着苏联霸权主义政策发展到了顶点。而这一阶段的美国，受经济危机的冲击，又因侵越战争的困扰和挫折，军事实力被苏联赶上，在争霸中处于守势。

20 世纪 60 年代初期及中期，美国的肯尼迪和约翰逊两位总统执政，他们继续奉行"两个中国"的政策，加上中国于 60 年代中期发动了"文化大革命"，中美关系一直僵持不下，唯一的沟通渠道是马拉松式的中美大使级会谈；当然，在约翰逊执政后期逐渐认识到了中国的重要性，表达了一定的改善中美关系的愿望。同期，台湾的蒋介石政权一直想着"反攻复国"，但是没有得到美国政府的支持，因此国共双方的对峙一直在继续。

1969 年尼克松入主白宫，在就职演说中，他再次含蓄地表达了缓和对华关系的主张："我们谋求建立一个开放的世界"，"在这个世界里，大小国家的人民都不会怒气冲冲地处于与世隔绝的地位"。[①] 他就任美国总统后，对外战略从进攻转为防御。这种调整的基本倾向是收缩美国的海外态势，收缩的重点在亚洲，同时试图与中国结盟对抗苏联。1969 年 3 月，在同法国总统戴高乐的一次会谈中，尼克松提出希望与中国开展对话，并请求法国向中国转达他的这个意向。

1969 年 3 月，中苏珍宝岛之战将已经恶化的中苏关系降到了冰点。面对严峻的国际形势，1969 年 3 月至 10 月，毛主席和周总理指定陈毅为召集人，与叶剑英、徐向前、聂荣臻三位老师一起开了 23 次国际形势座谈会，就当时的国际形势，特别是国际战略格局和大三角关系的变化以及对我国外交政策的影响，就尼克松总统上台后美国对华政策的变化等战略问题进行了深入的研究和分析。四老师先后向毛主席和周总理提交了《对战争形势的初步估计》和《对目前形势的看法》两个报告。老师们认为，美苏的争夺和矛盾是第一位的，因此，美苏单独或联合发动对华战争的可能性不大，美国的战略重点在西方，苏联对我安全构成的威胁比美国大，因此，我国应利用美苏之间的矛盾，尽早恢复中美大使级会谈，打破中美关系僵持局面。同年 12 月，中美恢复华沙大使级会谈。四老师国际形势座谈会为毛主席和党中央做出对外战略调整以及改善中美关系的重大决策提供了正确的判断和科学的论证。

中美双方都在积极把握改善中美关系的契机。1971 年 4 月 3 日，在第 31 届世乒赛即将结束的时候，中国外交部以及国家体委就是否邀请美国乒乓球队访华问题向中央请示。经过 3 天的反复考虑，4 月 6 日毛泽东在比赛闭幕前夕决定邀请美国队访华。4 月 7 日，美国白宫发言人在新闻发布会上说："美国政府对美国乒乓球队计划中的北京之行表示欢迎。"他还指出："总统在向国会提交的对外政策报告中清楚地表明，他欢迎中华人民共和国人民同美国人民之间的接触。"1971 年 4 月 10 日，美国乒乓球代表团和一小批美国新闻记者抵达北京，成为自 1949 年以来第一批获准进入中国境内的美国人。14 日，周恩来在人民大会堂接见美国乒乓球队时说："你们在中美两国人民的关系上打开了一个新篇章。我相信，我们友谊的这一新开端必将受到我们两国多数人民的支持。"1972 年 4 月 11 日，中国乒乓球队回访美国。由此，以毛泽东、周恩来为首的中国领导人成功地以"小球转动了大球"，成为中美外交史上一段脍炙人口的佳话。

---

① 《人民日报》，1969 年 1 月 28 日。

"乒乓外交"之后，中美之间正式的官方沟通提上了议事日程。1971 年 4 月 27 日，中国通过巴基斯坦正式送交美国一份照会。照会说："中国政府重申它愿意在北京公开接待美国总统本人，以便直接进行会晤和讨论。"第二天，尼克松交给基辛格秘密访问中国的任务。

7 月 8 日，基辛格在访问巴基斯坦期间，秘密登上了巴基斯坦航空公司的波音 707 飞机飞抵北京。7 月 9 日至 11 日，周恩来同基辛格进行了会谈。会谈时，双方着重讨论了台湾问题。周恩来坚持，美国必须承认台湾是中国的一个省，台湾问题是中国的内政，因而不容外人干涉；美国还必须确定撤走驻台美军的期限，并废除"美台共同防御条约"。

基辛格表示：(1) 承认台湾属于中国。(2) 美国不再与中国为敌，不再孤立中国，在联合国内将支持恢复中国的席位，但不支持驱逐蒋介石集团的代表。(3) 美国准备在印度支那战争结束后一个规定的短时期内撤走其驻台美军的三分之二，至于"美台共同防御条约"，美国认为历史可以解决这个问题。

1971 年 10 月 25 日，第二十六届联大以 59 票反对、55 票赞成、15 票弃权否决了所谓"重要问题"案。接着以 76 票赞成、35 票反对、17 票弃权的压倒性多数通过了阿尔巴尼亚、阿尔及利亚等 23 国的提案（即联合国历史上著名的联大 2758 号决议），决定恢复中华人民共和国在联合国的一切合法权利，并立即把国民党集团的代表从联合国及所属一切机构中驱逐出去。这个提案从政治上、法律上、程序上公正彻底地解决了中国在联合国的代表权问题。第二十六届联大恢复中华人民共和国在联合国的合法权利，这是中国外交工作的一次重大突破。同时，使中美关系的改善成为时代潮流，中美关系中台湾问题的边缘化趋势日益明显。

1972 年 2 月 21 日至 28 日，美国总统尼克松正式访华。尼克松此次访华是 20 世纪国际外交史上最重大的事件之一。 22 日，周恩来总理同尼克松总统在北京人民大会堂举行会谈，就中美关系正常化及双方关心的其他问题进行了讨论。周恩来表示：台湾问题是阻碍两国关系正常化的关键。尼克松表示：美国承认世界上只有一个中国，台湾是中国的一部分。

2 月 28 日，中美两国发表了指导两国关系的《中美联合公报》，中美交往的大门终于被打开。《中美联合公报》（以下简称《公报》）是中美两国签署的第一个指导双边关系的文件。它的发表，标志着中美隔绝状态的结束和关系正常化进程的开始。

《公报》列举了双方在重大国际问题上的不同观点和看法，承认"中美两国的社会制度和对外政策有着本质的区别"。但是《公报》强调指出，双方同意在和平共处五项原则的基础上处理国与国之间的关系和国际争端。

关于台湾问题，中国方面在《公报》中重申自己的立场："台湾是阻碍中美两国关系正常化的关键问题；中华人民共和国政府是中国的唯一合法政府；台湾是中国的一个省，早已归还祖国；解放台湾是中国内政，别国无权干涉；全部美国武装力量和军事设施必须从台湾撤走。中国政府坚决反对任何旨在制造'一中一台''一个中国两个政府''两个中国''台湾独立'或鼓吹'台湾地位未定'的活动。"[1]

在1972年的中美《上海公报》中，美国政府表示："美国认识到，在台湾海峡两边的所有中国人都认为只有一个中国，台湾是中国的一部分。美对这一立场不提出异议。它重申它对由中国人民自己和平解决台湾问题的关心。考虑到这一前景，它确认从台撤出全部美国武装力量和军事设施的最终目标。在此期间，它将随着这个地区紧张局势的缓和逐步减少它在台的武装力量和军事设施。"[2] 这是颇为耐人寻味的一段话，从中可以解读出许多美国对华、对台政策的内涵。

可以看出，美国政府在第一次与中华人民共和国打交道的正式文件中已正式承认只有一个中国，台湾是中国的一部分。尽管美国的立场与中国政府的要求还有相当大的差距，但与美国20多年坚持的"台湾地位未定"论，公开制造"一中一台""两个中国"的立场相比，不能不说是一次大的变动。它毕竟等于承诺今后不可能再明目张胆地鼓励和支持台湾搞"独立"。应该说此次对台政策的变动是向中国政府立场的倾斜。然而，美国在《上海公报》对台问题的表述中，采用了海峡两岸可有不同的理解、双方均可接受的模棱两可的措辞。即：美国只是认识到"只有一个中国"，是中华人民共和国，还是"中华民国"，可由大陆和台湾自行理解。在尼克松访问中国以及此前的基辛格秘密访华的会谈中，美方仍坚持三点，第一，还不能承认中华人民共和国是中国的唯一合法政府；第二，没有规定从台撤出军事力量的时间；第三，把以和平方式解决台湾问题作为美国从台撤军的先决条件。这些充分证明美国在千方百计为日后与台保持实质性关系留下伏笔。美对台政策的第一次变动，并没有动摇其对台根深

---

[1] 《联合公报》，《人民日报》，1972年2月28日。

[2] 《联合公报》，《人民日报》，1972年2月28日。

蒂固的立场，美台关系的稳定性并未轻易改变。[①]

事实上，美国并不打算放弃与台军事关系，而是在保有"哪一个中国"的解释选择权的同时，长期保持其对台湾的军事控制，并使之成为限制中国走向统一的控制权。就在《上海公报》公布不到 10 天之际，1972 年 3 月 6 日，尼克松总统会见了台湾"驻美大使"沈剑虹，并解释说："《上海公报》既不是条约也不是协议，只是一份共同声明而已。在我们两个国家之间，我们有《共同防御条约》，美国政府决心遵守它对中华民国的义务。"据统计，仅在尼克松访华后的三年中，美国政府通过各种渠道向台湾做出过 52 次类似的保证。尽管根据新亚洲政策和《上海公报》的精神，美国从 70 年代初开始逐步减少对台军事援助和在台湾的军事人员及装备，然而同期美国却大幅度增加对台湾的军事装备的销售，1974 年与 1972 年相比增加了 1 倍。台湾可用现款或贷款购买美国生产的军事装备。其中，1972 年 11 月美国交付两艘先进潜艇。1973 年 4 月，又送去 3 艘驱逐舰。同年，美国政府批准一项 2.5 亿美元的军事贷款协议，支持美国公司在台湾联合生产 F5E 战斗机，其中一部分成品卖给台湾空军。

从《上海公报》及之后的美国对台政策可以看出：美国对华政策虽有较大的松动，但其一个中国原则只是名义上承认中国的领土完整应包括台湾在内，实际上对既存的美台"官方"关系没做任何事实上的改变，其实质依然是"两个中国"。[②]

二、中美建交三原则与中美《建交公报》的签署

尼克松 1972 年访华时曾承诺，如果大选获胜他将在第二届总统任期内实现中美关系正常化。1973 年尼克松连任总统。1974 年 8 月 8 日晚 9 时，尼克松在白宫举行最后一次记者招待会，宣布因为"水门事件"辞去总统职务。1974 年 8 月 9 日，杰拉尔德·福特继任总统。

1974 年 8 月 12 日，福特在致国会的第一次内外政策报告中谈到对华政策时说："对于中华人民共和国……我保证继续信守《上海公报》的原则。在这些原则上建立起来的新关系已经表明，它是符合双方的重要的、客观的利益的，

---

① 刘丽华：《从中美三个联合公报看美国对华政策》，《内蒙古师范大学学报》（哲社版），1996 年第 4 期。

② 刘丽华：《从中美三个联合公报看美国对华政策》，《内蒙古师范大学学报》（哲社版），1996 年第 4 期。

而且已经成为世界局势的一个持久特征。"①

1974 年 11 月下旬，福特总统派国务卿基辛格再次访华。由邓小平副总理同基辛格进行了会谈，邓小平指出在建交问题上美方提出的"倒联络处"的方案，中国不能接受；中美关系正常化要以"三原则"为前提，即美国必须同台湾"断绝外交关系"，废除美台"共同防御条约"和从台湾撤出一切军事力量；在美国同台湾"断交""废约"、撤军后，台湾问题应由中国人自己去解决，那是中国的内政，用什么方式解决也是中国人自己的事。②

尽管福特总统和基辛格国务卿都保证，促进中美关系正常化是他们的外交的首要工作，但实际上 1974—1975 年间中美关系正常化没有多大进展。福特总统于 1975 年 12 月 1 日到 4 日访问中国，福特总统的访问虽然没有取得多少实质性的成果，但他通过做出新的承诺及确认《上海公报》的原则，基本上维持了中美关系的稳定，避免了在大选年中美关系的滑坡。1976 年，福特在与吉米·卡特竞选美国第 39 任总统中失利，迅速退出了美国和国际社会的政治大舞台。

1977 年 1 月，吉米·卡特入主白宫，成为美国第 39 任总统。1976 年年底，卡特当选美国总统后，虽然仍将美苏关系置于中美关系之上，但随着苏联在世界各地的积极扩张，卡特对苏联的看法发生了急剧的变化。加上此时中国正开始全力发展经济、扩大对外经济交往，卡特政府越来越感到早日实现中美关系正常化符合美国的战略需要和经济利益，于是开始实施联华抗苏的战略转移，积极推动中美关系正常化。

1977 年 8 月 22 日，卡特总统委派万斯国务卿访华，次日邓小平会见万斯时阐明中国的立场说，如果要中美建交，就是三条前提："废约"、撤军、"断交"；为了照顾现实，中国还可以允许保持美台间非官方的民间往来；至于台湾同大陆统一的问题，还是让中国人自己来解决，中国人是有能力解决这个问题的，奉劝美国朋友不必为此替中国担忧。③

经过中美双方多轮接触后，1978 年 5 月 20 日，力主中美关系正常化的美国国家安全事务助理布热津斯基一行 10 人访华。黄华外长与之举行了会谈。邓

---

① *Public Papers*, Ford, 1974, p.12. 转引自陶文钊主编：《中美关系史》下卷（1972—2000），上海人民出版社，2004 年，第 16 页。

② 薛谋洪、裴坚章等编：《当代中国外交》，中国社会科学出版社，1988 年，第 226 页。

③ 薛谋洪、裴坚章等编：《当代中国外交》，中国社会科学出版社，1988 年，第 227—228 页。

小平副总理与之进行了实质性谈话，布热津斯基开场就说：我一开始就想向你表示我们推进正常化进程的决心。我可以代表卡特总统说，美国在这个问题上已经下定决心。5月21日，邓小平与布热津斯基再次举行了小范围的会见，布热津斯基再次重申美国接受中国提出的三个条件，并重申前任政府的五点声明，表示在建交之后，在台湾不会有美国的领事馆。他还说，在建交时，美国需要发表单方面的声明，希望台湾问题得到和平解决，希望不会明显遭到中国方面的批驳。邓小平表示接受美方的建议，他说，很高兴听到卡特总统的这个口信。在这个问题上，双方的观点都是明确的，问题就是下决心。如果卡特总统是下了这个决心，事情就好办。① 布热津斯基的访问给正常化进程注入了新的动力。

　　经过三年多紧张激烈的建交谈判，尤其是邓小平同志直接介入最后的建交谈判，对于中美建交的最后一个障碍，即美国对台军售问题，中国政府虽然明确反对，但是同意暂时搁置争议，留待中美建交后再解决这一次要问题。中美两国最终在搁置分歧、求同存异的基础上达成了协议。1979年元旦，中美两国正式建交。《中美建交公报》全称《中华人民共和国和美利坚合众国关于建立外交关系的联合公报》，于1979年1月1日正式发布，宣布中华人民共和国与美国建立正式的大使级外交关系。 中华人民共和国和美利坚合众国关于建立外交关系的联合公报的全文如下：

　　中华人民共和国和美利坚合众国商定自一九七九年一月一日起互相承认并建立外交关系。美利坚合众国承认中华人民共和国政府是中国的唯一合法政府。在此范围内，美国人民将同台湾人民保持文化、商务和其他非官方关系。中华人民共和国和美利坚合众国重申上海公报中双方一致同意的各项原则，并再次强调：

　　双方都希望减少国际军事冲突的危险。

　　任何一方都不应该在亚洲—太平洋地区以及世界上任何地区谋求霸权，每一方都反对任何国家或国家集团建立这种霸权的努力。

　　任何一方都不准备代表任何第三方进行谈判，也不准备同对方达成针对其他国家的协议或谅解。

　　美利坚合众国政府承认中国的立场，即只有一个中国，台湾是中国的一部分。

---

　　① 中共中央文献研究室编：《邓小平思想年谱（1975—1997）》，中央文献出版社，1998年，第65页。

双方认为，中美关系正常化不仅符合中国人民和美国人民的利益，而且有助于亚洲和世界的和平事业。

中华人民共和国和美利坚合众国将于一九七九年三月一日互派大使并建立大使馆。①

在《上海公报》中，美国只是认识到"只有一个中国"，从建交公报可以看出美对台政策有根本改变，一是从只承认台湾是中国的一部分变为承认中华人民共和国是唯一合法政府；二是从对台"建交""缔约"、驻军转变为"断交、废约、撤军"；三是美台关系从"官方"关系转变为文化、商务和其他非官方关系。

20 世纪 70 年代，美国对台政策的变动性强于稳定性。在理论上、文字上、法律上以及外交活动中，美台关系的变动是实质性的，是从"官方"关系到非官方关系；从双方遵守"美台共同防御条约"到"终止"条约执行；从美军驻扎台湾到被迫撤军的变动，此变动方向，基本上是逐步接近中国政府的立场。②

三、"与台湾关系法"的通过导致台湾问题的复杂化

1978 年 12 月 31 日，台湾"驻美大使馆"降旗，台湾"外交部"宣布同美国"断交"，美国与台湾的"官方"关系由此正式结束。与此同时，美国政界内的亲台分子坚决反对断绝美台"官方"关系，尤其是美国国会内亲台政治势力反对卡特对华政策的活动最为猖獗。对卡特政府来说，比调整与台湾关系更难的是处理与国会的关系。

1978 年 5 月，布热津斯基访华后，美国参议院预感到中美关系的发展势头加快，为了防止行政当局不与国会商议就在对华政策方面采取什么步骤，参议院于 7 月提出了《国际安全援助法》修正案，或曰《多尔—斯通修正案》。该修正案要求，"影响（美台）共同防御条约继续有效的任何政策改变都须事先经过参议院与行政当局的磋商"。该修正案以 94 票对 0 票获得通过，并于 9 月 26 日由卡特总统签署成为法律。此后不久，高华德与 24 名议员又提出一项议案，要求总统未经与参议院商量并征得参议院同意，不得单方面采取任何行动废止和

---

① 《中美建交公报》，《人民日报》，1978 年 12 月 17 日。

② 刘丽华：《论 70 年代以来美国对台湾政策的变动性与稳定性》，《内蒙古师范大学学报（哲学社会科学版）》，1999 年第 6 期，第 8 页。

影响美台关系和"防御条约"。①

事实上，在 1979 年中美建交，废除"美台共同防御条约"之后，卡特政府出于平衡国会内亲台势力的考虑，同时为了提醒和维护美国在台利益，就美台关系做立法调整而提出了"台湾授权法案"。据了解，这个法案是提醒中国政府重视美国在台安全利益。但是在国会讨论时，参众两院分别提出修正案，加进了所谓保证台湾安全的条款以及"向台湾提供防御性武器"和"维护并促进全体台湾人民的人权"等条款，并且实质上继续把台湾当作"国家"。因此，在一些重大问题上直接违反了《中美建交公报》。

1979 年 3 月 13 日，美国国会参众两院分别通过了"与台湾关系法"。1979 年 4 月 10 日经由卡特总统签署后成为法律。该法共有 18 条和数十款。其中最关键的是关于美国对台湾安全的承诺和台湾的国际地位两条。该"法"第二条宣布：

美国决定同中华人民共和国建立外交关系是基于台湾的前途将通过和平方式决定这样的期望；

认为以非和平方式包括抵制或禁运来决定台湾前途的任何努力，是对西太平洋地区的和平和安全的威胁，并为美国严重关切之事；

向台湾提供防御性武器；

使美国保持抵御会危及台湾人民的安全或社会、经济制度的任何诉诸武力的行为或其他强制形式的能力。

该"法"第三条又规定：

美国将向台湾提供使其能保持足够自卫能力所需数量的防御物资和防御服务；

总统和国会完全根据他们对台湾的需要的判断并依照法律程序来决定这类防御物资和服务的性质和数量。对台湾防御需要做出的这类决定，应包括美国军事当局为了向总统和国会提出建议所做出的估计；

总统将对台湾人民的安全或社会、经济制度的任何威胁，并由此而产生的对美国利益所造成的任何危险迅速通知国会。总统和国会应依照宪法程序决定

---

① Michael S. Frost, *Taiwan's Security and United States Policy*: *Executive and Congressional Strategy in 1978-1979* (School of Law, University of Maryland, 1982), p.25.

美国应付任何这类危险的适当行动。①

而且，"凡当美国法律提及或涉及外国和其他民族、国家、政府或类似实体时，上述各词含意中应包括台湾，此类法律亦适用于台湾"②。从上述引文可以看出"与台湾关系法"是对《中美建交公报》的否定，是用变相方式对终止的"美台共同防御条约"的恢复。其实质一是重申了美台稳定的"官方"关系。所谓"保持同台湾人民的商务、文化和其他关系"中的"其他"实际上已涵盖了美台"官方"关系；二是继续关切台湾安全，继续保持美台军事同盟关系；三是仍把台湾作为一个"独立的政治实体"对待，为美继续坚持"两个中国""一中一台"立场，继续干涉中国内政提供法律依据。

在美国一些政要看来，"与台湾关系法"效力优于三个联合公报（包括之后的《八一七公报》），特别是在三个联合公报同"与台湾关系法"相互抵触时，应优先适用"与台湾关系法"，因为联合公报是由美国政府与别国签订的，只是政府的一种具体行政行为，没有经过国会。而"与台湾关系法"则是由美国国会参众两院通过、并由总统签署的正式法律，而且是效力高于判例的制定法。

美国不顾中方一再表示的严正立场，通过了"与台湾关系法"，对此中方十分气愤。1979 年 4 月 19 日，邓小平在会见以丘奇为首的参议院外委会访华团时指出："中美两国关系正常化的政治基础就是只有一个中国，现在这个基础受到了干扰；中国对美国国会通过的"与台湾关系法"是不满意的，这个法案最本质的一个问题，就是实际上不承认只有一个中国；卡特总统表示他在执行这个法案时要遵守中美建交协议，中国正在看美国以后所采取的行动。"③

四、《八一七公报》的签署与美对台军售的"尾大不掉"

1978 年中美建交谈判时，美国对台湾出售武器的问题并没有得到根本解决。当时考虑到中美关系的大局，双方决定暂时搁置这一分歧，希望过一段时间后能够彻底解决这一问题。在建交公报公布的当天，中国方面还就美方在谈判中提到的在正常化后美方将继续有限度地向台湾出售防御性武器的问题阐明自己的立场——坚决不能同意。因为这不符合两国关系正常化的原则，不利于和平

---

① 梅子文主编:《美台关系重要资料选编》，时事出版社，1997 年，第 167—169 页。
② 冬梅编:《中美关系资料选编》，时事出版社，1982 年，163—164 页。
③ 田增佩主编:《改革开放以来的中国外交》，世界知识出版社，1993 年，第 386 页。

解决台湾问题，对亚太地区的安全和稳定也将产生不利影响。[①]

1980年是美国大选年。在中美正式建交，而美国又与台湾保持着非官方关系的情况下，美国对华政策特别是美国对台军售呈现出比以往更加复杂的情形。尤其是共和党总统候选人里根在竞选初期，比任何候选人都更不遗余力地抨击卡特的对华政策，并称："如果当选，我比世界上任何事情都更想发出的一个信息是，不会再有台湾，不会再有越南，美国政府不会再出卖朋友和盟友了。"他在几次讲话中都提到，如果他当选，他将支持重建与台湾的"官方"关系，他继续称台湾为"中华民国"。

中国政府密切注视着美国大选中出现的种种可能导致中美关系倒退的言论和行动。6月14日，针对里根的"反华亲台"言行，《人民日报》发表《倒车开不得》的社论，提出严厉批评。指出："如果按照里根声称的政策，美国和台湾建立'官方关系'，这就意味着中美两国关系正常化的原则基础被彻底破坏，中美关系将倒退到两国人民都不愿看到的状态。至于那种主张恢复在美国驻军、恢复美台'共同防御条约'的荒谬言论，那更是对中国内政明目张胆的干涉。"[②]

1980年11月，里根在大选中获胜。次年1月4日，邓小平乘接见美国参议院共和党副领袖史蒂文斯和共和党少数民族委员会主席陈香梅的机会，就中美关系发表了重要谈话，邓小平指出："中美关系不但不要停滞，而且要发展。我们对竞选期间和总统就任以前的言论是注意的，但我们可以对这些言论做某种理解。我们重视的是美国新政府上任后采取的行动。"[③]

中国始终关注美国向台湾出售武器的问题。1月中旬，荷兰政府不顾中国政府的多次警告，决定批准向台湾出售潜艇。中国政府决定将中荷外交关系降为代办级。《人民日报》评论员的文章指出："我们决不容忍任何国家搞'两个中国'或'一中一台'的阴谋，也决不容忍任何同中国正式建交的国家向台湾出售武器。我国政府在台湾问题上的立场是坚定不移的，任何人以为中国政府和中国人民会拿原则作交易，那就大错特错了。"[④]

1981年6月14日至16日，力主发展中美关系的美国国务卿黑格访问中国。这是里根入主白宫以来中美两国之间的首次高层会晤。邓小平会见了黑格，并

① 《人民日报》，1978年12月17日。

② 《新华月报》1980年6月号，第173页。

③ 《发展中美关系的原则立场》，《邓小平文选》第二卷，人民出版社，1983年，第375—378页。

④ 《中国人民的尊严不容侵犯》，《人民日报》，1981年1月20日。

就双边关系和共同关心的国际问题进行了深入的探讨。邓小平也着重与黑格谈了售台武器问题。他说，摆在我们面前最敏感的问题还是美国向台湾出售武器。现在台湾海峡形势很平静，有什么必要不断向台湾出售武器？这样的问题涉及中国最大的政策之一，就是要统一祖国，使台湾回归祖国。我们真心诚意地希望我们两国的关系不但不要停止在现阶段的水平上，而且要发展，这对全球战略有益。他表示，中国政府是有耐性的，但耐性是有限度的。如果美国走得太远，中美关系可能踏步不前，甚至可能倒退。①

1982 年 5 月 8 日，邓小平会见在任的美国副总统布什，邓小平以其特有的坦率开门见山地说，中美之间的中心问题是美国向台湾出售武器问题，它是检验中美关系稳固性的准则。这个问题解决好了，才可建立相互信任的关系。他指出，如果美国政府无限期地、长期向台湾出售武器，实际上是给台湾提供保护伞。② 布什访华后，中美之间已经原则同意达成协议，但是拟订公报仍然是一个艰难的过程。

7 月 13 日，美方向邓小平递交了里根的一封信以及美方的公报草案。里根在信中表示，美国不谋求、也不会无限期向台湾出售武器，美国预期在一段时间内逐步减少售台武器，以便导致这个问题的最终解决。③

1982 年 8 月 17 日，中美共同签署并发表了与《上海公报》《建交公报》的原则立场相一致的，关于两国分步骤解决美国向台湾出售武器问题的中美联合公报，即《八一七公报》。

《八一七公报》的全称是《中华人民共和国和美利坚合众国联合公报》，全文如下：

一、在中华人民共和国政府和美利坚合众国政府发表的一九七九年一月一日建立外交关系的联合公报中，美利坚合众国承认中华人民共和国政府是中国的唯一合法政府，并承认中国的立场，即只有一个中国，台湾是中国的一部分。在此范围内，双方同意，美国人民将同台湾人民继续保持文化、商务和其他非官方关系。在此基础上，中美两国关系实现了正常化。

---

① 《邓小平思想年谱》，第 191—192 页。
② 中共中央文献研究室：《邓小平思想年谱》，中央文献出版社，1998 年，第 220—221 页。
③ *Negotiating Cooperation*, p.195-196；*Crossing the Divide*, 230-231. *A Great Wall*, pp.325. 转引自陶文钊主编：《中美关系史》下卷（1972—2000），上海人民出版社，2004 年，第 129 页。

二、美国向台湾出售武器的问题在两国谈判建交的过程中没有得到解决。双方的立场不一致，中方声明在正常化以后将再次提出这个问题。双方认识到这一问题将会严重妨碍中美关系的发展，因而在赵紫阳总理与罗纳德·里根总统以及黄华副总理兼外长与亚历山大·黑格国务卿于一九八一年十月会见时以及在此以后，双方进一步就此进行了讨论。

三、互相尊重主权和领土完整、互不干涉内政是指导中美关系的根本原则。一九七二年二月二十八的上海公报确认了这些原则。一九七九年一月一日生效的建交公报又重申了这些原则。双方强调声明，这些原则仍是指导双方关系所有方面的原则。

四、中国政府重申，台湾问题是中国的内政。一九七九年一月一日中国发表的告台湾同胞书宣布了争取和平统一祖国的大政方针。一九八一年九月三十日中国提出的九点方针是按照这一大政方针争取和平解决台湾问题的进一步重大努力。

五、美国政府非常重视它与中国的关系，并重申，它无意侵犯中国的主权和领土完整，无意干涉中国的内政，也无意执行"两个中国"或"一中一台"政策。美国政府理解并欣赏一九七九年一月一日中国发表的告台湾同胞书和一九八一年九月三十日中国提出的九点方针中所表明的中国争取和平解决台湾问题的政策。台湾问题上出现的新形势也为解决中美两国在美国售台武器问题上的分歧提供了有利的条件。

六、考虑到双方的上述声明，美国政府声明，它不寻求执行一项长期向台湾出售武器的政策，它向台湾出售的武器在性能和数量上将不超过中美建交后近几年供应的水平，它准备逐步减少它对台湾的武器出售，并经过一段时间导致最后的解决。在作这样的声明时，美国承认中国关于彻底解决这一问题的一贯立场。

七、为了使美国售台武器这个历史遗留的问题，经过一段时间最终得到解决，两国政府将尽一切努力，采取措施，创造条件，以利于彻底解决这个问题。

八、中美关系的发展不仅符合两国人民的利益，而且也有利于世界和平与稳定。双方决心本着平等互利的原则，加强经济、文化、教育、科技和其他方面的联系，为继续发展中美两国政府和人民之间的关系共同作出重大努力。①

---

① 《八一七公报》，《人民日报》，1982 年 8 月 18 日。

这一公报是中美三个联合公报中唯一专门针对台湾问题的公报，也是三个联合公报中争议最大的一个公报。该公报是为了彻底解决美国对台武器出售的问题而签订的，该问题在《上海公报》和《建交公报》中都未获得有效解决，双方只是阐明了各自的立场，但都未达成共识。但是在公报中，除了美方首次强调将逐步减少对台武器销售之外，中国则重申"争取和平解决台湾问题"，而美国也对此表示"赞赏"。《八一七公报》的达成使当时紧张的中美关系得到缓解，使中国在国际上有了更大的回旋余地。中美三个联合公报提出的中美关系的指导原则，对20世纪80年代中美关系得到较全面发展起到了积极作用。

《八一七公报》使中美双方在解决建交时遗留下来的美国售台武器问题方面，迈出了重要的一步，指明了前进的方向。如果美国方面切实遵照这个公报执行，后来中美两国间的许多摩擦本来是可以避免的。但后来的事实表明，美国并没有严格履行公报，甚至不时有严重违反公报的情况。中国方面为此不得不进行持续不断的交涉和严正的斗争。

里根从竞选到上任之初，对中国主张采取比较强硬的态度，但是在1982年出于现实考虑与中方签署了《八一七公报》，虽然公报内容是美国最终将停止对台出售武器，但后来又附加备忘录，表示只要中国大陆对台湾持续有军事威胁，美国就会继续对台军售，这也成为美国延续至今的台海政策。1984年里根访问中国后得到一个结论，中国已准备好与美国合作，他也授权建立美中之间某种军事交流。他也鼓励从西北方共同防御苏联的战略武器计划。同时，里根也看到中国在经济方面有巨大的机会。①

华盛顿的有关中国问题专家指出，里根并不是对中国最友善的美国总统，但他在任内，开启了美中都以现实利益为基础的新关系，而他处理台海问题的方式，也成为之后历任美国总统依据的准则。

---

① 《里根时期的中国政策》，凤凰网，http://news.phoenixtv.com/home/news/cankao/regantimes/200406/11/272502.html。

第三章　解决台湾问题必须面对的国际因素

冷战时期，台湾处于美国反共战略的前沿。冷战结束后，尽管中美关系早已实现正常化，但美国并未就此在台湾问题上停手，依然利用其对中国加以遏制。不过，台湾并非美国全球战略的核心，因此美国秉持的原则是美台关系服从于中美关系。

与美国不同，在历史上与中国有着不解之缘的日本相较而言则更重视台湾问题，认为无论是在地缘安全上还是在经济安全上，台湾问题均与其国家核心利益密切相关。此外，美日台三方还结成针对中国的利益同盟。

第一节　美国是台湾问题的"始作俑者"

1945 年，美国作为"开罗会议"等国际会议的主要参与方，积极支持台湾回归中国，因此在台湾归还中国这一问题上美国是做出过正面贡献的。

中华人民共和国成立后，台湾问题的产生、演变也一直与美国因素相伴，半个多世纪以来，美国在中国国家统一进程中的负面作用居多。美国在不同的历史时期插手台湾问题有着不同的战略考量，冷战后，美国奉行以实用主义和保守主义为圭臬的外交政策，更是以维护美国在台湾的综合安全利益为主线的。

一、冷战前后台湾在美国全球安全战略体系中的地位不断波动

冷战前后，台湾在美国全球战略中的地位几起几伏。在冷战时期，美国把台湾作为反共的重要环节。中华人民共和国成立之后，美国一直等待"尘埃落定之后"，对于中国对美政策持观望态度，对于台湾并不想承担安全上的义务。但是，朝鲜战争爆发后，美国总统杜鲁门大肆宣扬"台湾地位未定"论，派驻第七舰队进驻台湾，开始阻挠中国实施解放台湾的国家统一步骤。1954 年 12

月，美国与台湾当局签订了所谓"美台共同防御条约"，公然将台湾置于美国的"保护"之下，声称要同台湾当局采取"共同行动"，反对中国人民解放台湾的正义斗争，这是美国政府干涉中国内政、插手台湾问题的重要军事部署。此后在 20 世纪 50 年代和 60 年代，台湾一直作为美国遏制社会主义中国的"不沉的航空母舰"而存在，其对美国而言既有地缘战略价值，又有意识形态利益。美国著名的中国问题专家鲍大可（A. Doak Barnett）1960 年撰写的《共产党中国与亚洲：对美国政策的挑战》一文中明确了美国在台湾的战略利益，并至今为美国的当政者奉为圭臬，他指出："目前，不容置疑，如果中共控制了台湾并将其确立为一个主要军事基地，美国在亚洲的现有安全体系将会受到严重损坏。在二战期间，日本曾将台湾作为一个从事广泛军事行动的基地，如果中共控制了台湾，一种现实的威胁将会展现在附近地区，如菲律宾、冲绳等地。"[①] 因此，冷战时期，台湾在美国的亚洲军事扩展机制中发挥着不可替代的作用。

20 世纪 50 年代后，美国在台湾问题上的立场经历了从明确支持台湾回归中国到公开提出"台湾地位未定"论，从"不介入"台湾问题到武力侵占中国台湾海峡的两大变动，这两大变动始终遵循的原则是，台湾是否被纳入美国的亚洲战略轨道，是否对美国的全球利益有利。所以，美国的利益需求才是美国对台政策变动与稳定的出发点和立脚点。[②]

70 年代，中国调整对外战略，恰逢美国实行战略收缩以对付苏联的军事扩张，由此中美两国接近并结成"一条线"用以对付苏联，而美国本着实用主义的态度在台湾问题上对中国有着一定的让步。中美三个联合公报——《上海公报》《建交公报》《八一七公报》的签署使台湾问题在中美关系中暂时搁置，美国得以借助中国抗衡苏联。20 世纪 70 年代后，在中美苏大三角的背景下，中美关系有了较大的改善，"冷战期间，美国对台湾政策以三个联合公报为标志，出现三次大的变动，尽管依然或明或暗保持与台稳定的关系，但出于借助中国这支无可替代的重要力量，抵御苏联威胁的战略考虑，三次大的变动，还是体现了向中国大陆倾斜的立场。其对台湾旧有关系的发展较为谨慎，较有限度"，[③]

---

① 转引自李增田：《从鲍大可的著述看美国在台湾问题上的利益需求》，《国际论坛》，2004 年 7 月第 6 卷，第 4 期。

② 刘丽华：《论 40—50 年代美国对台政策的变动性与稳定性》，《内蒙古师范大学学报》（哲学社会科学版），2000 年第 5 期。

③ 刘丽华：《论 70 年代以来美国对台湾政策的变动性与稳定性》，《内蒙古师范大学学报》（哲学社会科学版），1999 年第 6 期。

因此在 20 世纪 70 年代和 80 年代台湾在美国整体对外战略中的地位呈下降趋势。

1979 年 4 月，美国参、众两院先后通过"与台湾关系法"，并于 4 月 10 日经美国总统签署生效。"与台湾关系法"公然声称，"美国决定同中华人民共和国建立外交关系是基于台湾的前途将通过和平方式解决这样的期望"；"以非和平方式包括抵制或禁运来决定前途的任何努力，是对西太平洋地区的和平和安全的威胁，并为美国严重关切之事"；美国仍将"向台湾提供防御性武器"。[①]这表明美国时刻把台湾问题作为一颗重要的制衡中国的砝码而储备起来。

20 世纪 90 年代初，冷战结束，但是美国独霸天下的冷战思维并没有终结。冷战后，台湾在美国全球战略中的地位凸显，其原因在于美国要利用台湾问题遏制意识形态迥异而又快速发展中的中国。事实上，美国一直把正在崛起的中国视为潜在的竞争对手，并在政治、经贸、地缘安全上予以打压，干扰中国的现代化进程，但是各方面的实际效果并不如美国当局者所愿。例如人权领域是美国打压中国的传统阵地，1990 年后在联合国人权会议上以中国为代表的阵营先后 10 次挫败了以美国为首的阵营在人权问题上的反华提案，2005 年 3 月正在日内瓦参加联合国人权委员会 (人权会) 第 61 届会议的美国代表团正式宣布不搞反华提案。在中美政治领域里，中美关系中对抗的幅度在减弱、影响范围在缩小，而在中美经贸领域里彼此相互依存的一面在加强，这应归功于中国对美外交正确的应对策略，即坚持"韬光养晦，有所作为"的基本原则，1991 年 10 月 5 日，邓小平在会见金日成时强调在形成新的世界格局的过程中，"我们主要观察，少露锋芒，沉着应付"，[②]因此美国难以在中美利益交错的领域内找到合适的打压中国的借力点。

随着中国的"睦邻、安邻、富邻"周边政策的成功实施，在中国的整体安全环境中只有作为周边国家的日本和中国国内的台湾地区对中国大陆形成安全上的不稳定因素，而在美日同盟重新定义后，台湾目前成为美国遏制中国的最有力筹码。在美国的战略利益考量中，一方面只要中国没有实现统一，美国就具备在台海地区军事介入的理由，使中国不得不保持相当规模的军事力量，不能完全集中精力进行现代化建设，同时美国有意渲染台海地区发生军事冲突的可能性，引起西方大国对华投资的疑虑及中国周边国家的不安，抵消中国以经

---

① 苏格：《美国对华政策与台湾问题》，世界知识出版社，1998 年，第 475 页。
② 《邓小平思想年谱》，中央文献出版社，1998 年，第 457 页。

济建设为中心的基本国策及其相关睦邻政策、经贸政策的成效；另一方面，在地缘上，美国希望台海局势在其可控范围内，使美国不动干戈就可以凭借这道天然屏障防止中国的军事力量进入太平洋，避免美国的军事部署直接暴露在中国的军事威胁之下。

二、台湾是美国式民主制度在亚洲推行的样板

"民主和平论"是以美国为首的西方国家在意识形态上敌对中国等社会主义国家的理论基础。1983 年，"民主和平论"的主要倡导者之一——约翰·霍布金斯大学政治学教授米切尔·多伊利在《康德、自由主义遗产和外交事务》一文中提出了自由民主国家相互间从来没有发生过战争的论点，他把康德的思想称作是"远见、政策和希望的源泉"，并以康德的政治思想为依据解释说，民主政府相互间不愿打仗的原因之一是它们必须向其国内的人民做出交代，如果战争的代价过高，它们在选举中就会失败。[①] "民主和平论"的基本观点是：首先，民主国家之间从不 (或很少) 发生冲突，即使它们之间发生冲突，彼此也不大会使用武力或以武力相威胁，因为民主国家认为战争有悖于民主的原则和理性，不是解决它们之间纠纷的合适方法；其次，专制国家之间或者民主国家与专制国家之间更容易发生冲突，而且更易于以武力解决争端，甚至认为与民主国家相比非民主国家更加好战，尽管自由民主国家很少 (或从不) 相互打仗，但它们可能和非民主国家打仗。[②]1991 年，塞缪尔·亨廷顿出版了《第三波：20 世纪末民主化浪潮》后，"民主和平论"在美国再掀热潮，对于美国的意识形态外交产生重要影响。

在东亚地区，美国想要推销其价值观和社会制度必须树立一个"样本"，而美国认为台湾的民主制度是"美国式民主"在亚洲的成功实践。1986 年，台湾国民党当局开始了所谓"政治革新"，目的是在新形势下以变求存，虽仍没有突破"动员戡乱体制"的范围，但台湾的政治体制由此发生了重大变化，开始由军事戒严和一党专制向标榜实行西方政治制度的方向过渡。开放"党禁"后，各种政治势力迅速发展，尤其是民进党的力量逐步发展。在 20 世纪 90 年代的

---

① ［美］米切尔·多伊利：《康德、自由主义遗产和外交事务》，美国《哲学和公共事务》，1983 年夏季号。

② ［美］米切尔·多伊利：《康德、自由主义遗产和外交事务》，美国《哲学和公共事务》，1983 年夏季号。

一系列选举中，民进党等在野势力发展，不断给国民党执政造成严峻的挑战。"国民大会""立法院"等机构中，国民党"一党独大"的局面已经结束。在1994年年底的省市长选举中，民进党获得了台北市市长的席位。在1997年年底的县市长选举中，民进党获得空前的胜利，得票率第一次超过国民党，赢得了23个县市长席位中的12个。2000年和2004年的台湾地区领导人的选举中，民进党击败国民党及泛蓝联盟两度成为执政党。

美国是台湾"民主化"的幕后操纵者，20世纪70年代美国对台政策的重点是"扶持国民党内的技术官僚，保护新兴的党外反对势力，厚植台湾自由化和多元化的党内力量和党外力量，以待变局"，[①]80年代，美国开始不断增加对国民党当局的压力，敦促其进行政治改革，美国公开支持民进党的成立，要求台湾当局"开明"地处理民进党成立事件，不要做出过激反应，从而成为推动民进党成立的主要外部力量。1995年4月7日，美国众议院就"台湾当局加入联合国"问题形成了第63号"众议院共同决议案"，列举了14条台湾当局应该加入联合国的"理由"，其中第4条是："台湾的人权记录有明显改善，在多党制度下定期举行自由和公平选举。"[②]

由于台湾在很大程度上已接受了美国的政治模式和价值观念并在经济上取得了较大的成功，美国认为："台湾作为世界大棋局中的一颗重要的棋子，尤其是台湾的意识形态、价值观念以及近年来的政治'民主化'，完全符合美国的利益。"[③]而通过台湾的民主模式的"挥发"效应，就可以把美国的价值体系推广到整个亚洲，特别是可以成为西化、演化社会主义中国的桥头堡，这才是美国推崇台湾民主制度的利益所在，布热津斯基指出：台湾是"民主成功的范例……即民主与中华文化是相融的，它的范例对大陆中国未来的演进，有着重要的和长远的意义"。[④]本着树立台湾作为"民主样板"的思想，美国对台湾岛内猖獗一时的"黑金政治""贿选政治""权钱交易"等政治毒瘤视而不见，一味赞许台湾民主政治的成功。2004年3月，台湾举行了地区领导人选举，其选举过程和选举结果备受岛内民众的质疑，美国国务院发言人埃瑞利办公室代表美国政府对台湾"大选"发表官方声明说：祝贺台湾人民进行了一场民主的竞选活动，

---

① 袁明、范士明：《"冷战"后美国对中国（安全）形象的认识》，《美国研究》，1995年第4期。

② 苏格：《美国对华政策与台湾问题》，世界知识出版社，1998年，第731页。

③ 于江欣：《两难：美国在台海问题上》，《世界知识》，2000年第6期。

④ ［美］布热津斯基：《如何与中国共处》，《战略与管理》，2000年第4期。

数量众多的台湾选民行使了民主的选举权。①

厦门大学台湾研究中心沈惠平指出:"在美国的推动下,台湾地区完成了所谓的'民主转型'。本质上,台湾地区所谓的民主政治是一种植入性、依附性甚至是功利性的民主。就台湾本身而言,其民主是在美国压力之下强加进来、不得不为的结果,因此也可以说是一种依附于美国的民主。从美国来讲,压迫和扶持台湾实现民主化转型,更多的是为了其'和平演变'中国大陆的目的。换言之,美国之所以不遗余力地推动台湾的民主进程,其真实意图在于台湾可以作为'和平演变'中国大陆的跳板与前沿。在这样的背景之下,台湾地区民主化进程中存在的问题和局限如'选举政治'、统'独'纷争等,可以得到更深刻的解读。"②

三、冷战后美国"对台军售"与美国军工复合体利益攸关

美国对台军售一直困扰着中美关系的健康发展。20 世纪 80 年代初期,美对台军售一度成为中美关系继续发展的重大障碍,为此中美双方经过了艰苦的谈判,于 1982 年 8 月 15 日达成协议,8 月 17 日发表中美联合公报(《八一七公报》)。在公报中,中美双方重申了中美《上海公报》和《建交公报》中确认的各项原则,美方承诺:它不寻求执行一项长期向台湾出售武器的政策,它向台湾出售的武器,在性能和数量上将不超过中美建交后近几年供应的水平,它准备逐步减少对台湾的武器出售,并经过一段时间导致最后的解决。此后,在整个 80 年代,美国出于同中国结盟的需要尽量控制对台军售。

冷战结束后,美国借口保持海峡两岸的军备平衡,对台军售逐步升级,给"台独"分子形成一种美国全力支持"台独"的错觉,直接造成中美关系的波折与动荡。台湾目前是美国的最重要军火市场之一。2004 年 12 月 26 日,据台湾岛内《中央日报》等媒体报道,美国国会研究处公布的一份报告指出,过去 8 年,台当局向外(主要是美国)购买军火共花了 194 亿美元,在全球军购的国家与地区中排名第二位。就美国军火的外销市场而言,台湾绝对占有相当重要的地位。美国 2003 年对台湾售出军火金额为 5.4 亿美元,台湾为美国全球第八大武器出口对象;2003 年台湾与美国签订的武器采购协议金额为 3.9 亿美元,排名第 10 位。2000 年至 2003 年,美国对台武器出货金额为 45 亿美元,这段

---

① 隗静:《美国政府就台湾大选结果发表声明》,2004 年 3 月 21 日华盛顿消息,凤凰卫视。
② 沈惠平:《美国与台湾民主化进程》,《厦门大学学报(哲学社会科学版)》,2010 年第 5 期。

时间台湾为美国第三大武器出口对象。1996 年至 1999 年间，美国对台武器出货金额为 72 亿美元，这段时间台湾为美国第二大出口对象。美台军火交易的重要中间机构——美台商业协会提出一份报告，预计在未来 10—15 年内，台湾对美军事采购总额将超过 354 亿美元（约 12000 亿新台币），而在 2004—2008 年期间台湾将成为美国军火外销的最大买主。

事实上，美国对台军售既有美国国家战略导向的驱使，又同美国军工复合体的利益驱动息息相关。在美国的选举政治中，美国军工复合体历来是美国保守势力的财政后盾和美国朝野两党争夺的主要支持力量。1992 年 9 月，布什政府不顾中方的一再强烈抗议，公然允许对台湾出口 150 架先进的 F-16 战斗机，严重恶化了中美两国关系，后来布什对中国的解释为大选的因素，是由于他当时在竞选连任总统时处于劣势，为了取悦选民，承诺为军工企业工人争取更多的就业机会而签署了这宗军购订单。

现在美国对台军售已经从"卖方市场"转入"买方市场"，即美台间的军购关系已经由"台湾忙着买"变为"美国急于卖"。其原因是多方面的，就台湾而言，一方面台湾岛内政局变化后，在野力量监督增强，特别是国民党候选人马英九执掌台湾地区的行政权后，台湾当局对待美国军售问题相对十分谨慎；另一方面由于台湾的经济增长趋缓、财政预算大不如前，财力上难以支撑数目庞大的军售预算。就美方而言，这种一正一反的转换恰恰反映了美方军工复合体强烈的利益诉求和在美国政坛上的重要地位。

2004 年 6 月 2 日，台行政部门以大陆"制空与制海能力将在 2005 年到 2010 年间超越台湾"为由，通过了"重大军事采购特别预算案"以及"重大军事采购条例草案"，简称"特别军购案"，共编列 6108 亿新台币，约合 182 亿美元。该案规定从 2005 年开始，在 15 年内向美国购买 8 艘柴电动力潜艇、6 套"爱国者"Ⅲ型导弹和 12 架 P-3C 反潜巡逻机。为筹措这笔巨额款，台湾准备举债 4200 亿新台币，出卖公有土地 1000 亿新台币，释出包括台湾土地银行、台湾银行、台湾烟酒公司、台电、"中油"、中华电讯等股票 940 亿新台币，这对美国特别是军火商而言更是一块"大蛋糕"。

与此同时，美国军工复合体利益与美国国家利益的不一致导致美国在"对台军售"问题上前后矛盾。一方面，美国向台湾出售爱国者三型飞弹系统，P-3C 反潜机和远程预警雷达等军备，是出于美国为了建立战区导弹防御系统、必须在海外部署远程预警雷达的需要，而台湾是美国在亚太地区最佳的布置地点，美国一直就把台湾定位为情报、资讯的重要来源地，同时武装台湾就可以减少美国直接军事介入台湾的冒险性，使美国的对台和对华政策留有回旋的余地。另一方面，就美国的国家利益而言，大量出售武器给台湾会增加台海局势的不稳定性，助长了"台独"势力的分裂势头，对美国的国家安全构成了威胁，但是由于美国军工复合体对美国政治的影响十分强大，不断通过各种院外活动集团加大对美国政府和国会的游说力度，逐步解除了美国对台军售的一些限制。当前美国军工复合体在国际军购市场上面临欧盟、俄罗斯的挑战，为了从台湾军购中大发横财，尽管美国政府和各级官员都一再表示不会向台湾出售"能够改变台海现状"的进攻性武器，但神通广大的军火商仍向美国政府游说对台湾当局施压签署大宗军购订单。同时，美国各大军火公司拼命贿赂台当局负责军事采购的各级官员，如美国联合防卫公司，2004 年就花了 42 亿元的巨额佣金，分到了一块 850 亿元的军购"大饼"。[①] 台湾当局看准美国政治的这一弱点，通过购买美国价格畸高的武器博得美国军工复合体的支持，进而影响美国对台政策，力图把美国绑在"台独"的战车上。

2008 年 10 月 4 日，美国政府通知国会，决定向台出售"爱国者"-3 反导系统、E-2T 预警机升级为鹰眼 2000 型相关设备和服务、阿帕奇直升机、标枪型导弹、潜射鱼叉导弹和飞机零部件等 6 项武器装备，总价值 64.63 亿美元，中国军方对此表示了强烈不满和坚决反对。

美国国内有人说，售台武器有助于美扩大出口，增加就业。自 2008 年金融危机以来，美国经济增长缺乏活力，失业率一直保持在 9% 左右的历史高位。2010 年，因为美国 64 亿美元的对台军售及奥巴马会见达赖等问题，中美关系陷入低谷，军事交流等高层互访中断，2011 年 9 月 21 日，美国政府宣布了总额 58.52 亿美元的向台湾出售武器计划。这已经是奥巴马政府第二次对台军售。2011 年新一轮军售使得奥巴马政府对台军售总额达到 122.52 亿美元，超过美台"断交"后历届美政府的对台军售总额。

2012 美国总统大选来临，经济和就业议题成为两党竞选最核心的议题。在此背景下，洛克希德·马丁公司和国会议员纷纷扯出"经济增长和就业"的大旗，称军售将给美国带来 8 万多个就业机会，这样的说辞，很容易得到美国民众的认可和支持，对民主党政府形成巨大压力。一位美国国防部前高官日前对

---

① 李润田：《五千亿军火换支持"公投"，阿扁买武器讨好美国》，《环球时报》，2004 年 2 月 23 日。

《环球时报》记者表示，当前美国经济形势不振成为奥巴马连任路上的最大障碍，他显然不会"扼杀"军售带来的就业机会。据不完全统计，近30年来，美方已80多次对台售武，总价值超过400亿美元。

四、"不统、不独、不武"——美国的台海政策解读

美国的台海政策总体而言是以美国的国家利益为主线，受美国国内各种因素的影响呈钟摆式左右波动，但其波动保持在一定的范围内，不会彻底地背离美国的国家核心利益。

对于美国的台海政策比较客观的论述可见苏格所著的《美国对华政策与台湾问题》一书，"正是因为美国将台湾实际上当成一个实现自己利益的'卒子'，那么它就从根本上决不可能对海峡两岸任何一方的利益予以充分的考虑。也正是因为美国决策者时时以自身的利益出发制定对台政策，其政策就难免不出现种种难以平衡的矛盾之处"，"美国自我标榜的'双轨'政策，说到底就是要维持台湾海峡两岸'不统不独''不战不和'的局面"。①

"不统不独""不战不和"的局面是因为美国台海政策的左右摇摆和台海双方的互动而形成的，并非美国所能够完全操纵的，只是刻意维持。事实上，美国台海政策对于"不统""不独""不战""不和"这四项是有战略排列顺序的，目前看来"不战""不和"这两项可以修正合并为"不武"，由此基本可以排序为"三不"——"不统、不独、不武"。美国力图操纵台湾问题的发展趋向的首要目标在于"不统"，因为美国朝野上下的共识是统一后的中国将对美国的单极地位构成现实的挑战，"不统"才能使美国的台海利益最大化，达到"以台制华"的目的；"不武"来源于对中国国家实力的分析判断，在未来的台海战争中台湾必然处于劣势，而在朝战、越战中，中美几度交手美方难以占优势，从美国的决策者到美国的民众没有做好同中国进行一场全面战争的物质和心理准备；"不独"的出发点在于对中国对台战略的判断，美国认为台湾强行"独立"势必引发台海战争，随之美国不得不军事介入，这与美国"不武"的初衷背道而驰，所以美国对于"台独"势力的行为一直加以约束，避免局势的失控。总而言之，"不统"是统领美国台海政策的长远战略，是着眼于美国全球霸权地位的综合考量；"不武"是美国台海政策的现实基础，是美国操纵台海局势的基本前提；"不

---

① 苏格：《美国对华政策与台湾问题》，世界知识出版社，1998年，第811页。

独"是美国台海政策的无奈选择，是美国避免中美两国直接对抗的权宜之计。

美国政策智库的一些学者在"不统、不独、不武"的基础上提出了"国际参与暂行架构"，比较有代表性的是曾任美国国家安全会议亚洲事务资深主任的李侃如（Kenneth Lieberthal）在 1998 年 2 月提出的中程协议（Interim Agreements）构想，即在"台湾不独，大陆不武"的原则下，共同谈判出一个50 年不改变现状的中程协议，要点包括："一、承认一个中国原则，但两岸均为一个中国架构下两个国际法主体；二、两个国际法主体不必互相承认，双方仍可声称对他方之主权；三、和平统一中国，不得使用武力；四、一国虽已承认中共，但仍可以国家之态度对待台湾，亦可不承认台湾对大陆之主权。"①

美国一再强调台湾问题的和平解决，其中的潜台词在于首选台湾的"和平独立"，而非台湾的"和平统一"。1998 年 6 月，克林顿提出对台"三不"政策（美国不支持"两个中国"或者"一中一台"，不支持"台湾独立"，不支持"台湾以主权国家身份参加国际组织"）后，共和党主导的美国国会立即以所谓《加强台湾安全法》进行反击，特别在同年 10 月通过《综合拨款法》和《1999 财政年度国防授权法》，干涉中国内政并要求把台湾纳入战区导弹防御系统和继续向台湾出售武器，使克林顿宣示"三不"政策所产生的积极效应很快丧失，并使美国国会内的亲台势力更加嚣张。2004 年 4 月 22 日，美国国务院主管东亚及太平洋事务的副助理国务卿戴利在新加坡举行的亚洲安全对话上发表了讲话，戴利重申支持一个中国原则，但又指出不反对台湾海峡两岸现状出现改变，前提是任何改变都必须是在和平及得到台海两边同意的情况下进行。戴利的讲话，是美国政界右翼势力支持台湾"和平独立"的政策的公开化，②透露了美国的对台政策的潜台词。因此，虽然美国当前台海政策的基调为维持现状，会对"台独"突破其政策框架的分裂活动进行一定的约束，但这个政策的侧重点是阻挠统一，进而"以台制华"。

2004 年在深圳举办的第六届孙子兵法国际研讨会上，美国的国际评估与战略中心副会长费雪（Richard Fisher）认为，防止台海冲突是美国的利益所在，为此美方会慑止任何冒进行动，但他不同意"维持现况"就能符合美中利益，

---

① ［新加坡］陈子帛：《北京会接受"暂时架构"吗？》，《联合早报》，2006 年 3 月 25 日，http://www.zaobao.com/special/china/taiwan/pages10/taiwan060325a.html。

② ［新加坡］《美副助理国务卿戴利：两岸同意下 美不反对台海改变现状》，《联合早报》，2004 年 4 月 29 日，http://www.zaobao.com/special/china/taiwan/pages6/taiwan290404f.html。

因为现况存有太多不稳定的因素，重点是美国需要有较好的"危机管理"，但目前做得不够。[①]

2007年8月，台湾媒体同时报道了两件新闻。一件是五角大楼通报国会，希望批准向台湾出售60枚空射型"鱼叉"反舰导弹。另一件是《纽约时报》记者出书披露中情局间谍卧底台湾，粉碎台湾核武计划。还有媒体把两条新闻放在一起评论，称美国的对台军售蕴含着很深的政治意味，既有"打气"的功能，鼓动台湾对抗大陆；又有"绳套"的效果，让台湾只能对美国俯首听命。岛内媒体评论指出，美国在军售问题上一贯的立场是维护美国的国家利益。因此它一方面要不断向台湾提供军售，既可以赚取巨额利润，又能在战略上制衡大陆；另一方面它的军售也像一根绳套，台湾一不听话，美国就紧一紧。[②]

在2011年美国《外交事务》双月刊（3/4）月中，华盛顿大学学者格拉瑟(Charles Glaser)提出美国或应考虑抛弃台湾的论点，格拉瑟认为："推动中美关系在未来几十年内持续改善，美国应当考虑逐步放弃对台湾的安全承诺。"该文章刊出后，立刻遭到美国保守派智库、媒体的围剿和攻击，归根究底，美国还是知道台湾在第一岛链战略地位的重要性与迫切性，如果失去这块战略前缘和缓冲地带，美国的亚洲战略布局将失去重心和依托，特别是在美国重返亚太的背景下，美国的国家利益和核心利益都将受损。

五、特朗普政府不断侵蚀一个中国原则

2016年11月8日唐纳德·特朗普赢得美国第45届总统大选并于2017年1月宣誓就职，正式成为美国第45任总统。特朗普在竞选总统期间一直打着"美国优先"和"让美国再次伟大"的口号。2016年12月2日，特朗普选后与蔡英文进行了长达十几分钟的通话，随后特朗普在推文中称蔡英文为台湾"总统"。特朗普这一系列举动引起中方的强烈反应，自中美建交以来，无论哪一位总统、哪一届政府、哪一个党派执政，都从来没有出现过与台湾地区领导人直接进行电话沟通的现象，这一行为被视为赤裸裸地违背了中美之间确立的一个中国原则。当月11日接受媒体采访时，特朗普再次表达了中美在经贸问题未能达到一

---

① 《台海是和是战？美俄印三国学者各有解读》，央视国际网站，http://www.cctv.com/news/china/20041206/106608.shtml。

② 沙莲：《美国对台军售是个"套"》，《中国国防报》，2007年8月16日，http://military.people.com.cn/GB/52935/6122766.html。

致的前提下，美国政府在与中国交往时却要一直受限于一个中国政策的不满。两天后，特朗普在受访时重申，一个中国政策可以拿出来谈判。特朗普在当选后的一系列对华不友好的行为，涉及的是中国的核心利益问题，已经触碰到了中国的底线，引起了中国的强烈反应，外交部发言人持续对特朗普的不当行为提出批评，中美关系开始陷入紧张。特朗普的言行同样招致了美国内部各个派别的反对，如前总统奥巴马的亚洲政策首席顾问杰夫·贝德和美国前"在台协会主席"卜睿哲等，都先后撰文批评特朗普对中美关系历史和底线的无知。

面对特朗普挑战一个中国政策，中国大陆立场坚定、表态明确，希望特朗普认识到一个中国政策这个原则性问题对中国大陆来说是没有商量的余地的，如果继续利用一个中国政策挑衅中国大陆，可能会颠覆中美关系的根基，导致两国走向对抗的道路。经过中美双方一系列的交流与沟通后，特朗普在 2017 年 2 月 9 日与习近平主席的通话中，表达了美国政府将继续奉行一个中国政策的承诺，并表示充分理解了这一政策的重要性。不过值得注意的是，尽管特朗普已经放弃挑战"一个中国"的底线，并不代表特朗普政府不会在台湾问题上做文章，务实的特朗普政府在执政后采取了一系列提升美台关系的举措，通过一系列的立法与对台军售来提升美台高层交往层级与强化台湾地位，试图继续维持与中国台湾的关系。2017 年美国国家安全战略报告表明美国将在"与台湾关系法"基础上维持与台湾的密切联系，或履行对台军售承诺。

2018 年 3 月，美国参议院一致通过"台湾旅行法"，国会认为"美国政府应当鼓励美国和台湾之间各个层级官员的访问"，包括允许美国各个级别的官员访问台湾，同台湾官员会面；允许台湾高级官员在得到尊重的情况下进入美国，并会见美国官员，包括国务院和国防部官员；鼓励"台北经济和文化代表处"以及其他台湾机构在美国开展活动。美台官员互访一直是两岸关系之间的敏感部分，对中国大陆来说，这无疑是破坏"一中"原则、挑战底线的做法。3 月 16 日，特朗普正式签署鼓励美台高层官员互访的"台湾旅行法"，引起中国政府强烈不满并表示坚决反对。中国外交部发言人表示，尽管上述议案有关条款没有法律约束力，但中方对此强烈不满和坚决反对，已向美方提出严正交涉。至于台湾方面，则认为这是自 1979 年美国制订"与台湾关系法"以来，台美双方在外交上的实质突破。据《联合报》报道，台湾当局发言人林鹤明表示，台湾方面感谢美国国会通过"台湾旅行法"，也感谢特朗普签署让它生效，接下来台湾将会与美国行政部门密切合作，让台美关系能变得更为强健。台湾涉外部门也发表声明感谢美方，并表示将持续以"稳健踏实步伐"深化台美互惠互利的坚强伙伴关系。2018 年 3 月 20 日，美国国务院东亚暨太平洋事务局副助理国务卿黄之瀚访台，成为该法案生效后首位访台的现任美国政府官员。

第二节　台湾问题关系日本的重大战略利益

历史上日本对台湾的觊觎及其 19 世纪末侵占台湾并实行殖民统治，培植起了日本畸形的"台湾情结"。20 世纪 70 年代，中日两国建交，但在台湾问题上日方的措辞体现了其持保留态度。日本希望利用台湾问题制约中国，确保自身地缘安全与经济安全，同时谋求地位的提高和争取在东亚地区的主导权。

一、日本对台湾的侵略历史形成了日本的"台湾情结"

从甲午战争到 1945 年二战结束，日本对台湾统治达 50 年之久，从而形成了日本特有的"台湾情结"。为了殖民统治的需要，战前日本政府促使大批日本人移民到台湾，1931 年在台湾的日本人达 24.38 万人，日本战败时增加到 47 万人（含军队）。[①] 这一时期日本殖民者为了把台湾改变成为日本的一个组成部分，在不断强化和巩固对台湾政治统治的基础上，还强制推行文化上的同化政策。日本侵略台湾伊始就建立了殖民地教育体制，并于 1937 年开始推行"皇民化运动"，对台湾展开全方位的文化侵略，包括强制普及日语、强制日本化的生活方式、灌输日本帝国主义的所谓价值理念等等。正是这种文化侵略培植了台湾一小部分民众的"皇民化情结"，以身为日本国国民为荣，最为典型的当属李登辉，李登辉受过日本文化的洗礼，有着难解的日本情结，李本人曾扬言在他 22 岁之前是日本人。正如台湾有些学者所言：目前台湾人的普遍看法是，身为元首的李登辉与日本存在千丝万缕的联系则是人所共知的事实。所以，在李登辉主政台湾后，政治上实行一条"拉美国、亲日本"的"台独"路线，在文化领域实行的是李登辉所倡导的带有浓厚的亲日色彩的"新台湾文化"。

"台独"分子要分裂中国建立所谓的"台湾国"，必须首先在台湾岛内开展"去中国化"运动，铲除植根于台湾人民中间的中华文化传统。存在于部分台湾民众中间的"皇民化情结"与"台独建国"理念具有功能上的耦合性，即"台

---

① 冯昭奎：《三个层次剖析日本的台湾情结》，《中国周刊》，http://news.21cn.com/kanwu/zgzk/2009/05/22/6395972.shtml。

独"势力可以通过厚植台湾人对于日本的"亲情"意识，造成台湾人民对于大陆的隔阂与误解，最终把这种意识转化为"台独"理念。李登辉与日本人司马辽太郎访谈时曾提及所谓"台湾人的悲哀"，称台湾人在自己的土地上，却没有自由自主的权利，而2005年"台联党"主席苏进强参拜靖国神社更是反映了"深绿"阵营的"皇民化心态"和借助日本完成"台独"的政治图谋。

冷战后，日本从其国家利益出发乐见台湾民众"皇民化情结"的滋长，由于受战败国身份的限制，日本不能和美国一样在政治和军事上直接介入台湾事务，但是日本凭借多年来形成的台湾民众的亲日意识在文化上渗透台湾。自1995年开始，台湾各大学的日语系剧增，到2004年全台设有日语系的高等院校多达43所，共有7.5万名学生在学日语。日本交流协会及其在台北、高雄两地的事务所，是"日语渗透台湾"的最大推动者。台湾岛内政客还把学日语、去日本访问当成捞取政治资本的捷径，民进党上台后包括"国安会秘书长"邱义仁、民进党前秘书长张俊雄等人都在学习日语，而所有的课程都是由日本交流协会台北事务所安排的。

日本在文化上培植了台湾部分民众的"皇民化情结"，反映在政治上则为暗中扶持"台独"。从历史上说，日本军国主义是"台独"的始作俑者。日本在二战后初期曾酝酿"台独"。1945年8月，日本天皇宣布无条件投降后，日驻台湾总督安藤利吉即策动一些日军中的军国主义分子和汉奸分子，在台湾建立起"台独"组织；同时，驻台日本右翼军人发动"台湾独立"事件，即为"台独"活动的发端。但是，台湾重归中国已不可逆转，日本军国主义势力进行的"台独"活动遭到失败。由于19世纪50年代后蒋介石在台湾采取镇压"台独"的措施，"台独"分子只能在海外从事活动。 1951年、1956年"台独"分子先后分别在日本、美国建立组织。1952年4月28日，日本政府与台湾的国民党政权签订了"日台条约"，这为日本政府之后大搞"两个中国"埋下了伏笔，以至于在1972年中日两国进行邦交正常化的谈判时，日本政府仍然拒绝承认1952年"日台条约"的签订是非法和无效的，只是同意在中日正式建交时予以废止。

20世纪60年代中期，日本是"台独"势力的大本营。当时在日本的"台独"派别众多、组织复杂，其中以廖文毅为首的"台湾共和国临时政府"是最具代表性的"台独"组织。周恩来在中日复交前曾指出："要日本抛弃美国，抛弃台湾，这不仅短期内做不到，长期也困难。日本自民党虽然分许多派，但在台湾问题上都是一致地含糊其词，大多有野心。吉田茂、岸信介等人就是想把台湾分出去。在台湾和祖国统一之前,在这个问题上我们同日本的斗争是长期的。"①

日本当局清楚日本宣示其"台湾情结"的做法会引起中日民族情绪的日益对立和中日关系走向冷淡,但是在美日同盟的荫护下,日本恰恰可以利用这种情绪上的反弹达到其目的,一方面借口台海危机冲破日本"和平宪法"的约束扩充军备,另一方面可以利用海峡两岸的文化隔阂与安全互信的缺失插手台湾事务。

二、中日建交及日本在台湾问题上的保留态度

1960 年 1 月,日美签订了新日美安全保障条约,条约规定美国继续有权在日本驻军并使用军事基地。日本社会党、共产党、工会组织、日本广大人民开展了声势浩大的反对新日美安全保障条约的爱国斗争。中国也举行大规模群众集会和示威。日本人民的抗议运动,迫使美国总统艾森豪威尔取消了原定对日本的访问,岸信介也不得不于 1960 年 6 月下台让位给池田勇人。1964 年 11 月,岸信介的弟弟佐藤荣作出任了近八年首相。

20 世纪 60 年代的中日关系一直出于低迷之中,而与中美关系不同之处在于"民间先行、以民促官",中日民间外交活动在某种程度上取代了官方外交。1964 年 4 月 9 日,中日双方就备忘录贸易互设办事处、互派常驻记者达成了协议,中方开设了廖承志办事处驻东京联络处,日方开设了高崎事务所驻北京联络事务所,在当时中日关系的境况下,这条半民半官的贸易渠道,为中日贸易和 1972 年中日邦交正常化做出了积极的贡献。

1965 年 8 月至 12 月,应中国政府邀请,日本 38 个青年代表团共 400 余人分两批访华,参加首届中日青年大联欢活动,中国领导人毛泽东主席、周恩来总理等亲切会见,这是中日民间友好交往史上的首次盛会。

由于美日结成同盟,20 世纪 50—60 年代日本在外交上一直追随美国,对新中国采取敌对态度。尼克松政府却在日方完全不知情的情况下,派基辛格在 1971 年 7 月秘密访问了北京。同年 7 月 15 日,中美两国同时发表了尼克松将在 1972 年访问中国的公报;而日本首相佐藤在公报发布前 3 分钟才得知相关消息。这一消息对日本确实是个冲击,被日本政界称之为"越顶外交"。因为就在 1970 年 10 月的美日首脑会谈中,尼克松还向佐藤保证,在对华关系上两国将

①　辛向阳:《百年恩仇:两个东亚大国现代化比较的丙子报告》,中国社会出版社,1996 年,第 644 页。

进行紧密磋商。没想到，时间过去还不到一年，尼克松就背信弃义。于是，抢在美国之前与中国复交，就成了日本政要慎重思考的问题。

1971 年 10 月 2 日，中方提出中日复交三原则：中华人民共和国是代表中国的唯一合法政府；台湾是中华人民共和国神圣不可分割的一部分；"日蒋和约"是非法的、无效的，必须废除。

1972 年 6 月，佐藤荣作首相被迫提前辞职。7 月 7 日，田中角荣出任首相，组成了自民党新内阁，田中首相在就任后第一次记者招待会上表示：日中邦交正常化的时机已经成熟。

1972 年 9 月 25 日，田中角荣首相访华。在两国总理的会谈中，中方为了尽快恢复中日邦交，以便实现当时的共同对付苏联的战略目标，体现了在策略上的高度的灵活性，例如，中方同意双方发表联合声明，而不采取签订和约的形式实现邦交正常化，缔结和平友好条约留待以后再谈判；又如，中方同意联合声明不触及日美安全条约；没有讨论钓鱼岛的问题，达成"以后再说"的谅解。

1972 年 9 月 29 日，中日两国正式建交。周恩来总理和日本国总理大臣田中角荣在北京签署了《中日联合声明》，宣布自该声明公布之日起，中华人民共和国和日本国之间的不正常状态宣告结束。条约签署之前，中日双方在历史问题方面显现出了一些分歧，田中首相在欢迎宴会致辞中轻描淡写地说"过去十年日本给中国国民添了很大麻烦"，引起了中国人民的强烈反感。中方领导人对"添了很大麻烦"给予了严肃批评。因此，最后在联合声明中写上"日本方面痛思日本国过去由于战争给中国人民造成的重大损失的责任，表示深刻的反省"，同时"中国政府宣布，为了中日两国人民的友好，放弃对日本的战争赔偿要求"。

针对台湾问题，在联合声明前言中写上日方充分理解中方提出的"复交三原则"，但正文中不出现第三条原则即"日台条约是非法的、无效的，应予以废除"，而由大平外相在记者招待会上宣布。在《中日联合声明》中，日本政府表示"充分理解和尊重""台湾是中国领土不可分割的一部分"这一中国政府的立场，没有使用"承认"一词，日方在台湾问题上的这一保留态度为其后日本右翼势力介入台湾问题并且阻挠中国实现国家统一提供了借口。

1978 年 8 月 12 日，《中日和平友好条约》签订。条约签订后，1978 年 10 月 22 日至 29 日，邓小平副总理为出席条约批准书交换仪式对日本进行了一周的访问，受到隆重破格的接待，在日本又一次形成了"中国热"。关于钓鱼岛问题，双方约定不涉及这一问题。1984 年 10 月，邓小平提出"把主权问题搁置起来，共同开发"。

在 20 世纪 80 年代，中日之间曾经发生了"教科书事件"、日本首相"参拜靖国神社"等事件的干扰，但是通过中日双方的妥善处理，中日关系基本处于健康发展的轨道。

1945 年 10 月 24 日生效的《联合国宪章》指出，日本是"第二次世界大战中本宪章任何签字国之敌国"，第 107 条指出："本宪章并不取消或禁止负行动责任之政府对于在第二次世界大战中本宪章任何签字国之敌国因该次战争而采取或受权执行之行动。"[1] 所以，日本战后一直作为战败国而跻身国际社会，随着日本在经济上的崛起，日本一方面在"道义"上要求废除《联合国宪章》中的战败国条款，进而成为联合国安理会常任理事国；另一方面又寻求在亚太地区发挥领导作用，主要战略就是以台湾为跳板，遏制中国，辐射东南亚，充当美国的亚洲"警长"。所以，日本在台湾有着根本的安全利益，日本无论是在历史还是在现实上都有着浓郁的"台湾情结"。

三、台湾是日本成为世界大国的第一"支撑点"

台湾对于美国而言，最重要的价值在于遏制中国，所以美台关系是服从于中美关系的，台湾并非美国全球战略的核心部分。台湾对于日本而言，则涉及了日本的重要国家利益，日本从甲午战争到第二次世界大战期间发动的绝大部分对外侵略战争都离不开台湾这块"跳板"，因为日本是一个岛国，缺少必要的以广阔陆地为依托的战略纵深，必须借助多个可以互相呼应的地理上的支点展开战略部署，台湾则是辐射亚洲特别是东亚地区最为理想的支点。美国前驻华大使芮效俭指出：在太平洋战争中，台湾是日本的战争支撑机制的关键部分。日本把台湾作为一个力量构造的内容，在很大程度上不是针对中国的，而是针对东南亚。[2]

当前，日本染指台湾确有地缘安全的考虑，但是其目的肯定不是作为继续发动战争的支点，而是把台湾作为其在亚太地区乃至世界发挥影响作用的重要舞台。日本要成为"正常国家"进而跨入有世界影响的政治大国行列，首先必须取得对亚洲事务的主导权，因为从历史乃至现实衡量，日本不具备在其他大

---

[1]　《联合国宪章》，http：//www.un.org/chinese/aboutun/charter/contents.htm。

[2]　刘建飞：《芮效俭：中国崛起不至于导致两国发生冲突》，《亚洲论坛》，2005 年 9 月号。

洲营造其势力范围的传统和可能性。日本构想的理想中的东亚格局为美日同盟下日本主导的"雁行"模式，其具体的实施步骤在于以全面提升军力为后盾，以经贸、文化交流为先导，进而影响东亚各国的对外政策特别是对日政策，形成以日本为核心的东亚"同心圆"。但是，日本认为中日之间存在各自势力范围的重叠区，特别是随着中国的崛起，日本根本无法取得对东亚地区事务的主导权。在历史上，日本军国主义一直坚持"远交近攻"的外交理念，日本发动的甲午战争和对华全面侵略战争都是在中国面临两次国内现代化（近代化）的历史时期而发动的，现在中国将要完成第三次现代化的进程，日本国内的不安和焦虑更是有迹可循的。当前，世界的基本潮流就是倡导和平与发展，中日之间爆发热战的可能性几乎不存在。但是，日本一直有意寻找遏制中国的各方面因素，干扰中国的现代化进程，在中国的发展一旦遇到诸多问题而陷入停滞时，日本就可以在东亚事务中居于主导地位。2000 年 4 月 12 日日本东京都知事石原慎太郎在接受德国《明镜》周刊记者采访时，更直言不讳地鼓吹"中国分裂有利于日本"，叫嚣："中国最好分裂成几个小国，日本应尽力促进这一过程。"①因此，具有特殊历史背景和现实利益纠葛的台湾问题成为日本干扰中国的首选，这与美国的出发点既有相同之处，又有不同之处，因为美国插手台湾的意图在于要保持世界的"单极"地位，日本的目的在于争夺同中国有关东亚事务的主导权，尽管中国政府一贯坚决奉行不干涉他国内政的和平外交政策。

迄今为止，日本对于台湾问题的表态一直落后于美国的立场。1945 年 8 月，日本政府在《日本乞降照会》中只是表示，"日本政府准备接受中美英三国政府领袖于 1945 年 7 月 26 日在波茨坦所发表其后经苏联赞成的联合公告所列举的条例"。②1950 年 9 月，美国主持下的单方面对日媾和"七原则"中，"台湾地位未定"论作为一项重要的内容被提出来。1972 年 9 月，中日两国政府签署《中日联合声明》时，日本政府表示"充分理解和尊重""台湾是中国领土不可分割的一部分"这一中国政府的立场，没有使用"承认"一词。1998 年 11 月江泽民主席访日时，日本首相小渊惠三只表示"不支持台湾独立"，而回避了对"不搞'两个中国'、'一中一台'"和'不支持台湾以主权国家身份参加国际组织'"（注：美国克林顿政府提出）的明确表态。自日本战败至今，日本对中方关于包括台湾在内的"一个中国"的主张，日方使用的是"理解"一词，而并

---

① 岳麓士：《不能容忍的狂言》，《人民日报》，2000 年 4 月 17 日。
② 褚静涛：《〈波茨坦宣言〉述论》，《民国档案》，2017 年第 3 期。

不是"同意"或者"承认"，可以说这样的表述为日本将来的变化留下了很大的余地，它只意味着日方"明白了中方的主张"。[①]

1996 年 3 月，中国在台湾海峡实施军事演习后，日本首相桥本亲自约见中国驻日大使，表示"希望和平解决台海危机"，池田外相在参院回答议员质询时说，"有人指出中共这种做法对于中国本身是不利的，我也这样认为"，[②]3 月 14 日，日本当局竟然以"因台海演习，延缓第四批对华贷款"相威胁，日本是中国周边国家中唯一追随美国表示"遗憾""关注"的国家。1998 年 5 月 22 日，日本外务省北美局局长高野纪元在国会众议院外务委员会召开的会议上做证时说，"日美新防卫合作指针"中所说的"远东地区"包括台湾，因此日本的"周边事态"也包括台湾在内。为此，引起了中国的强烈谴责。

2009 年 5 月，日本交流协会台北办事处所长斋藤正树在台湾嘉义中正大学一个国际关系学会年会上发表演讲，他在演讲中依据"旧金山和约"和"中日和约"，强调日本是"放弃"台湾主权，因此"台湾国际地位未定"，并称此一观点"代表日本政府"。由此，引起台湾当局的严正抗议。

21 世纪初，中国的发展对周边国家产生了"磁吸"效应，中国与亚洲周边国家的关系处于几十年来最好的时期；日本与中国、朝鲜、韩国、俄罗斯等邻国的关系产生了诸多问题，而"台独"势力却有意接近日本换取对其分裂行径的支持，日本一直想发挥在亚洲的建设性作用，不成为"亚洲的弃儿"，所以今后相当长的历史时期日本会利用台湾这个重要的筹码制衡中国。

2016 年安倍政府借民进党上台执政之机，在台湾问题上挑战"一个中国"的底线，提升日台实质关系，其恶劣程度前所未有。2017 年 3 月，日本总务副大臣赤间二郎访台，这是 1972 年中日邦交正常化以来第一次副部长级高官访台，之前日本政府访台官员层级仅止于"局长级"。日台来往密切，日本对台代表机构"公益财团法人交流协会"改名为"日本台湾交流协会"之后，台湾对日"亚东关系协会"也改名为"台湾日本关系协会"。2018 年台湾花莲地震后，通过日本和台湾当局的媒体炒作，多达 75.8% 的受调查民众认为日本对台湾表达的支持与关怀最多。总之，台海地区的复杂化局势随着美日的介入而逐步加剧。

---

① ［日］中西辉政：《台湾是日本的生命线》，日本《呼声》，2004 年 4 月号。
② 范跃江：《试析影响日本对华政策的"台湾情结"》，《日本学刊》，1999 年第 2 期。

四、台湾问题维系日本根本的地缘安全利益

日本是一个岛国，国土面积狭小，资源匮乏，加之近年来相对"右倾"化的对外政策，所以日本一方面特别注意保护作为其"生命线"的能源通道特别是石油运输通道的安全，另一方面，日本在与邻国发生领土争端时态度强硬，甚至不惜与其关系恶化。日本与邻国存在争议的领土都是四面环海的岛屿，与俄罗斯在南千岛群岛问题上、与韩国在竹岛（独岛）上、与中国在钓鱼岛和冲之鸟礁等问题上纠纷不断，并且日本政府和民间的态度十分强硬，主要因为岛屿所在海域往往牵涉大片的专属经济区和大陆架，蕴藏有丰富的渔业及矿产资源，根据海洋法公约，这些岛屿的归属直接影响到日本同邻国之间专属经济区和大陆架分割。

中日两国在东海大陆架、钓鱼岛、冲之鸟礁等领土问题上的争端已经严重地影响了两国关系，这些争端又大部分牵涉到台湾问题，同时台湾本身就牵涉到了中日两国的地缘战略冲突，所以从地缘安全的角度看，台湾问题维系着日本根本的地缘安全利益。

钓鱼岛问题历来是中日关系发展的严重障碍。钓鱼岛自古以来就是中国的领土，与台湾岛在政治、地理上具有共生性。它位于中国东海大陆架的东部边缘，距台湾岛东北大约 92 海里，距日本琉球群岛约 73 海里，但相隔一条深 1000 至 2000 米的海沟，该海沟成为中国和琉球群岛之间的天然分界线，按《联合国海洋公约》规定，钓鱼岛在地理位置上跟中国的台湾同属于一个大陆架的延伸面上，在地质结构上是附属于台湾的大陆性岛屿。钓鱼列岛从明朝时起便已不是"无主地"，而已由中国明朝政府作为海上防区确立了统治权。1945 年日本战败，台湾岛重新回到祖国怀抱，各种国际文件均明确指出，台湾及其周围岛屿归中国所有。日本政府则将附属于台湾岛的钓鱼岛等岛屿以归冲绳县管辖为借口交由美军占领。1970 年，美国把琉球群岛的管辖权交给日本，同时把钓鱼岛"送还"给日本，日本遂派出军队赴钓鱼岛巡逻。

日本政府认为 1971 年 6 月 17 日签署的日美《归还冲绳协定》中包括了"尖阁列岛"，企图以此作为国际法上日本拥有钓鱼岛主权的主要依据。然而，这一点连美国政府至今都不承认，况且中国的领土不能由日美两国的协议来决定。在战后领土归属问题上，日本只能严格遵守 1945 年其所接受的《波茨坦公告》及《开罗宣言》。[1]

---

[1]　钟严:《论钓鱼岛主权的归属》,《人民日报》, 1996 年 10 月 18 日。

对于日本而言，钓鱼岛尤其具有地缘战略意义，主要在于钓鱼岛牵涉中日两国大陆架的划分和东海经济区域特别是石油开采区的划分等诸多问题。大陆架就是大陆领土的自然延伸，大陆领土延伸到海底称为大陆架。在东海大陆架的划分上，日方一直坚持"共架说"（即日本冲绳群岛也在东海大陆架上），以此提出所谓"中间线原则"，要求与中国平分东海大陆架。海底勘测的结果却发现日方主张难以成立——冲绳群岛海底地貌和东海海底地貌截然不同，不在东海大陆架上。然而，钓鱼岛却在东海大陆架上，这意味着如果日本领土涵盖钓鱼岛，会对其坚持"共架说"将比较有利。

中方坚持的原则是 1969 年以前国际法庭正式确认的大陆架自然延伸的原则，即中日海洋专属经济区在东海应该以冲绳海槽为分界线。但是日本想按照所谓中线划分，按照这个方案，相当于日本国土的 1.7 倍、大约 65 万平方公里的海洋经济区就划为日本所有了，同时相当一部分属于中国的大陆架划归日本。这是中日双方在钓鱼岛和大陆架问题上互相僵持的重要原因。台湾岛内的"台独"势力则宣称日本应该对钓鱼岛拥有主权，台湾只是具有渔业权利。但是，中国统一后，台湾与钓鱼岛的共生性将使日本的这些战略意图落空。

日本京都大学教授中西辉政在《台湾是日本的生命线》①的文章中认为台湾对日本的安全来说是最后的生命线。他指出，如果台湾与中国大陆合为一体，那么"尖阁诸岛"（即钓鱼岛及附属岛屿）周边就将完全成为中国海；冲绳海域和东支那（"支那"是对中国的蔑称）海就将成为中国军舰的演习之域；日本的船舶和飞机就将被赶出这一区域。如果"台湾被中国吞并"，那就意味着日本的出入口将被北京完全堵死，那么日本只能对北京唯命是从，《日美安保条约》也将有名无实。这是一篇带有浓厚右翼色彩的文章，但是台湾海峡对于日本的地缘安全的重要性是毋庸置疑的。

台湾综合研究院战略与国际研究所副所长杨志恒提出："中日两国在东北亚的地缘战略中的另外一个冲突点是台海安全问题。就台湾的战略地位而言，它位于东南亚与东北亚的中间，是日本很重要的南方屏障，也是中国要出太平洋最重要的据点，因此，必然会是'海权'的日本与濒海大国的中国获取优势地缘战略据点的必争之地。台湾若向中国倾斜，则日本乃至于美国目前在东亚的兵力部署必然要被切割成两半。且中国若利用台湾为基地可北上包围日本，切

---

① 〔日〕中西辉政：《台湾是日本的生命线》，日本《呼声》月刊 4 月号，转引自《参考信息》，2004 年 4 月 4 日。

断驻日美军与夏威夷、关岛之间的联系，美国可能因之要撤出太平洋第一岛链防线到第二岛链，日本就将被中国所包围，使其完全丧失地缘战略的优势地位。因此，台海一旦有事，其结果势必导致中、日地缘战略的'零和'游戏。换言之，对日本而言，台海安全和他的国家安全息息相关，决不能坐视不理，和中国之间的冲突也势必难免。"①

五、台湾海峡局势关系到日本的经济安全

日本是一个以贸易立国的国家，台海局势的紧张将影响日本对华、对台贸易，所以日本从其本国的经济安全出发努力缓和起伏不定的台海局势。需要指出的是，日台经济关系早在日本占据台湾时就已经形成一个供应链，台湾当时作为日本的殖民地，是日本国内的原料供给地和产品的倾销地。中华人民共和国成立后，日台经贸关系迅速发展。20 世纪 50 年代初，日本经济界就打出"重返台湾"的旗号，加紧对台进行经济渗透。1952 年 7 月 29 日，"台湾日本经济协会"成立，国民党亲日派何应钦、张群等人鼓吹台日合作，在经济上共同发展，在政治上共同反共。此后，日本加速向台湾扩张。20 世纪 50 年代中期，台日经济关系已恢复到 1945 年日本投降前的水平，台湾对日本出口额占其出口总额的一半左右。

20 世纪 70 年代，中日两国实现邦交正常化后，日本和台湾仍然保持着民间性质的经贸关系。战后乃至 1972 年日台"断交"后，日台之间依然保持着十分密切的人员交流和经贸往来。②

台湾人口仅为大陆人口的近 1/60，其面积仅为大陆的约 1/260，然而，即使在 1972 年中日复交以后，中日之间的人员交往数和双边贸易额在很长时间里不及台日之间的人员交往数和双边贸易额。

冷战后，台日双方的经贸关系更为密切，日台双方贸易大幅增加。20 世纪 90 年代，日本长期保持着对台贸易 70 亿—100 亿美元的贸易顺差。1991 年，台日贸易额达到 250 亿美元，台湾对日本贸易逆差为 96.93 亿美元。1994 年，台日贸易额达 345 亿美元，其中日对台出口为 238 亿美元。1995 年日本对台贸

---

① 杨志恒：《中国及日本在东北亚的角色》，《亚太情势与两岸关系学术研讨会论文集》，（台湾）财团法人两岸交流远景基金会，2002 年，第 120 页。

② 冯昭奎：《三个层次剖析日本的台湾情结》，《中国周刊》，http：//news.21cn.com/kanwu/zgzk/2009/05/22/6395972.shtml。

易顺差高达 171 亿美元。1997 年，日台双边贸易额为 407 亿美元。日本是台湾的第二大贸易伙伴，台湾已经成为日本获取海外经济利益的最重要市场。[①] 从双边贸易额看，在 1993 年中日贸易额为 390 亿美元，终于超过了台日贸易额的 345 亿美元。从人员往来看，2007 年中日之间的人员交往数为 543 万人次，相当于台日之间人员交往数 255 万的 2.13 倍，而考虑到人口规模，台日之间人员交往密度是中日之间的近 30 倍。[②]

进入 21 世纪，台湾地区对日本的贸易逆差在扩大。2001 年，日台双边贸易额达 386.1 亿美元，其中台对日输出 127.6 亿美元，输入 258.5 亿美元，对日贸易逆差达 130.9 亿美元。2002 年台湾对日贸易总额为 393 亿美元，其中出口 120 亿美元，进口 273 亿美元，逆差仍达 153 亿美元。日本进口市场一直是台湾工业原材料和机械设备的主要来源地，对于台湾的经济起飞和经济升级十分重要；日本的出口市场一直是台湾农产和农产加工品的主要销售地，对于台湾的农业发展十分重要。[③] 日本九大贸易商社控制了台湾贸易总额的 66% 以上，日本的钢铁、电子、机械等产业也与台产业关系极为密切。NEC、Epson 等大商社在台湾均有重大利益。[④] 日本早期是台湾地区最为重要的贸易市场，到 20 世纪 50 年代中期被美国超越，退居台湾第二大贸易伙伴；21 世纪初期又被中国大陆超越，降为台湾的第三大贸易伙伴。据不完全统计，从 1952 年到 2008 年，日本对台湾的直接投资项目占海外对台湾的直接投资项目的 27.53%，位居第一，累计投资总额为 157.74 亿美元，占外国投资总额 16.2%，对于台湾经济的影响是十分深远的。

近年来，随着日本经济的持续低迷，日本迫切希望台湾能够为日本的经济复苏做出贡献。日本前官房长官、自民党重量级人物梶山静六在 1997 年亚洲金融风暴后访问台湾，希望台湾帮助日本解决财政赤字严重、景气低迷等问题。在亚洲金融危机中，台湾成为日本百货业的避风港，日本各大商业集团从东南亚国家纷纷转向台湾。台湾当局也有意将日本冲绳岛建成台湾的转口贸易区，

---

① 姚文礼：《日本与台湾关系》，《中国对外关系中的台湾问题》，经济管理出版社，2002 年，第 71—72 页。

② 冯昭奎：《三个层次剖析日本的台湾情结》，《中国周刊》，http：//news.21cn.com/kanwu/zgzk/2009/05/22/6395972.shtml。

③ 李非：《台湾经济发展通论》，九州出版社，2004 年，第 359 页。

④ 姚文礼：《日本与台湾关系》，《中国对外关系中的台湾问题》，经济管理出版社，2002 年，第 71—72 页。

声称要在冲绳投资 100 亿美元，把冲绳建成"亚洲的第二个香港"。[①]

2012 年 11 月，台湾亚东关系协会会长廖了以与日本交流协会会长大桥光夫签署台湾地区与日本"相互承认协议"(MRA)[②] 及"产业合作搭桥计划合作备忘录"，使台日经贸关系更加趋于紧密。台湾地区与日本同时签署产业合作备忘录，目前双方已选定 11 项产业优先合作，包括风力发电、太阳光电、电动车、LED 照明、手工具、机械零组件、电子设备、数字内容、生技医药、信息服务产业与电子商务。

另外，日本的原料、能源补给严重依赖进口，从波斯湾经印度洋、马六甲海峡、南海和台湾海峡到日本的这条海上航线，被称为日本经济的"生命线"，日本 3/4 的货船都要经过这条航线，日本方面认为，这条海上航线安全与否，"直接关系到日本的生死存亡"，因为一旦日本的能源运输通道被切断，日本的经济将会陷入崩溃。台湾海峡是这条海上航线的必经的咽喉要道，基本上每 10 分钟就有一条日本物资运输船通过台湾海峡，被视为"日本的生命"的来自中东的石油，从东南亚进口的原材料，80% 以上需经过台湾海峡运往国内，仅经过台湾海峡运往日本的石油、原料以及其他货物，每年就达 7 亿吨左右。台湾海峡局势已经影响到日本对全球的原料进口和产品出口，台海如果发生战争最终会断送日本的经济复苏。所以，日本政界普遍认为台湾海峡是日本"经济生命线"的重要组成部分，日本的经济安全与台海局势密切相关。

---

① 王飞:《日台关系历史演变 (2)》，http://news.tom.com/1002/2005120-1782617.html。

② "相互承认协议"(Mutual Recognition Agreement，MRA)，可视为排除非关税贸易障碍，签约两方借由建立共同标准、检验或检疫相关协议，加速贸易便捷化。双方可视实际需求，协商签署不同的产品项目。

第三节　美日安保的范围覆盖台湾海峡

冷战时期，美日安保的假想敌为苏联；冷战后，美日安保的防卫对象逐步指向中国，其中台海区域一直是美日安保急欲染指的重点版块。

一、美国片面对日媾和与"日台合约"的签订

中华人民共和国成立后，在亚洲和太平洋地区，美国加速了其扩大冷战的步伐，视中国为苏联的"附庸"，对中国采取了极端的全面遏制政策。美国通过发展与台湾地区和韩国、日本、东南亚及大洋洲等国家的关系，签订一系列双边、多边条约，加强这些国家与地区的经济与军事实力，构筑起一道遏制中国的半月形防线，以图对中国实行封锁和遏制。

尤其随着日本在美国亚洲防卫体系中地位的日益凸显，美国不顾世界舆论的压力，处心积虑地准备与日本进行片面媾和。1951 年 9 月 4 日，美国在排除中国参加的情况下召开"旧金山对日和会"，片面通过"对日和约"，在这一"条约"中美国别有用心地对台湾问题做了如下规定："日本放弃对台湾及澎湖列岛的一切权利、根据与要求。"该条约的不明朗表述正是当年讨论《开罗宣言》时中英双方争论的焦点问题。8 年后，美国放弃签署《开罗宣言》时的立场，其此举目的显然是在有意回避台湾的归属问题，为"台湾地位未定"论留下伏笔。周恩来总理兼外长代表中国于当年 9 月 18 日发表声明，指出"对日和约"是"非法的""无效的"。

在准备"对日和约"的同时，《日美安保条约》的谈判亦在进行中。9 月 8 日，美日签订《日美安保条约》，结成军事同盟。

1952 年 2 月，日美两国又签订了《日美行政协定》，规定了美国在日驻军的具体实施办法。如此，日本虽在形式上恢复了主权与独立，但其长期处于美军半占领的状态，实际上已被纳入了美国阵营之内，成为美国在亚太地区最大的军事基地，是美国在亚洲遏制共产主义、遏制中国的重要一环。

美国在顺利掌控日本的同时，为进一步遏制中国，又不断对日本施压，敦促其与台湾当局缔结"和约"，以尽量切断日本与中国大陆的经贸联系。面对美国的强力政策，日本向美国表示"日本政府无意与中国共产党政权缔结一个双边条约"，并保证"日本政府准备一俟法律允许就与中国国民政府缔结条约，

以便按照多边条约中提出的原则，重建两国政府间的正常关系"。1952 年 2 月，日台开始媾和谈判，4 月底达成最后协议。日台双方私下达成的所谓"日台和约"受到了中国政府的强烈谴责。5 月 5 日，周恩来外长发表声明，坚决反对"日蒋和约"。

在台湾当局与日本签订的"和约"中，美国又迫使台湾接受了美日和约中有关台湾归属的表述方式。[①] 显而易见，美日和约和"日台和约"都在力图回避、淡化《开罗宣言》和《波茨坦公告》中对台归属的原则立场，这绝非不约而同的巧合，纯属幕后操纵者美国有意为之。

美日片面媾和以及所谓"日台和约"的签订，均为美国按照其战略意图和规划实施的相关步骤。此后不久，美国还曾策动新西兰出面，企图通过联合国安排海峡两岸停火，使海峡两岸关系固定化，以达到使台湾问题国际化的目的。尽管美国的这一阴谋未能得逞，但自朝鲜战争开始，美国始终顽固地公开坚持"台湾地位未定""一中一台"甚至"两个中国"的错误立场，直到尼克松访华前，美国在台湾地位问题上的态度始终未变。

中华人民共和国建立后，本着"打扫干净房子再请客"的对外方针，不急于同美国等帝国主义国家建交，但对日本却采取了相对灵活的态度。毛泽东主席决定对日本采取"着眼于人民、寄希望于人民"的战略思想，周恩来总理提出"民间先行，以民促官"的对日方针，并亲自出面做了大量日本各界人士的工作，这成为对日关系的一个重要特点。

1952 年 3 月，日本帆足计等三位前国会议员不顾美国禁运和日本政府阻挠，绕道来到中国，双方签订了第一个中日民间贸易协定，打开了中日交往的大门。1953 年起，中日工会、青年与妇女组织、友协、和平团体等民间交往蓬勃发展。中日之间缔结了民间渔业、文化交流等有关协议。

1955 年 8 月 17 日，周总理向日本记者说明：中国虽坚决反对"对日旧金山和约"，但这并不妨碍促进两国关系正常化直至缔结中日之间和约。1955 年 10 月，毛主席在接见日本国会议员访华团时强调，"中日关系的历史是很长的"，"我们吵过架，打过仗，这一套可以忘记啦！""我们应该尽一切办法，让美国人的手从（日本）缩回去"，中日应该"互相帮助，互通有无，和平友好，文化

[①] 转引自田桓主编、纪朝钦、蒋立峰副主编：《战后中日关系文献集，1945—1970》，中国社会科学出版社，1996 年，第 117 页。

交流，建立正常的外交关系"。① 一直到 1956 年年底，中国政府曾多次建议中日两国政府就促进关系正常化问题进行谈判。时任日本首相的鸠山也多次表示过访华的意愿，但是当时日本政府由于受到美国压力，不敢同中方进行官方谈判。

1957 年 2 月，曾在战后被定为甲级战犯嫌疑人的岸信介在美国扶植下担任首相，在政治上进一步实行亲美、敌视中国、制造"两个中国"的政策，四次破坏中日贸易协定。中国决定对岸信介政府在政治上要孤立、打击，在经济上停止了 1952 年开始的中日民间贸易往来。

二、美日台"隐性安全同盟"的逐渐形成

当前的美日台三方同盟是美日安全同盟在台海局势下的扩展，是一个结构严重失衡的"同盟"。王建民在 2004 年 4 月《世界知识》杂志上发表的《"美日台战略同盟"的台湾角色》一文指出，台湾当局所希望建立的三方同盟涉及政治、经济、军事多个层面。政治上，陈水扁在 2000 年"大选"时发表的"对外政策白皮书"中就提出"建立美日台三角安全网络"口号，此后建构美日台安全同盟就成为民进党的重要战略与政策。2002 年 8 月 21 日，台湾召开"美日台三边战略对话会议"，陈水扁提出："安全、民主和经济是确保亚太地区和平与繁荣三个主要支柱的锚。"

经济上，台湾谋求建立"美日台自由贸易区"，陈水扁将"经济合作"作为美日台结盟、对抗中国大陆的"第三个锚"，并与地区安全、民主相结合，形成一个遏制中国的新链环。

军事上，台湾与美日的军事合作关系正逐渐由地下结盟向公开结盟、由临时协议向长效机制转换。1996 年，美日达成"美日防卫合作指针"，是美日军事结盟、对付中国的重要战略步骤，从而受到台湾当局的大力支持与拥护，也增强了台湾与美日军事结盟的信心。1999 年日本通过《周边有事法》，扩大了日美安保防卫范围，公开将台湾海峡纳入"周边有事"区域，企图在军事上介入两岸问题，这更是台湾当局求之不得的事情与竭力争取的目标。2005 年 2 月 20 日，美日安全磋商会议在发表的共同声明中，首次将台湾问题列为美日共同战略目标之一，给岛内"台独"势力发出了错误的信号，被台湾当局视为建立"美日台战略同盟"的重要进展。

---

① 中华人民共和国外交部、中央文献研究室编:《毛泽东外交文选》，中央文献出版社、世界知识出版社，1994 年，第 226 页。

当前，美日台同盟没有一个公开的协定加以约束，在政治、文化领域主要通过民间渠道加强联系，但是在军事领域三方逐渐从应急机制转为长效机制，三方针对中国大陆进行军事合作机制的整合尤其令人关注。据 2004 年 11 月的《国际先驱导报》报道，随着美国亚太战略利益的不断抬升，日本染指台海意图的进一步明晰以及"台独"势力的气焰甚嚣尘上，美日台"合流"渐渐公开化，情报合作机制得到强化，在东亚和西太平洋弧形岛链地带联手打造信息"铁幕"。美国、日本与台湾联手打造半月形信息"强链"，重在监控东亚和台海风云，掌控中国大陆新式装备的主要性能指标，把握大陆军事动向，其间最有价值的情报是中国潜艇活动和导弹的部署、试验。冷战期间，美国曾经针对中苏构造了"反潜链"，冷战后美国联合日本、台湾地区加强了千岛群岛至琉球群岛一线的反潜力量，主要目标针对中国。台湾方面除台军购买美国的反潜机外，还与太平洋美军和日本自卫队达成了"反潜情报共享"的秘密协议，与美日进行反潜情报联网。

冷战后，美日台三方同盟在美日安全同盟重新定义后一直若隐若现，所以带有"隐性"特征。进入 21 世纪，随着中国的迅速崛起，美日台三方加强了合作，特别是在军事领域尤为突出，有从"隐性"逐步向"显性"过渡的趋势；今后一个时期，同盟的整合将是一个动态的过程，会因美国的战略扩张和日本加强在东亚地区的军事存在而逐步得以加强。

2009 年奥巴马政府高调推出"重返亚太"的口号，目标是在外交、经济、战略和其他方面"锁定亚太地区"，打造"美国的太平洋世纪"。2009 年 7 月，美国国务卿希拉里在曼谷宣布"美国归来"，拉开美国重返东亚的大幕，随后美国同东盟签订了《东南亚和平友好条约》；11 月，奥巴马在东京宣布自己是首位"心系太平洋"的总统，紧接着首届美国—东盟峰会召开。2010 年 1 月，希拉里在夏威夷发表亚太政策演说时强调：美国不是亚洲的"过客"，而是一个"常住国家"。2010 年，美国首次进入东亚峰会。2011 年 3 月 31 日，美国负责东亚与太平洋事务的助理国务卿坎贝尔在国会众议院外交关系委员会作证时指出，美国在亚太地区的"领导作用"对美国的长期国家利益至关重要，奥巴马政府致力于通过"高强度和广泛的接触"来迎接在亚太地区面临的机遇与挑战。从 2012 年 7 月 8 日开始，希拉里接连访问了日本、蒙古、越南、老挝、柬埔寨等亚洲多个国家，其中老挝是美国国务卿 57 年来首次到访。

2012 年 4 月，日本首相野田佳彦访美，日美首脑联合发表了《面向未来的共同蓝图》的共同声明，声明宣称从亚太地区 60 多年的发展史中已经得到印证，日美同盟是该地区走向和平与繁荣的基石。在地区安全方面，日美要合力维护亚太安全，日本尤其要实现动态防御 。①2012 年 6 月 3 日，美防长帕内塔提出了美国"亚太再平衡战略"，指出在 2020 年前美国将向亚太地区转移其军备核心力量，届时将美国战舰、军机的 60% 都部署在太平洋方向。2015 年 4 月发表的《日美防卫合作指针》，实现了日美同盟在军事与战略领域的无缝对接，包括美国对于日本的武力保护承诺，日美在周边以及亚太乃至全球从不对等军事合作到对等军事合作的跨越，甚至提及日美在"第三国战事"中共同武力介入的正当性问题。②

2017 年年初以来，特朗普政府对外政策的磨合期尚未结束，但是致力于进一步巩固日美同盟的战略已经定型并且逐步强化，遏制中国崛起的战略意图十分清晰。安倍急于强化美日同盟，特朗普的回应积极明确，第一时间确认美日同盟的基础性，夯实了美日"牢固而紧密的同盟关系"。为了化解日本对美国亚太政策可持续性的疑虑，特朗普及时明确日本对于美国维护自身亚太利益的重要性。2017 年 2 月，特朗普与安倍在海湖庄园举行会谈，会谈中特朗普声明，美日关系"非常非常的深"，"美日同盟是亚太地区和平与稳定的基础"。美国将以全部军事实力保卫日本，包括使用常规武器乃至核武器。③

2017 年 2 月，美国防部长詹姆斯·马蒂斯分别访问日本和韩国，提出巩固美国在亚太的领导地位。2017 年 3 月 16 日，美国国务卿蒂勒森在东京与日本外相岸田文雄举行了会谈，蒂勒森称美国欢迎日本作为盟友承担更多的角色和职责，为美日关系大唱赞歌，肯定美日同盟仍是确保亚太安全与稳定的基石。④另据《日本时报》报道，2017 年 8 月 16 日，美国新任驻日大使威廉·格蒂强调要进一步加强美日关系，尤其是美日同盟绝不可动摇。

---

①　日米共同声明：未来 に 向 けた 共通 の ビ ジ ョ ン，http：//www.mofa.go.jp/mofaj/kaidan/s_noda/usa_120429/index.Html。

②　外务省日米防卫协力乃々丈指針，2015 年 4 月 27 日，http：//www.mofa.go.jp/mofaj/file/000078185.pdf。

③　Bilahari Kausikan，Asia in the Trump Era—From Pivot to Peril？，*Foreign Affairs*，May/June 2017，P146。

④　《蒂勒森访日：欲联手同盟加大对朝施压》，http：//news.xinhuanet.com/world/2017-03-18/c_129512499.htm。

三、美日台"隐性安全同盟"的组织形式、运行机制、内在矛盾

美日台"隐性安全同盟"的组织形式是"美国主导，日本辅助，以台湾为前沿"。三方同盟以美国为主导是由历史和现实形成的。半个多世纪以来，台湾问题一直没有解决的最大障碍来自美国的干预，尤其是美国与台湾当局结成的官方和准官方的军事关系。邓小平同志一针见血地指出了台湾问题的实质所在，"台湾问题说到底是美国问题"。现实中美国插手台海局势既有地缘安全利益，又有意识形态的斗争需要。美国主导三方同盟通过两条线索加以贯穿，一是美日安全同盟，二是美台"隐性"安全同盟。

台湾作为前沿的含义在于，其一是作为前沿整合反华资源充当反共、反华的前沿阵地。随着中国"睦邻、安邻、富邻"的周边政策的成功实施，美日只能以台湾作为遏制、封堵中国的基点，具体部署就是在美国主导亚太安全领导权的前提下，美日在亚太安全合作中明确地介入台海事务，台湾地区已经被明确界定进美日安全合作的范围内。其二是台湾本身以美日同盟为依托择机搞"台独"。"台独"势力进行分裂活动的最重要的做法就是"挟洋自重"，由于台湾岛内缺乏广阔的战略后方，一旦启衅战事，大陆的战机和中短程导弹的作战和进攻半径可以覆盖全岛，无论如何推演，"台独"势力都没有胜算，所以台湾"独立"唯一的希望在于美、日彻底介入未来的台海战事，所以台湾当局竭力促成美日台三方同盟，不惜对美日做出政治和经济极为惨重代价和让步，包括在军售上逢迎美国的利益，在领土和历史问题上取悦于日本。

美日台三方同盟主要针对中国，特别是在军事领域。由于中国是安理会"五常"之一，在国际事务中具有广泛的影响力和亲和力，中美、中日之间一系列的条约、公报规定了美、日处理台湾问题的基本原则，其中最为重要的是"非官方"原则（即不反对美台、日台的民间交流），所以美日台三方不存在公开的政治合作基础；此外，中美日三国的经贸合作空间远远大于美日台的合作空间。因此，"军事合作为主，政治合作、经贸交流为辅"是三方同盟的运行机制。

美国目前一直在抓紧研制战区导弹防御系统（简称 TMD），日本已经加入了研制进程，2001 年美国国防部的一份内部报告称美日有意将台湾纳入 TMD 系统，中国外交部发言人严正表示，对美国想要把台湾纳入 TMD 中去的做法，中国绝对不能接受。

2001 年 7 月 26 日，《人民日报》的文章《在以武拒统道路上越走越远的危

险信号——解放军报发表署名文章评台湾当局领导人鼓吹美日台军事合作的言论》指出:"台湾当局领导人近日在接受美国《华盛顿时报》记者采访时,毫不掩饰地表露出三点希望:其一,希望美、日、台三家合作,共同对付中国大陆的'导弹威胁';其二,希望能够加入美国的战区导弹防御系统;其三,希望与美军搞联合军事演习。这是他在'以武拒统'的道路上越走越远的危险信号。为达成这一步,台湾当局已经暗中做了若干铺垫:让美国人到台湾看地形,让美国人全程参与'汉光'演习,让美国人帮助操控试射'爱国者'导弹,让美国人帮助建构三军部队的'数据链路'。似乎为了证实这一切并非子虚乌有,美国防部最近也宣布,向台湾提供价值 7.25 亿美元的'联合战术信息传送系统',改造台湾'三军联合作战指挥中心'及各军种的作战指挥中心,使美台双方用一致的作战指挥系统完成联结。台湾舆论形容:美台军事互动就像是炉子已经点着了火,离联合军演不过一步之遥了。"[①]

2004 年,美国和日本举行安保会谈,日本防卫厅透露,期间美国一直强烈要求日本在台海问题上实质性介入。[②]2005 年 2 月 20 日,美日安全磋商会议第一次将台湾问题列为美国和日本的安全范围,由此被台湾当局解读为推动形成"美日台三边同盟"的先导性信号。

2008—2016 年,中国国民党上台执政,台海两岸进入和平发展的历史新阶段,美日以台遏华的战略价值被冻结。但是,2016 年后,蔡英文和民进党当局拒不承认"九二共识",美日反华保守势力利用台湾牵制中国大陆崛起的动能在增大。

2015 年 5 月 26 日,民进党发布的"国防政策"蓝皮书中提出要与美日以及东南亚国家在临近水域开展军事演习以及多层次互信机制、措施,意味着蔡英文当局与美国、日本的安保合作将会采取"蠕变"式做法逐步推动。蔡英文"对外关系"政策的目标是强化台湾"独立的主权国家地位",在其执政的第一年中,台湾对外关系的所有实际行动,无一不是围绕这一目标展开,其中核心理念是"反中、亲日、拉美",积极建构"台日美三方联合制衡中国大陆"的态势,一改过去台湾当局"维持现状"的做法。民进党当局甚至对早已将台湾排

---

① 《在以武拒统道路上越走越远的危险信号——解放军报发表署名文章评台湾当局领导人鼓吹美日台军事合作的言论》,《人民日报》,2001 年 7 月 26 日。

② 《阿扁求救 山姆大叔左右为难》,台湾《新新报》周报,2005 年 4 月 27 日,转引自:《参考消息》,2005 年 4 月 26 日。

除在外的日美安保合作表示浓厚的兴趣，认为采取"蠕变"式介入方式，中国大陆会进一步忍耐，包括美日可以适当向台湾当局透露日美安保的相关进程。

2017 年 3 月生效的日美"安保法案"虽然没有明确涉及台海问题，但是美日在台湾问题上小动作频频。2017 年 12 月 12 日，特朗普签署《2018 财政年度国防授权法》(NDAA)，其要害在于重启台美军舰互停，性质十分严重，并邀请台湾参与"红旗"军演。

2017 年 12 月，中国驻美国公使和军方学者纷纷公开谈论武统台湾，大陆军机频繁绕台，引起台湾内外关注。台湾"国防部"发言人陈中吉表示，大陆文攻武吓、造成恐慌，正是大陆希望达到的"最低成本效益企图"。蔡英文当局虽然极力提高台湾作为美国"战略筹码"地位，促成了特朗普胜选后不久的特蔡通话，但特朗普就职后，不仅一再强调重视"一中"政策，而且很快实现了"习特会"，中美关系的巩固发展没有给台湾的"亲美日"政策留下活动空间。蔡英文极力迎合、支持安倍政府遏制中国的亲日政策，只取得交流机构更名的"进展"，不仅没有突破"一中"原则的框架，而且随着中日关系的逐渐改善，这一政策的空间必将被压缩。蔡英文还推进大肆宣扬的"新南向政策"，尽管与部分东南亚和南亚国家的经济合作、文化交流以及人员往来有所进展，但在大陆推进"一带一路"的有力冲击下，这一政策的颓势已现。

一旦美国保守势力、日本右翼势力与周边反华势力以及境内外分裂势力形成力量耦合态势，对中国的和平与发展的负面影响将是非常巨大的。总之，"台独"分裂势力如果以一己之力，企图用大规模报复的战略来制衡大陆，等于排除了两岸冲突的局部性，一旦开打，必然升级为全面战争，对台湾全岛上下无任何可以预期的利益而言，利益预期值只能为负。

新时期日美同盟的离岸平衡与美国传统的离岸平衡设计相比已经发生了"变异"，其一是美国单纯靠日本在东亚对中国进行离岸平衡甚至战略制约力不从心，因此只能日美同盟冻结内部矛盾"合体抗华"；其二是美日联合在亚太乃至更加宽泛的区域筛选可能对中国形成有力制衡的平衡点，但是时至今日，基本上事半功倍。随着中国体量的增大和内在聚合力的提升，通过"美日＋N"的方式在中国周边区域谋求力量均势变得极为艰难。基辛格认为，均势至少受到两方面的挑战：一方面是某一域内国家逐步做强，另一方面在于新的列强出现导致其他大国的集体应对，从而达到新的平衡抑或战争爆发。

当前，美日同盟在亚太根本无法阻滞中国的强势崛起，起码在制衡时机上完全错过，同时面临平衡该区域的主导权萎缩问题，因此在地缘政治表象上呈现平衡点缺失稳定性与平衡战略错位等诸多乱象。

美日台三方受益上的不均衡必然使同盟的延续面临结构上的困境，在美日台三方博弈中，台湾无论采取何种对策，都必须以损害自身利益换取同盟形式上的完整以及美日基于道义上对于台湾的援助承诺。事实上面对日益发展的大陆，台湾当局自身孤立化、边缘化的程度在加深，所以同盟的延续将面临空洞化乃至彻底解体的危险。

中美日安全架构尚未完善，美日台安全同盟亟待整合，双向走势的两种体系相互正面碰撞恰恰反映了台海局势的复杂性。当前，美日台安全同盟的基本走势就是从隐蔽化到机制化再到空洞化。三方同盟发展的第一阶段是从隐蔽化到机制化。当前，隐蔽化是美日台安全同盟的重要特征，因此称为"美日台隐性安全同盟"。多年来，美日在台湾问题上的合作呈现"一明一暗"（即公开与隐蔽）态势。三方同盟发展的第二阶段是由机制化转向空洞化。美日台同盟具有先天的不足，特别是得不到大多数国家道义上的认可，加之体系内部结构性的矛盾和利益分配不均，必然引发同盟功能上的弱化，随后通过中美日的互动和中国国家统一的步骤加快，美日台同盟将会面临空洞化和解体的必然结局。

第四章　台湾岛内的政治人物与政局变幻

在台湾岛内的政治舞台上，其政治人物的更替与岛内政局的变幻休戚相关，同时牵动海峡两岸关系的发展。尽管国共存在分歧，但两蒋父子在台湾当政时期始终坚持一个中国原则，这一点还是值得赞赏的。后来的李登辉、陈水扁则大搞"两个中国"和"一中一台"，引发海峡两岸紧张局势。马英九执政后，海峡两岸关系逐渐趋于平稳，两岸的和平与发展成为众望所归。蔡英文上台后，台湾形势又呈现复杂严峻的紧张局面。

第一节　两蒋父子与"一个中国"

从 1949 年中华人民共和国成立到 20 世纪 80 年代末蒋经国去世，台湾岛内由两蒋父子统治近半个世纪，期间两岸军事和政治对立为常态，但是值得肯定的是蒋介石和蒋经国父子都坚持一个中国原则，反对"两个中国""一中一台"，体现作为中国人和中华民族一分子的基本良知。

一、蒋介石在台"戡乱复国""反攻大陆"

蒋介石，名中正，字介石。1887 年生，浙江奉化人，中国国民党当政时期的党、政、军主要领导人。1908 年留学日本并加入同盟会，1924 年回国后任黄埔军校校长，后兼任国民革命军第一军军长。1927 年发动"四一二"反革命政变，导致第一次国共合作破裂。

1936 年 12 月 12 日，西安事变后，蒋介石被迫接受抗日主张，结束 10 年内战，与共产党实行第二次合作，最终建立起国共合作抗日民族统一战线。抗日战争胜利后，蒋介石在美帝国主义支持下，一方面派出军队抢占胜利果实，一方面与中国共产党中央委员会主席毛泽东在重庆进行会谈。1945 年，毛泽东赴重庆谈判。送毛泽东回延安的当晚，蒋介石在其日记中写下对毛泽东的这样一段评语："阴阳怪气，绵里藏针。吾料其难成大事，终难逃余之一握也。"（见《蒋介石日记》）

他随即指挥八十万军队进攻解放区，对 1946 年 1 月政治协商会议达成的各项决议拒不履行，顽固坚持"军令政令统一"的独裁专政，并悍然于同年 6 月全面发动内战，计划利用三至六个月的时间彻底消灭共产党和人民武装。然而，情况并未如其所愿，他速战速决的愿望很快就化为泡影。中国共产党领导下的人民军队不但没有被歼灭，反而在炮火的洗礼和艰苦环境中日益发展壮大，并最终扭转不利战局。经过 1948 年秋冬辽沈、淮海、平津三大战役的战略决战，中国人民解放军基本消灭国民党主力部队。

1948 年召开"国民大会"，蒋介石当选"总统"，1949 年 1 月 21 日宣布"引退"，1949 年 10 月 1 日，中华人民共和国宣告成立，蒋介石在中国大陆的独裁统治和政治生命至此终结。

国民党军战败后，蒋介石撤至台湾，收集残部，负隅孤岛。1950 年 3 月，他"复职"重任"总统"，此后一再连任四届，并连续当选国民党总裁。他以"三民主义建设台湾""反共复国"为口号，集结号召涣散的人心，维系其在台湾的统治。

在蒋介石主政台湾期间，尽管在台湾岛内实行戒严、镇压民众等高压政策，对外勾结美国等西方国家"反攻大陆"，与美国签订"美台共同防御条约"。但是蒋介石坚持一个中国原则，坚决反对"两个中国"或者"一中一台"。在 20 世纪 50 年代，蒋介石反对"台湾地位未定"论和美国企图制造"两个中国"的"划峡而治"，严厉打击"台独"分裂势力。1950 年 9 月，国民党针对美国提出的"福摩萨问题案"，声明"这是对中国内政的干涉""联合国无权讨论台湾问题"。

如前文所述，1955 年，针对新西兰在安理会提出的讨论台湾海峡"停火问题"，国民党蒋介石明确提出"大陆、台湾皆为我中华民族领土，不容割裂"。1955 年 2 月 8 日，蒋介石在台北"国父"纪念日大会上发表讲话，斥责新西兰提案，是"不守正义，不讲公理，乘人之危，落井下石"，"所谓'两个中国'的奇论，尤其荒谬绝伦"。[1]2 月 14 日，蒋介石再次在中外记者招待会上说："'两

①　秦孝仪主编，中国国民党中央委员会党史委员会编印：《先"总统"蒋公思想言论总集》第 26 卷，台北"中央文物供应社"，1984 年，第 257—264 页。

个中国'的说法，真是荒谬绝伦。在四千余年的中国历史上，虽间有卖国贼勾结乱寇叛乱之事，但中华民族不久终归于一统。"后来，蒋介石又进一步说："台湾和大陆本属一体，骨肉相关，休戚与共。"①

1958年，针对美国提出的"划峡而治"、分裂中国的图谋，国民党蒋介石明确表示"没有任何义务来遵守"，"只要一息尚存，决不接受两个中国"。因此，国民党蒋介石在"一个中国"问题上的立场与大陆方面是一致的。

除蒋介石外，追随其赴台的国民党人士也一直对祖国大陆未曾相忘，他们将之视为身所源出的故乡，寄予了一腔深情。国民党元老于右任就曾写下著名的《望大陆》(《国殇》)：

葬我于高山之上兮，

望我故乡；

故乡不可见兮，

永不能忘。

葬我于高山之上兮，

望我大陆；

大陆不可见兮，

只有痛哭。

天苍苍，

野茫茫，

山之上，

国有殇。

这首诗是充满了对大陆家乡眷恋之情的哀歌，表达出深刻的怀乡思国的隐痛。诗句中抒发的不仅仅是家国之情，更是对祖国统一的殷切期盼。在众多中国国民党在台人士心中，祖国只有一个，那就是他毕生热爱的中国。

利用朝鲜战争难得的喘息时机，蒋介石在台湾进行了党务整顿和土地改革。1950年成立国民党改造委员会，进行党纪整顿，重建党的组织体系；开始重视农民和农村问题，推行和平的、渐进的土地改革方案，使农民获得了土地，农业生产得到迅速恢复与发展。土改政策的实施，奠定了国民党在台湾后来发展的重要社会经济基础。1975年4月5日，蒋介石于台北去世。

---

① 《蒋介石斥新西兰提案鼓吹"台独"》(新华澳报)，华夏经纬网，2003年10月24日。

二、蒋经国与"三民主义统一中国"

蒋经国 1910 年出生于浙江奉化。在台湾曾历任国民党台湾省党部主任委员、"国防部总政治部主任""国防部副部长、部长""行政院副院长、院长"等职。蒋介石病逝以后，1978 年 5 月 20 日，蒋经国就任台湾地区领导人。

蒋经国曾在"行政院长"任内推动"十大建设"，台湾经济发展迅速。1979年，台湾与香港、韩国、新加坡等被国际经济组织列入新兴工业化社会，这就是世人所称的亚洲"四小龙"。台湾能名列"四小龙"之一，表明了其经济发展已经达到了一个相当高度，这样的成绩也是国民党在台湾最为辉煌的一页。

在推行"十大建设"之前，蒋经国还在行政方面进行"十项革新"，使行政执行更为简练有效，此外也颁布"政治与社会革新"的八项要点，有人将这两次革新统称为"十八项革新"。

蒋经国在其主政台湾期间较重视本土人才，大量启用台湾本省籍官员，积极推行本土化政策。在其执政晚期阶段，逐步开始民主改革，即解除"戒严"、开放"党禁"和"报禁"，以及实行"民意机构改革"等，开启了台湾所谓的政治民主化之路。

蒋经国主政台湾以后，秉承蒋介石所坚持的一个中国立场，继续反对"两个中国"。面对大陆的和平攻势，蒋经国指示台湾行政部门发表声明，中国统一必须以台湾发展的自由富足的生活方式为基础，接着台湾方面也逐步放弃武力"反攻大陆"的政策，主张以"三民主义统一中国"，希望以拖待变。1982 年 7月，蒋经国在悼念父亲蒋介石的文章中写道"切望父灵能回到家园与先人同在"，他还进一步说"要把孝顺的心，扩大为民族感情，去敬爱民族，奉献于国家"，言辞之间流露出其对大陆故土的思念，以及对中华民族的深切情感。

对此，中共中央方面就做出了反应。1982 年 7 月 24 日，全国人大常委会副委员长廖承志给昔日同窗好友蒋经国发出公开信，刊发在 7 月 25 日《人民日报》上。全文如下：

经国吾弟：

咫尺之隔，竟成海天之遥。南京匆匆一晤，瞬逾三十六载。幼时同袍，苏京把晤，往事历历在目。惟长年未通音问，此诚憾事。近闻政躬违和，深为悬念。人过七旬，多有病痛。

至盼善自珍摄。

三年以来，我党一再倡议贵我两党举行谈判，同捐前嫌，共竟祖国统一大

91

业。惟弟一再声言"不接触，不谈判，不妥协"，余期期以为不可。世交深情，于公于私，理当进言，敬希诠察。

祖国和平统一，乃千秋功业，台湾终必回归祖国，早日解决对各方有利。台湾同胞可安居乐业，两岸各族人民可解骨肉分离之痛，在台诸前辈及大陆去台人员亦可各得其所，且有利于亚太地区局势稳定和世界和平。吾弟尝以"计利当计天下利，求名应求万世名"自勉，倘能于吾弟手中成此伟业，必为举国尊崇，世人推崇，功在国家，名留青史。所谓"罪人"之说，实相悖谬。局促东隅，终非久计。明若吾弟，自当了然。如迁延不决，或委之异日，不仅徒生困扰，吾弟亦将难辞其咎。再者，和平统一纯属内政。外人巧言令色，意在图我台湾，此世人所共知者。当断不断，必受其乱。愿弟慎思。

孙先生手创之中国国民党，历尽艰辛，无数先烈前仆后继，终于推翻帝制，建立民国。光辉业迹，已成定论。国共两度合作，均对国家民族作出巨大贡献。首次合作，孙先生领导，吾辈虽幼，亦知一二。再次合作，老先生主其事，吾辈身在其中，应知梗概。事虽经纬万端，但纵观全局，合则对国家有利，分则必伤民族元气。今日吾弟在台主政，三次合作，大责难谢。双方领导，同窗挚友，彼此相知，谈之更易。所谓"投降"、"屈事"、"吃亏"、"上当"之说，实难苟同。评价历史，展望未来，应天下为公，以国家民族利益为最高准则，何发党私之论！至于"以三民主义统一中国"云云，识者皆以为太不现实，未免自欺欺人。三民主义之真谛，吾辈深知，毋须争辩。所谓台湾"经济繁荣，社会民主，民生乐利"等等，在台诸公，心中有数，亦毋庸赘言。试为贵党计，如能依时顺势，负起历史责任，毅然和谈，达成国家统一，则两党长期共存，互相监督，共图振兴中华之大业。否则，偏安之局，焉能自保。有识之士，虑已及此。事关国民党兴亡绝续，望弟再思。

近读大作，有"切望父灵能回到家园与先人同在"之语，不胜感慨系之。今老先生仍厝于慈湖，统一之后，即当迁安故土，或奉化，或南京，或庐山，以了吾弟孝心。吾弟近曾有言："要把孝顺的心，扩大为民族感情，去敬爱民族，奉献于国家。"诚哉斯言，盍不实践于统一大业！就国家民族而论，蒋氏两代对历史有所交代；就吾弟个人而言，可谓忠孝两全。

否则，吾弟身后事何以自了。尚望三思。

吾弟一生坎坷，决非命运安排，一切操之在己。千秋功罪，系于一念之间。当今国际风云变幻莫测，台湾上下众议纷纭岁月不居，来日苦短，夜长梦多，时不我与。盼弟善为抉择，未雨绸缪。"寥廓海天，不归何待？"

人到高年，愈加怀旧，如弟方便，余当束装就道，前往台北探望，并面聆诸长辈教益。"度尽劫波兄弟在，相逢一笑泯恩仇"。遥望南天，不禁神驰，书不尽言，诸希珍重，伫候复音。

老夫人前请代为问安。方良、纬国及诸侄不一。

顺祝

近祺！

廖承志

1982 年 7 月 24 日

廖承志此信写得挚诚恳切，既饱含了个人私谊，又陈说了民族大义、利害关系，可谓情理交融，今日读之，依旧触动人心，令人感怀。

廖承志致蒋经国的公开信一经发表立即引起海内外瞩目，其中所引用的鲁迅诗句"渡尽劫波兄弟在，相逢一笑泯恩仇"，一时间成为脍炙人口的名句，广为传诵。当时，蒋经国在两岸问题上还处于犹豫的阶段。廖承志的信是用电报发往台北的。蒋经国阅后的心中所想，无人能知。但他本人未直接对信件做出回应，台湾方面仅仅通过宋美龄发表声明重弹一番老调。

早在 1982 年 4 月，邓小平会见英国前首相希思时就说："我们和蒋经国都讲一个中国，他的一个中国是以三民主义来统一中国，但我们之间毕竟有共同的语言，那就是一个中国，不是两个中国"。[①] 正是基于"一个中国"这样的出发点，蒋经国也开始重新考虑同大陆方面进行接触。从 1985 年到 1986 年，蒋经国虽病痛缠身但已暗中派密使开展与大陆的联系，中共中央邓小平等领导人予以了热情接待。1987 年 3 月 25 日，蒋经国针对汇总后联络情况，判断中国共产党是有诚意的，国共两党中央层次对等谈判是可行的。

1987 年 8 月 10 日，台湾"行政院新闻局长"邵玉铭宣布，开放大陆出版品进口，并有限度开放介绍大陆风光文物的录像带。9 月 16 日，蒋经国主持的国民党中常会通过开放民众赴大陆探亲的决定，并指定李登辉、俞国华、倪文亚、吴伯雄、何宜武组成项目小组，研拟具体原则。11 月 12 日，台湾方面宣布开放民众赴大陆探亲。

然而，正当台湾方面即将迈出对大陆政策继续调整的步伐，两岸加强沟通、

---

① 《邓小平会见英国前首相希思》，《人民日报》，1982 年 7 月 24 日。

促进和平统一的事业刚刚露出希望曙光的关键时刻，出现了一个谁也无法预料的特殊情况，1988 年 1 月 13 日下午 3 点 50 分，蒋经国因心脏衰竭在台北逝世。蒋经国的身体状况最终没能允许他顺利完成这一历史使命。1988 年 1 月 14 日，中共中央致电中国国民党中央委员会，对中国国民党主席蒋经国不幸病逝表示吊唁。赵紫阳发表谈话说："蒋经国先生坚持一个中国，反对'台湾独立'，主张国家统一，表示要向历史作出交待，并为两岸关系的缓和作了一定的努力。"[①]

无论在政见上与大陆存在何等分歧，蒋介石、蒋经国父子从未放弃过"一个中国"的立场，在这一点上没有丝毫妥协动摇。在他们的认识里，国共之间的对抗仅是国内政权之争，并非是要使中国长久地陷于分裂，更不是要制造"两个中国"。蒋氏父子未曾遗忘自己是中国人，是根在大陆的炎黄子孙，他们认知中的中国是包含台湾和大陆在内的，台湾是中国的一部分。特别是蒋经国执政后期，已经积极着手尝试与大陆方面缓和紧张关系。然造化弄人，作为台湾方面重大决策的关键人物蒋经国因病突然辞世。他的离去不但给他本人留下了莫大的遗憾，也使海峡两岸关系发展的走向变得扑朔迷离。

第二节　李登辉的"两国论"与陈水扁的"一边一国"

蒋经国先生去世后，继任的台湾地区领导人李登辉和陈水扁大搞"两个中国"和"一中一台"，试图将台湾人民绑上"台独"的战车，台海地区一度陷入剑拔弩张的紧张局势。

一、"台独教父"李登辉与"两国论"

李登辉，祖籍福建永定，1923 年出生于台湾台北一个世代务农的家庭，曾留学日本。李登辉早年的研习内容均与农业经济相关，此后在台的执教和任职也多为农业范畴。抗战胜利后入台湾大学农业经济系学习，1948 年毕业留校任教。1952 年考取公费赴美留学，入依阿华大学，主攻农业经济。翌年回台，任"台湾农林厅"经济分析股长，并执教于台大。1957 年调任台湾合作金库研究员，嗣任"农业复兴委员会"技正，并升任台大教授，兼中兴大学农经研究所教授。1965 年，考取美国洛克菲勒农业经济协会与康奈尔大学联合奖学金，再

---

① 《中国共产党 80 年大事记·1988 年》，人民网，http://www.people.com.cn/GB/shizheng/252/5580/5581/20010612/487255.html。

度赴美，入康奈尔大学攻读博士学位，其博士论文《台湾农工部门间之资本流通》获全美农业经济学会最佳论文奖。1969 年学成归台，续任台大教授，兼"农业复兴委员会"农业经济组组长、顾问。

在此期间，李登辉因为工作业绩突出，深获蒋经国赏识，1972 年被"行政院长"蒋经国提名为"政务委员"，延揽"入阁"，自此正式投身政界，踏上从政的道路，成为国民党新生代台籍政客骨干人物。此时，李登辉仍旧掌管农业，参与制订台湾地区"加速农村建设重要措施""农业发展条例"等，致力于推动台湾农业向现代化转型。

1978 年蒋经国出任第六任"总统"，李登辉为蒋经国所器重，委任为台北市市长。在台北市长任期内，因对市政建设、交通发展等有贡献而形成人们称之为李登辉的"风格"。三年后，获得蒋经国的第二次提拔，出任台湾省主席。

1984 年 5 月，李登辉又被蒋经国提名为"副总统"，并进入中常会，刻意培植其为接班人，成为炙手可热的政治人物。1986 年任"十二人革新小组"成员，后接替严家淦任总召集人，研拟政治革新方案。1988 年 1 月 13 日，蒋经国不幸去世。李登辉按"宪法"规定继承"总统"，旋即出任国民党代理主席，并在国民党"十三大"上正式当选主席，开始执掌台湾党政大权。

1990 年 5 月任第八任"总统"，嗣兼任"国家统一委员会主任委员""中华文化复兴运动推行委员会会长"。李登辉上台后在 1990 年 5 月宣布开始"宪政改革"，对旧"法统"进行改造。从 1990 年至 2000 年，台湾当局进行了六次"修宪"，包括终止"动员戡乱时期"，废除"临时条款"；"总统"由台湾地区人民直接选举产生；冻结台湾"省长""省议会"选举，虚化"台湾省政府"功能；改变"国民大会"职能等等。台湾的政治格局、国民党内部的权力结构以及台湾当局对大陆政策和对外政策都发生了重大的变化。

李登辉是"台独"分裂活动的主要支持者和幕后策划者。自 1988 年李登辉在台湾地区执政以后，海外公开的"台独"组织加强向岛内渗透，在美国最大的"台独"组织"台独联盟"迁回台湾，以后集体加入了民进党。1991 年 10 月，民进党召开"五大"，公然将"建立主权独立自主的台湾共和国暨制定新宪法，应交由台湾人以公民投票方式选择决定"列入党纲。1992 年 5 月，"立法院"修改"刑法"，废除"刑法第 100 条"和"国安法"，使鼓吹和从事非暴力的"台独"活动合法化。从此，台湾当局实际上已不禁止"台独"活动。

李登辉本人生长于台湾，他不但刻意抹杀自己同大陆之间的乡土联系，还颠倒黑白地将曾生活在日本侵占台湾时期实行的"皇民化统治"之下作为一种荣耀，对这段整个民族都深感痛楚悲哀的历史津津乐道，不择手段地拉近同日本的关系。正是这种变态的日本情结使李登辉毫不掩饰思想深处对日本的亲近，意图借此向日本靠拢，拉开台湾与大陆的距离。

1999 年 7 月 9 日，李登辉借接受"德国之声"电台专访之机，公然宣称台湾当局已将两岸关系定位在"国家与国家，至少是特殊的国与国的关系"，这就是李登辉的"两国论"。中国政府对此开展了坚决的斗争，因此爆发了第三次台海危机。

李登辉看到，最为密切关注台湾问题的莫过于美国和日本，它们在该问题上的基本考量是将台湾作为演化、分化中国的多米诺骨牌中的第一块骨牌，通过台湾问题引发中国的其他不稳定因素。"台独"势力一旦得逞，将势必动摇国家的治国安邦之本，践踏国家宪法，破坏整个民族的向心力，"藏独""疆独"势力势必群起而效仿，中国将失去安全、稳定的国内和国际环境。由此，李登辉撰写的《台湾的主张》一书迎合了这样的企图。李在该书中提出了"七块论"，即"摆脱大中华主义的束缚"，主张把中国分割成台、藏、疆、蒙、东北等 7 个享有"充分自主权"的相互独立的政治实体，实际上就是 7 个主权国家。李登辉上台后表态支持达赖以实现"藏独"为目的的所谓"五点和平计划"，不啻为表明"台独"势力和"藏独"分子已经勾结在了一起。

20 世纪 90 年代初，台湾在李登辉的领导下还曾雄心勃勃地推进所谓"亚太运营中心"的计划，其目的是吸引跨国公司将其亚太地区的业务基地和总部放在台湾，以统筹其区域内所有分支机构的业务，管理跨国性高附加价值产业的经营；暗含的目的是削弱香港的亚洲金融、贸易、航运中心的地位。当时许多有识之士认为，台湾要建立"亚太运营中心"必须以大陆为腹地，为此必须实现"三通"。李登辉不但反对"三通"，反对西进，而且鼓吹台湾资本南下，结果，"亚太运营中心"计划不得不以失败而告终。其后李登辉又推行"戒急用忍"政策，企图封杀台商到大陆的投资，遭到台商的强烈反对，并以各种迂回方式投资大陆，南下的资本也陆续转往大陆。

李登辉上台后，逐渐暴露出其反动政客的真实面目，党同伐异，黑金横行。尤其是为"台独"提供了温床和土壤，使得"台独"猖獗泛滥。这种情况使得台湾人民对国民党信任尽失，导致国民党在 2000 年台湾地区领导人的选举中痛失执政权。2000 年 5 月 20 日，陈水扁当选台湾当局新一任"总统"，李登辉下台。

国民党下野后，李登辉被迫辞去国民党主席之职。2000 年 6 月 17 日，在国民党第十五次代表大会临时会议上，代主席连战以高票当选为国民党主席。2001 年 3 月 24 日，连战参加党内直选，以高达 97% 的得票率当选为国民党主席。

李登辉下台后，并未终止其"两国论"的论调和停止分裂活动。2001 年，他组建了以"两国论"为党纲的"台联党"，公开进行分裂活动。他频频为"台联党"站台，积极配合陈水扁，与国民党的意愿背道而驰。针对李登辉的倒行逆施，连战做出决定："严肃处理李登辉！"随着国民党召开十六次代表大会并开除李登辉党籍，国民党开始进入"连战时代"。连战执掌国民党后，对国民党进行了创党以来的第三次党务改造，同时积极推动与亲民党、新党合作，形成了泛蓝阵营。2004 年 3 月，连战与亲民党主席宋楚瑜搭档，再度参选台湾地区领导人，以微弱差距落败。在当年 12 月的"立委"选举中，泛蓝阵营赢得"立法院"的过半席次。

二、陈水扁八年编织"台独梦"造成台海紧张局势

陈水扁 1950 年出生于台湾省台南县官田乡，祖籍为福建省南部的漳州市诏安县太平镇白叶村。1981—1985 年任台北市议会议员，1987—1989 年、1991—1996 年任民进党中执委，1987—1989 年、1996 年后任民进党中常委，1989—1994 任"立法委员"，1993 年任"立法院程序委员会召集委员"，1994—1998 年任台北市市长。2000 年 5 月 20 日就任台湾地区领导人，2004 年竞选连任。同时，2000—2008 年曾任民进党第 10—11 届党主席。①

陈水扁自 2000 年上台后，就利用在岛内掌握的执政资源继续前任李登辉分裂国家的活动。2003 年 5 月 20 日，陈水扁曾提出要推动"台湾加入世卫组织"的"公投"，9 月 28 日宣称 2006 年要"催生台湾新宪法"，此后逐步形成了一个"台独"时间表：2004 年实施首次"公投"；2006 年"公投制宪"；2008 年正式实施"新宪法"要使"台湾成为正常的、完整的国家"。

2004 年 5 月 17 日，中台办、国台办的声明对陈水扁四年来的言行做了全面的评价："四年前，陈水扁曾信誓旦旦地作出所谓'四不一没有'的承诺"，

① 《陈水扁简历》，人民网，http://tw.people.com.cn/GB/83207/83215/6107873.html。

"他说不会宣布'台独',却纠集各种分裂势力进行'台独'活动。他说不会改变所谓'国号',却不断鼓噪'台湾正名''去中国化'。他说不会将'两国论入宪',却抛出两岸'一边一国'的分裂主张。他说不会推动改变现状的'统独公投',却千方百计地利用'公投'进行'台独'活动。他说没有废除'国统会'和'国统纲领'的问题,却早已将它束之高阁,令其名存实亡。他还强行撕裂台湾社会,恶意扭曲台湾民意,肆意煽动仇视大陆、'对抗中国',竭力挑衅大陆和台湾同属一个中国的现状,公然提出通过'制宪'走向'台独'的时间表,将两岸关系推到了危险的边缘。"①

2004 年 5 月,陈水扁在备受争议的所谓台湾"总统"选举中"就职",他发表的"就职演说"虽然在各方巨大压力下几经修改,却极力回避海峡两岸同属"一个中国"的共识,掩饰不住其"台独"的根本理念:"(台湾要)积极参与国际事务,扩大台湾在国际的生存空间","尽管台澎金马只是太平洋边的蕞尔小岛,只要两千三百万同胞不畏艰难、携手向前,我们梦想的地图将会无限远大,一直延伸到地平线的尽头"。②

2006 年 2 月 26 日,陈水扁宣布"终止运作""国统会"和"国统纲领",要为通过所谓"宪政改造"谋求"台湾法理独立"铺平道路。3 月 1 日,中国国家主席、中央军委主席胡锦涛在会见瑞士国防部长施密德时说,台湾当局不顾岛内外的强烈反对,一意孤行,决定终止"国统会""国统纲领",这是对国际社会普遍坚持的一个中国原则和台海和平稳定的严重挑衅,是在走向"台独"的道路上迈出的危险一步。

同时,陈水扁当局积极推行"去中国化"及"去蒋化"的实际行动,2007年伊始,台北故宫博物院收藏品说明中的"北平故宫"与"中央博物院"字样完全删除。两周后,孙中山先生被剥夺"国父"称号。此外,民进党当局还对青少年下手洗脑,向其灌输"台独"意识,杜正胜任"教育部长"后,大幅修改历史课本,删去孙中山先生"国父"称号,视之为"外国人",非但如此,孙中山先生领导的辛亥革命,竟被列入"中国古代史"。原中正机场改为桃园国际机场后,甚至台湾的大型企业"中国石油""中国造船"与"中华邮政"都改为

---

① 《就当前两岸关系问题中台办、国台办受权发表声明》,《人民日报(海外版)》,2004 年 5 月 17 日。

② 《陈水扁就职演说全文》,新加坡《联合早报》,http://www.zaobao.com/special/newspapers/2004/05/others200504zb.html。

"台湾石油""台湾国际造船"及"台湾邮政"。台北中正纪念堂在民众抗议声中改为"台湾民主纪念馆"后，陈水扁当局变本加厉，继续其"去蒋化"的步伐，12月23日，台湾军方撤走了台湾桃园县大溪镇蒋介石和蒋经国陵寝的卫兵，"两蒋陵寝"也暂时封馆。

2007年6月18日，据台湾"中央社"报道，陈水扁说，希望透过联署提案，在接下来的"大选"一并举行所谓"以台湾名义申请加入联合国的公民投票"。由于持"台独"路线的民进党当时掌握着执政资源特别是舆论工具，中国大陆一直对"台独"分裂势力的谋"独"本质保持警惕。民进党、"台联党"等"台独"势力的一贯做法是蓄意挑起两岸对峙，制造恶性互动，而后"出口转内销"，把台湾的族群撕裂为"卖台—爱台""独—统"这种相互对立的二元仇视结构，以从中获取政治利益。

由此可以看出，自以李登辉和陈水扁为代表的"台独"分子掌握台湾地区的公权力后，肆意分裂国家，抛弃了1992年两岸达成的"九二共识"，使海峡两岸的矛盾性质发生了转化。李登辉上台之前，蒋氏父子主政台湾事务，与大陆对峙是国共两党在一个中国内部的政权之争，属于民族内部矛盾；李登辉上台，特别是抛出"两国论"后，陈水扁大搞"入联公投"，中华民族同分裂国家、民族的"台独"势力的斗争已属于结构上根本对抗的民族矛盾，这是两类不同质的矛盾，由民族内部的阶级矛盾已经上升为中华民族同民族分裂势力斗争的民族矛盾。

在陈水扁发布了2006年"制宪"及2008年"建国"的法理"台独"时间表后，海峡两岸的关系剑拔弩张，一度降至冰点。特别是2007—2008年恰逢陈水扁执政的第二任期届满，大陆集中精力举办奥运会，曾被认为是当时台湾当局"法理独立"的重要时间节点。

根据各类已经披露的资料分析，"台独"势力曾经把2007—2008年作为"法理独立"的可供选择的重要节点，早在2002年李登辉就跳出来大放厥词，扬言"2008年是台湾新时代的关卡""本土意识将促成台湾建立新国家"。一是在此节点上民进党的执政期将满，并没有绝对把握获得下一轮"总统"选举的胜利，作为一个基本"民粹化"的政党，党内信众认为有必要为了实现其政党"宗旨"放手一搏；二是2008年恰逢北京举办奥运会，"台独"势力认为大陆投鼠忌器不会轻易对岛内"台独"势力动用武力；三是"台独"势力认为美国、日本虽然明处反对"台独"，但是在暗处是纵容甚至支持"台独"行径的，在

"台独"分子所造成的分裂局面已成事实的情况下，国际环境也许会朝着有利于"台独"分裂势力的方向转化。

2008年陈水扁当局包装而成的"入联公投"是"台独"势力部署"法理台独"的重要一步。但是，民意不可违。2008年3月22日，由陈水扁当局捆绑举行的"入联公投"投票率仅35.8%，与本次台湾地区领导人选举超过76%的投票率相比，投票率差距悬殊，这显示出台湾平民百姓在用选票表达着对陈水扁的强烈不满，他们反对制造两岸局势紧张的分裂行径，陈水扁用"公投"绑选票的政治骗局彻底破产了。为此，国务院台湾事务办公室发言人李维一于22日当晚发表谈话表示，"台独"分裂势力搞"台独"是不得人心的，期盼为两岸关系和平发展共同努力。

民进党8年的执政路线说明他们一刻也没有放弃"台独"，但是"台独"不得人心，因此"台独"势力的分裂没得逞。2008年前以陈水扁为首的"台独"势力以"进两步，退一步"的手法走"蠕变"式"台独"路线，急于搞"法理独立"。2008年之后，"台独"一度蛰伏后逐步活跃，一是力挺"陈水扁"这张"台独"的王牌，另外密切关注大陆内部的分裂活动，伺机运作"台独""藏独""疆独"三股分裂势力的合流。为此，大陆保持足够的警惕，整合国内外力量，加强了对于"台独"分裂活动的"文攻武备"，特别是通过的《反分裂国家法》从法律层面上为"台独"势力的分裂活动画上了一条不可逾越的红线。

2008年1月9日，《澳门日报》发表题为《民众盼扁"伟大"旅程尽早结束》的社论。社论说，新年伊始，台湾领导人陈水扁发表任内最后一份元旦文告。除了继续挑衅大陆，刺激岛内的民粹主义和族群对立，他亦自我总结自己近八年的执政。他大言不惭："这伟大的旅程即将告一段落。"社论指出，民进党当局执政近8年来，台湾内忧外患有增无减。目前，岛内大多民众只期待陈水扁那"伟大旅程"早点结束，让新的领导人赶快处理他留下来的烂摊子。

社论指出：陈水扁执政以来，台湾空转数年，以致民不聊生，内耗严重，民众对其执政的意见越来越大。陈水扁不仅没有反思过错，反而越发疯狂。近期，他"疯狂"地跟美国呛声，"疯狂"地跟北京对干，"疯狂"地搞"公投"，"疯狂"地斗老蒋，"疯狂"地操控"中选会"，"疯狂"地撤换台北、台中市选委会主委，"疯狂"地推一阶段领投票，"疯狂"地扬言要戒严、延选……甚至连李登辉也因此说："其中任何一件，都不是一个正常的人会做的事！"

2008年3月，《洛杉矶时报》报道，陈水扁执政8年，与大陆和华府关系紧张，台湾经济低迷不振，官员频频被撤换，留下破碎的梦想和错过的机会。2009 年陈水扁因为贪污和受贿被判决有罪后竟然向美军事上诉法院提出请愿，提出他在担任"总统"期间，知悉了美国军政府存在的"事实"，也接受军政府的命令。有关台湾之事，美国军政府是"至高无上"的，他在任内经常接受"美国在台协会主席"的指示。如今他面临"政治迫害"，因此向美国军事法院及全世界披露这个美国军政府的存在，要求军政府出面保护他。[①] 陈水扁因自行不义而自陷于山穷水尽的境地后，为保全自身无虞竟向美国摇尾乞怜，可谓丑态百出。

第三节　马英九上台执政纾缓两岸关系

2008 年后马英九执政 8 年，在两岸关系上的作为可圈可点，但是面对岛内绿营不断杯葛和国民党内部的诸多问题，8 年来岛内诸多矛盾和问题相互交织愈发突出，党内人心涣散，并且导致 2016 年国民党丢掉执政权。

一、马英九个人经历

马英九，祖籍湖南，1950 年 7 月 13 日出生于香港九龙。当时，马家与其他逃亡国民党余部进入香港，住在香港调景岭的国民党军难民营，生活条件非常艰苦。1952 年，年幼的马英九才随家人移居台湾。

马英九的父亲马鹤凌是中国国民党党员，他的教诲对马英九影响颇深。在家庭的熏陶下，马英九于 1967 年加入中国国民党，当时他正在读高中。1968 年，马英九如愿考上台湾大学法律系。在台大期间，他开始崭露头角，担任大专军训集训班宣誓代表，接受时任"国防部长"蒋经国的"授枪"，这是马英九第一次与蒋经国接触，令蒋经国印象深刻。军训集训结束后，马英九回到台大校园，旋即担任学生代联会秘书长，也成为国民党培植的学生领袖之一。

大学期间，对马英九触动最深的是参与兴起于 20 世纪 70 年代的"保钓运动"。1971 年，台湾爆发"保钓运动"，台大学生串联"6·17"大游行，行经美日"大使馆"示威，大三的马英九义愤填膺，走在队伍最前头，"要为人民争雄风"，当年的"保钓运动"，唤起了马英九满腔热血。2008 年 2 月 25 日，台湾

---

① 《中国时报：陈水扁是美国军政府的行政长官？》，中国新闻社，http://www.chinanews.com.cn/hb/news/2009/10-12/1905008.shtml。

《联合晚报》刊出对国民党 2008 参选人马英九的访谈文章。马英九在访谈中表示，当年曾参加"保钓运动"，至今对钓鱼岛没有忘情，对钓鱼岛的主张也和当年一样；20 岁那一年对他一生影响之大，由此可见。

1972 年，马英九从台湾大学法律系毕业，1974 年赴美留学，获美国纽约大学法学硕士、哈佛大学法学博士学位。马英九不但是"保钓"的行动派，而且更是"保钓"的理论研究者。他在美国哈佛大学修读博士学位时的博士论文《怒海油争：东海海床划界及外人投资之法律问题》，就是台湾地区首部研究钓鱼岛问题的学术论著。马英九返台并在政治大学法律研究所教书时，又在这篇英文论文的基础上，再对钓鱼岛问题深入研究，于 1986 年 1 月以中文写成《从新海洋法论钓鱼台列屿与东海划界问题》一书。

多年后，已经任职台北市市长的马英九仍然念念不忘钓鱼岛被侵占的历史。2005 年 10 月 25 日，霏霏细雨中，在马英九的带领下，台北各界于中山堂广场光复纪念碑前隆重纪念台湾光复 60 周年。暌违已久的《台湾光复歌》再次响起。据台媒报道，这一活动由台北市文化局与文献会主办，并特意举行"水祭钓鱼台（即钓鱼岛）"仪式，凸显台湾光复一甲子。来自宜兰南方澳的渔权协会代表，一早就出港前往钓鱼岛水域，掬起太平洋海水带至活动现场。

马英九在致辞中回顾了甲午战争之后清政府割让台湾以及钓鱼岛的历史。他指出，历史证明，钓鱼岛历来属于中国领土，当年钓鱼岛与台湾一起被日本占据。台湾光复，钓鱼岛自然应该回归中国，绝不能对日本退让。马英九表示，台北 6 年多来持续关心慰安妇、台籍日兵、七七事变、台湾义勇队以及非武装抗日运动等议题，目的是一方面要重新肯定李友邦、蒋渭水等抗日先贤的伟大情操，一方面也在提醒民众莫忘台湾人被殖民的苦难岁月。渔民们则为马英九献上有破洞的渔网，希望各界正视钓鱼岛主权，以补破网毅力保卫领土。随后，在农运诗人詹澈朗诵的《岛殇》声中，马英九与当年"保钓"人士一道，舀起一瓢瓢钓鱼岛海域的太平洋海水倾入光复纪念碑前的水池。

马英九的"保钓"经历及哈佛大学求学历程为他之后在台湾政坛上特别是国民党内脱颖而出积累了重要的政治资本和海内外人脉资源，同时马英九在学生时代的出类拔萃使他最终成为国民党着力培养的中坚人物。

1982 年，马英九出任蒋经国英语翻译。马英九优越的外语能力颇受蒋经国的重用，在"总统府"担任翻译工作长达 6 年多。这 6 年多恰逢台湾政局转型的关键时期，对马英九也产生了很大影响。

　　1984 年后的 15 年中，马英九先后出任国民党中央副秘书长及多种行政职务。1988 年蒋经国去世后，马英九仕途坦顺的日子一去不返。1993 年，马英九出任"法务部部长"，这是台湾政客眼中的冷衙门负责人，属于没有多大实权也不敢真正发挥实权的部门。但马英九对此不以为意，任职期间致力于肃贪、查贿、扫黑、反毒。然而，马英九反贪、查贿毕竟是孤军奋战，在国民党和台湾政坛可谓"曲高和寡"。面对李登辉执政的奸巧与阴险，马英九憨直的性格和清廉的作风决定了他与国民党执政当局的"黑金"政治难以沆瀣一气，最终他被排挤出了台湾的政坛，1996 年调任"行政院"无职无权的"政务委员"。次年 5 月，马英九辞去该职，任台湾政治大学法律系副教授。马英九主动辞职，主观上是对国民党"黑金"政治和治理无能的愤懑，客观上则使马英九能够与当时贪腐的国民党李登辉集团进行有效切割，为他日后在台湾政坛的东山再起奠定了广泛的民意基础，积累了宝贵的政治资本。

　　不久之后，国民党在竞逐台北市长的人选方面告急，马英九在多方苦劝下应招出征，临危受命的马英九在选举中击败前台北市市长陈水扁，于 1998 年 12 月当选，从而迎来了他政治生涯中的又一个高潮阶段。2002 年 12 月马英九连任台北市市长。自 1998 年至 2006 年马英九在台北市市长任上，施政满意度屡创新高，充分展示了其清廉、勤政的形象。就连偏绿的台湾《自由时报》也不得不承认，马英九 8 年市政建设风格，属于均衡发展的类型，各方面均有不错的成长与建设。2005 年 12 月 24 日，据"中央社"报道，根据台北市当局进行的一项民意调查发现，马英九连任第三年的施政表现，获得 78.9% 的市民肯定。两届台北市市长任内所积累下来的政绩，为马英九之后的从政之路奠定了坚实的民意基础。

　　在台北市长任内，马英九还表现出了对于大陆的友善。2005 年 5 月，马英九在接受媒体访问时表示，对于迎接大陆赠送的两头熊猫，台北市已经准备很多年了，也有充分的人力和专家可以负担熊猫的养育和照顾工作。

　　马英九是国民党第十三、十四届中央委员。1999 年 8 月、2001 年 7 月分别当选国民党中央常务委员。马英九任台北市长的 8 年，也正值中国国民党在台湾地区失去执政权的低潮时期。

　　国民党痛失执政权后，马英九大力支持并积极参与要求国民党改革的运动，在要求李登辉下台事件中相当活跃，受到国民党改革派的拥护和连战的器重。2003 年 3 月，在国民党"十六全三次会议"上马英九当选为国民党副主席。

2005 年 7 月，他又以 72.36% 的得票率当选为中国国民党新一任党主席。在任国民党主席一年多的时间内，马英九展现出了应有的魄力，特别是在 2005 年年底进行的台湾地区县市长选举中敢于破釜沉舟，大力推动国民党的选举气势，努力争取在县市长选举中胜出。

在两岸关系问题上，马英九基本延续了连战确立的国民党在两岸问题上的基本路线。2006 年 2 月 21 日，马英九在伦敦以台北市长暨国民党主席的身份演讲谈及两岸关系时说，"在政治方面，国民党若能于二○○八年赢得总统大选，我们将尝试恢复两岸间以'九二共识'为基础的政治对话。'九二共识'乃两岸双方为寻求共通点与建立互信基础"，"台湾海峡不应该是充满战争风险的'烽火地带'，而应该是联结两岸伟大人民的一条和平、繁荣与民主的康庄大道"。

2000—2008 年陈水扁连任两届台湾地区领导人，在 2004 年选战正酣之时发生的"3·19"枪击案至今还令人深感疑惑。当时备受质疑的枪击案引发了泛蓝声势浩大的抗争行动，时任台北市长的马英九面临着两难选择，作为泛蓝领导人，他理应站在民众的一边抗议民进党的肮脏、卑鄙手段，同时一向秉持法制理念的马英九缺乏起来"造反"乃至"革命"的"政治基因"，又必须执行"公权力"，制止甚至驱离未经申请或脱序的游行民众。当时左右为难的马英九，最后选择劝退抗议民众。此后，"没有魄力"成为外界对马英九的普遍负面评价。这也将马英九缺乏执政魄力与抗争精神的弱点暴露无遗。

2006 年，马英九因"特别费案"辞去国民党主席一职。民进党的伎俩虽然使其一时陷于困境，却也激发出了他的无穷斗志和个人潜在的政治热能，马英九随即宣布参选 2008 年台湾地区领导人。

二、马英九 8 年执政积极推动两岸关系和平发展

2008 年首次当选台湾地区领导人时，马英九对两岸关系有基本正确的认识，同时较为重视岛内民意，倾听民众呼声，上任之初首先谋求稳住两岸关系，委派萧万长在"就任"前到海南博鳌论坛与胡锦涛主席会晤，为两岸关系融冰。2008 年以来，两岸恢复协商并签署多项协议，海协会的陈云林和台湾海基会的江丙坤已经举行过 3 次正式会议，陈云林更是首名"登陆"台湾的大陆最高层人士，而马英九当局开放陆资入岛、实现两岸直航以及全面开放大陆游客赴台等措施，成功降低了两岸之间的敌意，外资也认为台湾的投资环境趋向安全。

因此，国外媒体评论指出，尽管马英九上台后不久就遇到全球经济衰退，但因为推动两岸关系的发展，台湾当前正走向经济复苏的道路。

2008 年 11 月，海协会与台湾海基会领导人恢复了中断 9 年之久的协商，首次在台湾相聚，两会相继签署两岸直航、大陆居民赴台湾旅游等 6 项协议，两岸制度化协商进入了历史新阶段。两岸民众期盼了 30 年之久的直接"三通"基本实现，两岸关系进入大交流、大合作、大发展的新时期。这和马英九执政时期在两岸关系方面所做的努力密不可分。

根据《海峡两岸经济合作框架协议》（ECFA）的规定，两岸双方于 2011 年 1 月 1 日起全面实施货物贸易与服务贸易早期收获计划。这意味着 2011 年实际上成为海峡两岸的"ECFA 元年"，两岸经济关系正常化、制度化、自由化进程由此有了新的里程碑。"早期收获计划"是为使两岸民众尽快享受到两岸经济合作框架协议的利益，在两岸经济关系实现自由化前的一项开放措施。根据早收清单，双方将在"早期收获计划"实施后不超过两年的时间内分三步对"早期收获产品"实现零关税。在货物贸易方面，大陆将对 539 项原产于台湾的产品实施降税，台湾将对 267 项原产于大陆的产品实施降税。在服务贸易方面，大陆将向台湾进一步开放会计和专业设计等 11 个服务部门、19 项内容；台湾将向大陆开放研究与开发、会展等 9 个服务行业。服务业占台湾当地生产总值的 70%。"ECFA 实施后，台湾的服务业将得以更多进入大陆市场"。台湾淡江大学大陆研究所所长张五岳说，"台湾高品质的服务业将为大陆民众提供更多选择，两岸投资形态也将进一步从单一制造业向服务业等多元化领域、从低附加值向高附加值领域拓展和深化"。

2013 年 10 月 2 日，台湾金融主管部门负责人彭淮南在台湾"立法院"表示，台湾"央行"理监事会议已经提出将人民币纳入外汇存底议题，并决议持有。台湾"央行"此前的统计显示，至 2013 年 8 月底止，台湾银行业人民币存款累计达 851.41 亿元，较上月增长约 10.78%。2013 年 8 月末，台湾外汇存底为 4093.88 亿美元，较上月增加 2.7 亿美元，续创历史新高。

此外，马英九在两岸文化教育交流方面做出了一定的贡献。马英九主张承认大陆学历、开放陆生入台。2004 年其任台北市市长时就表示，应承认大陆学历、开放陆生来台湾就读大学。2008 年"大选"时，马英九将承认大陆学历、开放陆生入台作为其选举的重要政见。马英九当选后积极兑现承诺，责成台湾"教育部"及陆委会积极研议。

2008 年底,台湾"行政院"提出大陆学生来台就读及大陆学历采认规划,并将"陆生三法"即"大学法""专科学校法""两岸人民关系条例"修正草案送交"立法院"审议。但"陆生三法"修正案在"立法院"审议时遭到民进党的强烈反对,民进党甚至试图以暴力杯葛法案通过。为保证法案过关,马当局在全台召开 20 多场公听会,充分听取各方意见,并在"立法院"进行甲级动员,将"陆生三法"列入优先审议法案。2010 年 8 月 19 日,台湾"立法院"临时会"三读"通过"陆生三法"修正案,台湾大专院校招收陆生入台终获法源依据。此后,台湾当局陆续出台"大陆地区学历采认审议办法""大陆地区人民来台就读专科以上学校办法""大陆地区学生来台湾就学及停留办法"草案等相关配套政策。台湾"教育部"则于 2011 年相继成立了"招收大陆地区学生招生委员会联合会"(简称陆联会),并公布招生简章、招生名额、招生方式,实质展开招生、录取作业,陆生入台终成现实。①

2013 年 1 月 14 日,马英九在台湾大学校长会议上宣布,大陆学生赴台采认学历的学校,将从现在的"985 工程"学校扩大到"211 工程"的学校;并且开放大陆专科生来年修读"二技"课程,让校园有更多竞争、合作机会。

2013 年 3 月 12 日,台湾教育主管部门发布最新"大陆地区高等学校认可名册"。在已采认大陆 41 所高校学历的基础上,台湾方面这次又新增采认中央财经大学、中国地质大学等 70 所高校。至此,台湾当局宣布承认的大陆高校由原来的 41 所扩大到 111 所,这意味着将有包括台湾学生在内的更多两岸学生的大陆学历获得承认。两岸经协商,2013 年新增辽宁、湖北为大陆学生赴台就读学位试点省份,至此大陆已有 8 个省市开放陆生赴台。此举在海峡两岸均引起良好反响。

在 2015 年"习马会"中,马英九表示,2008 年以来,两岸共同创造和平稳定的台海局势,获得两岸及国际社会普遍赞扬,要善加珍惜。"九二共识"是实现两岸关系和平发展的共同政治基础,两岸要巩固"九二共识",扩大深化交流合作,增进互利双赢,拉近两岸心理距离,对外展现两岸关系可以由海峡两岸和平处理,同心协力,为两岸下一代创造更美好的未来。英国广播公司(BBC)称,两岸领导人将在新加坡举行历史性会面,并援引中国国民党主席朱立伦的话说,马英九的两岸政策方向是正确的,"只要对的就去做"。泰国《世界日报》

---

① 石勇:《陆生赴台问题初探》,《高教发展与评估》,2012 年第 3 期,第 62—64 页。

则援引马英九在台北记者会上的话指出，"习马会"是建立两岸领导人会面常态化的第一步，有助进一步推动两岸关系发展。

三、国民党及马英九执政期间困难与问题不断累积

2000 年台湾地区领导人选战在即，由于李登辉的恶意政治操作和宋楚瑜的负气出走导致泛蓝民众在选举前的分裂，使本来无法胜选的民进党候选人陈水扁渔翁得利，于 3 月 18 日赢得选举，终结了国民党长达半世纪的统治，实现了台湾史上首次政党轮替。

2000 年国民党失去台湾地区执政权后，全党开展了深刻的检讨。2001 年 7 月，国民党召开第十六次全体党员代表大会，会场弥漫着浓烈的团结、悲壮气氛，在集体合唱《总理纪念歌》中"莫散了团体，莫丧了志气"的歌词时，自党主席连战以下，数千人全部洒下热泪，立志发奋图强、重夺执政权的热烈情景至今令人难忘。

2008 年 3 月 22 日，中国国民党候选人马英九、萧万长在台湾地区领导人大选中以 221 万票的领先优势获胜，5 月 20 日正式就任。马英九胜选后表示，这次选举结果不是马英九及萧万长的个人胜利，亦不是一个政党的胜利，而是千千万万希望求变的台湾民众的胜利。台湾民众的心声在这次"大选"中已反映出来，希望当局清廉，不是贪腐；希望经济繁荣，不是萧条；希望政治安定，不是内斗；希望族群和谐，不是撕裂；希望两岸和平，不要战争。

台海地区的局势历来受到来自大陆与台湾两个方面的多种因素影响、制约，特别是与海峡两岸执政党基本理念乃至领导人的政治性格息息相关的。自改革开放以来，大陆对台政策日益成熟，保持了连贯性和一致性，几任中共领导集体对于"台独"势力的挑衅都表现出了审慎和冷静，成功化解多次台海危机。反观台湾地区自 20 世纪 90 年代初期蒋经国去世后，李登辉、陈水扁陆续上台，纵容和引领"台独"势力兴风作浪，导致岛内政局不稳，经济滑坡，民怨沸腾，而马英九上台后则把握时局大势，稳定两岸关系，着手复苏台湾经济，顺应了台湾地区的主流民意，一定程度上改善了台湾社会状况。

马英九的执政除了得益于国民党上下的鼎力相助及其自身的才干外，还有一部分是得益于其个人魅力方面的因素。长期以来在台湾政坛上，他一直是作为"政治偶像"出现并被蓝营民众所推崇，"师奶杀手""小马哥"这样类似追星一样的语言萦绕在其周围。不可否认，诸多斑斓炫目的"称号"吸引了很多

普通民众的眼球，也为马英九赢得了更多的支持，但是马英九应该始终有清醒的认识，即作为台湾地区领导人的责任和义务不仅仅局限于政治作秀，而应看是否具备冲破重重阻力的决心和意志及审时度势的前瞻力和领导力，真正的领导人应做到既能听取民众的呼声，广纳民意，又能摆脱"民粹"和简单民意的束缚开拓创新。

具体到台湾岛内的民主意识，实际上还是不成熟的，易受一时一事的影响，又对于领导人有情绪化的政治倾向性影响，在某种不特定的情形下容易形成民粹化的选举氛围和政治文化。根据台湾《联合报》的调查，2008 年马英九就任时民望超过 70%；但是由于马英九的个人性格特质及其一些施政风格和手法，引来不少指摘和批评，就任两个月满意度跌至 40%，不满意度升至 43%；就任半年，满意度为 37%，不满意度为 46%。由于在两岸关系上的贡献，就任一周年，民众对他的满意度回升至 52%，台湾《中国时报》的调查更高达 56%。但是在 2009 年 "8·8" 水灾后，马英九的满意度降为 30%，随后台当局行政机构团队总辞，新团队呈现新气象，马英九声望回升至 47%。台湾这种不成熟的"民意政治"往往对执政当局制定政策的预见力和执行力都构成一定制约，尤其易造成两岸政策的摇摆现象和短视行为，这一点应为台湾地区领导人理性对待。

2012 年 1 月，马英九再次当选台湾地区领导人，开始他的第二个任期。2013 年 9 月 22 日，针对《海峡两岸服务贸易协议》卡在"立法院"动弹不得，时任海基会董事长林中森表示，要提升台湾竞争力，投保和服贸协议是 ECFA 版图不可或缺的部分，外界担心陆资来台投资冲击，但两岸协商谈判，"台湾不能只拿不给，台湾应该不要怕竞争，要有信心"！林中森接受台湾《中国时报》专访时表示，这次服贸协议，大陆对台湾采用超 WTO 待遇开放 80 项，有助台湾以最优条件抢占大陆市场商机与先机，台湾拿"小冲击换大利益"，整体而言利大于弊。林中森强调，大陆内部面临国际竞争压力，未来谈判不可能再单方向对台让利，相对开放、互利互惠是必然趋势，但服务业是台湾强项，民众和业者应对自己有信心。①

在两岸教育交流方面，由于马英九的顾忌和绿营势力的阻挠，台湾当局设置重重障碍。2010 年台湾方面有限制开放大陆学生赴台湾大专院校就学及承认大陆学历。所谓"限制"包括：限制承认大陆高校医学学历，大陆学生不得报考台湾

---

① 《林中森：大陆单方让利时代结束了 台湾不能只拿不给》，凤凰网，http://news.ifeng.com/taiwan/3/detail_2013_09/23/29804785_0.shtml。

高校机密系所、不得参加台湾公职考试，大陆学生在台就读期间不能打工等。

台湾教育部门制定的这种政策概要言之就是"三限六不"政策。台湾方面只承认大陆985工程的41所大学学历，也让赴台陆生人数无法扩大。2013年之后，大陆学生赴台采认学历的学校增加，但是相关其他限制措施仍然没有松绑，当前台湾少子化冲击越来越明显，不少大学都希望教育部门松绑开放陆生赴台限制。

当前，台湾生育率降低对高校发展也产生不利影响。对于学生而言，上大学变得越来越容易，而大学招生则越来越困难，尤其是一些规模较小、资质较差的学校在这种局面下面临生存危机，有倒闭的危险。因此，台湾当局开放陆生来台读大学，以化解高教危局。然而其一方面希望陆生挽救濒倒学校，一方面却又担心陆生挤占台湾学生资源，处于一种矛盾纠结状态。

就两岸教育体制与效果评估来看，台湾岛内也存在一定思考。2013年9月16日，据台湾《中国时报》报道，台湾大学社会系教授薛承泰表示，2001年以后，当局还扩充大学数量，套一句年轻人的用语，就是"很白目"，造成不优秀学生增加很多。据统计，台湾1951年起每年出生人数约40万人，1976年达到最高峰的42.5万人，之后不断下降，去年出生人口23万人。少子化对岛内教育造成大冲击。1994年时，岛内高教净在学率(学龄人口进大学的比例)约30%，算是偏低，需要多一点大学。但到2001年时，净在学率已达到50%，大学已经够多，不需再扩充。在世界各地，高教净在学率达到70%已是顶峰，不太可能更高。2011年台湾高教净在学率已达69.9%，已是最高峰，未来学生来源只会变少，大学数量若还这么多，一定会出问题。

此外，在陆生赴台的实践中，也出现了一些不理想的状况。2013年6月19日，台湾首次试办的陆生赴台就读"二技"即"专升本"发榜。结果计划招收955名，只招到93人。2013年台湾招收硕博陆生的62所高校中，其中26所为零录取。台湾大学院校招收大陆地区学生联合招生委员总干事张鸿德对台湾媒体表示，其中老问题仍然存在，陆生还是一窝蜂集中在台湾大学、台湾政治大学、台湾清华大学、台湾交通大学等名校。以台大为例，2013年符合报名资格的868名陆生中有537人选择台大。①

2014年11月29日，台湾地区地方公职人员"九合一"选举进行投票，据

---

① 《陆生赴台仍曲折》，人民网，http://www.gwytb.gov.cn/zn/edu/201307/t20130705_4411269.htm。

台湾当局选务主管机关统计，在 22 个县市长中，中国国民党获得 6 席，民进党获得 13 席，另有 3 席为无党籍。此次选举，中国国民党可谓惨败，特别是丢掉了台北和台中两大根据地，绿营势力在本次选举中取得压倒性胜利，台湾政治版图中"北蓝南绿"的政治格局正在发生改变。此次选举对于 2016 年台湾地区领导人选举产生了重要影响，主要原因有：

第一，自 2008 年以来马英九当局政绩不佳是本次选举中国国民党惨败的主要原因。国民党"立委"黄昭顺指出，近年来台湾岛内"油电双涨""美牛案""塑化剂""黑心油""服贸案"等，国民党当局都无法妥善处理，终致民怨沸腾，投下对当局的不信任票。实际上，马英九执政 8 年在两岸关系上取得的进步有目共睹，但是近年来台湾岛内面临全球性金融危机和岛内产业结构调整等问题，岛内经济低迷，加之两岸经贸交流的效应没有完全溢出到岛内民众直接体验的层面，所以岛内民众对马英九当局不满情绪在积累，马英九的民调支持率长时间走低反映了其在岛内经济和社会领域的"实际政绩"。同时，在地方选举这个层面的选举中，两岸关系没有成为核心议题，选民更多关心的是经济、民生，关心自己能获得多少当前和现实层次的利好。也正是在这一背景之下，民进党才能借助台湾民众对当前经济发展迟缓、贫富差距扩大等状况的不满，打击对手、争取选票，才能钻了马英九当局施政成绩不佳、国民党内部撕裂等空子。在台湾地区选举政治的背景下，"干不好就要换人"的思维逐渐在选民中蔓延，本次国民党在蓝营大本营台北市市长选举中大败就是例证，台北作为蓝营的传统票仓居然一直没有被激活。

第二，国民党对于台湾岛内新一代"首投族"的政治倾向把握不准。台湾著名民调专家、未来事件交易所执行长洪耀南先生认为，台湾的选民结构已经发生变化，逐渐成长起来的年轻人已经不再受蓝绿、统"独"等老观念的束缚，但国民党的旧思维并没有随选民结构改变而改变。台湾岛内选民的结构一直都在变动，每四年一次的选举，选民的结构都会改变 20%，增加新的选民会有10%，迁出去或者死亡的也大概 8%、9%。国民党的思维很陈旧，对新的选民的理念和价值观体系没有深入研究。近年来，台湾岛内的"首投族"基本上没有蓝绿的概念，对于统"独"认识扭曲或者无所谓，而"台湾的主体意识和认同"已经达到了历史上一个高点。"太阳花学运"后，有评论称台湾的公民社会力量开始崛起，很有可能会打破原有的蓝绿格局。有媒体分析，国民党这场选举还是采取传统打法，但因为抓不住网络的脉动，让首投族、年轻族群及中间选票全面流失。国民党副主席吴敦义坦言在网络时代手机族已非传统的电话民调能掌握，造成国民党轻敌及溃败。

2014 年的"九合一"选举与 2016 年的台湾地区领导人选举并非同一性质、层面，但是引发了国民党军溃败的多米诺骨牌效应。此次地方选举特别是随着民进党籍人士在大多数台湾基层县市的执政，全台 70% 的人口由民进党治理。本次选举虽属地方选举，但由于其地域的广泛性及选举时机的敏感性，其意义、影响已远远超出局部选举本身，国民党视之为巩固政权的保卫战，民进党将之看作是能否重新"执政"的风向标，选举已成为 2016 年台湾地区领导人选举的前哨战，结果将直接波及、影响 2016 年台湾"执政权"的争夺战。"九合一"选举失败，马英九自身地位难保，主导能力下降，国民党 2016 年布局随即溃败，加剧国民党内部的接班卡位和权力争夺，这对国民党今后的整合、团结一致重夺执政地位非常不利。

第四节　蔡英文"台独"路线图已现

在 2016 年台湾地区领导人选举中，民进党及其候选人蔡英文胜出。目前，蔡英文执政将近四年，各界对其执政理念和两岸关系前景充满忧虑，如果蔡英文继续破坏两岸关系的大好局面，甚至大搞"台独"，在大陆实力日隆及两岸人民企盼和平的时代，可谓生不逢时。

一、蔡英文"就职"后的评价与反应

2016 年 5 月 20 日，作为民进党候选人的蔡英文发表了成为台湾地区领导人的"就职演说"。随后，中共中央台办、国务院台办负责人就蔡英文"5·20"演说指出：当前，台海局势趋于复杂严峻。两岸同胞高度关注两岸关系发展前景。2008 年以来，两岸双方在坚持"九二共识"、反对"台独"的共同政治基础上，开辟了两岸关系和平发展道路。台海局势摆脱紧张动荡，呈现安定祥和局面。维护这一良好局面是两岸同胞、海外侨胞和国际社会的共同期盼。维护两岸关系和平发展的关键在于坚持"九二共识"政治基础。"九二共识"明确界定了两岸关系的根本性质，表明大陆与台湾同属一个中国、两岸不是国与国关系。"九二共识"经过两岸双方明确授权认可，得到两岸领导人共同确认，是两岸关系和平发展的基石。我们注意到，台湾当局新领导人在今天的讲话中，提

到 1992 年两岸两会会谈和达成了若干共同认知，表示要依据现行规定和有关条例处理两岸关系事务，在既有政治基础上持续推动两岸关系和平稳定发展。但是，在两岸同胞最关切的两岸关系性质这一根本问题上采取模糊态度，没有明确承认"九二共识"和认同其核心意涵，没有提出确保两岸关系和平稳定发展的具体办法。这是一份没有完成的答卷。不同的道路选择决定不同的前景。是维护体现一个中国原则的共同政治基础，还是推行"两国论""一边一国"的"台独'分裂主张；是继续走两岸关系和平发展之路，还是重蹈挑起台海紧张动荡的覆辙；是增进两岸同胞感情与福祉，还是割裂同胞间的精神纽带、损害同胞根本利益，在这些重大问题上，台湾当局更须以实际行动做出明确回答，并接受历史和人民的检验。国际社会对其反应不尽相同，一方面是以得到美国为首的阵营肯定赞许，另一方面许多国家和智库对其"隐性台独路线"的推出表示担忧。

中国国民党于 5 月 20 日下午发表的新闻稿指出，蔡英文运用各种关系，就是不肯承认"九二共识"这个两岸关系发展的政治基础，国民党表示遗憾。蓝营人士张亚中则认为蔡英文的演说体现了一贯的"台独"思路。

美、日对于蔡英文"就职"给予高度评价，并且呼吁加强美台和日台关系。美国国务院发言人柯比 2016 年 5 月 20 日发布声明，恭贺蔡英文就任台湾地区领导人，也称许马英九过去 8 年在强化美台关系中的贡献："美国方面表示恭喜蔡英文总统，就职成为台湾第 4 位民主选出的'总统'。我们也在此际恭喜台湾人民的和平移转政权，这是台湾有活力的民主发展之另一个里程碑。美国赞扬马英九'总统'过去 8 年成功的强化美台关系。我们期待与新'政府'合作，也与台湾所有政党与公民团体合作，进一步强化美国人民与台湾人民间的联系。"日本政府发言人、内阁官房长官菅义伟则于 20 日表示，欢迎蔡英文就任台湾地区领导人；台湾对日本而言，是有共享基本价值、有紧密经济关系、人员往来的重要伙伴，是珍贵的朋友；日本政府将基于与台湾维持非官方间实务关系的立场，期望日台的合作与交流更深化。

欧盟的表态相对平和一些，在蔡英文"就职"后没有发表谈话，欧盟外交暨安全政策高级代表茉格里妮代表欧盟仅仅在蔡英文胜选后发表声明，表示台湾民众完成投票，尊重民主、法治及人权为成功举行选举的重要基础，欧盟重申其支持两岸关系持续和平发展。西班牙智库加利西亚国际关系研究院院长、西班牙中国政策观察网主任胡里奥·里奥斯发表文章说，台湾当局新领导人在讲话中就两岸关系性质含糊其词，引发担忧。他认为，台湾当局新领导人在相关问题上应该把握好分寸。法国《欧洲时报》的社论指出，众所周知，"九二共识"是两岸关系的政治基础，也是中国大陆方面的基本立场和底线。两岸关系或不会恶化到"热斗"局面，但"冷对抗"也是台湾新当局与台湾经济难以承受之重。

俄罗斯等国则对"台独"的危害表示担忧。其中俄罗斯率先表态世界上只有一个中国。俄罗斯外交部发言人扎哈罗娃表示，无论谁担任台湾地区领导人，俄方承认只有一个中国且反对任何形式的"台独"，俄罗斯关注台湾地区局势发展。俄方承认，世界上只有一个中国，中华人民共和国政府是代表全中国的唯一合法政府。台湾是中国不可分割的一部分。俄罗斯反对任何形式的"台独"。

韩国外交部官员曾就蔡英文 20 日将正式"就职"一事表示，愿在一个中国原则下继续增进与台湾地区的务实合作，希望两岸关系保持稳定和平发展。被问及韩国方面是否将派政府代表出席"就职仪式"时，该官员回答将朝着上述（"一中"原则下增进韩国与台湾地区合作）方向处事，暗示不会派政府代表。韩联社的评论认为：蔡讲话中尽管没有提"九二共识"，但她也"照顾到中国的主张"，她阐述了相对"稳健"的两岸政策路线。韩国湖西大学教授全家霖认为，台湾当局新领导人在讲话中采取回避模糊的态度，将带来负面影响。作为台湾当局领导人、民进党主席，她应该澄清相关方面问题并做出明确表态。

蔡英文 5 月 20 日上午"宣誓就职"并发表"就职演说"后，印度主流媒体包括《印度时报》《印度快报》、印度新闻信托社等媒体官网，纷纷以"台湾的首位女'总统'"为标题报到蔡英文上午的"就职仪式"和演说内容，同时印度媒体官网纷纷引述外电，把焦点集中在蔡英文就职演说中提到的两岸关系部分，强调希望两岸仍能积极对话，持续推动两岸关系和平稳定发展。印度战略分析家肖普拉说，台海局势关系整个亚太地区稳定，与南海等问题也密切相关，因此两岸保持正常的政治对话十分重要，任何有损两岸关系和台海局势稳定的举动都是有害的。

新加坡《联合早报》认为，蔡英文的两岸政策论述持续模糊，不刻意在言语中挑衅中国大陆，但也回避说明两岸之间是何种关系。在面对中国大陆和民进党内"基本教义派"的双重压力下，蔡英文尝试以"尊重九二历史事实"和"中华民国现行宪政体制"等模糊表述在两岸关系上做回应，以平衡统"独"两方，但此番说法恐难让大陆满意或放心。新加坡国立大学东亚研究所所长郑永年认为，台湾当局新领导人在讲话中没有明确"九二共识"，其意识形态和政治理念是要往"渐进台独"方向靠拢，需对此保持警惕。印度尼西亚东盟南洋基金会主席班邦·苏尔约诺发表文章说，台湾当局新领导人在讲话中采取模糊态度，将两岸和平发展的大好局势推向复杂严峻的危险局面，令人忧虑和不安。他呼吁台湾当局承认"九二共识"，继续发展两岸和平友好政策，致力于两岸走向和平统一。

综合各方信息可以看出：蔡英文演讲符合美日的预期，有助于维系美日、美台关系。2014年6月，既当过美国总统夫人又当过国务卿而且有意竞选美国总统的希拉里女士接受了台湾媒体的专访，期间谈到两岸问题。希拉里就"提醒"台湾，与大陆相处的时候，要"小心一点，精明一点"。日本一向将台湾海峡视为其生命线。欧盟反应平和一些，因为历来台湾不是其传统势力范围。

虽然蔡英文提出新南向政策，但是东盟和印度对此反应并不热烈，主要在于顾忌中国大陆的感受，并且对于蔡英文的新南向政策的效果持观望态度。

俄罗斯坚定支持中国统一，是中国可靠的战略盟友。

二、蔡英文的"台独"路线图隐约可辨

蔡英文在2016年"就职"后会继续民进党的"台独"理念，但是会相对隐晦，特别是以"中华民国宪政体制"取代"九二共识"，企图通过一贯的模糊手法搞"隐性台独"。

当前国际社会甚至一些大陆民众认为蔡英文的"中华民国宪政体制"是可以接受的，因为其中似乎包含了"两岸一中"的善意表达。但是，蔡英文所指的"中华民国宪政体制"与"中华民国宪法"是两个容易混淆的概念。1947年"中华民国宪法"对"一个中国"具有传统法律界定，但是历经20世纪90年代以来台湾当局的多次增修，已经埋下了"法理台独"的伏笔，特别是民进党一直替换概念提出"中华民国在台湾""中华民国与中国"。更为关键的是，蔡英文鼓吹的"中华民国宪政体制"指的是"主权在民"的"宪法精神"和"台湾人民自决"的"宪法程序"。

民进党当局及其御用"法学家"目前给台湾民众反复灌输的"宪政"逻辑在于：首先，在法律实体上，"中华民国宪法规定'中华民国'主权属于全体国民，因此人民地位高于国家主权，台湾人民可以决定中华民国主权、领土的范围与名称"。其次，在"立法"程序上，2005年"中华民国宪法增修条文规

定台湾地区的人民可以不受 1947 年宪法本文关于领土变更的规定，只要选举人向'立法院'提出领土变更，台湾地区的人民就可以通过投票来加以同意或否决"。蔡英文提出"中华民国宪政体制"的法理逻辑在于：台湾人民现在可以通过"全民投票"的方式，决定"中华民国"的"领土范围"，即重启陈水扁当年的"法理公投"。同时，蔡英文多次宣扬台湾的前途由多数民意所决定，据此民进党在 2016 年台湾地区领导人选举中的获胜特别是"立法院"多数席位的获得使其可以代表多数民意，最近绿营民调发布指称近 6 成台湾民众认为蔡英文不应在演说中提及"两岸同属一中"，所以不应该限制台湾人民选择"独立"的自由。

当前，蔡英文持"中华民国宪政体制"说的主要意图在于混淆是非：如果大陆方面单方面认为蔡英文所指"宪政体制"与台湾"宪法体系"及其关于"一个中国"的"主权"界定具有同一性，则其可以蒙混过关；如果大陆全面否定，则可以将台海局势复杂化的责任推给大陆。一旦大陆方面放松对蔡英文当局的打压，蔡英文当局则可以利用"中华民国宪政体制"将两岸多年来除了遏制"台独"外最为复杂和纠结的"法统之争"摆上台面，分化国共合作，放大国共矛盾，使国共平台出现危机，进一步打压岛内国民党的执政合法性。

2016 年 7 月，台湾地区领导人蔡英文上任后接受美国《华盛顿邮报》采访，被问到有些学者指出，大陆给了期限要求承认"九二共识"，蔡英文回应，"要求台湾政府违反民意，去接受对方设的期限，其实可能性是不大的"。针对台湾当局领导人蔡英文在接受美国《华盛顿邮报》专访时就"九二共识"及两岸沟通管道的有关表态，国台办发言人马晓光应询表示，维护两岸关系和平发展，是两岸社会的主流民意，而只有坚持"九二共识"及其两岸同属"一中"的核心意涵这一政治基础，才有可能确保两岸关系和平稳定发展。

同时，蔡英文抛出"中华民国宪政体制"，可以在国际舞台拓展"国际空间"，南海问题及"九段线"等问题与 1945 年民国时期南京政府一系列法律界定有着历史性联系，因此此时祭出"中华民国"，可以在南海问题上抓取主动权，由此换取美国、日本对其"隐性台独"的支持。

由于美台的意识形态渗透，现在许多人认为"台湾在政治体制上更有优势"，将未来两岸统一的方向归结于体制统一，而"台湾的自由民主制度远远优于大陆的一党威权体制"，"台湾是亚洲民主的灯塔"，因此大陆要向台湾学习民主经验。蔡英文强调的"中华民国宪政体制"最为重要的不是"中华民国"的

"国家认同"，而是在"宪政体制下选择台湾未来方向的正当民主程序"，"九二共识"对她而言，已经构成了一种技术性的"违宪"。总之，蔡英文的"宪政体制"还是否定"九二共识"，继续搞"隐性台独"，只是形式上运用"宪政体制"进行遮掩。

2016 年 8 月，针对台湾有关方面已公开致函国际民航组织理事会主席，要求参加第 39 届国际民航大会。国台办发言人马晓光表示：对于台湾参与国际组织活动问题，我们的立场是明确的、一贯的，即必须在一个中国原则下，通过两岸协商做出安排。2008 年以来，在两岸双方坚持"九二共识"的政治基础上，在两岸关系和平发展的大背景下，在不造成"两个中国""一中一台"前提下，大陆方面通过两岸协商，对台湾地区参与国际组织与活动做出了特殊的务实安排。由于台湾新执政当局迄今未承认"九二共识"、未认同其核心意涵，导致了两岸联系沟通机制停摆，责任完全在台湾一方。只有确认体现一个中国原则的政治基础，两岸制度化交往才能得以延续，两岸也才有可能就台湾参与国际组织活动问题进行协商。

2016 年 8 月末，台湾地区领导人蔡英文迎来执政百日。目前为止，蔡英文交出的"答卷"中，两岸关系是最差的领域。台湾《中国时报》称，民调显示，45.4% 的民众认为两岸关系"变差"，认为"变好"的仅占 3.5%，更有 57.6% 的民众对于蔡当局"联美日对抗大陆"的政策表示不认同。台湾智库民调也显示，两岸关系部分整体满意度仅 9.8%，不满意度为 30.5%。就连民进党"立委"庄瑞雄也承认，对于蔡当局推动的相关政策，台湾民众"最不满意"的是"稳定两岸关系"。

两岸关系的不稳也给台湾造成实实在在的损失。台湾《工商时报》称，鉴于赴台旅行陆客人数一减再减，已严重冲击台湾旅游相关产业。由于台湾当局至今无法提出对策与配套方案挽救颓势，包括旅馆饭店、温泉、游览车等 13 个产业协会已组成"百万观光产业自救会"，准备到"总统府"附近的凯达格兰大道游行表达心声。还有媒体称，蔡当局手中目前还有"四大未爆弹"，第一个便是陆客锐减，观光产业链倒闭潮已在酝酿中。

台湾《联合报》为此在社论中说，蔡英文作为 20 世纪末李登辉"两国论"幕后的原创者，却在 17 年后当上台湾地区领导人。就大局而言，蔡当局毕竟受到"中国崛起"的现实潮流制约。在全球不断变动中的政经秩序下，台湾俨然已被世界挤至边陲。蔡英文试图以自己编制的"远中"、亲美、附日的权力路线另辟蹊径，探索出一片新的海洋，但执政百日，蔡英文团队却深陷惶恐滩头，大叹伶仃。

2019 年元旦，蔡英文在新年谈话中提出两岸关系的"四个必须""三道防护"，称要建台湾的"资讯安全网"与"民主防护网"。1 月 2 日下午她又强硬表态，称始终未接受"九二共识"也绝不接受"一国两制"，并将对岸称为"中国"。也就是说，直接把大陆的和平善意与郑重倡议拒之门外。

2019 年 1 月 3 日上午，国台办发布新闻稿，称蔡英文在"大放厥词"。新闻稿称，正当两岸同胞隆重纪念《告台湾同胞书》发表 40 周年，习近平总书记重要讲话引发全体中华儿女热烈反响和强烈共鸣之际，民进党当局领导人蔡英文却大放厥词，赤裸裸地宣泄其"两国论"分裂立场，违逆两岸同胞改善发展两岸关系的意愿，进一步煽动两岸对立，破坏两岸关系和平发展局面。过去，国台办在称呼蔡英文时，一般会以"台湾地区领导人"或"台湾当局领导人"这样的模糊词汇来指代，给其留一定余地，也就是在等她完成"没有完成的答卷"。而这一回国台办不再客气，直接挑明了"蔡英文"三个字，这是自 2016 年 5 月 20 日蔡英文上台执政以来的第一回。

2019 年 7 月，香港一些极端激进分子借口反对特区政府有关条例修订，在回归纪念日制造了暴力冲击立法会大楼事件。台湾地区领导人蔡英文不甘寂寞，再次试图借香港挑起事端。据台湾"联合新闻网"报道，蔡英文在社交媒体上大放厥词，宣称香港人民的行动是显示他们追求所谓"自由民主"的心愿。她还"教育"特区政府，要拿出诚意面对人民的请求。最后，蔡英文没忘记"套近乎"，称自己对香港人民的处境感同身受。港媒《大公报》怒批，民进党当局在一旁煽风点火，是唯恐香港不乱，然后借此抹黑香港的"一国两制"。

三、蔡英文执政时期两岸经贸的波折与影响

蔡英文在其 2016 年 5 月 20 日"就职演讲"中，多次提到台湾要推出"新南向政策"，而且希望台湾可以参与未来"多边"和"双边"的经济合作以及自由贸易谈判，摆脱现在对大陆单一市场依赖的现象。当年李登辉和陈水扁时期强行推动过所谓"南向政策"还历历在目，国台办指出这类为政治目的服务、违反经济规律的做法，给许多台商的利益造成巨大损害，也给台湾的经济造成不良影响。至于台湾方面参与区域经济合作问题，如果一个中国原则不能得到维护，政治互信不复存在，势必对之带来不利影响。如果企图在国际上进行

"台独"分裂活动，搞"两个中国""一中一台"，这条路根本行不通。

两岸经贸关系发展取得很大成就，已成为台湾经济发展的重要组成部分。然而，在岛内一直存在对两岸经贸关系发展持反对的声音，尤其是对海峡两岸服务贸易协议的反对更为强烈。香港《广角镜》杂志早在 2013 年就刊文概括了这几种岛内错误的认知与论述：

一是"有限自由开放论"。台湾实行的是资本主义经济制度，本应尊重市场，采取开放主义，实行经济自由化，但在岛内因担忧两岸服务贸易协议可能带来的冲击，出现一股"有限自由开放论"的思潮与主张。这些"有限自由开放论"者还是担心台湾经济开放与自由化后，大陆资金、人力的进入，影响台湾经济发展。实际上就是主张台湾对大陆"有限自由开放"，而不是对全球的有限自由开放。

二是"经济安全威胁论"。在两岸经贸往来中，不论是开放大陆居民赴台游，还是开放陆资入岛，或者两岸签署经济合作协议，在岛内都有一种台湾"经济安全"会受到威胁的声音与主张。甚至有许多人没有任何根据地制造大陆经济威胁论或两岸经济协议威胁论。

三是"生产要素均等论"。以台湾绿营学者陈博志、林向恺、吴荣义为代表，扭曲西方学者生产要素价格均等化理论，认为两岸生产要素不均等，两岸经贸关系发展会拉低台湾工资与拉大贫富差距，对台湾经济发展造成负面影响。

其实，今日台湾经济发展的问题与困境，是台湾经济结构与产业结构出现了问题，更是政治斗争对经济发展的严重制约。尤其是在经济发展到一定程度后，由于内部生产成本的上涨，企业向外转移是一种必然趋势。反对企业外移或投资大陆，反对两岸经贸关系发展，却提不出可行的台湾经济发展方案，正是这一论述缺失所在。

观察这些反对两岸经贸关系发展的论述，不难发现，在台湾有一股强烈的新经济保护主义思潮与反全球化、自由化的思潮，背后则有一股更强烈的"惧中""防中""反中"心态。正是这种"闭锁"思潮，压缩了台湾当局的经济自由化与开放政策，压缩了台湾对大陆的经济开放，压缩了台湾经济发展空间与活力，让台湾经济发展陷入困境。[①]

岛内绿营一直阻挠台湾"立法"机构通过两岸服务贸易协议。对此，2013

---

① 力军：《绿营对两岸认知的误区》，香港《广角镜》，NO.491，2013 年 8 月 16 日至 9 月 15 日。

年 8 月 10 日，中共中央台办、国务院台办副主任孙亚夫出席"南京大学两岸企业领袖讲座"表示，《海峡两岸服务贸易协议》是一份独具两岸特色、体现大陆务实和善意的协议。孙亚夫说："我们不愿看到两岸服务贸易协议及其他 ECFA 后续协议商谈受到政治因素的阻挠，从而使两岸同胞的实际利益受到损害。"①

海峡两岸的经贸合作是顺应世界潮流的必然选择。林毅夫指出：从世界经济全球化与东亚经济一体化的角度看，在经济全球化时代，台湾地区经济与祖国大陆经济要发展，都必须融入世界经济体系之中，并且首先要融入一体化的东亚经济之中。由于台湾地区与祖国大陆各自的比较优势互补，地理位置接近，语言与文化渊源相同，海峡两岸同胞血脉相通。因此，台湾地区经济与祖国大陆经济的整合或一体化就顺理成章。由于祖国大陆在东亚经济一体化中越来越成为核心角色，所以推进台湾地区经济与祖国大陆经济的一体化，就成为未来台湾地区经济发展的必要条件。相反，如果台湾当局继续消极对待甚至阻挠海峡两岸经贸合作与海峡两岸经济一体化，则台湾地区经济具有被"边缘化"的危险。②

台湾内部的政治生态近年来正在发生激烈的变化，2000—2008 年民进党执政期间政绩不彰，贪污腐败、贿选买票的手段盛行，"黑金"政治持续恶化。2005 年年末，民进党在县市长选举中惨败，23 个县市中仅夺得 6 席，锐减 4 席，足以显示选民的不满程度。岛内外评论指出与其说国民党打败了民进党，不如说民进党自己打败自己。2008 年，民进党丧失了执政权。香港公共媒体评论指出：民进党只有在挑衅中始可成长，当停止挑衅，它的内部结构及内政表现，即会让它破绽显现。

2016 年民进党取得执政权，则很大程度上是国民党政绩不佳，给了赋闲在野的民进党攻击和挑衅的机会，最终取得轮替执政的机会。香港媒体人何亮亮指出：蔡英文能够当选很大程度上是由于人们对于国民党当局的不满，所以才能当选。

---

① 孙亚夫：《服贸协议若受阻　两岸利益将受损》，《人民日报（海外版）》，2013 年 8 月 12 日，第 3 版。

② 林毅夫、易秋霖：《海峡两岸经济发展与经贸合作趋势》，《国际贸易问题》，2006 年第 2 期，第 16 页。

第五节　中国国民党走向与洪秀柱、韩国瑜现象

2016 年，中国国民党败选后何去何从，其中时任党主席洪秀柱的政策宣示以及之后的韩国瑜现象引发各方关注。

一、洪秀柱与"泥石流"现象

洪秀柱，1948 年 4 月 7 日出生，女，汉族，出生于中国台湾台北县（今新北市），祖籍浙江省余姚市（原属余姚，现属慈溪）。先后毕业于台湾中国文化大学法律系，美国密苏里州立大学（现杜鲁门州立大学）教育硕士，革命实践研究院第 29 期结业。洪秀柱是国民党内反对"台独"，推动两岸交流的代表性人物之一。2012 年，洪秀柱当选中国国民党副主席。2014 年 12 月 3 日，国民党中常会推举洪秀柱代理党秘书长。2015 年 7 月 19 日，成为 2016 年台湾地区领导人选举国民党籍候选人，后经"换柱案"，被朱立伦接替。2016 年 1 月，朱立伦败选并辞去党主席，3 月 26 日，洪秀柱当选第 13 任中国国民党党主席，亦是中国国民党首位女主席，任期至 2017 年 8 月。2019 年 5 月 12 日至 5 月 15 日，中国国民党前主席、中华青雁和平教育基金会董事长洪秀柱率台湾各界人士代表团一行来北京参访。

早在 2015 年 4 月，身为国民党籍"立法院副院长"的洪秀柱完成台湾地区领导人初选领表程序后，在两岸关系上亮出自己的政策主张，就引起海内外震动，洪秀柱的主要观点是："九二共识"阶段性功能已完成，两岸应提升"九二共识"，从"一中各表""一中不表"走向"一中同表"。具体内容是：两岸都是"整个中国"的一部分，主权宣示重叠，"宪政""治权"分立，"两岸是整个中国内部的两个宪政政府"，两岸关系不是国际关系或哪方"内部事务"，而是"整个中国"的"内部关系"。洪秀柱可能比多数人所认知的更具有"革命性"。从李登辉到马英九，甚至到蔡英文的两岸关系，都是以蒋经国的"不接触、不谈判、不妥协"的"三不"政策为原点，从思想到政策都倾向于节制与管制。许多人认为蔡英文可能更能继承马英九的两岸关系现状，而洪秀柱主张"两岸是整个中国内部的两个宪政政府"，并称现在要推动"一中同表"。她的"现状"在字面上不会与马英九，甚至与蔡英文有多少不同，但在情感上、精神上却有着方向上的歧义。只有在洪秀柱持续做自己、持续引领舆论风潮的情况下，这

股革命性的"洪秀柱热"才可能维持到选举当天。倘若她持续做自己，"中国"与"统一"就势必将不断地被对手所提出。在这个不断提出的过程中，两岸关系的本质性关系将得到梳理，使得"中""统"字眼"去妖魔化"；这将是对台湾以往 20 余年本土化大趋势的极大反挫。

台湾学者包淳亮指出：洪秀柱已经将 2016 年的台湾"总统大选"，变成一场真正好看的大戏。任教于台湾大学政治系的石之瑜教授，曾多次提出"泥石流"的概念，认为内外环境的变动将在特定的时刻引发结构的崩解。我们将要见证的，会不会是洪秀柱的两岸立场所引发一场台湾自我认同、以及两岸法律关系的"泥石流"？

2015 年 7 月 19 日，中国国民党第十九次党代会第三次会议召开并通过 2016 年台湾地区领导人选举提名人为洪秀柱。但是，国民党相关人士认为洪秀柱的言论太偏激，随后以洪秀柱影响国民党整体选情为由，在 2015 年 10 月 17 日通过中国国民党召开的第十九次党代会临时会议，表决废止洪秀柱代表该党参选下届台湾地区领导人的提名，由党主席朱立伦参选。

在 2016 年台湾地区领导人、"立委"选举中，台湾的一批年轻选民出现了被媒体称为所谓"天然独"的"本土认同"。中国国民党主席洪秀柱表示，"没有天然独"，是经过蔡英文的操作变"人造独"，用民粹的方式，切断两岸的关联。

2016 年 3 月 26 日，洪秀柱当选第 15 任中国国民党党主席，亦是中国国民党首位女主席，任期至 2017 年 8 月。洪秀柱认为"九二共识"是维持两岸善意互动的基础，国民党不会打破这个基础，也希望即将执政的民进党接受国民党以往做法，维持两岸关系的和平稳定发展。洪秀柱特别指出，在这道路的区隔上，民进党的第一张神主牌就是"台独"，这么些年，他们虽以各种方式遮遮掩掩，但他们分离主义的走向是一致的。所以当民进党假装以维持现状包藏"台独"意识时，"我们要以两岸和平协议的签署，来确保两岸的和平"。

在中国国民党于 2016 年 9 月 4 日举行的第十九届第四次全代会，洪秀柱首次提出政策纲领。在两岸关系方面，洪秀柱强调深化"九二共识"，积极探讨以和平协议结束两岸敌对状态的可能性，确保台湾人民福祉。据中评社报道，若与 2015 年时任党主席朱立伦提出的政纲进行比较，这次政纲最主要的差别在于，在提到"九二共识"的同时，未提及所谓的"一中各表"。此外，党内表示，2005 年达成的"胡连五项愿景"在过去马英九执政 8 年中多已实现，唯缺

"两岸和平协议"，因此特别提出列入推动愿景。

2019年7月5日，据台媒"联合新闻网"报道，洪秀柱在台湾桃园机场接受访问时表示，未来两岸统一方针的问题，答案其实很浅显，"中华民国宪法"写的就是未来统一。应统一前的需要而有"增修条文"，所以她认为，自己很明确，两岸未来是朝统一的路。洪秀柱还提到，现在有的岛内政客不承认"九二共识"、拒绝"一国两制"、只知道一味地"反反反"，却不提出台湾要什么。她说，民进党蔡当局现在"执政"，如果真的不想要这些也没有关系，那就去"修宪"。但是必须要告诉大家，台湾的后遗症，全民要承担那种惨况与痛苦，大家要有心理准备。洪秀柱说自己最近心情很不好，因为民进党蔡当局现在的做法，扼杀台湾的前途、扼杀台湾年轻人未来的生机与出路。不知道现在的当局，到底是为老百姓、为年轻人着想？还是为了自己一时的权力欲望？她因此对台湾的前途感到忧心。洪秀柱说，她坚持讲真话，为台湾的下一代着想。此前，洪秀柱在出席八百壮士新书发布会上就当场表示，蔡当局的"无德无能"不用再多说，所有"下三滥"的行为都做得出来，所以2020年我们一定要用选票让其"下架"，把"民主退步党""下架"。

谈及国民党内初选的激烈竞争情况，洪秀柱在5日的采访中谈到，竞争是好事，但是竞争之后，最重要的是整合。现在有一句话"非某某不投"，但最后出线的人，未必是支持者当初理想的候选人，若因为这样而不投票，反而是有利民进党。所以在初选结束之后，洪秀柱呼吁大家"非蓝不投，见蓝就投"，才有机会赢得2020年的选举。

洪秀柱在接受港媒"中评社"采访时则提到，如果国民党2020年能够重返"执政"，首先要做的就是修改课纲。她认为，文化"台独"是绝对不能容忍的。因为如果不正视历史的事实，嘴巴讲一套，实际做另一套，这跟搞"台独"的蔡英文有什么两样？

三、韩国瑜现象折射民进党倒行逆施

2019年7月15日，韩国瑜以44.8%的支持率赢得国民党党内初选，大幅领先排在其后的鸿海集团董事长郭台铭。2018年初，韩国瑜在岛内政坛还只是一个不起眼的"小人物"。然而，从2018年"九合一"选举拉开战幕后至今，仅仅一年时间内，韩国瑜就从胜算几乎为零的"空降兵"一举成为席卷全台的"韩流"源头，接连创下"九合一"选举奇观和国民党党内初选民调奇迹。

韩国瑜，1957 年 6 月 17 日出生于台北县（现新北市），祖籍河南商丘，东吴大学英文系学士、台湾政治大学东亚研究所硕士，历任台北县议员、台北县"立委"等职。韩国瑜常以激烈手段杯葛议事、反制民进党。与马英九、郝龙斌、连胜文这些典型国民党人相比，"草根"韩国瑜头顶的光环黯淡太多：出身基层，没有显赫的家世，没有欧美留学背景，鲜有党内高层提携。韩国瑜从政以来非常善于洞察民意，打出"民生牌""基层牌""清廉牌""网红牌"等一套组合牌，令"韩流"的扩散充满动能。2018 年，韩国瑜以超越对手陈其迈 15 万票的超高得票率，将绿营长期执政二三十年的根据地高雄成功"翻蓝"。这样的结果民进党再怎么用统"独"矛盾、省籍矛盾、民主价值等叙事逻辑的牢笼想把民众重新套回去，都已经不可能了。

事实上，在两岸政策等主张方面，韩国瑜与郭台铭、朱立伦等候选人的主张差异不大，之所以获得更多选民的青睐，主要源于韩更关注到目前台湾民众的情感诉求与实际需要，并擅长用"平民化"的语言将自己与台湾的边缘族群联系在一起。在韩国瑜身上"反建制"的色彩更为突出，这也是其赢得初选的重要原因之一。①

韩国瑜在高雄选举中淡化色彩背景，摆脱过去拼党产、拼资源、靠派系动员拉票的老路，而是通过提供符合民心的执政论述，来赢得选票，这样的行为正好与走出蓝绿循环的"无色觉醒"相呼应。此外，全球兴起的反体制、反精英的民粹化风潮，也为"韩国瑜现象"的出现起到了推波助澜的作用。

从外部环境看，民进党执政无能、岛内民心思变，间接助推了"韩流"的形成和扩散。蔡英文执政三年多来，施政可谓是乏善可陈、状况百出，未获多数民众认同，无论在能源政策、产业升级、"一例一休"、军公教改革及农业政策等方面，均未解除民众疑虑即贸然实施相关政策，导致蔡支持度不断下滑。台湾地区"九合一"地方选举后，民进党执政县市由之前的 13 个缩减到仅剩 6个，且多数县市的正、副议长都为国民党籍。

韩国瑜作为国民党人，其政治生命的延续必将与国民党的未来息息相关。如果国民党不能加以变革，改变僵化的体制，恐将限缩韩国瑜在党内的发展空间，甚至拖累韩国瑜今后的从政之路。能否拉动国民党进行改革重塑，或许将成为韩国瑜能否再上一层楼的关键。除此之外，能否处理好两岸关系的议题也

---

① 司嘉：《"卖菜郎"何以创造庶民选举奇迹？——也谈韩国瑜现象》，华语智库官网，http://news.ifeng.com/c/7oNLQpPswyy。

是摆在韩国瑜面前的重要考题。[①]

　　台湾地区传统的"北蓝南绿"的政治版图发生巨变，说明两党基本盘出现松动，经济民生问题成为人们关注的首要问题。不论是蓝营还是绿营，再也无法自大地认为"躺着都能赢"。事实上，只有坚持"一中"原则，积极进行党内改革、务实解决民生议题，才能赢得民心。

---

　　① 司嘉：《"卖菜郎"何以创庶民选举奇迹？——也谈韩国瑜现象》，华语智库官网，http：//news.ifeng.com/c/7oNLQpPswyy。

第五章　中国共产党解决台湾问题的政策措施

通过系统梳理中国共产党对台政策的演变，从中可以发现其政策手段的运用兼顾历史与现实，既把握原则性又不失灵活性，经历了"武力解放"方式、"和平解放"方式、"和平统一"、两岸"和平发展"等数度梯次转换，体现了中共几代领导集体在台湾问题上的高瞻远瞩和维护国家统一的坚定信心。

第一节　从"解放台湾"到"和平统一"
——第一代领导人解决台湾问题的战略思考

新中国成立初期，中国共产党的基本政策是以武力"解放台湾"，随着国内外局势的演变，以毛泽东同志为核心的党的第一代中央领导集体解决台湾问题的思路逐渐转移到和平统一的方略上来，同时决不放弃以军事斗争手段全力维护国家统一。

一、新中国成立前后着重以武力解放台湾

中国共产党在执政前夕，就把台湾问题作为重要的内容写入党的纲领性文件中。1945 年 4 月，中国共产党第七次全国代表大会召开，毛泽东在《论联合政府》的书面报告中明确指出："开罗会议又决定将东北四省、台湾、澎湖列岛归还中国，这是很好的。"[①]

抗战结束后，中国共产党以人民利益和大局为重，为避免内战，尽快实现全国人民和平建国的愿望，派出中共代表团前往重庆同国民党统治集团进行和平谈判。国共双方签订《政府与中共代表会谈纪要》，即《双十协定》及《停战

---

① 《毛泽东选集》，第三卷，1953 年，人民出版社，第 967 页。

协定》。在 1946 年，国民党单方面撕毁了《停战协定》和政协协议，悍然向解放区发起全面进攻，挑起了反共反人民的内战。面对国民党蒋介石集团的背信弃义，中国共产党领导解放区军民进行了不屈不挠的人民解放战争。经过三年的艰苦奋斗，中国共产党领导的人民解放战争取得了一系列决定性胜利。国民党在人民解放军势如破竹的猛烈攻势下不断失利，败局已成定势。蒋介石只得带领部分军政追随者及大批军队败逃台湾，企图盘踞该岛以待"反攻大陆"。

随着人民解放军的胜利进军，为实现对全中国的解放，彻底完成新民主主义革命任务，中国共产党早已做出了解放台湾的战略部署。1949 年春，当中国人民解放战争在全国范围内的胜利已成定局时，中共中央就开始把解放台湾的问题提到议事日程上来。1949 年 3 月 15 日，新华社就曾发表题为《中国人民一定要解放台湾》的社论，第一次提出"解放台湾"的口号，明确指出：中国人民包括台湾人民"绝对不能容忍国民党反动派把台湾作为最后挣扎的根据地。中国人民解放斗争的任务就是解放全中国，直到解放台湾、海南岛和属于中国的最后一寸土地为止"。①

1949 年 10 月 1 日，中华人民共和国宣告成立。1949 年 10 月 25 日，中国人民解放军发动了解放金门的战役，然而非常遗憾的是，由于判断失误和缺乏必要的渡海工具等原因，金门之战失利。尽管新中国成立初期解放台湾的尝试遭遇了重大挫折，中国共产党解放台湾、实现完全意义上国家统一的坚强决心并未动摇。1949 年 12 月 31 日，中共中央发表《告前线将士和全国同胞书》，其中再次明确将解放台湾以及全歼蒋介石集团的最后残余势力作为人民解放军1950 年的任务之一。②

中华人民共和国成立前后，中国共产党面临由革命党到执政党的转变，从人民解放战争追歼残敌的角度将武力解放台湾问题作为对台政策的首选，彻底完成新民主主义革命任务，这是合情合理的，当时的解放金门战役和攻台军事准备都是中国共产党领导的人民解放战争的重要组成部分。

朝鲜战争的爆发使台湾问题暂且搁置，但是中国共产党统一祖国的决心从未发生改变，多次宣示解决台湾问题只是一个时间问题。朝鲜战争结束后，为

---

① 《中共党史上的 80 句口号》（30），《"一定要解放台湾"》，人民网，www.people.com.cn，2001 年 6 月 8 日。

② 《中共党史上的 80 句口号》（30）《"一定要解放台湾"》，人民网，www.people.com.cn，2001 年 6 月 8 日。

打击国民党在沿海地区的破坏活动，从 1954 年 3 月起解放军逐步加强了在浙江地区的军事行动，先后攻占了东矶列岛等岛屿，基本控制了浙江沿海地区的制海权和制空权。自 7 月开始，中国领导人就又把解放台湾和沿海岛屿放在了突出地位。

7 月 23 日，《人民日报》发表题为《一定要解放台湾》的社论，指出解放台湾是中国人民的神圣使命。8 月 1 日，朱德在庆祝建军 27 周年的讲话中强调，不解放台湾，中国人民的解放事业就没有完成；解放台湾是中国的内政，中国人民不允许任何外国对此加以干涉。11 日，周恩来在中央人民政府第 33 次会议上做外交报告，指出台湾是中国领土，不容外国侵略，不容联合国托管，解放台湾是中国内政，不容外国干涉；反对美台签约，只有实现台湾解放才能真正实现祖国统一。22 日，中国人民政治协商会议全国委员会、中国共产党、中国国民党革命委员会、中国民主同盟等 18 个组织发表了《中华人民共和国各民主党派各人民团体为解放台湾联合宣言》，声明台湾是中国领土不可分割的一部分，决不容许美国侵占或者联合国托管；解放台湾为中国内政，决不容许外国干涉；解放台湾才能完成祖国的完全统一；宣告中国人民一定要解放台湾。①

在 1954 和 1958 年两次台海危机中，毛泽东高瞻远瞩，认为金、马留在蒋介石手里，就保留了一个大陆与台湾对话的渠道；如果把金、马收回，美国就会把台湾孤立起来，造成"两个中国"的局面。因此中国政府在与美国继续会谈的同时，为粉碎美国制造"两个中国"的阴谋，决定对金门采取"打而不登、封而不死"的战术方针。

在国共交锋中，中国共产党体察到无论国共两党见解分歧存在多大的差距，但是双方领导者均有一致的共同点——反对"两个中国"。也正是基于这样的利益汇合点，中国共产党和中央人民政府并没有打算真正武力攻下金门、马祖等地区，而是把金、马等保留在台湾当局手中，作为连接大陆与台湾的纽带，以此反对美国使台湾与大陆的分离永久化的企图，维护了"一个中国"的大局。

二、"一纲四目"与和平统一逐步提上日程

1955 年 5 月 13 日，周恩来在全国人民代表大会常务委员会第十五次扩大会议上做关于亚非会议的报告时指出：中国人民解放台湾是中国的内政问题。

---

① 《人民日报》，1954 年 7 月 23 日，8 月 1 日、14 日、23 日。

解放台湾有两种可能的方式，即用战争的方式和和平的方式，中国人民愿意在可能的条件下，争取用和平的方式解放台湾。[①]

1956 年 9 月，中国共产党召开了第八次全国代表大会。早在中共八大召开之前，毛泽东就提出了"和为贵""爱国一家""爱国不分先后"等政策主张。这为中共八大确定解决台湾问题的正确决策奠定了思想基础。在中共八大的政治报告中，中共明确提出"解放台湾的问题完全是中国的内政。我们愿意用和平谈判的方式，使台湾重新回到祖国的怀抱，而避免使用武力""如果不得已而使用武力，那是在和平谈判丧失了可能性，或者是在和平谈判失败以后"。[②]这是在中共党的正式文件里首次提出和平解决台湾问题。这一重要决策是中国共产党根据国内外局势的变化而做出的。

1956 年的春天，毛泽东同志委托赴香港的章士钊先生转去一封中共中央致蒋介石的信。信中提出了和平解放台湾的具体办法：第一，除外交统一于中央外，其他台湾人事安排、军政大权，由蒋介石管理；第二，如果台湾经济建设资金不足，中央政府可以拨款予以补助；第三，台湾社会改革从缓，待条件成熟，亦尊重蒋介石意见和台湾各界人民代表进行协商；第四，国共双方要保证不破坏对方之事，以利两党重新合作。

1965 年毛泽东在接见外宾时谈到香港问题，他说，我们可以考虑在 1997 年以后让香港仍然实现资本主义制度。1963 年，周恩来总理将我党的对台湾政策归纳为"一纲四目"。"一纲"即：台湾必须统一于中国。"四目"：（一）台湾统一于祖国后，除外交必须统一于中央外，台湾之军政大权、人事安排等悉委于蒋介石；（二）台湾所有军政经济建设一切费用不足之数，悉由中央政府拨付（注：当时台湾每年赤字约 8 亿美元）；（三）台湾的社会改革可以从缓，必俟条件成熟并尊重蒋介石的意见，协商决定后进行；（四）双方互不派遣特务，不做破坏团结之举。毛泽东也一再表示，台湾当局只要一天守住台湾，不使台湾从中国分裂出去，大陆就不改变目前的对台关系。[③]"一纲四目"成为未来"一国两制"的初步形态。

---

① 杨洁勉等著：《世界格局中的台湾问题：变化和挑战》，上海人民出版社，2002 年，第284 页。

② 《刘少奇在中国共产党第八次全国代表大会上的政治报告》，《刘少奇选集》，下卷，人民出版社，1985 年，第 255 页。

③ 中共中央台湾工作办公室、国务院台湾事务办公室：《中国台湾问题：干部读本》，九洲图书出版社，1998 年，第 65 页。

　　中美《上海公报》是中国共产党审时度势，打开了中美关系的大门，同时迫使美国承认"一个中国"的基本原则，为和平统一，解决台湾问题争取到了一个相对缓和的国际环境。

　　1969 年 4 月，中国共产党第九次全国代表大会召开。这次大会没有再提和平谈判的方式，但表明了中国共产党统一中国的坚强决心和强烈愿望，明确表示："一定要解放自己的神圣领土台湾"①。

　　1973 年 8 月，中国共产党第十次全国代表大会明确提出："台湾人民是我们的骨肉同胞。我们对台湾同胞寄予无限的关怀。台湾同胞热爱祖国，向往祖国。台湾同胞只有回到祖国的怀抱，才有光明前途。台湾一定要解放。我们伟大的祖国一定要统一。"② 这次大会重申了一定要解放台湾的坚定立场，最为重要的是表达了对台湾民众的关怀，突出了中国共产党在解决台湾问题、实现国家统一问题上积极争取台湾民众的策略思想。

　　1977 年 8 月，中国共产党第十一次全国代表大会再次强调："台湾省是我国的神圣领土，我们一定要解放台湾。"③

　　从中国共产党七大到十一大，共计五次全国代表大会，五次大会所涉及解决台湾问题、实现国家统一的立场时，都使用了"解放台湾"的表述。在具体的途径和方法上突出的是"解放"，突出的是"武力"统一。统一的结果是一种社会制度对另一种社会制度的取代、废除，两种制度之间是敌对、排斥和对抗的关系。其间，中国共产党在策略上虽有些变化，提出了和平解决的政策主张，也表现出对台湾民众的关切，但由于当时的形势和外国势力的干预，这些主张未能付诸实践。

第二节　邓小平与"一国两制"
——第二代领导人解决台湾问题的策略方针

　　20 世纪后半期，和平与发展成为时代的主题。1978 年 12 月，中国共产党

---

　　① 《中国共产党第九次全国代表大会上的报告》，人民网，http://www.people.com.cn/GB/shizheng/252/5089/5101/index.html.

　　② 姜华宣主编：《山重水复：中国共产党第十次全国代表大会》，万卷出版公司，2008 年，第 87 页。

　　③ 张静如主编：《新旧交织：中国共产党第十一次全国代表大会》，万卷出版公司，2008 年，第 84 页。

召开具有重要历史意义的十一届三中全会，决定把党和国家的工作重点转移到现代化经济建设上来。与此同时，海峡两岸的中国人、港澳同胞以及海外侨胞华人都期望两岸携手合作，共同振兴中华。这表明运用"一国两制"解决台湾问题的重要外部和内部条件均已具备。

一、以邓小平同志为核心的党的第二代中央领导集体明确了和平与发展的时代主题

20 世纪后半期，世界形势开始发生重大变化，形成了有利于维护和平、促进发展的时代潮流，正是从这种世界格局的变化出发，80 年代以来，以邓小平同志为核心的党的第二代中央领导集体以实事求是的科学态度，对当代世界的矛盾和问题做了深刻的分析和研究，确认"和平力量的增长超过战争力量的增长"，[1] 认为世界大战是可以避免的，纠正了 80 年代以前以"战争与革命"为时代主题的提法，提出"现在国际形势看来会有比较长时间的和平环境"，"和平与发展是当代世界的两大主题"，[2] 做出了以经济建设为中心的指导思想。

1985 年 3 月 4 日，邓小平指出："现在世界上真正大的问题，带有全球性的战略问题，一个是和平问题，一个是经济问题或者说发展问题。和平问题是东西问题，发展问题是南北问题。概括起来，就是东西南北四个字。南北问题是核心问题。"[3] 其次，从总体上看，世界在向多极化的方向发展，维护世界和平的力量超过了战争力量，"日本人民不希望有战争。欧洲人民也不希望有战争。第三世界，包括中国，希望自己发展起来，而战争对他们毫无好处"，和平成为当今人类倡导的主要潮流。

同时，邓小平同志站在历史的高度，提出着眼于振兴中华民族是中国和平发展的长远奋斗目标。邓小平强调，中国是和平地作为世界一极而存在，中国"将来发展富强起来，仍然属于第三世界"，"中国永远不会称霸，永远不会欺负别人，永远站在第三世界一边"。[4] "和平"在中国和平崛起的过程中有两层含义：一是过程的延续性，中国的崛起过程是一个争取和平、维护和平的过程，中国处于和平与发展的时代，这是中国能够和平崛起的前提；二是目标的指向

---

① 《邓小平文选》，第三卷，人民出版社，1993 年，第 127 页。
② 《邓小平文选》，第三卷，人民出版社，1993 年，第 270 页。
③ 《邓小平文选》，第三卷，人民出版社，1993 年，第 105 页。
④ 《邓小平文选》，第三卷，人民出版社，1993 年，第 56 页。

性，中国的崛起将有利于本国乃至世界的和平。所以，中国作为国际上有影响和负责任的大国，必须努力推行"和平外交战略"，为中国的经济建设营造良好的和平环境，同时为世界和平做出贡献。1984 年邓小平会见巴西总统菲格雷时说："中国对外政策的目标是争取世界和平。在争取和平的前提下，一心一意搞现代化建设，发展自己的国家，建设具有中国特色的社会主义。"[1]就中国的国际地位而言，邓小平指出："世界格局将来三极也好，四极也好，五极也好，所谓多极，中国算一极。中国不要自己贬低自己，怎么样也算一极。"[2]

中华人民共和国成立后，中国共产党人和中国政府以国家富强、民族统一为己任，国家逐步摆脱积贫积弱的落后状态，邓小平指出："党的十一届三中全会以后，我们集中力量搞四个现代化，着眼于振兴中华民族。没有四个现代化，中国在世界上就没有应有的地位。"[3]他铭记作为中国人的历史责任感,经常以中国近代史上饱受屈辱的历史警醒国人，指出 20 世纪 90 年代初西方七国首脑会议制裁中国的行径令人联想起 1900 年八国联军侵略中国的历史。"哪怕拖一百年，中国人也不会乞求取消制裁。如果中国不尊重自己，中国就站不住，国格没有了，关系太大了"。[4]他认为只有懂得这些民族屈辱的历史，才能成为中国发展的动力。知耻而后勇，他殷殷期盼国人振作奋起，"中国人分散开来力量不大，集合起来力量就大了"，"我们要利用机遇，把中国发展起来，少管别人的事也不怕别人制裁"。[5]面对复杂的国际形势，邓小平指出经过多年的发展，中国的实力已经增强了，中国不但垮不了，还要进一步加快发展。

邓小平把经济建设看成是中国的大局和解决一切国内国际问题的基础，他说："先把经济搞上去，一切都好办。现在就是要硬着头皮把经济搞上去，就这么一个大局，一切都要服从这个大局。"[6]

紧紧把握国家利益原则，必须坚持实行不结盟的对外政策。20 世纪 80 年代初，邓小平针对 20 世纪 70 年代中美两国结成"准同盟"关系对抗苏联的格局，强调"中国的对外政策是独立自主的，是真正的不结盟。中国不打美国牌，

---

[1]《邓小平文选》，第三卷，人民出版社，1993 年，第 57 页。

[2]《邓小平文选》，第三卷，人民出版社，1993 年，第 353 页。

[3]《邓小平文选》，第三卷，人民出版社，1993 年，第 357 页。

[4]《邓小平文选》，第三卷，人民出版社，1993 年，第 332 页。

[5]《邓小平文选》，第三卷，人民出版社，1993 年，第 358 页

[6]《邓小平文选》，第三卷，人民出版社，1993 年，第 129 页。

也不打苏联牌,中国也不允许别人打中国牌。"[1]中国不结盟的外交政策使中国在国际社会中树立了负责任的大国形象,中国根据国际事务自身的是非曲直,从中国人民和世界人民的根本利益出发,做出自己的判断和抉择。

二、以邓小平同志为核心的党的第二代中央领导集体创造性地提出了"一国两制"

1979 年 1 月 1 日中华人民共和国全国人民代表大会常务委员会发表了《告台湾同胞书》,郑重宣告中国政府和平解决台湾问题的大政方针,呼吁两岸就结束军事对峙状态进行商谈,提出在解决统一问题时,尊重台湾现状和台湾各界人士的意见,争取合情合理的政策和办法。明确提出,推进两岸自由往来,实现通航、通邮、通商,开展经济文化交流。为此,大陆采取了一系列实际措施,比如在军事方面,停止对金门等岛屿的炮击,政治方面调整有关政策,主动化解敌对情绪,经济方面敞开门户,提供优惠政策和法律保护。《中华人民共和国全国人大常委会告台湾同胞书》成为中国政府处理台湾问题的重要指导性文件,标志着我党解决台湾问题的理论和实践进入了一个新的历史时期。[2]

1980 年,邓小平提出了 20 世纪 80 年代"我们要做的三件大事"中,"第二件事,是台湾归回祖国,实现祖国统一"。[3]1983 年,邓小平会见美国新泽西州西东大学教授杨力宇时提出了中国大陆和台湾和平统一的设想,特别是对"一国两制"进行了详尽的阐述,指出"祖国统一后,台湾特别行政区可以有自己的独立性,可以实行同大陆不同的制度"。[4]

20 世纪末,香港、澳门先后回归祖国,主要原因在于此时中国的国力已经今非昔比,"主要是我们这个国家这几年发展起来了,是个兴旺发达的国家,有力量的国家",[5]所以邓小平在 1982 年会见英国首相撒切尔夫人时说:"主权问题,中国在这个问题上没有回旋余地。坦率地讲,主权问题不是一个可以讨论的问题",否则"任何一个中国领导人和政府都不能向中国人民交代,甚至也不能向世界人民交代。如果不收回,就意味着中国政府是晚清政府,中国领导人是李

① 《邓小平文选》,第三卷,人民出版社,1993 年,第 129 页。
② 详见《叶剑英委员长进一步阐明台湾回归祖国实现和平统一的方针政策 建议举行两党对等谈判实行第三次合作》,《人民日报》,1981 年 10 月 1 日。
③ 《邓小平文选》,第二卷,人民出版社,1993 年,第 240 页。
④ 《邓小平文选》,第三卷,人民出版社,1993 年,第 30 页。
⑤ 《邓小平文选》,第三卷,人民出版社,1993 年,第 85 页。

鸿章"！①　所以，尽管英国、美国在 1997 年之前曾为归还香港给中国设立种种障碍，但是香港最终回归中国。进入新世纪后，中英关系得到了健康的发展，主要在于包括英国在内的西方国家看到中国的蓬勃发展给他们带来的巨大机遇。

　　同时，他一直强调："中国还有个台湾问题要解决。中国最终要统一。能否真正顺利地实现大陆和台湾的统一，一要看香港实现'一国两制'的结果，二要看我们的经济能不能真正发展。中国解决所有问题的关键是要靠自己的发展。"②　因此，中国的发展质量则是解决台湾问题及构建稳定的中美日安全架构的前提和基础。19 世纪中叶，中国在鸦片战争中战败给英国时，中国的 GDP 总量仍然占世界的 1/3，但是科研实力特别是军事实力已经远远地被抛在了后面。从历史教训来看，中国解决一切问题，包括台湾问题，最终要通过发展特别是增强综合国力从根本上加以解决，尤其是通过科学发展保证经济和社会发展的内在质量。

　　邓小平同志把国家统一看成是中华民族的最高国家利益，针对台湾问题，邓小平指出，中国"吞不下去（台湾问题），不会吞下去的。如果真的出现这样的情况，由于台湾问题迫使中美关系倒退的话，中国不会吞下去"。③　他多次指出，"我们一定要完成前人没有完成的统一事业"，④　"实现国家统一是民族的愿望，一百年不统一，一千年也要统一"。⑤　1986 年，邓小平再次谈及台湾问题，他认为台湾必须同大陆统一，"首先是个民族问题，民族的感情问题。凡是中华民族子孙，都希望中国能统一，分裂状况是违背民族意志的。其次，只要台湾不同大陆统一，台湾作为中国领土的地位是没有保障的，不知道哪一天又被别人拿走了"。⑥

　　邓小平对于中国大陆和两岸的和平发展给予极大的期望。他多次指出，中国一打内战，就会生产衰落，交通中断，难民将不是百万、千万而是上亿地往外跑，将酿成世界性的灾难。所以，"中国不能把自己搞乱，这当然是对中国自己负责，同时也是对全世界全人类负责"。⑦

① 《邓小平文选》，第三卷，人民出版社，1993 年，第 12 页。
② 《邓小平文选》，第三卷，人民出版社，1993 年，第 265 页。
③ 《邓小平文选》，第二卷，人民出版社，1993 年，第 377 页。
④ 《邓小平文选》，第三卷，人民出版社，1993 年，第 31 页。
⑤ 《邓小平文选》，第三卷，人民出版社，1993 年，第 59 页。
⑥ 《邓小平文选》，第三卷，人民出版社，1993 年，第 170 页。
⑦ 《邓小平文选》，第三卷，人民出版社，1993 年，第 361 页。

1982 年 9 月，中国共产党召开第十二次全国代表大会，这次大会提出，"我们要同包括台湾同胞、港澳同胞和国外侨胞在内的全体爱国人民一道，努力促进祖国统一的大业"。①"我们希望台湾同胞、港澳同胞和国外侨胞督促国民党当局，审时度势，以国家前途民族大义为重，不要执迷不悟，及早举行国共两党的谈判，共同促进祖国和平统一大业的实现"。②这里明确提出国共两党谈判，说明中国共产党在解决台湾问题方式上有了新的突破。

1984 年 10 月，在中央顾问委员会第三次全体会议上，邓小平又把"一个国家，两种制度"概括为"一国两制"。至此，"一国两制"构想作为一个理论体系从内容框架到概念表述均已形成。在以后的邓小平同志有关论述和党的一系列文献中，"一国两制"构想得到了不断丰富和发展。

"一国两制"是一个完整的体系，其基本内容就是在祖国统一的前提下，国家的主体坚持社会主义制度，同时在香港、澳门、台湾保持原有的资本主义制度长期不变。

第一，坚持"一个中国"。就是中国必须统一，统一在一个国家内，世界上只能有一个中国。一个中国原则体现了国家主权的不可分割性和中华民族的统一性，是实现和平统一的前提。

第二，"两种制度"并存。在祖国统一的前提下，国家的主体部分实行社会主义制度，同时在台湾、香港、澳门保持原有的社会制度和生活方式长期不变。

第三，高度自治。祖国完全统一后，台湾、香港、澳门作为特别行政区，享有不同于中国其他省、市、自治区的高度自治权。

第四，明确"一国"与"两制"间的关系。"一国"是"一国两制"基石和前提，没有"一国"，就无所谓国家的统一，"两制"也就失去了存在的根基；"两制"则是"一国两制"构想的实质内容，没有"两制"，祖国和平统一也就难以实现。在"两制"中，大陆的社会主义制度是国家的主体部分，而台、港、澳地区的资本主义制度虽然可与社会主义主体部分长期并存、和平共处，但只是从属部分。

第五，"一国两制"是基本国策。在一个统一的国家内部存在两种不同的社

---

① 中共中央文献研究室编：《十一届三中全会以来党的历次全国代表大会中央全会重要文件选编》（上），中央文献出版社，1997 年，第 234 页。

② 中共中央文献研究室编：《十一届三中全会以来党的历次全国代表大会中央全会重要文件选编》（上），中央文献出版社，1997 年，第 279 页。

会制度，不是权宜之计，而是要长期贯彻执行的基本国策。"不是搞一段时间，而是搞几十年、成百年"，要"五十年不变"，"五十年之后还会不变"。同时，这种不变，是两种社会制度都不变，即台、港、澳地区的资本主义制度不变，作为国家主体的大陆实行社会主义制度同样不变。

"一国两制"是充分尊重历史和现实、照顾各方面利益、维护民族团结、实现祖国完全统一和民族伟大复兴的科学构想，是中华民族对人类政治文明的独特贡献，具有重大的意义。

第一，"一国两制"构想创造性地把和平共处原则用之于解决一个国家的统一问题。和平共处是处理国际关系必须遵循的普遍准则，"一国两制"构想将这一准则应用于解决一个国家内部不同社会制度的地区之间的关系，以解决祖国的和平统一问题。

第二，"一国两制"构想创造性地发展了马克思主义的国家学说。马克思主义认为，国家是历史范畴，是阶级矛盾不可调和的产物。从这个意义上说，在一个国家内一般只能有代表统治阶级利益的一种社会制度存在。"一国两制"构想是马克思主义经典作家没有说过的新话，是解决中国统一问题的新思路、新办法。"一国两制"的国家结构形式，既不是传统的单一制，又不是通常的复合制，而是一种新型的国家结构组织形式，即不仅在单一制的国家结构下带有某些复合制的特点，而且容纳了两种性质不同的经济、政治和社会制度。

第三，"一国两制"构想为解决国际争端和历史遗留问题提供了新的思路。正如邓小平指出的："世界上一系列争端都面临着用和平方式来解决还是用非和平方式来解决的问题。总得找出个办法来，新问题就得用新办法来解决。香港问题的成功解决，这个事例可能为国际上许多问题的解决提供一些有益的线索。"[1]

第三节　"江八点"——第三代中央领导集体为解决台湾问题做出不懈努力

20世纪90年代以来，中国共产党第三代中央领导集体根据台湾岛内的形势变动，特别是"台独"势力的分裂活动，一直有针对性地开展对台工作。特

---

[1]　《邓小平文选》，第三卷，人民出版社，1993年，第60页。

别是江泽民提出了推进祖国和平统一进程的"八项主张"成为新时期中国共产党开展对台工作的重要指导方针。

一、"九二共识"成为台湾海峡两岸的共识

1992 年 10 月，中国共产党第十四次全国代表大会召开。这次大会明确指出："在祖国统一的问题上，提出'一个国家，两种制度'的创造性构想。在一个中国的前提下，国家的主体坚持社会主义制度，香港、澳门、台湾保持原有的资本主义制度长期不变，按照这个原则来推进祖国和平统一大业的完成。"[①]"我们坚定不移地按照'和平统一、一国两制'的方针，积极促进祖国统一。""我们再次重申，中国共产党愿意同中国国民党尽早接触，以便创造条件，就正式结束两岸敌对状态，逐步实现和平统一进行谈判。"[②]

在台湾当局拒绝政治谈判的情况下，为促进两岸关系发展，推动两岸交流，解决两岸同胞交往中产生的具体问题，大陆方面于 1991 年 12 月成立了民间团体——海峡两岸关系协会，由上海市前市长汪道涵出任会长；台湾方面，1990 年 11 月，成立了台湾海峡交流基金会（简称海基会），著名的国民党人、企业家辜振甫出任会长。从此，海协会与台湾海基会建立了制度化的协商管道，签订了一系列协议，进行了包括政治、经济等方面的对话并达成共识。两会商谈成为两岸经济合作和各项交流交换意见的重要平台，成为两岸关系互动的标志，创造了在一个中国原则基础上搁置争议、平等协商、求同存异的典范。

长期以来，海峡两岸在对于"一个中国"问题的表述上一直存在分歧，而表明海峡两岸坚持一个中国原则的"九二共识"的产生则有其特定的历史渊源。1992 年 11 月，海峡两岸关系协会与台湾的海峡交流基金会就解决两会事务性商谈中如何表明坚持一个中国原则的态度问题达成了以口头方式表达的"海峡两岸均坚持一个中国原则"的共识，由此"九二共识"成为中国政府处理台湾事务的基本原则。根据国台办提供的有关资料，在"九二共识"中，双方都表明了"海峡两岸均坚持一个中国原则"和"努力谋求国家统一"的态度；对于"一个中国"的政治含义，海基会表示"认知不同"，海协会表示"在事务性商

---

①　中共中央文献研究室编：《十一届三中全会以来党的历次全国代表大会中央全会重要文件选编》（下），中央文献出版社，1997 年，第 164 页。

②　中共中央文献研究室编：《十一届三中全会以来党的历次全国代表大会中央全会重要文件选编》（下），中央文献出版社，1997 年，第 197—198 页。

谈中不涉及",做了求同存异的处理。换言之,"九二共识"是在双方表明坚持一个中国原则态度的前提下,暂时搁置了对"一个中国"政治含义的分歧。正是在此基础上,两会成功地举行了"汪辜会谈",建立了制度化的协商与联系机制,进行了一系列商谈,开启了两岸政治对话,为改善和发展两岸关系发挥了重要作用。①

就大陆方面而言,中国政府坚持的一个中国原则重在主权的宣示,从历史和民族的渊源界定大陆和台湾同属于一个中国,特别是强调两岸同属于中华民族的民族认同意识,对于"治权"及于台湾并没有时间上的明确界定,从而为实现国家统一留下了充分的回旋空间。

当前看,坚持一个中国原则的"九二共识"是两岸和平与发展的关键所在,因此主张"台独"的岛内绿营一贯否认"九二共识"的存在或者有意歪曲其基本内涵和价值理念,所以中央及国台办各级领导一直在不同场合宣示"九二共识"的重要意义和实践价值,基本可以将之归纳为四个方面。

第一,"九二共识"的核心是坚持一个中国原则。1949 年以后,尽管两岸分隔对立,存在着深刻政治分歧,但双方均长期坚持一个基本立场,那就是:大陆和台湾同属一个中国,中国的领土和主权没有分裂。"九二共识"的核心,就是确立了坚持一个中国原则这一共同认知,由此明确了两岸关系不是"国与国"的关系、两岸应当在一个中国的框架内进行平等协商。把坚持"九二共识"作为与台湾当局和各政党交往的基础和条件,核心在于认同大陆和台湾同属一个中国。大陆方面多次重申,只要坚持这一点,台湾任何政党与大陆交往都不会存在障碍。

第二,"九二共识"的精髓是求同存异。"九二共识"之所以能够达成,关键在于双方做到了求坚持一个中国之同,存双方政治分歧之异。"九二共识"的达成以及两岸协商迄今的实践都表明,在两岸固有矛盾长期存在的情况下,处理复杂问题不可能也难以一步到位。务实搁置争议,善于求同存异,进而积极聚同化异,就能在不断增进共识的过程中,逐步缩小和化解分歧,实现互利双赢的局面。

第三,"九二共识"的意义在于构建了两岸关系发展的政治基础。"九二共识"的达成,直接促成了"汪辜会谈"的成功举行,推动后续协商取得进展,

---

①　海峡两岸关系协会研究部:《"九二共识"的历史真相》,新华网,http://news.xinhuanet.com/tw/2006-04/05/content_4385932.htm。

为两岸建立制度化协商与联系机制发挥了重要作用。值得指出的是，20 年来，"九二共识"已经发展成为两岸关系和平发展政治基础的重要组成部分。2005年中国共产党和中国国民党领导人共同发布的"两岸和平发展共同愿景"，明确宣示双方反对"台独"、坚持"九二共识"，奠定了两党交往的政治基础。2008年 5 月之后，两岸双方再度确认坚持"九二共识"，这是两岸关系之所以实现历史性转折和取得重大进展的首要关键。

第四，"九二共识"的启示是要有正视问题、面向未来的政治勇气和智慧。"九二共识"体现了双方打破僵局、开辟未来的政治决断和务实灵活处理复杂事务的政治智慧。这一经验弥足珍贵，富有深刻启示。应当看到，两岸关系既存在着历史遗留的症结性问题，也会在发展进程中遇到各种新情况和新问题。我们从"九二共识"中汲取的有益养分是，正视而不回避面临的各种问题，同时以对历史、对人民负责的态度，站在全民族发展的高度，积极进取地思考破解难题之道，循序渐进地加以务实推进。

经过海协会与台湾海基会双方的共同努力，汪道涵和辜振甫于 1993 年 4 月下旬在新加坡成功地举行了会谈。会议产生了《"汪辜会谈"共同协议》等四项文件，从此打开了两会协商的渠道，在海峡两岸关系的发展中"迈出了历史性的重要一步"。①

二、江泽民提出推进祖国和平统一进程的"八项主张"

1995 年 1 月 30 日，江泽民提出了推进祖国和平统一进程的"八项主张"：即坚持一个中国原则，是实现和平统一的基础和前提；对于台湾同外国发展民间性经济文化关系不持异议；进行海峡两岸和平统一谈判；努力实现和平统一，中国人不打中国人；大力发展两岸经济交流与合作；中华各族儿女共同创造的五千年灿烂文化，是维系全体中国人的精神纽带，也是实现和平统一的一个重要基础；充分尊重台湾同胞的生活方式和当家做主的愿望，保护台湾一切正当权益；大陆欢迎台湾当局的领导人以适当身份前来访问，也愿意接受台湾方面的邀请，前往台湾。② 这八项主张的提出成为新时期中国共产党开展对台工作

---

① 《江泽民会见台湾民营银行考察团希望"汪辜会谈"成果得到巩固与发展》，《人民日报》，1993 年 5 月 7 日。

② 《江泽民在新春茶话会上发表重要讲话，提出八项看法主张推进祖国和平统一》，《人民日报》，1995 年 1 月 31 日。

的重要指导方针。

1997 年 9 月，中国共产党第十五次全国代表大会召开，这次大会再次强调"和平统一、一国两制"的大政方针，明确指出"一国两制"基本内容是"在祖国统一的前提下，国家的主体坚持社会主义的制度，同时在台湾、香港、澳门保持原有的资本主义制度和生活方式长期不变"。①

2002 年 11 月，中国共产党第十六次全国代表大会召开，这次大会的政治报告，辟出专题"'一国两制'和实现祖国的完全统一"，专门论述台湾问题。报告提出："在一个中国的前提下，什么问题都可以谈，可以谈正式结束两岸敌对状态，可以谈台湾地区在国际上与其身份相适应的经济文化社会活动空间问题，也可以谈台湾当局的政治地位等问题。我们愿与台湾各党派和各界人士就发展两岸关系，推进和平统一交换意见。"② 十六大之后，中国共产党对台工作取得了一系列重大成果。

十六大报告中指出："国家要统一，民族要复兴，台湾问题不能无限期地拖延下去。"③ 中国政府当时针对台湾问题做好了两手准备，一是"促统"，密切两岸各方面交往，特别是经贸交流，加快大陆发展，对台湾产生"磁吸效应"，使台湾的未来发展系于大陆，同时扩大中美之间的共同利益基础，使台湾问题"边缘化""非核心化"，完成国家统一的平稳过渡；二是"防独"，以军事斗争制止"台独"分子的分裂行为，加速中国国防现代化进程，对美国的军事干涉保持警惕和防范，准备承担极大的民族·牺牲完成统一。在解决台湾问题方面，"防独"与"促统"是两个不同历史任务，可以而且必须使用不同的手段。从通常的意义上讲，"防独"的手段往往带有破坏性的，而促统的手段则带有建设性的，两者有很清楚的区分。

第四节　《反分裂国家法》与两岸进入和平发展阶段

2000 年陈水扁上台后，在台湾岛内不断搞"台独"分裂活动，两岸关系剑

---

① 中央文献研究室编：《十一届三中全会以来党的历次全国代表大会中央全会重要文件选编》（下），中央文献出版社，1997 年，第 445 页。
② 江泽民：《全面建设小康社会，开创中国特色社会主义事业新局面——在中国共产党第十六次全国代表大会上的报告》，《人民日报》，2002 年 11 月 18 日。
③ 中央文献研究室编：《十一届三中全会以来党的历次全国代表大会中央全会重要文件选编》（下），中央文献出版社，1997 年，第 445 页。

拔弩张，随即《反分裂国家法》出台；2008 年，马英九上台后，中国共产党的对台政策随即调整，两岸和平发展的新局面已然到来。

一、《反分裂国家法》与遏制"台独"

2000 年陈水扁上台后纠集分裂势力进行"台独"活动，抛出"一边一国"的分裂主张，大搞"统独公投"，将两岸关系推到了危险的边缘。2004 年 5 月 17 日，针对台湾地区选举后复杂的局势，中共中央台湾工作办公室、国务院台湾事务办公室受权就两岸关系问题发表声明指出："当前，两岸关系形势严峻。""'台独'没有和平，分裂没有稳定。我们坚持一个中国原则的立场决不妥协，争取和平谈判的努力决不放弃，与台湾同胞共谋两岸和平发展的诚意决不改变，坚决捍卫国家主权和领土完整的意志决不动摇，对'台独'决不容忍。"[1]

针对台湾政局的重大变化，针对陈水扁当局否定一个中国原则和"九二共识"，加紧推动"台独"分裂活动，2005 年 3 月，第十届全国人民代表大会第三次会议通过了《反分裂国家法》。这一法律的制定，把我党关于解决台湾问题的大政方针以法律的形式固定下来，既表达了中国共产党坚持和平统一的一贯立场和最大诚意，更表明了全国人民坚决反对"台独"，捍卫国家主权和领土完整的共同意志和坚定决心。既向世界昭示了执政党依法治国，依法制止分裂的治国理念，又给日益猖獗的"台独"分裂活动画上了一条"底线"。这部重要法律的颁布和实施，对于反对和遏制"台独"势力分裂国家，推动两岸关系发展，促进祖国和平统一具有重大现实意义和深远历史意义。《反分裂国家法》为"台独"势力的分裂活动画上了一条红线。

《反分裂国家法》第八条规定："'台独'分裂势力以任何名义、任何方式造成台湾从中国分裂出去的事实，或者发生将会导致台湾从中国分裂出去的重大事变，或者和平统一的可能性完全丧失，国家得采取非和平方式及其他必要措施，捍卫国家主权和领土完整。依照前款规定采取非和平方式及其他必要措施，由国务院、中央军事委员会决定和组织实施，并及时向全国人民代表大会常务委员会报告。"同时，第九条规定："依照本法规定采取非和平方式及其他必要措施并组织实施时，国家尽最大可能保护台湾平民和在台湾的外国人的生命财产安全和其他正当权益，减少损失；同时，国家依法保护台湾同胞在中国其他

---

[1] 《反分裂国家法 2005 年 3 月 14 日第十届全国人民代表大会第三次会议通过》，《人民日报》，2005 年 3 月 15 日。

地区的权利和利益。"①

《一个中国的原则与台湾问题》白皮书中使用了"武力"一词,《反分裂国家法》使用了"非和平方式"一词,二者并无根本区别,但是后者作为全国人大通过的法律文件更具有权威性,用词更加规范、稳健,反映了大陆多年来对台各方经验的积累和总结。就字面意义而言,"非和平方式"的内涵显然包括武力方式并以武力方式为主,但是其进步意义有两点:第一,用语温和,有利于争取台湾民心,事实证明,武力威慑有助于"防独",但是对于"促统"的作用要因时、因事而异,"台独"势力一贯通过制造两岸对立的悲情意识在政治上"得分",《反分裂国家法》中"非和平方式"的提出使他们本可以通过大肆渲染"大陆威胁"从而煽动台湾地区"民粹情绪"的"着力点"变得十分平缓,"台独"势力无从"借力打力",加上第九条的补充说明,因此台湾民众没有受台湾当局的蛊惑,总体反映相对理智和平和;第二,坚持原则,大陆牢牢把握对台政策的主导权,"非和平方式"解读留下诸多空间,对于"台独"的适用条件和惩戒手段,诸如经济制裁、交通封锁、武力遏制等尽在中央政府的掌控之中,"台独"势力可以回旋和规避的余地大大减少,从而为"台独"势力的分裂活动画上一条清晰的"红线"。

2005 年 3 月 4 日,中共中央总书记、国家主席、中央军委主席胡锦涛参加全国政协十届三次会议民革、台盟、台联界委员联组会时指出:"1949 年以来,尽管两岸尚未统一,但大陆和台湾同属一个中国的事实从未改变。这就是两岸关系的现状。"同时就新形势下发展两岸关系提出了四点意见,即:"坚持一个中国原则决不动摇,争取和平统一的努力决不放弃,贯彻寄希望于台湾人民的方针决不改变,反对'台独'分裂活动决不妥协。"②他表示,台湾是包括2300 万台湾同胞在内的 13 亿中国人民的台湾,任何涉及中国主权和领土完整的问题,必须由全中国 13 亿人民共同决定。胡锦涛说,维护国家主权和领土完整,是国家的核心利益。任何人要危害中国的主权和领土完整,13 亿中国人民坚决不答应。在反对分裂国家这个重大原则问题上,我们绝不会有丝毫犹豫、含糊和退让。"台独"分裂势力必须放弃"台独"分裂立场,停止一切"台独"

---

① 《反分裂国家法 2005 年 3 月 14 日第十届全国人民代表大会第三次会议通过》,《人民日报》,2005 年 3 月 15 日。

② 《胡锦涛在看望参加政协会议的民革台盟台联委员时强调:包括台湾同胞在内的全体中华儿女团结起来,共同为推进祖国和平统一大业而努力奋斗》,《人民日报》,2005 年 3 月 5 日。

活动。

二、两岸和平发展的思想逐步成熟

2005 年 4 月至 5 月，两岸成功开启政党交流的新局面。胡锦涛总书记邀请中国国民党主席连战、亲民党主席宋楚瑜先后率团来大陆访问，进一步提出了构建和平稳定发展的两岸关系的重要主张。两岸政党的交流，在增进两岸同胞相互了解与理解，解决事关台湾民众切身利益的实际问题方面发挥了重要作用。

在两岸关系最为复杂和艰困的时期，两岸和平发展的思想逐步酝酿。2005 年 4 月 29 日，中共中央总书记胡锦涛与时任中国国民党主席连战在人民大会堂举行 60 年来两党领导人的首次会谈，达成并共同发布"两岸和平发展共同愿景"指出："五十六年来，两岸在不同的道路上，发展出不同的社会制度与生活方式。十多年前，双方本着善意，在求同存异的基础上，开启协商、对话与民间交流，让两岸关系充满和平的希望与合作的生机。但近年来，两岸互信基础迭遭破坏，两岸关系形势持续恶化。目前两岸关系正处在历史发展的关键点上，两岸不应陷入对抗的恶性循环，而应步入合作的良性循环，共同谋求两岸关系和平稳定发展的机会，互信互助，再造和平双赢的新局面，为中华民族实现光明灿烂的愿景。"① 从而揭开了两岸关系和平发展新局的大幕。

2006 年 4 月 16 日，中共中央总书记胡锦涛会见中国国民党荣誉主席连战时再次就推动两岸关系和平发展提出了四点建议，主要包括：坚持"九二共识"是实现两岸和平发展的重要基础；为两岸同胞谋福祉是实现两岸关系和平发展的根本归属；深化互利双赢的交流合作是实现两岸关系和平发展的有效途径；开展平等协商是实现两岸关系和平发展的必由之路。四点建议在台湾岛内引起强烈反响，海外和台湾舆论指出，胡锦涛总书记的讲话展现了对推动两岸关系和平发展的诚意。从 2005 年 8 月到 2007 年 9 月，大陆 16 个城市的党委与国民党 15 个县市党部，相继开展了包括教育、商业、体育、劳工、妇女、地方民意机构等方面的交流活动近 40 项，举办了一系列经贸论坛、农业合作论坛、文化论坛和民间精英论坛，进一步凝聚了两岸同胞促进交流、深化合作、密切往来的共识，使两岸同胞真正感受到和平稳定的两岸关系所带来的福祉。

回顾党的十一届三中全会到十七大召开之前的历史，共召开五次党的代表

---

① 《中国共产党总书记胡锦涛与中国国民党主席连战会谈新闻公报》，《两岸关系》，2005 年第 5 期。

大会，五次大会政治报告中都使用了"和平统一"解决台湾的表述。说明中国共产党在解决台湾问题的理论上有了重大突破。在推进祖国统一大业的途径上更突出"和平"。这是基于"一个中国"前提下的两种制度的并存，而且是长期共存，共同发展，谁也不吃掉谁。应该说，中国共产党提出的"和平统一、一国两制"的方针，完全是从整个国家民族利益与前途出发，尊重历史、尊重现实、实事求是、照顾各方利益的具体体现，是中国共产党解决台湾问题思路越来越清晰、越来越成熟的具体表现，说明中国共产党解决台湾问题的立足点完全从武力解放转变到了"和平统一"。

2007年10月，中国共产党第十七次全国代表大会召开。这次大会在深刻总结过去对台工作实践的基础上，首次提出了"牢牢把握两岸关系和平发展"的主题和协商正式结束敌对状态并"达成和平协议"，构建两岸关系和平发展框架，开创两岸关系和平发展新局面。[1] 这表明中国共产党对两岸关系与祖国和平统一进程基本特征的科学思维和认识达到了新的高度，是对台政策的重大理论创新与深化，更是中国共产党为两岸同胞谋福祉、为台海地区谋和平、争取和平统一前景的真诚表达。为此，中国共产党采取一系列积极措施，扎实推进两岸关系和平发展。在国共两党和两岸同胞的共同努力之下，两岸关系呈现出蓬勃发展的良好势头。

2008年3月，台湾地区领导人选举结束，中国国民党籍候选人马英九当选为台湾地区新一任领导人。5月28日，中共中央总书记胡锦涛在北京同中国国民党主席吴伯雄举行了会谈，胡锦涛强调，在国共两党和两岸同胞共同努力下，台湾局势发生了积极变化，两岸关系发展面临着难得的历史机遇。这一局面来之不易，值得倍加珍惜。希望国共两党和两岸双方共同努力，建立互信、搁置争议、求同存异、共创双赢，继续依循并切实落实"两岸和平发展共同愿景"，以富有成效的努力，扎扎实实推动两岸关系不断取得实际进展，增强广大台湾同胞对两岸关系和平发展的信心。

2008年12月31日，纪念《告台湾同胞书》发表30周年座谈会在北京人民大会堂隆重举行，胡锦涛总书记发表了题为《携手推动两岸关系和平发展　同心实现中华民族伟大复兴》的重要讲话，强调要在尊重历史、尊重现实的基础上，以更加灵活务实的态度来解决海峡两岸之间的分歧，并就进一步发

---

[1]　胡锦涛：《高举中国特色社会主义伟大旗帜　为夺取全面建设小康社会新胜利而奋斗》，《人民日报》，2007年10月25日。

展两岸关系提出六点意见:(一)恪守一个中国,增进政治互信;(二)推进经济合作,促进共同发展;(三)弘扬中华文化,加强精神纽带;(四)加强人员往来,扩大各界交流;(五)维护国家主权,协商涉外事务;(六)结束敌对状态,达成和平协议。[①]这六点意见,是 30 年来两岸关系发展取得的历史性成就和主要经验的全面总结,是立足于维护和发展中华民族整体利益的具体体现,是对两岸关系和平发展思想的系统阐述。这是新时期大陆对台工作的纲领性文件,对于推动和实现两岸关系和平发展具有重要的理论和实践指导意义。

胡锦涛在讲话中,特别引人注目的是第一次针对民进党阐述了中国共产党的立场:"希望民进党认清形势,停止'台独'分裂活动,不要再与全民族的共同意愿背道而驰。""只要民进党改变'台独'分裂立场,我们愿意作出正面回应。"像这样直接对民进党的政治性表态,自民进党 1986 年 9 月成立以来不曾有过,自 2000 年陈水扁上台,民进党成为台湾执政党以来不曾有过。胡锦涛总书记的表态,代表了中国共产党对台政策的一项重大调整。而"对于那些曾经主张过、从事过、追随过'台独'的人,我们也热诚欢迎他们回到推动两岸关系和平发展的正确方向上来"。这是中国共产党团结大多数,坚决反对"台独"的坚定立场。对民进党的表态说明中国共产党并未将民进党同"台独"画等号,体现了共产党以大局为重,不计前嫌的政治胸襟,也是共产党谋求两岸和平发展的善意体现。

2012 年 11 月 8 日,中国共产党第十八次全国代表大会在北京召开,这次大会是在我国进入全面建成小康社会决定性阶段召开的一次十分重要的大会,胡锦涛同志代表党中央向大会做了报告。十八大报告对于实现祖国完全统一做出了重要部署,集中体现出中国共产党对台工作的新思维。

第一,解决台湾问题的基础与核心在于坚持一个中国原则。

大陆和台湾虽然尚未统一,但两岸同属一个中国的事实从未改变,国家领土和主权从未分割、也不容分割。十八大报告指出:"两岸双方应恪守反对'台独'、坚持'九二共识'的共同立场,增进维护一个中国框架的共同认知,在此基础上求同存异。对台湾任何政党,只要不主张'台独'、认同一个中国,我们

---

① 胡锦涛:《携手推动两岸关系和平发展 同心实现中华民族伟大复兴——在纪念《告台湾同胞书》发表 30 周年座谈会上的讲话》,《人民日报(海外版)》,2009 年 1 月 1 日。

都愿意同他们交往、对话、合作。"①报告首次写进了"九二共识"与"一中"框架,这是中国共产党因应两岸关系和平发展新形势和两岸尚未统一的实际情况所提出的非常有包容性和创意的主张。

第二,两岸关系和平发展重要思想写进十八大报告是对台工作的重要战略部署,是科学发展观在台湾问题上的具体运用,对两岸关系的长远健康发展也将具有重要的指导意义。

党的十八大报告指出:"解决台湾问题、实现祖国完全统一,是不可阻挡的历史进程。和平统一最符合包括台湾同胞在内的中华民族的根本利益。实现和平统一首先要确保两岸关系和平发展。必须坚持'和平统一、一国两制'方针,坚持发展两岸关系、推进祖国和平统一进程的八项主张,全面贯彻两岸关系和平发展重要思想,巩固和深化两岸关系和平发展的政治、经济、文化、社会基础,为和平统一创造更充分的条件。"②

第三,报告中指出今后要持续推进两岸交流合作。深化经济合作,厚植共同利益。扩大文化交流,增强民族认同。密切人民往来,融洽同胞感情。促进平等协商,加强制度建设。今后两岸要继续深化经济合作,以经济融合为基础,加速扩大两岸的共同利益。

最后,十八大报告指出:"希望双方共同努力,探讨国家尚未统一特殊情况下的两岸政治关系,作出合情合理安排;商谈建立两岸军事安全互信机制,稳定台海局势;协商达成两岸和平协议,开创两岸关系和平发展新前景。"③这是为实现国家统一做出的重大部署,涉及未来两岸的政治关系和安全关系,体现了中国共产党不回避历史遗留问题的求实精神和着手解决台湾问题实现国家统一的最大诚意。

正如报告中指出的那样,全体中华儿女携手努力,就一定能在同心实现中华民族伟大复兴进程中完成祖国统一大业。

---

① 胡锦涛:《坚定不移沿着中国特色社会主义道路前进　为全面建成小康社会而奋斗——在中国共产党第十八次全国代表大会上的报告》,《人民日报》,2012 年 11 月 18 日。

② 胡锦涛:《坚定不移沿着中国特色社会主义道路前进　为全面建成小康社会而奋斗——在中国共产党第十八次全国代表大会上的报告》,《人民日报》,2012 年 11 月 18 日。

③ 胡锦涛:《坚定不移沿着中国特色社会主义道路前进　为全面建成小康社会而奋斗——在中国共产党第十八次全国代表大会上的报告》,《人民日报》,2012 年 11 月 18 日。

三、两岸进入和平发展阶段后取得一系列经贸成果

2008 年 3 月,台湾地区领导人选举结束,中国国民党籍候选人马英九当选为台湾地区新一任领导人。5 月 28 日,中共中央总书记胡锦涛在北京同中国国民党主席吴伯雄举行了会谈,胡锦涛强调,在国共两党和两岸同胞共同努力下,台湾局势发生了积极变化,两岸关系发展面临着难得的历史机遇。这一局面来之不易,值得倍加珍惜。希望国共两党和两岸双方共同努力,建立互信、搁置争议、求同存异、共创双赢,继续依循并切实落实"两岸和平发展共同愿景",以富有成效的努力,扎扎实实推动两岸关系不断取得实际进展,增强广大台湾同胞对两岸关系和平发展的信心。

2008 年以来,两岸和平发展的成就令世人瞩目,尤其是在经贸领域签订了两岸经济合作框架协议,文化教育方面的交流也异彩纷呈,这些都得益于不断成熟和完善的两岸和平发展的思想的引领。

2008 年 12 月 21 日下午,第四届海峡两岸经贸文化论坛在上海闭幕,中共中央台办主任王毅在闭幕式上宣布大陆各有关主管部门专门为加强两岸合作、共同应对国际金融危机制订的 10 项政策措施。

从 2008 年 12 月"三通"开放至 2012 年 10 月,两岸进出口总额为 5542.7 亿美元。其中,大陆自台进口额为 4384 亿美元;对台出口额为 1158.7 亿美元;大陆对台湾逆差 3225.3 亿美元。其中,2011 年两岸贸易额首次突破 1600 亿美元。大陆现为台湾的第一大贸易伙伴、第一大出口伙伴及第二大进口伙伴、第一大顺差来源地与第一大投资地。

两岸贸易统计表 (2000—2010 年)

单位:亿美元;%

年份	贸易总额		大陆对台出口额		大陆自台进口额		贸易差额
	金额	同比	金额	同比	金额	同比	
2000 年	305.3	30.1	50.4	27.6	254.9	30.6	-204.5
2001 年	323.4	5.9	50.0	-0.8	273.4	7.2	-223.4
2002 年	446.7	38.1	65.9	31.7	380.8	39.3	-314.9
2003 年	583.6	30.7	90.0	36.7	493.6	29.7	-403.6
2004 年	783.3	34.2	135.5	50.4	647.8	31.2	-512.3

续表

年份	贸易总额		大陆对台出口额		大陆自台进口额		贸易差额
	金额	同比	金额	同比	金额	同比	
2005 年	912.3	16.5	165.5	22.2	746.8	15.3	-581.3
2006 年	1078.5	18.2	207.4	25.3	871.1	16.6	-663.7
2007 年	1244.8	15.4	234.6	13.1	1010.2	16.0	-775.6
2008 年	1292.2	3.8	258.8	10.3	1033.4	2.3	-774.6
2009 年	1062.3	-17.8%	205.1	-17%	857.2	17%	-205.1
2010 年	1453.7	36.9%	296.8	44.8%	1156.9	35.0%	-860.1

资料来源：根据商务部台港澳司分开资料整理

2009 年 6 月，依据两会共识，台湾方面开放大陆企业赴台投资。2010 年 12 月底，大陆累计批准台资项目 83133 个，实际利用台资 520.2 亿美元，台资在大陆累计吸收境外投资中占 5.0%。台湾在大陆投资的厂家超过 87 万家，总投资超过 560 亿美元。截至 2013 年 3 月，大陆方面核准赴台投资企业、项目共 151 个，投资金额共计 9.14 亿美元。2010 年 6 月 29 日，海峡两岸签署了经济合作框架协议（Economic Cooperation Framework Agreement，简称 ECFA）。ECFA 为促进两岸经济交流和合作搭建了一个总体框架，规划了方向和目标，这是两岸经贸交流经过 30 多年互惠互补、相互依存发展的必然结果。2010 年 8 月 17 日，台湾"立法"机构通过 ECFA，被台湾媒体评论为"大陆与台湾 1949 年以来最重要的协议"。2010 年 9 月 12 日 ECFA 正式生效，为此，韩国《今日亚洲》评论指出："中国大陆与台湾在分裂 60 年后，实现了事实上的经济统一。"

2011 年 1 月 1 日，ECFA 的"早期收获计划"开始实施，标志着两岸经济关系进入了制度化发展新阶段。从目前的情况来看，ECFA "早期收获计划"全面实施，执行情况良好，两岸经济合作及对台经济成效显著。2011 年，大陆与台湾之间的贸易额突破 1600 亿美元，同比增长 10% 以上。2011 年，大陆优惠进口、早期收获项下的台湾商品 3 万多批次，货值达到 41 亿美元；据台湾海关统计，台湾优惠进口、早期收获项下的大陆产品 1.6 万批次，货值 10 亿美元。截至 2012 年 10 月，自台湾进口享受 ECFA 关税优惠货物累计金额约 109.7 亿美元，关税优惠约 5.72 亿美元。服务贸易早收方面，大陆方面已实施金融、医疗、会计服务等 11 个部门的开放措施。截至 2012 年 10 月，非金融领域共有

153 家台湾企业依据早收优惠措施进入大陆，合同台资金额 7.19 亿美元；金融领域惠及 26 家台湾金融机构。两会积极落实 ECFA 各项目标，签署了两岸投资保护和促进协议、两岸海关合作协议，达成两岸产业合作共识，取得后续协商首批成果。

台湾的医疗服务质量和服务模式有许多值得大陆学习和借鉴的地方。2008 年 1 月，台湾长庚医院与厦门海沧公用公司合资的厦门长庚医院正式投入营业，成为两岸医疗合作交流的新平台，《人民日报》和中央电视台《新闻联播》栏目还分别报道肯定了厦门长庚医院"医""药"分离制度。

ECFA 服务贸易早期收获计划实施一年多来，成效显著，共有 122 家台湾服务企业进入大陆，其中 13 家台湾金融企业享受了早期收获优惠；据台湾方面统计，2011 年台方核准服务业陆资企业入岛投资 43 件，其中核准 4 家大陆银行设立代表机构，核准 2 家筹设分行。

金融业属于现代服务业的重要组成部分，在两岸经济合作的重要性日益凸显。尽管离岸人民币中心仍然在讨论之中，台湾市场上的人民币业务已经开展得如火如荼。同时，台湾对大陆的贸易顺差，在 2010 年已经高达 410 亿美元，显示两岸的贸易关系正进一步紧密。为了照顾台商办理跨境贸易人民币结算等需要，台湾在 2011 年 7 月 21 日发布了"台湾地区银行办理人民币业务规定"，开放国际金融业务分行 (OBU) 办理人民币业务。

2011 年 8 月，继香港、新加坡、澳大利亚分别推出措施争取成为人民币离岸中心之后，台湾首度公开称，将会把发展人民币离岸中心"列为努力目标"。从现实角度来看，如果只以人民币为贸易结算货币，台商从大陆进口时如以人民币作为支付，汇率风险由台湾进口商承担。

2012 年 8 月 31 日，两岸货币管理机构签署《海峡两岸货币清算合作备忘录》，这是落实《海峡两岸金融合作协议》的重要举措，两岸将据此启动货币清算机制。这是在两岸关系和平发展新形势下，两岸金融合作取得的又一重大进展。两岸货币清算机制的建立，将降低两岸民众和企业的汇兑成本和汇率风险，促进两岸投资贸易更为便利，进一步深化和扩大两岸经济合作。

2012 年 12 月 11 日，中国人民银行发布公告，根据《海峡两岸货币清算合作备忘录》相关内容，经过评审，决定授权中国银行台北分行担任台湾人民币业务清算行。这是两岸建立货币清算机制的新突破，也是中行加快跨境人民币清算业务的重要进展。

台湾所产优质的热带水果具有比较高的经济价值，一向是台湾农民重要的经济收入来源之一，但是长期以来受到市场运输和成本的影响，在丰收季节常常出现滞销，成为困扰台湾农民的一个重要问题。为此，中共中央总书记胡锦涛在发表《在新形势下发展两岸关系的四点意见》时指出，台湾农产品在大陆的销售问题事关广大台湾农民的切身利益，要切实解决。台湾投资大陆农业呈现两个特点：一是由沿海向中部和西部地区拓展，从粗加工向深加工拓展。二是台湾在大陆兴办的农业试验区和农业创业园区不断拓展。台湾在农业水利建设上，科技水平高，产学研一体化程度高，具有很强的营销能力，但台湾资源有限。

2009 年 5 月 14 日，《国务院关于支持福建省加快建设海峡西岸经济区的若干意见》正式颁布实施，标志着海峡西岸经济区正式从区域战略上升为国家战略。

《国务院关于支持福建省加快建设海峡西岸经济区的若干意见》（国发〔2009〕24 号）指出：推动跨省区域合作。加强海峡西岸经济区与长三角、珠三角的经济联系与合作，促进优势互补、良性互动、协调发展，进一步完善沿海地区经济布局。发挥闽浙赣、闽粤赣等跨省区域协作组织的作用，加强福建与浙江的温州、丽水、衢州，广东的汕头、梅州、潮州、揭阳，江西的上饶、鹰潭、抚州、赣州等地区的合作，建立更加紧密的区域合作机制。加强重大项目建设的协调，推进跨省铁路、高速公路、港口等重大基础设施项目统筹规划布局和协同建设，畅通海峡西岸经济区港口与腹地的通道。加强电子、机械、旅游、物流等产业的对接，推动产业集群发展和合理布局，形成产业对接走廊。加强市场开发，建设区域共同市场，促进人流、物流、资金流、信息流的无障碍流动。统筹协调区域内对台交流合作的功能分工，提升海峡西岸经济区与台湾地区的对接能力。

海峡西岸经济区建设的总目标是：通过 10—15 年的努力，海峡西岸经济区综合实力显著增强，社会主义新农村建设取得明显成效，海峡西岸产业群、城市群、港口群发展壮大，资源节约型、环境友好型、创新型省份建设迈出新步伐，速度、质量、效益进一步协调，消费、投资、出口进一步协调，人口、资源、环境进一步协调，民主法制更加健全，文化更加繁荣，社会更加和谐，人民安居乐业，经济社会发展走在全国前列，成为我国经济发展的重要区域，成为服务祖国统一大业的前沿平台。

海西区传统区域一直以来都是台商赴内地投资的重要通道，台湾石化、机械、光电三大产业占据海西区内产业结构的核心位置。随着两岸签署 ECFA 以及海西经济区建设的推动，海西区势必又会迎来新一波台湾地区产业转移浪潮。

"十二五"规划以及国务院批准的《海峡西岸经济区发展规划》充分赋予了海西区"先行先试"的自主权，其最大的特点就是要创新两岸交流的体制机制、工作方式，共同规划、共同开发、共同经营、共同管理、共同受益，积累经验，以点带面。从目前来看，海西区"先行先试"的一个重要方面，就是利用好 ECFA 的积极条件，推动两岸产业深度对接，其内容主要包括：一是按照同等优先、适当放宽的原则，鼓励承接台湾产业转移，允许国家禁止之外、不涉及国家安全的各类台商投资项目在海峡西岸经济区落地；二是对国家批准设立的台商投资区、平潭综合实验区、古雷台湾石化产业园区等特定区域台商投资项目，实行特殊审批政策，《外商投资产业指导目录》中总投资 5 亿美元以下的鼓励类、允许类项目，除《政府核准的投资项目目录》和国务院专门规定需由国务院有关部门核准之外，委托省级投资主管部门核准；三是在两岸经济合作框架协议后续商谈中，积极研究放宽台资市场准入条件和股比限制等政策。

四、2008 年之后两岸人员往来与文教交流日趋活跃

2008 年 6 月，海基会、海协会在"九二共识"的基础上恢复商谈，"三通"作为主要议题。11 月 4 日，海协会会长陈云林首次访问台湾，并与台湾海基会董事长江丙坤在台北签署 4 项协议，终于实现了两岸双向、直接通航和通邮。至此，两岸人民经过 30 年的不懈努力，实现了《告台湾同胞书》提出的"三通"目标。两岸空运直航、海运直航、直接通邮于 2008 年 12 月正式实施。空运方面，两岸建立了 3 条空中双向直达航路，实现空管直接交接；开通了 64 个客运和 6 个货运直航航点，每周客运、货运航班分别达到 616 班和 56 班。邮政方面，两岸开办了所有邮政业务，建立了邮政直接业务关系和结算关系。

台湾《中国时报》在当年 12 月 15 日发表社论指出，"封阻了近五十年，讨论了近二十多年的两岸三通，正式从今天开始，迈出了全新的一步"。这意味早就蓄势待发的两岸海空直航及通邮将全面启动，这其中包括海运部分不必再弯靠第三地，已经在实施的周末包机将扩大为平日包机，两岸邮件也将缩短成两天即可送达，这历史性的一刻，究竟能为未来的两岸关系造成巨大的改变，将形成相当深远的效应。

随着两岸"三通"大门的敞开，大陆同胞到台湾旅游、求学、工作日渐增多。大陆居民赴台旅游自 2008 年 7 月启动以来，规模和范围不断扩大，保持了快速、健康、有序的发展态势。团体游从首批的 13 个省市，扩大到大陆所有省区市；赴台个人游试点城市由 3 个扩大到 13 个；赴金马澎地区个人游由福建 9 市扩大到海峡西岸经济区 20 城市。大陆居民赴台旅游总人数已近 500 万人次。不仅为台湾带去可观的经济收益，而且扩大了两岸民众直接交往，增进了两岸同胞相互了解。

"三通"后两岸人员交流大幅增加。由 2002 年的 380 万人次增加到 2011 年的 710 万人次。2012 年台胞入境游人数为 534.02 万人次。2008 年海峡局势平稳后，仅 2009 年大陆居民赴台人数就由 2008 年的 278712 人增加至 930000 人，增长了 235.65%，呈现井喷式增长。

近代以来，两岸婚姻在时代变迁的大背景下历经波折，成为民族命运起伏的缩影和两岸关系演变的见证。早期的很长一段时间，由于外敌殖民入侵以及内战的影响，两岸处于分离隔绝状态，两岸婚姻也因此基本停止，给两岸同胞带来了难以忘却的伤痛和遗憾。之后，伴随 20 世纪 80 年代末两岸重新交往，两岸婚姻也逐渐恢复，近年来还有加速增长趋势，1993 年台湾刚开放大陆配偶赴台时，当年申请海基会婚姻文书验证的仅 4162 人，而 2006 年，这一数字为 39940 人。据统计，从 1987 年至 2012 年，两岸通婚已达 33 万对，2012 年，台湾的大陆配偶数量已达 25 万，比 2003 年增加了逾 10 万，岛内每 9 对新人中就有 1 对两岸婚姻，这一群体还以每年 1—2 万对的速度在增长。两岸婚姻家庭已被誉为"两岸'三通'之外的第四通"。

2008 年以来，以熊猫赴台及大陆歌仔戏赴台巡演为代表的两岸文化交流活动逐步走向深入。2005 年 5 月 3 日，大陆宣布向台湾同胞赠送一对大熊猫后，"可爱的大熊猫要来台湾了！"立即传遍全岛，岛内掀起了一股"熊猫热"，刮起了"熊猫旋风"。温顺可爱、憨态可掬的大熊猫，成为岛内曝光率最高的"新闻人物"；三家动物园争相表示愿意接收，民间组织发动万人签名活动支持大熊猫来台安家，岛内媒体民调显示，超过七成的民众乐观其成；台北上千名小学生冒雨绘熊猫；有关专家迅疾进驻卧龙，考察大熊猫的生活习性、学习大熊猫的养护技术。

2006 年 1 月，大熊猫遴选结果出炉，央视春晚随即面向全国为大熊猫征名。经过 1 亿多人次的投票，"团团""圆圆"两名以最高票当选。2006 年初，台当局"农委会"以"筹备不周"为由驳回已具备养育大熊猫技术的台北市动物园的申请。此后，由于民进党主政的台湾当局的政治操作，"团团""圆圆"赴台一等再等。2008年5月起，两岸关系历史性转折，迎来和平发展新机遇，熊猫赴台的诸多事项终于开始落实。2008年12月23日，大陆赠台大熊猫"团团"和"圆圆"与珙桐树搭乘台湾长荣航空公司专机，飞赴台湾，正式落户于新家——台北市立动物园新光特展馆。24日，在台北市立动物园举办的"新光特展馆捐赠暨关怀弱势之夜"活动上，"团团""圆圆"首次公开亮相，与台湾民众见面。500名来自孤儿院和家境清贫的小朋友有幸成为第一批观众，与台湾当局领导人马英九、中国国民党荣誉主席连战等一起观看大熊猫。

2008年12月24日香港《大公报》发表社评指出："团团圆圆是两岸关系最美好象征。团团圆圆，代表中国传统文化中最根深蒂固、最美好的观念和祝愿，无论是新春、中秋或其它节日，最重要的就是团圆，不管如何长期分隔、日子如何艰辛，只要一家人能够团团圆圆在一起，就一切辛劳和付出都值得了。团团圆圆，就是幸福、就是快乐；是中国人，都盼望团团圆圆，喜欢团团圆圆。""两只大熊猫，有人称之为'政治熊猫'，而过去大熊猫赠台也确实曾经被政治化。早在20年前大陆已经提出愿以大熊猫赠台，且选好了'陵陵'和'乐乐'一对，但台湾分裂势力却千方百计阻挠，先是以什么环境不适合、饲养不熟悉为词推搪，其后阿扁索性明言不会接受大陆以熊猫来台'统战'，结果一拖二十年，连'陵陵'也已不幸老故了。"①

2013年7月6日，台北市立动物园大熊猫"圆圆"产下一仔（母），园方表示，幼仔不会回大陆，至于未来育种，会另订计划。各方评论指出：团团圆圆不辱使命，在宝岛开花结果、落地生根，小圆仔健康生长，为两岸带来更深的友爱与希望。相信圆仔不仅能为欣欣向荣的两岸交流添上最"萌"最美的一笔注脚，更将为两岸关系的良性发展贡献出无限可能。

近年来，祖国大陆和台湾的各类文化交流不断，特别是以厦门为代表的闽南地区和台湾的歌仔戏交流演出更是频繁。例如，多次到台湾巡演的《蝴蝶之恋》被誉为"歌仔戏发展里程碑"。《蝴蝶之恋》由厦门歌仔戏研习中心和台湾唐美云歌仔戏团合作创排，叙述两岸一对歌仔戏生旦跨越38年的爱情故事。剧中男女主角分别由台湾的著名小生唐美云和厦门的著名小旦庄海蓉出演，其他

---

① 《大公报：团团圆圆是两岸关系最美好象征》，腾讯网，http://news.qq.com/a/20081224/001232. htm。

演员也都是两岸优秀的歌仔戏演员。2010 年 8 月，《蝴蝶之恋》在台湾巡演多场，台湾各界给予充分肯定，极高的上座率和台湾各界的广泛好评，意味着被台湾媒体称作"破冰之旅"的大戏首次登陆台湾即获得成功。《蝴蝶之恋》在台湾大小歌仔戏剧团的梦想殿堂"国家戏剧院"演出时，王金平、马英九夫人周美青、萧万长夫人，以及台北市副市长李永萍等都前往剧场观看；在高雄的演出，高雄市副市长李永得以及高雄市文化局官员等也都到场祝贺；台湾艺文界著名学者曾永义、林谷芳等观后对该剧予以高度称赞，并希望今后两岸的此类合作越来越多；台湾部分著名艺术团体负责人也前往现场，他们表示，希望从《蝴蝶之恋》中探索两岸戏曲艺术全面合作的经验。

两岸高校赴台湾参加学术交流活动日益活跃，两岸高校校际关系更加密切，高校交流合作模式不断创新，两岸高校高层互访、互聘教师、交换学生，以及学习交流和学术交流活动已经常态化，每年两岸的教育人员往来估算已经超过 3 万人。

据台湾教育部门统计，目前到大陆就读大学且具有正式学籍的台湾学生约有 1.5 万人。据国台办数据，截至 2012 年 11 月，在大陆高校就读的台湾学生总数为 8316 人。近年来，大陆方面高度重视台湾学生到大陆就学工作。为进一步拓宽台湾学生来大陆学习渠道，尽可能为台湾学生创造良好的学习生活条件，大陆方面相继出台了一系列惠台政策，让台湾学生共享到两岸和平发展的丰硕成果，普遍反映良好。惠台政策主要包括：

一是"同等收费"：2005 年 8 月，大陆宣布调整对台湾学生的收费政策，对赴大陆就读的台湾学生执行与大陆学生相同的收费标准；

二是"专项补贴"：中央财政根据高校招收台湾学生的实际人数，给予专项补贴；

三是专设台湾学生奖学金：奖学金覆盖率超过 30%；

四是放宽免试入学标准：为进一步方便台生来大陆学习，教育部自 2011 年起将大陆高校依据台湾"学测"成绩招收台生的标准由"顶标级"放宽至"前标级"（在大陆台商子弟学校就读的台生标准放宽至"均标级"）。

2006 年 4 月 15 日，在两岸经贸论坛闭幕式上，时任中共中央台办主任陈云林受权宣布和通报了大陆方面将进一步采取的促进两岸交流合作、惠及台湾同胞的 15 项政策措施，其中教育部决定，自即日起，正式认可台湾教育主管部门核准的台湾高等学校学历。

2007 年 4 月，时任教育部副部长袁贵仁在第三届两岸经贸文化论坛上宣布，欢迎台湾高校来大陆招生，并对大陆学生赴台就读提供必要的协助。2007 年为进一步促进两岸人才交流，大陆向台湾居民再开放 15 类（项）专业技术人员资格考试，包括：经济、会计、卫生、计算机技术与软件、质量管理、翻译、拍卖师、执业药师、棉花质量检验师、注册资产评估师（含珠宝评估专业）、房地产估价师、房地产经纪人、造价工程师、注册咨询工程师（投资）和注册税务师。符合报考条件的台湾地区专业技术人员可向大陆各省、自治区、直辖市相应专业考试机构，提出参加上述 15 项考试的申请。

第六章　认真贯彻习近平对台系列论述推进
祖国和平统一工作

2019 年 1 月 2 日，中共中央隆重纪念全国人大常委会《告台湾同胞书》发表 40 周年，习近平总书记发表了题为《为实现民族伟大复兴　推进祖国和平统一而共同奋斗》的重要讲话，充分体现了党中央对对台工作的高度重视。习近平总书记在新中国即将迎来成立 70 周年的重要时间节点，在中国强起来的新时代，在世界面临百年未有之大变局的大背景下发表重要讲话，全面阐述我们立足新时代、在民族复兴伟大征程中推进祖国和平统一的重大政策主张，具有划时代意义，是指引新时代对台工作的纲领性文件。我们要认真学习贯彻习近平对台系列论述，扎实推进祖国和平统一工作。

第一节　两岸同胞共圆"中国梦"与"习马会"

2012 年以来，习近平总书记多次强调继续推动两岸关系和平发展、促进两岸和平统一，是新一届中共中央领导集体的责任。

一、两岸同胞共圆"中国梦"

2013 年 2 月 25 日上午，中共中央总书记习近平在人民大会堂会见中国国民党荣誉主席连战及随访的台湾各界人士。习近平说，这些年两岸关系取得一系列重大积极进展，维护了台海地区和平，增进了两岸同胞福祉，符合两岸中国人共同愿望，符合中华民族整体利益。习近平指出，我们始终从全民族发展的高度来把握两岸关系发展方向。大陆和台湾是休戚与共的命运共同体。近代以来，中华民族饱受列强欺凌。想起那一段屈辱的历史，每一个中国人都会心痛。实现中华民族伟大复兴，是中华民族近代以来最伟大的梦想。现在，我们比历史上任何时期都更有信心、更有能力实现这个梦想。

2013 年 3 月 8 日，十二届全国人大一次会议新闻中心举行记者会，商务部部长陈德铭指出，大陆和台湾的 ECFA 商谈和其他的自贸不一样，是在"一个中国"下的两个世贸组织的单独关税成员之间的商谈，它既要符合一个中国原则，又要符合世贸组织的原则，因为最后商谈的结果是要向世贸组织备案的。但是在商谈中间，两个单独关税区之间确实还有很多利益的撮合，有农产品的问题，有工业品的问题，有服务业开放的问题。陈德铭称，总的来讲，大陆主要领导人都多次表示，考虑到两岸之间的经济总量、结构和规模的不同，大陆应该更多地让一些给台湾，这是没有问题的。

2013 年以来，两岸经济合作继续保持良好发展态势。两岸经济合作框架协议（ECFA）后续商谈和实施有新进展。两岸签署了《海峡两岸服务贸易协议》，货物贸易协议和争端解决协议商谈取得进展。ECFA 早收计划落实良好。据大陆海关统计，2013 年 1 月至 6 月，台湾企业享受关税优惠约 3.14 亿美元，同比增长 25.6%。据台湾海关统计，2013 年 1 月至 6 月，大陆企业享受关税优惠约 2963 万美元，同比增长 13.4%。2013 年 1 月至 8 月，两岸贸易额为 1332.1 亿美元，同比上升 27.4%；1 月至 7 月，大陆共批准台商投资项目 1165 个，实际使用台资金额 14.2 亿美元；1 月至 8 月，大陆企业赴台投资项目 175 个，投资金额突破 10 亿美元。①

至 2016 年 5 月底，两岸经贸交流总体平稳、快速发展，两岸经济各个领域的合作基本呈现齐头并进的态势，其中尤以现代制造业、服务业、金融业、农业、能源等领域最为典型。

台湾经济虽已进入以高科技产业发展为主的时代，但"浅碟型"加工经济的特性仍未改变。在两岸科技产业优势互补的架构下，由大陆提供基础性科学研究技术，台湾提供应用性商品生产技术，不仅有利于提高两岸科技发展水平，而且有助于台湾摆脱对外技术依赖。未来两岸技术合作将逐步成为两岸经济交流的重头戏。

2013 年 4 月 1 日，第三次两岸银行业监管磋商会议在台北举行，由大陆方面银行业监管机构负责人尚福林与台湾金融业监督管理机构负责人陈裕璋举行了会谈。会议达成多项共识，包括大陆银行赴台参股投资实行差异化管理，其

---

① 《国台办：两岸经济合作继续保持良好发展态势》，中共中央台办、国务院台办官网，http://www.gwytb.gov.cn/wyly/201309/t20130913_4878328.htm。

中参股金融控股公司子银行的持股比例最高可达 20%。双方磋商决定，将单一大陆银行投资台湾上市、上柜银行和金控公司的持股比例由此前的 5% 提高至 10%，而投资台湾未上市、上柜银行和金控公司持股比例提高到 15%。双方表示，除提高大陆银行赴台参股投资比例上限外，台湾方面将尽快取消大陆银行赴台设立分支机构及参股投资的 OECD(经济合作与发展组织) 条件，并将允许已在台湾设立分行的大陆银行增设包含国际金融业务的分行。另外，台方将为银联公司赴台设立分支机构撤除政策障碍。

截至 2013 年 8 月，大陆批准筹设了首家台湾地区银行大陆子行，新批准 1 家、累计共批准 11 家台湾地区银行设立大陆分行，其中 6 家已获准扩展人民币业务服务对象范围。新增 1 家、累计 3 家大陆银行在台设立分行。新增 1 家、累计 3 家两岸合资基金管理公司获准设立。新增 7 家、累计 24 家台湾金融机构获得合格境外机构投资者（QFII）资格。2013 年 4 月 1 日起开放在大陆居住、生活的台湾同胞投资 A 股。①

据台湾《联合报》民调，20—29 岁的台湾年轻人愿意赴大陆就业的比率逐年增长，由 2011 年的 32% 增为 2013 年的 48%，三年来多了 16 个百分点。② 据调查，2013 年调查有 31% 的民众愿意到大陆工作，24% 愿意到大陆创业，比率都比去年略增 2 个百分点；26% 的民众愿意让子女到大陆念书。尽管整体数据显示民众赴大陆就业意愿只比去年略增 2 个百分点，看似没有明显增温或退烧的现象，但区分世代后发现，年轻与青壮年民众的态度大不同。分析显示，赴陆就业在 20—29 岁年轻人眼中是一项机会；相对来说，30—39 岁民众赴陆工作意愿则是逐年消退。从职业和学历来看，白领专业人员与高学历族群愿意赴陆就业的意愿相当高，专业人员或技术工作者都有超过 30% 愿意到大陆工作；此外，值得注意的是，目前在学学生中，超过 6 成不排斥前往大陆就业。

二、以福建自贸区平潭片区为代表的海西区建设不断推进

福建平潭综合实验区是闽台合作窗口。习近平在闽工作时 20 次到平潭调研，有很深的"平潭情结"。2014 年 11 月 1 日，习近平在平潭调研时指示，平

---

① 《国台办：两岸经济合作继续保持良好发展态势》，中共中央台办、国务院台办官网，http://www.gwytb.gov.cn/wyly/201309/t20130913_4878328.htm。

② 《民调：台湾年轻人愿意赴大陆就业比率逐年成长》，中共中央台办、国务院台办官网，http://www.gwytb.gov.cn/zn/jy/201309/t20130930_4959339.htm。

潭发展面临的不是百年一遇而是千年一遇的机遇。栽得梧桐树，引得凤凰来。要把基础设施、人居环境和软环境搞好，这样才会吸引更多企业和人员前来干事创业。优良的生态环境是平潭的"真宝贝"，不能毁了"真宝贝"，引来一些损害环境的"假宝贝"。

2015年3月24日，中共中央政治局审议通过福建自由贸易试验区总体方案。2015年4月21日上午，福建自贸试验区揭牌仪式在位于福州马尾的福建自贸试验区福州片区行政服务中心举行，其战略定位在于：围绕立足两岸、服务全国、面向世界的战略要求，充分发挥改革先行优势，营造国际化、市场化、法治化营商环境，把自贸试验区建设成为改革创新试验田；充分发挥对台优势，率先推进与台湾地区投资贸易自由化进程，把自贸试验区建设成为深化两岸经济合作的示范区；充分发挥对外开放前沿优势，建设21世纪海上丝绸之路核心区，打造面向21世纪海上丝绸之路沿线国家和地区开放合作新高地。

在福建自贸区整体框架内，其中国务院之前批复的厦门市深化两岸交流合作综合配套改革试验区与平潭综合试验区在福建省"一南一北"进行试点，两地开发的成功经验对整个海西区和福建自贸区的建设将具有高度示范意义。

福建自贸区平潭片区（原平潭综合实验区）位于福建省东北部，是大陆距台湾本岛最近的区域，距台湾新竹仅68海里。平潭主岛海坛岛324平方公里，是全国第五大岛、福建第一大岛，港口岸线、海洋生物、旅游等资源丰富，主岛可供开发建设用地160平方公里，拥有12座具备开发条件的小岛，开发空间广阔。

2009年7月，福建设立平潭综合实验区，超前规划开发，实践"一国两制"，以点带面，建设"两岸共同家园"，打造"一日生活圈"。2011年11月18日，国务院正式批复《平潭综合实验区总体发展规划》，明确提出把平潭建成"两岸同胞合作建设、先行先试、科学发展的共同家园"。按照国务院批复的发展规划，平潭综合实验区最重要的使命就是探索两岸合作新模式。为了鼓励其先行先试，中央明确了一系列政策，包括通关、财税、金融、土地、对台交流等各个方面。在这里，新设台资企业可享受"直接登记制"，免审批直接登记，办理时限由法定40个工作日缩短为1个工作日。所有政策中，最重要的是通关政策。在通关方面，将借鉴自由港模式，制定"一线放宽、二线管住、人货分离、分类管理"的海关特殊监管方式。这种模式目前只在珠海横琴新区有，但因为平潭的面积更大，所以更具有示范性。主岛全部纳入海关特殊监管区，实行更加优惠的监管政策。

2013 年 8 月 1 日，《中华人民共和国海关对平潭综合实验区监管办法（试行）》正式施行，在平潭实施"一线放宽、二线管住、人货分离、分类管理"的分线管理模式，赋予了平潭综合实验区更加灵活的贸易管制政策。平潭封关运作提上日程。从该办法可见，平潭享有比"特区还特"的政策主要包含十个方面，诸如对两岸往来交通运输工具，实施便捷管理；对经平潭进境的商品，实施分线、分类检验监管；对经平潭中转和过境货物给予便利；简化出口食品企业备案环节；对内地生产的出口货物，由"二线"通道输入平潭，免于检验检疫等；允许台湾食品化妆品使用繁体中文标签等。

此外，为吸引更多台湾居民前来工作，平潭将在企业所得税和个人所得税方面采取优惠措施。企业所得税减少 15% 征收，个人所得税按大陆与台湾的差额，由福建省政府补贴，补贴免征个人所得税。此外，平潭岛内将实行双币制、设立口岸离境免税店、容许台湾牌照机动车行驶、容许相关服务机构以及从业人员开展相关业务等。

为构建两岸同胞共同生活、共创未来的特殊区域，平潭综合实验区未来将实现"五个共同"：共同规划、共同开发、共同经营、共同管理、共同受益。为了真正实现"五个共同"，平潭计划在 5 年内引进 1000 名台湾专才。重点引进高新技术产业人才、现代服务业人才、现代农业人才、社会事业人才和管理人才。福建省表示要逐步增加台湾的一些专门人才到平潭做管委会的领导，共同参与平潭的开发建设。平潭规定，凡是引进的台湾专才，待遇要适当高于台湾标准。

在参照珠海横琴、深圳前海等粤港澳合作的模式后，平潭的两岸合作模式显然令人更加期待。目前，平潭综合实验区已成为极具发展潜力的特区。除对台优势之外，平潭还有政策优势和体制创新优势。正因如此，平潭不仅被赋予探索两岸合作新模式的意义，同时也被赋予"开辟新时期深化改革、扩大开放的新路径"的意义。总规划已明确指出，要通过平潭的先行先试，为全国深化改革、扩大开放积累经验、提供示范。

平潭和厦门在海西区核心地带属于"一北一南"。30 多年前，中共中央、国务院决定设立厦门经济特区，主要目的是让其在我国从计划经济向市场经济、从封闭经济向开放经济转型过程中发挥先行先试作用，并促进两岸直接"三通"与和平统一。建设 30 年来，厦门经济特区不仅在经济社会发展方面取得了历史性成就，而且作为中国大陆改革、开放与对台工作的试验场，在体制改革、对外开放、两岸交流合作方面取得了先行先试的成效与经验，为中国大陆改革开放和对台工作做出了历史性的贡献。厦门经济特区因台而设、因台而兴，肩负着对台交流合作先行先试的神圣使命。这里与台湾隔海相望，地缘近、血缘亲、文缘深、商缘广、法缘久，开展两岸交流合作，厦门有着天然的优势。

2017 年 9 月 3 日下午 3 点 30 分，金砖国家工商论坛开幕式在厦门国际会展中心举行。国家主席习近平出席开幕式并发表主旨演讲，习近平介绍："厦门自古就是通商裕国的口岸，也是开放合作的门户，大厦之门，顾名思义，正所谓'厦庇五洲客，门纳万顷涛'。1985 年我来到福建工作，在福建省工作了 17 年半，厦门是第一站。当时的厦门身处中国改革开放前沿，是先行先试的经济特区。当时的经济特区三个在广东，深圳、珠海、汕头；一个在福建，就是厦门，当时这里是中国开发开放的一片热土。30 多载春风化雨，今天的厦门也是脱胎换骨、凤凰涅槃。今天它已经发展成一座高素质的创新创业之城，新兴产业所占比重在 60% 以上，新经济新产业快速发展，贸易投资并驾齐驱，海运、陆运、空运通达五洲。今天的厦门也是一座高颜值的生态花园之城，人与自然和谐共生。"习近平表示："厦门地处福建南部，称为闽南地区。这里的方言比较独特，我在这里待了这么多年，我能听懂，但是我不会讲。闽南民众常说，'爱拼才会赢'，这其中蕴含着一种锐意进取的精神。厦门这座城市的成功实践，折射着 13 亿多中国人民自强不息的奋斗史。"

作为对台前沿，厦门成为许多台湾同胞西进大陆发展的首选地。2001 年福建沿海与金门、马祖地区直接往来以来，已有 960 万同胞从厦门前往海峡彼岸。厦门 357 万常住人口中，台商有 15 万，而金门的 6 万人中，有 1.5 万人在厦门常住，有 3 万人在厦门和金门两地做生意。厦门以文博会、台交会、农渔业交流暨产业对接会等涉台经贸盛会为平台，积极开展厦台产业对接。厦门在对台方面的诸多先行先试举措，正是台胞在此扎根发展的动因。

在厦门，台胞早已融入当地的生活中，台胞参与社区建设等基层工作已有先例——2013 年年底，在厦门生活了 10 余年的台胞熊麒就在湖里区兴隆社区被聘为社区主任助理，成为全省第一位被聘任为社区主任助理的台胞。他还成立了个人调解工作室，化解了多起涉台民事纠纷。

三、"习马会"具有重大历史意义

2015 年 11 月 7 日下午，中共中央总书记、国家主席习近平同台湾方面领导人马英九在新加坡会面，就进一步推进两岸关系和平发展交换意见。这是 1949 年以来两岸领导人的首次会面，具有重大历史意义。

习近平指出，今天是一个很特别的日子。两岸领导人见面，翻开了两岸关系历史性的一页。历史将会记住今天。曾几何时，台海阴云密布，两岸军事对峙，同胞隔海相望，亲人音讯断绝，给无数家庭留下了刻骨铭心的伤痛，甚至是无法弥补的遗憾。然而，海峡隔不断兄弟亲情，挡不住同胞对家乡故土的思念和对家人团聚的渴望。同胞亲情的力量，终于在 20 世纪 80 年代冲开了两岸封锁的大门。2008 年以来，两岸关系走上和平发展道路。过去 7 年，台海局势安定祥和，两岸关系发展成果丰硕。两岸双方和广大同胞为此付出了大量心血。正因为有了这 7 年的积累，两岸双方才能迈出今天这历史性的一步。

习近平指出，两岸关系 66 年的发展历程表明，不管两岸同胞经历过多少风雨、有过多长时间的隔绝，没有任何力量能把我们分开。当前，两岸关系发展面临方向和道路的抉择。两岸双方应该从两岸关系发展历程中得到启迪，以对民族负责、对历史负责的担当，做出经得起历史检验的正确选择。

习近平强调，我们今天坐在一起，是为了让历史悲剧不再重演，让两岸关系和平发展成果不得而复失，让两岸同胞继续开创和平安宁的生活，让我们的子孙后代共享美好的未来。面对新形势，站在两岸关系发展的新起点上，两岸双方应该胸怀民族整体利益、紧跟时代前进步伐，携手巩固两岸关系和平发展大格局，共同实现中华民族伟大复兴。习近平就此提出四点意见。

第一，坚持两岸共同政治基础不动摇。7 年来两岸关系能够实现和平发展，关键在于双方确立了坚持"九二共识"、反对"台独"的共同政治基础。没有这个定海神针，和平发展之舟就会遭遇惊涛骇浪，甚至彻底倾覆。

"九二共识"经过两岸有关方面明确的授权认可，得到两岸民意广泛支持。"九二共识"之所以重要，在于它体现了一个中国原则，明确界定了两岸关系的根本性质。它表明大陆与台湾同属一个中国，两岸关系不是"国与国"关系，也不是"一中一台"。虽然两岸迄今尚未统一，但中国的主权和领土完整从未分裂。两岸同属一个国家、两岸同胞同属一个民族，这一历史事实和法理基础从未改变，也不可能改变。

望台湾各党派、各团体能正视"九二共识"。无论哪个党派、团体，无论其过去主张过什么，只要承认"九二共识"的历史事实，认同其核心意涵，我们都愿意同其交往。对任何分裂国家的行为，两岸同胞绝不会答应。在维护国家主权和领土完整这一原则问题上，我们的意志坚如磐石，态度始终如一。

第二，坚持巩固深化两岸关系和平发展。近30多年来，两岸关系总体面貌发生了历史性变化。2008年后，两岸关系走上和平发展道路，处于1949年以来最好的时期。要和平不要冲突、要交流不要隔绝、要协商合作不要零和对抗，成为两岸同胞的共同心声。两岸关系已经不再处于以前那种激烈冲突、尖锐对抗的敌对状态。

两岸关系发展历程告诉我们，台海动荡紧张，两岸冲突对抗，民众深受其害；走和平发展之路，谋互利双赢之道，利在两岸当下，功在民族千秋。两岸同胞应该倍加珍惜和平发展成果，彻底化解两岸敌意，坚持走和平发展道路，努力构建稳定的两岸关系和平发展制度框架。

两岸双方应该加强交流对话，增进政治互信，通过平等协商、积极探讨，推动解决两岸之间长期存在的各种难题，同时管控好矛盾和分歧。设立两岸热线，有助于双方及时沟通，避免误判，处理紧急问题。双方两岸事务主管部门负责人可以先建立起来。

60多年来，两岸走上不同发展道路，实行不同社会制度。道路和制度效果如何，要由历史去检验，让人民来评判。两岸双方应该相互尊重彼此对发展道路和社会制度的选择，避免让这类分歧干扰两岸交流合作，伤害同胞感情。

我们了解台湾同胞对参与国际活动问题的想法和感受，重视并推动解决了许多与之相关的问题。只要不造成"两个中国""一中一台"，两岸双方可以通过务实协商做出合情合理的安排。

当前，对两岸关系和平发展的最大现实威胁是"台独"势力及其分裂活动。"台独"煽动两岸同胞敌意和对立，损害国家主权和领土完整，破坏台海和平稳定，阻挠两岸关系发展，只会给两岸同胞带来深重祸害。对此，两岸同胞要团结一致、坚决反对。

第三，坚持为两岸同胞多谋福祉。两岸一家亲，家和万事兴。我们推动两岸关系和平发展，着眼点和落脚点是要增进同胞的亲情和福祉，让两岸同胞过上更加美好的生活。只要是有利于增进两岸同胞的亲情和福祉的事，只要是有利于推动两岸关系和平发展的事，只要是有利于维护中华民族整体利益的事，两岸双方都应该尽最大努力去做，并把好事办好。

　　我们愿意首先与台湾同胞分享大陆发展机遇。两岸可以加强宏观政策沟通，发挥好各自优势，拓展经济合作空间，做大共同利益蛋糕，增加两岸同胞的受益面和获得感。对货物贸易、两会互设办事机构等问题，双方可以抓紧商谈，争取早日达成一致。我们欢迎台湾同胞积极参与"一带一路"建设，也欢迎台湾以适当方式加入亚投行。要加强两岸文化和教育交流合作，传承和弘扬中华文化优秀传统，增强同胞精神纽带，为民族未来培养优秀人才。

　　两岸关系和平发展的根基在基层、希望在青年。现在还有很多台湾乡亲从未来过大陆，我们热诚欢迎他们来大陆走走看看，参与到两岸交流大潮中来。要为两岸青年学习、就业、创业、交流提供更多机遇、创造更好条件，使两岸基层民众尤其是青年一代成为推动两岸关系发展、实现民族振兴的重要力量。

　　第四，坚持同心实现中华民族伟大复兴。中华民族有延绵 5000 多年的灿烂文明，但近代以来却屡遭列强欺凌。120 年前，台湾惨遭外族侵占，成为全民族的剜心之痛。1945 年抗战胜利，台湾光复，才洗刷了半个世纪的民族耻辱。透过历史风云变幻，可以深切体会到，两岸是不可分割的命运共同体。民族强盛，是两岸同胞之福；民族弱乱，是两岸同胞之祸。实现中华民族伟大复兴，与两岸同胞前途命运息息相关。当前，我们比以往任何时候都更加接近、更有能力实现这个伟大梦想。我们在几十年的时间内走完了世界上很多国家几百年的发展历程。我相信，实现中华民族伟大复兴，台湾同胞定然不会缺席。

　　2015 年是全民族抗战胜利 70 周年，这是付出巨大民族牺牲才赢得的胜利。两岸双方应该支持鼓励两岸史学界携起手来，共享史料、共写史书，共同弘扬抗战精神，共同捍卫民族尊严和荣誉。两岸同胞应牢记历史、缅怀先烈、珍爱和平、团结一心、携手推动两岸关系和平发展。

　　双方肯定 2008 年以来两岸关系和平发展取得的重要成果。双方认为应该继续坚持"九二共识"，巩固共同政治基础，推动两岸关系和平发展，维护台海和平稳定，加强沟通对话，扩大两岸交流，深化彼此合作，实现互利共赢，造福两岸民众。两岸同胞同属中华民族，都是炎黄子孙，应该携手合作，致力于振兴中华，致力于民族复兴。①

---

　　① 《习近平同马英九会面》，《人民日报》，2015 年 11 月 8 日。

第二节　习近平新时代推进祖国和平统一的五项重大主张

习近平同志在十九大报告中明确提出："保持香港、澳门长期繁荣稳定，实现祖国完全统一，是实现中华民族伟大复兴的必然要求。"[①] 实践证明，"一国两制"既是解决历史遗留的香港、澳门问题的最佳方案，也是最终实现祖国统一的基本方针。

一、祖国必须统一，也必然统一

民族复兴、国家统一是大势所趋、大义所在、民心所向。"统则强、分必乱"，这是一条历史规律。美国南北战争制止了国家分裂，维护了美国的统一，为美国成为世界强国奠定了客观基础。中国作为五千年的文明古国，在历史上多次面临统一和分裂的局面，对于国家分裂的显著危害有着深刻认识。

国家统一是中华民族走向伟大复兴的历史必然，国家统一进程与民族复兴大业相辅相成，不可分割。香港、澳门的命运从来同祖国紧密相连。近代以后，由于封建统治腐败、国力衰弱，中华民族陷入深重苦难。19 世纪 40 年代初，区区一万多英国远征军的入侵，竟然迫使有 80 万军队的清朝政府割地赔款、割让香港岛。鸦片战争之后，中国更是一次次被领土幅员和人口规模都远远不如自己的国家打败，九龙、"新界"也在那个时候被迫离开了祖国怀抱。[②]

台湾问题的产生和演变同近代以来中华民族命运休戚相关。1894 年中日甲午战争爆发，这场战争使中日两国自此国运殊途，中华民族甚至走到了亡国灭种的边缘。1895 年丧权辱国的《马关条约》规定，清朝须向日本赔款白银两亿两，并割让辽东半岛、台湾及其附属岛屿，台湾更是被外族侵占长达半个世纪。习近平同志指出："甲午战争是中华民族历史上极为惨痛的一页，给两岸同胞留下了锥心之痛。在台湾被侵占的苦难岁月里，无数台湾同胞用鲜血和生命来证明自己是中国人，是中华民族大家庭中不可分离的成员。"[③] 那时的中国历史，写满了民族的屈辱和人民的悲痛。

---

① 习近平：《决胜全面建成小康社会　夺取新时代中国特色社会主义伟大胜利——在中国共产党第十九次全国代表大会上的报告 》，人民出版社，2017 年，第 25 页。

② 习近平《在庆祝香港回归祖国二十周年大会暨香港特别行政区第五届政府就职典礼上的讲话》，《人民日报》，2017 年 7 月 2 日。

③ 习近平：《习近平谈治国理政》，外文出版社，2014 年，第 238 页。

只有当中国共产党领导中国人民经过艰苦卓绝的奋斗赢得民族独立和解放、建立中华人民共和国之后，中国人民才真正站起来，"人民所厌恶的国家分裂和混乱的局面，已经一去不复返了"，① 并探索开辟出一条中国特色社会主义光明道路。中华民族在探寻民族复兴强盛之道的过程中总结的最重要的一条历史经验是：维护国家统一是中华民族的根本利益，"实现国家统一是民族的愿望，一百年不统一，一千年也要统一"。②

一水之隔、咫尺天涯，两岸迄今尚未完全统一是历史遗留给中华民族的创伤。当前，从中华民族整体利益把握两岸关系大局，最根本的、最核心的是维护国家领土和主权完整。2016 年以来，台湾政局发生重大变化，蔡英文当局不认同两岸同属"一个中国"，破坏了两岸关系和平发展的政治基础。习近平同志针对台海局势多次发表重要讲话，阐明了坚持"九二共识"、维护两岸关系和平发展的原则立场，宣示了反对和遏制任何形式"台独"的坚定意志和决心。

2016 年 7 月 1 日，庆祝中国共产党成立 95 周年大会在北京人民大会堂隆重举行，中共中央总书记、国家主席、中央军委主席习近平同志发表重要讲话。习近平指出，推进祖国和平统一进程、完成祖国统一大业，是实现中华民族伟大复兴的必然要求。"一国两制"在实践中已经取得举世公认的成功，具有强大生命力。无论遇到什么样的困难和挑战，我们对"一国两制"的信心和决心都绝不会动摇。习近平强调，两岸关系和平发展是维护两岸和平、促进共同发展、造福两岸同胞的正确道路，也是通向和平统一的光明大道。坚持"九二共识"、反对"台独"是两岸关系和平发展的政治基础。我们坚决反对"台独"分裂势力。对任何人、任何时候、以任何形式进行的分裂国家活动，13 亿多中国人民、整个中华民族都决不会答应！两岸同胞是命运与共的骨肉兄弟，是血浓于水的一家人。民族强盛，是同胞共同之福；民族弱乱，是同胞共同之祸。两岸双方应该胸怀民族整体利益，携手为实现中华民族伟大复兴的中国梦共同打拼。

2017 年 10 月 18 日，习近平在十九大报告中指出："我们有坚定的意志、充分的信心、足够的能力挫败任何形式的'台独'分裂图谋。我们绝不允许任何人、任何组织、任何政党、在任何时候、以任何形式、把任何一块中国领土从

---

① 《毛泽东文集》，第 7 卷，人民出版社，1999 年，第 204—205 页。
② 《邓小平文选》，第三卷，人民出版社，1993 年，第 59 页。

中国分裂出去！"① 六个"任何"的宣示体现了全党和全国人民坚决维护国家主权和领土完整的坚定意志。

2019 年 1 月 2 日，习近平在《告台湾同胞书》发表 40 周年纪念会上发表重要讲话指出："回顾历史，是为了启迪今天、昭示明天。祖国必须统一，也必然统一。这是 70 载两岸关系发展历程的历史定论，也是新时代中华民族伟大复兴的必然要求。两岸中国人、海内外中华儿女理应共担民族大义、顺应历史大势，共同推动两岸关系和平发展、推进祖国和平统一进程。"② 同时，习近平指出："支持和追求国家统一是民族大义，应该得到全民族肯定。和平统一之后，台湾将永保太平，民众将安居乐业。有强大祖国做依靠，台湾同胞的民生福祉会更好，发展空间会更大，在国际上腰杆会更硬、底气会更足，更加安全、更有尊严。"③

二、"和平统一、一国两制"是实现国家统一的最佳方式

"一国两制"是中国的一个伟大创举，是中国为国际社会解决类似问题提供的一个新思路、新方案，是中华民族为世界和平与发展做出的新贡献，凝结了海纳百川、有容乃大的中国智慧。

"一国两制"构想是马克思主义普遍原理同中国具体实际相结合的产物，这一构想坚持一个中国原则，保持"两种制度"并存，允许台港澳高度自治，既体现了实现祖国统一、维护国家主权的原则性，又充分考虑台湾、香港、澳门的历史和现实，体现了高度的灵活性，是推进祖国和平统一大业的基本方针。

党的十八大以来，习近平就"一国两制"实践的方向和原则问题，特别是如何正确认识和把握好"一国"与"两制"的关系等，做了一系列高屋建瓴的论述。

（一）"一国两制"的核心在于"一国"，要始终准确把握"一国"和"两制"的关系。"一国"是根，根深才能叶茂；"一国"是本，本固才能枝荣。"一国两制"的提出首先是为了实现和维护国家统一。在中英谈判香港回归期间，中国政府就旗帜鲜明地提出主权问题不容讨论。香港回归后，更要坚定维护国

---

① 习近平：《决胜全面建成小康社会　夺取新时代中国特色社会主义伟大胜利——在中国共产党第十九次全国代表大会上的报告》，人民出版社，2017 年，第 57 页。

② 《〈告台湾同胞书〉发表 40 周年纪念会在京隆重举行》，《人民日报》，2019 年 1 月 3 日。

③ 习近平：《为实现民族伟大复兴　推进祖国和平统一而共同奋斗——在＜告台湾同胞书＞发表 40 周年纪念会上的讲话》，《人民日报》，2019 年 1 月 3 日。

家主权、安全、发展利益。在具体实践中，必须牢固树立"一国"意识，坚守"一国"原则，正确处理特别行政区和中央的关系。任何危害国家主权安全、挑战中央权力和香港特别行政区基本法权威、利用香港对内地进行渗透破坏的活动，都是对底线的触碰，都是绝不能允许的。①

关于台湾问题，尽管海峡两岸尚未完全统一，但中国主权和领土从未分割，大陆和台湾同属一个中国的事实从未改变。一个中国原则是两岸关系的政治基础。坚持一个中国原则，两岸关系就能改善和发展，台湾同胞就能受益。背离一个中国原则，就会导致两岸关系紧张动荡，损害台湾同胞切身利益。②

（二）在"一国"的基础之上，"两制"的关系应该也完全可以做到和谐相处、相互促进。关于港澳问题，要把坚持"一国"原则和尊重"两制"差异、维护中央权力和保障香港特别行政区高度自治权、发挥祖国内地坚强后盾作用和提高香港自身竞争力有机结合起来，任何时候都不能偏废。只有这样，"一国两制"这艘航船才能劈波斩浪、行稳致远。③

2019年1月2日上午，习近平同志在《告台湾同胞书》发表40周年纪念会讲话中提出探索"两制"台湾方案，强调"和平统一、一国两制"是实现国家统一的最佳方式，既充分考虑台湾现实情况，又有利于统一后台湾长治久安。

"一国两制"的提出，本来就是为了照顾台湾现实情况，维护台湾同胞利益福祉。"一国两制"在台湾的具体实现形式会充分考虑台湾现实情况，会充分吸收两岸各界意见和建议，会充分照顾到台湾同胞利益和感情。在确保国家主权、安全、发展利益的前提下，和平统一后，台湾同胞的社会制度和生活方式等将得到充分尊重，台湾同胞的私人财产、宗教信仰、合法权益将得到充分保障。

和平统一，是平等协商、共议统一。两岸长期存在的政治分歧问题是影响两岸关系行稳致远的总根子，总不能一代一代传下去。两岸双方应该本着对民族、对后世负责的态度，凝聚智慧，发挥创意，聚同化异，争取早日解决政治对立，实现台海持久和平，达成国家统一愿景，让我们的子孙后代在祥和、安宁、繁荣、尊严的共同家园中生活成长。

---

① 习近平：《在庆祝香港回归祖国二十周年大会暨香港特别行政区第五届政府就职典礼上的讲话（二〇一七年七月一日）》，《人民日报（海外版）》，2017年7月2日。

② 习近平：《为实现民族伟大复兴　推进祖国和平统一而共同奋斗——在＜告台湾同胞书＞发表40周年纪念会上的讲话（2019年1月2日）》，《人民日报》，2019年1月3日。

③ 习近平：《在庆祝香港回归祖国二十周年大会暨香港特别行政区第五届政府就职典礼上的讲话（二〇一七年七月一日）》，《人民日报（海外版）》，2017年7月2日。

制度不同，不是统一的障碍，更不是分裂的借口。在一个中国原则基础上，台湾任何政党、团体同我们的交往都不存在障碍。以对话取代对抗、以合作取代争斗、以双赢取代零和，两岸关系才能行稳致远。我们愿意同台湾各党派、团体和人士就两岸政治问题和推进祖国和平统一进程的有关问题开展对话沟通，广泛交换意见，寻求社会共识，推进政治谈判。①

习近平在《告台湾同胞书》发表40周年纪念会讲话中郑重倡议，在坚持"九二共识"、反对"台独"的共同政治基础上，两岸各政党、各界别推举代表性人士，就两岸关系和民族未来开展广泛深入的民主协商，就推动两岸关系和平发展达成制度性安排。②

2019年5月12日，中国国民党前主席、中华青雁和平教育基金会董事长洪秀柱率领台湾各界人士代表团赴北京参访，两岸各界人士就两岸关系和民族未来等共同关心的问题，开展对话协商，深入交换了意见。在与大陆民间机构举行的座谈会上，两岸人士提出携手实现民族复兴、巩固共同政治基础、深化两岸融合发展、加强两岸基层交流、促进两岸青年交流、深化两岸文化交流等6项共同倡议。

2019年5月24日，新党主席、新中华儿女学会荣誉理事长郁慕明率台湾各界人士代表团，在广东、上海、江苏和北京等地展开为期一周的访问行程，两岸各界人士举行了"两岸关系与民族复兴"座谈会，提出五点共同倡议，包括共同反对"台独"分裂、推动实现应通尽通、传承弘扬中华文化等内容。

两岸同胞要共谋和平、共护和平、共享和平。中国人不打中国人。我们愿意以最大诚意、尽最大努力争取和平统一的前景，因为以和平方式实现统一，对两岸同胞和全民族最有利。我们不承诺放弃使用武力，保留采取一切必要措施的选项，针对的是外部势力干涉和极少数"台独"分裂分子及其分裂活动，绝非针对台湾同胞。③

---

① 习近平：《为实现民族伟大复兴　推进祖国和平统一而共同奋斗——在〈告台湾同胞书〉发表40周年纪念会上的讲话》，《人民日报》，2019年1月3日。

② 习近平：《为实现民族伟大复兴　推进祖国和平统一而共同奋斗——在〈告台湾同胞书〉发表40周年纪念会上的讲话》，《人民日报》，2019年1月3日。

③ 习近平：《为实现民族伟大复兴　推进祖国和平统一而共同奋斗——在〈告台湾同胞书〉发表40周年纪念会上的讲话》，《人民日报》，2019年1月3日。

三、探索"两制方案"，积极推进祖国和平统一进程

十八大以来，两岸经济文化交流合作程度不断加深，海峡两岸的融合发展迈上一个新的台阶，国家统一实践不断得以丰富和发展，为此要继续探索"两制方案"，积极推进祖国和平统一进程。

（一）进一步深化两岸的经济融合与文化交流。

根据相关统计数据，台湾是大陆第五大贸易伙伴和第三大进口来源地。大陆是台湾最大的贸易伙伴和贸易顺差来源地。2018 年，大陆与台湾贸易额为2262.4 亿美元。其中，大陆对台出口 486.47 亿美元，自台进口 1775.98 亿美元，同比上升 13.9%；大陆对台贸易逆差 1289.51 亿美元。台商投资稳步增长，截至2018 年底，累计批准台资项目 107190 个，占实际使用外资项目总数的 11.2%。截至 2018 年底，台湾居民来大陆累计超过 1 亿人次。

两岸两会已经累积签署了 23 项协议，对金融、农业、航运、税务和核电等经济领域，以及医药卫生、灾害监测、食品安全等民生领域进行了规范并建立起信息交换、人员互访和危机处理的制度化联系机制，大幅拓展了两岸交流合作领域，增进了两岸同胞福祉。

下一步，要积极推进两岸经济合作制度化，打造两岸共同市场，为发展增动力，为合作添活力，壮大中华民族经济。两岸要应通尽通，提升经贸合作畅通、基础设施联通、能源资源互通、行业标准共通，可以率先实现金门、马祖同福建沿海地区通水、通电、通气、通桥。要推动两岸文化教育、医疗卫生合作，社会保障和公共资源共享，支持两岸邻近或条件相当地区基本公共服务均等化、普惠化、便捷化。[①]2019 年 10 月，两岸 40 多名专家齐聚福建福州，就福州至马祖（榕马）、厦门至金门（厦金）通桥方案等议题展开专门研讨，目前两地通桥已形成初步方案。

（二）继续率先同台湾同胞分享大陆发展机遇，为台湾同胞、台湾企业提供同等待遇。

习近平总书记指出：亲望亲好，中国人要帮中国人。要让台湾同胞有更多获得感。[②]两岸关系和平发展是维护两岸和平、促进两岸共同发展、造福两岸同

---

① 习近平：《为实现民族伟大复兴　推进祖国和平统一而共同奋斗——在〈告台湾同胞书〉发表 40 周年纪念会上的讲话》，《人民日报》，2019 年 1 月 3 日。

② 习近平：《为实现民族伟大复兴　推进祖国和平统一而共同奋斗——在〈告台湾同胞书〉发表 40 周年纪念会上的讲话》，《人民日报》，2019 年 1 月 3 日。

胞的正确道路。两岸关系和平发展要两岸同胞共同推动，靠两岸同胞共同维护，由两岸同胞共同分享。

2017 年中央对台工作会议提出要为台湾民众提供"国民待遇"。2018 年 2 月 28 日，国务院台湾事务办公室、国家发展和改革委员会对外发布《关于促进两岸经济文化交流合作的若干措施》（媒体称之为"大陆 31 条惠台措施"），明确指出积极促进在投资和经济合作领域加快给予台资企业和大陆企业同等待遇，逐步为台湾同胞在大陆学习、创业、就业、生活提供与大陆同胞同等的待遇。这些措施出台，将给台资企业和台湾同胞带来巨大机遇和实实在在的获得感。2020 年 5 月 15 日，国家发展改革委、国务院台办等十部门联合出台助力台企"11 条措施"，"11 条措施"的主要内容包括，持续帮扶台资企业复工复产、统筹协调推进重大台资项目、积极支持台资企业增资扩产、促进台资企业参与新型和传统基础设施建设、支持台资企业稳外贸、有效引导台资企业拓展内销市场、强化金融支持台资企业疫情防控和复工复产等。这些措施是帮助企业应对疫情和复工复产的及时雨，将为台商在大陆的发展注入强大的推动力。

（三）实现同胞心灵契合，增进和平统一认同。

国家之魂，文以化之，文以铸之。习近平同志强调指出：我们所追求的国家统一不仅是形式上的统一，更重要的是两岸同胞的心灵契合。两岸同胞要共同传承中华优秀传统文化，推动其实现创造性转化、创新性发展。两岸同胞要交流互鉴、对话包容，推己及人、将心比心，加深相互理解，增进互信认同。要秉持同胞情、同理心，以正确的历史观、民族观、国家观化育后人，弘扬伟大民族精神。亲人之间，没有解不开的心结。久久为功，必定能达到两岸同胞心灵契合。[1]

习近平同志多次指出："国家的希望、民族的未来在青年。两岸青年要勇担重任、团结友爱、携手打拼。我们热忱欢迎台湾青年来祖国大陆追梦、筑梦、圆梦。"[2]

在 2017 年 7 月的北京，2018 年 1 月的台北，由全国台联、全国少工委和台湾中华企划人协会联合举办的"第十五届两岸和平小天使互访交流活动"分别举行。来自北大附小和台北 3 所小学的近 40 对小天使结对互访，入住对方家

---

[1] 习近平：《为实现民族伟大复兴　推进祖国和平统一而共同奋斗——在＜告台湾同胞书＞发表 40 周年纪念会上的讲话》，《人民日报》，2019 年 1 月 3 日。

[2] 习近平：《为实现民族伟大复兴　推进祖国和平统一而共同奋斗——在＜告台湾同胞书＞发表 40 周年纪念会上的讲话》，《人民日报》，2019 年 1 月 3 日。

庭，一起学习交流，结下了深厚的友谊。开办 25 年来，已有 2000 多名海峡两岸的青少年参与其中，"两岸和平小天使互访交流活动"已成为两岸青少年交流中颇具影响力的品牌活动。

（四）坚决打击"台独"分裂势力

2016 年以来，民进党当局拒不承认"九二共识"，严重损害了台湾同胞的利益和海峡两岸的和平发展。2018 年 2 月 28 日，美国国会参议院全票通过了"与台湾交往法案"，其目的是利用台湾问题干扰和牵制中国发展，台海形势趋于紧张。

统一是历史大势，是正道。"台独"是历史逆流，是绝路。广大台湾同胞都要认清"台独"只会给台湾带来深重祸害，坚决反对"台独"分裂，共同追求和平统一的光明前景。我们愿意为和平统一创造广阔空间，但绝不为各种形式的"台独"分裂活动留下任何空间。[①]2017 年以来，中国人民解放军军机和军舰不定期绕岛巡航，对于"台独"势力形成了有力威慑。

总之，国家统一的关键在于综合国力的支撑，当两岸实力的对比逐渐向有利于大陆一方倾斜时，两岸统一的主动权就牢牢掌控在我们手里。2015 年 3 月 4 日下午，中共中央总书记、国家主席、中央军委主席习近平参加全国政协十二届三次会议的民革、台盟、台联委员联组会时指出："从根本上说，决定两岸关系走向的关键因素是祖国大陆发展进步，我们要保持自身发展势头，同时采取正确政策措施做好台湾工作。"[②]

当前，就中国大陆的单一省份的经济总量而言，广东、山东、江苏等几个省已经超越台湾，中国大陆 2018 年的经济增量已经相当于两个台湾地区的经济总量。

今后，对台工作将会继续坚持"遏制'台独'"与"促进统一"两个方面，持之以恒，久久为功。

总之，"一国两制"具有强大生命力，按照"一国两制"实现祖国和平统一，符合中华民族的根本利益。只要包括港澳台同胞在内的全体中华儿女顺应历史大势、共担民族大义，把民族命运牢牢掌握在自己手中，就一定能够共创中华民族伟大复兴的美好未来。

---

① 习近平：《为实现民族伟大复兴　推进祖国和平统一而共同奋斗——在＜告台湾同胞书＞发表 40 周年纪念会上的讲话》，《人民日报》，2019 年 1 月 3 日。

② 《习近平看望参加政协会议的民革台盟台联委员强调"四个坚定不移"推进两岸和平发展》，《人民日报（海外版）》，2015 年 3 月 5 日。

余论　基于自组织理论构建台湾海峡
两岸命运共同体 *

自组织理论是当今复杂性科学的重要组成部分，是 20 世纪 60 年代末期开始建立并发展起来的一种系统理论，主要是研究系统自组织过程的机制、规律和形式的科学。清华大学吴彤教授指出所谓自组织系统即指无须外界特定指令而能自行组织、自行创立、自行演化，能够自主地从无序走向有序，形成结构的系统。①

基于自组织理论将海峡两岸看作一个"命运共同体"组织，对新时期构建海峡两岸和平发展框架进行系统的理论分析，通过引进自组织的方法论深入研讨两岸和平发展的演变轨迹，理清在构建海峡两岸和平发展框架过程中影响中国国家统一的各类变量，廓清积极因素和消极因素，从而为推动海峡两岸的和平与发展及和平统一提供决策思路。

一、基于耗散结构理论优化两岸和平发展的外部环境

耗散结构理论是自组织理论的重要组成部分，以之作为方法论对两岸体系演化的各种因素进行综合分析，基本上是动态的和非线性的，既解读了其复杂性，同时又能归纳出基本的演变脉络，其中重点可以解读其外部因素引起的系统涨落。

在具体研究中，可以将台湾海峡两岸作为一个远离平衡态的系统进行研究，该系统具有明显的耗散结构特征，开放性是其重要条件，这种开放性既有体系

＊　本部分发表于《内蒙古师范大学学报（哲学社会科学版）》2018 年第 5 期，属于 2011 年度国家社科基金（青年项目）结项成果之一，项目批准号为"11CZZ024"，作者为该课题主持人。

① 　吴彤:《自组织方法论研究》，清华大学出版社，2001 年，第 3 页。

内部的融通，也有外部环境的演变，而对于外部变量的衰减和涨落必须予以高度关注。

所以，一个典型的耗散结构的形成与维持至少需要具备三个基本条件：

一是系统必须是开放系统，孤立系统和封闭系统都不可能产生耗散结构，耗散结构是在远离平衡区的非线性系统中所产生的一种稳定化的自组织结构。在一个非平衡系统内有许多变化着的因素，它们相互联系、相互制约，并决定着系统的可能状态和可能的演变方向。

二是耗散结构理论一直强调非平衡态是有序之源。系统必须处于远离平衡的非线性区，在平衡区或近平衡区都不可能从一种有序走向另一更为高级的有序。

三是耗散结构理论提出涨落导致有序的观点，系统中必须有某些非线性动力学过程，如正负反馈机制等，正是这种非线性相互作用使得系统内各要素之间产生协同动作和相干效应，从而使得系统从杂乱无章变为井然有序。涨落是在耗散结构中的一个核心要素和变量。耗散结构理论指出，开放系统在远离平衡状态的情况下可以涌现出新的结构，其中需要多次涨落来完成。

绝大多数社会经济系统都适合于应用耗散结构理论，因为社会系统基本上都是开放的，社会系统一般由大量子系统组成，并且在社会系统内的相互作用一般是非线性相互作用，同时社会系统在远离平衡态时才能发生状态突变，同自然系统一样涨落是必然要发生的。①

自组织理论是系统论演化的更高阶段，因此复杂巨系统即自组织的观点是看待两岸关系一种全新的视角。就当前台湾海峡两岸关系而言，可以区分出多个相互嵌套的系统，并一直处于动态的演化之中。

第一层面，可以将大陆和台湾地区各看作两个系统，目前尚未实现国家统一；第二层面，将两岸看作一个共同系统，则第一层面的大陆和台湾两个系统可以被视为该系统的子系统（"台湾海峡两岸系统"以后在文中简称为"两岸系统"）；第三层面，在两岸系统之外还有许多巨系统将其也纳入其中，如东亚系统、亚太系统，以及更高层面的全球安全系统。其中第二层面的两岸系统是本课题重点研讨的核心，与之并列且具有关联性的系统很多，如美日同盟作为并列的系统就显得十分重要。本文的最终目的在于研究两岸系统在何种条件下形

---

① 魏宏森、宋永华等编著：《开创复杂性研究的新学科——系统科学概览》，四川教育出版社，1991年，第273—274页。

成"涨落"，也就是怎样从内部敌对、相互封闭的形态达到两岸和平发展的有序形态，最终达到两岸和平统一的有序形态。

（一）两岸系统属于典型的耗散结构，开放性是耗散结构的首要特征。两岸和平发展局面的形成与开放性密不可分。在 1949 年到 20 世纪 80 年代后期，敌对与封闭是两岸关系的主要特点，海峡两岸对峙与隔绝多年，民众断绝交流，经贸各为体系，特别是台湾当局长期采取三不政策："不接触""不谈判""不妥协"，更加使两岸交流多年处于停滞。

近年两岸关系出现积极变化，在一定意义上可以用"开放"一词进行阐释。李家泉指出："大陆的对台政策与改革开放政策，是如影随形、密不可分的"，"（大陆）对台政策的战略性调整，都是在改革开放的大前提下进行的，也都是在坚持一个中国原则下实现的，并且也都有力地推动了两岸关系的和平发展。一个中国、改革开放、和平发展，这是三位一体不可分割的整体"。①

首先，是两岸之间系统内部的开放。第一，即为政治层面的开放。从 20 世纪 80 年代末开始，两岸之间的敌对和封闭逐渐被打开。其中两岸政党交往最为瞩目。中国共产党与岛内中国国民党、亲民党互动频频，建立了相互之间的信任与合作，尤具开创性的是海协会与海基会建立了两岸平等协商机制，特别是中国共产党提出的"建立互信、搁置争议、求同存异，共创双赢"的方针，为开创两岸关系和平发展新局面提供了战略性框架。第二，是交往渠道的开放。2008 年 12 月 15 日，台湾海峡两岸"三通"全面启动，海运直航、空运直航、直接通邮，台海两岸 60 年隔海相望不相通的局面被打破。两岸周末包机扩大为平日包机，新航路的"截弯取直"，海运直航的 74 个相互开放港口，使两岸"一日生活圈"成为现实。第三，经贸关系进一步开放。两岸经济合作架构协议的签订使两岸经济发展将进入长期稳定发展的新格局。

其次，是两岸系统所处的外部环境的开放，包括 20 世纪 70 年代后，中美关系、中日关系的解冻，其中中美关系的改善对于两岸关系而言提供了最重要的和平解决契机。此外，海峡两岸双方努力解决台湾方面参与国际活动的问题，包括同意台湾成为世界卫生组织观察员。

---

① 李家泉：《改革开放与两岸关系和平发展》，《两岸关系》，2008 年第 10 期，第 1 页。

（二）两岸系统的非平衡态是两岸由当前的无序状态（分裂）走向最终有序状态（统一）的基础。

这与第一个条件的开放性密切相关。中华人民共和国成立后，美国介入台湾问题，特别是军事干涉中国武力解决台湾问题，美日支撑下的台湾当局与大陆保持相对的平衡态。在军事手段难以短期解决，政治上高度敌对的状况下，两岸处于分裂的平衡状态之中。期间，美国甚至想"划峡而治"，制造"两个中国"甚至"一中一台"，但因遭到两岸的激烈反对才不得不放弃企图使台海分裂局势固化（即永久"平衡"）的"新西兰提案"。而今，美国为自身利益频频抛出"弃台论"，不再倾向于小布什时代曾经的武力"协防台湾"，两岸军力对比已经向大陆倾斜，这种不平衡态的形成恰恰契合耗散结构理论的"涨落"基础，也是两岸走向统一的前提。

（三）两岸耗散结构中的"涨落"将导致两岸统一的最终完成。

在平衡态和近平衡态，涨落是一种破坏稳定有序的干扰，但在远离平衡态条件下，非线性作用使涨落被放大，达到有序。因此，在两岸系统中，为两岸达到统一的努力在两岸封闭和外来干涉情况下可以看作是一种涨落。涨落尽管曾经发生，但是没有完成向有序的转换；而当前和平发展的两岸形势是有助于放大这种涨落的，即在非平衡状态下涨落的功能被放大，最终可以实现向有序的转换，即两岸实现统一。

1993 年的 4 月 27 日，一场被后世称为"汪辜会谈"的协商在新加坡举行，两岸关系从此跨出历史性的一步。20 年来，两岸协商逐步深化，两岸和平发展亦在此基础上从无到有、由浅入深。事实上，促进两岸统一有两种方式：一种是"由上而下"，但是这种方式已经越来越困难，因为台湾不再是两蒋时期，加之现在政党轮替，上层工作要根据形势和政局分化有的放矢地展开；另一种就是"由下而上"，奠定民意基础，扎实基础，是目前所采取的主要方式。如果在条件不成熟的时候谈统一，无疑是给自己背包袱。当前应加强和平发展、深化合作，不要急于制定统一的时间表，但也要提醒对方不能踩我们的底线。实际上"稳步推进，全面发展"就需要我们不断夯实民意基础，在各领域创造条件，才能让一切水到渠成。中共十八大报告中提出："希望双方共同努力，探讨国家尚未统一特殊情况下的两岸政治关系，作出合情合理安排；商谈建立两岸军事安全互信机制，稳定台海局势；协商达成两岸和平协议，开创两岸关系和平发展新前景。"①

习近平总书记在十九大报告中指出:"两岸同胞是命运与共的骨肉兄弟,是血浓于水的一家人。我们秉持'两岸一家亲'理念,尊重台湾现有的社会制度和台湾同胞生活方式,愿意率先同台湾同胞分享大陆发展的机遇。我们将扩大两岸经济文化交流合作,实现互利互惠,逐步为台湾同胞在大陆学习、创业、就业、生活提供与大陆同胞同等的待遇,增进台湾同胞福祉。我们将推动两岸同胞共同弘扬中华文化,促进心灵契合。"②

本文主要基于自组织理论研究两岸由和平发展走向国家统一,这也是两岸系统从无序到有序的第一种形态。另外一种相对立的有序形态则是"台独"势力得逞,台湾从中国分裂出去,这是各方反华势力所谋求的巨"涨落"。如20世纪50年代美国所策划的两岸"划峡而治",企图使"一中一台"或者"两个中国"永久化,然而这种割裂遭到了包括台湾同胞在内的全体中国人的反对。可见,两岸系统通过"涨落"形成的有序状态在理论上会呈现出两种对立形态,最终局面则是系统内外各方变量博弈的结果。

二、基于协同理论廓清两岸和平发展的内生动力

协同论应用于两岸系统就是探究两岸之间的内部变量如何相互作用,及最终自组织形成两岸之间的新系统,其关键点在于探讨维系两岸之间和平发展的序参量——内生动力。

在具体规律和研究机理上,协同学研究协同系统在外参量的驱动下和在子系统之间的相互作用下,以自组织的方式在宏观尺度上形成空间、时间或功能有序结构的条件、特点及其演化规律。协同系统的状态由一组状态参量来描述。这些状态参量随时间变化的快慢程度是不相同的。当系统逐渐接近于发生显著质变的临界点时,变化慢的状态参量的数目就会越来越少,有时甚至只有一个或少数几个。这些为数不多的慢变化量就完全确定了系统的宏观行为并表征系统的有序化程度,故称序参量。那些为数众多的变化快的状态参量就由序参

---

① 胡锦涛:《坚定不移沿着中国特色社会主义道路前进 为全面建成小康社会而奋斗——在中国共产党第十八次全国代表大会上的报告》,《人民日报》,2012年11月18日。

② 《新华社全文播发习近平在中国共产党第十九次全国代表大会上的报告》,央广网,http://china.cnr.cn/news/20171028/t20171028_524003229.shtml。

量支配，并可绝热地将它们消去。这一结论称为支配原理，它是协同学的基本原理。

协同理论的主要内容可以概括为三个原理：

第一，协同原理。协同效应是指由于协同作用而产生的结果，是指复杂开放系统中大量子系统相互作用而产生的整体效应或集体效应。对千差万别的自然系统或社会系统而言，均存在着协同作用。协同作用是系统有序结构形成的内驱力。任何复杂系统，当在外来能量的作用下或物质的聚集态达到某种临界值时，子系统之间就会产生协同作用。这种协同作用能使系统在临界点发生质变产生协同效应，使系统从无序变为有序，从混沌中产生某种稳定结构。协同效应说明了系统自组织现象的观点。

第二，伺服原理。自组织理论认为，任何一个庞杂的体系内都会存在许多变量，在系统发生质变（物理学称为相变）时，快变量对质变没有影响，它的变化完全由慢变量来决定。而最终对体系运行发挥役使作用的慢变量被称为"序参量"，即体系得以维系的运行动力。当外界条件变化时，序参量也变化，当到达临界点时，序参量增长到最大，此时出现了一种宏观有序的有组织的结构。

第三，自组织原理。自组织是相对于他组织而言的。他组织是指组织指令和组织能力来自系统外部，而自组织则指系统在没有外部指令的条件下，其内部子系统之间能够按照某种规则自动形成一定的结构或功能，具有内在性和自生性特点。

两岸系统由和平发展演进到和平统一是一个从无序到有序的进程，排除其过程中的突变形态，必须盘点推动两岸系统不断演进的各种变量，确定系统协同的最终方向。国际环境是两岸系统成为耗散结构的外部条件，尤其是影响两岸的外部变量——美国因素和日本因素；就两岸关系而言，必须重点探讨两岸系统内部的形成机理，也就是两岸系统内部各种变量相互作用的动态演化过程。对于两岸系统而言，把握协同原则最关键在于廓清决定系统协同演化的唯一慢变量——"序参量"，即解决两岸和平发展最终实现中国国家统一的原动力。

在两岸系统中判断出决定系统演化的最终慢变量，需要本着全面、历史及辩证的观点进行分析。在两岸系统演进到和平与发展的新时期，外部变量诸如当年在台海地区具有重大影响的美国和日本逐步式微，所以都不可能对两岸系统发挥役使作用；而两岸系统中内部变量十分庞杂，经济、文化、安全、政治等因素不断更新与涌现，尽管如此，单一慢变量最终役使两岸系统的局面目前还未形成，如两岸政治谈判尚未启动；经济融合速度加快，但"以经促政"的效果尚未全面展现；两岸文化交流成果显著，但两岸民众对于国家认同尚存分歧；两岸军事力量对比已经向大陆倾斜，但武力解决台湾问题仅作为最后一个选项。事实上，当前两岸关系实现了动态式的、平衡的良性发展，两岸经济与社会一体化的进程悄然启动，两岸关系和平发展的不可逆性日益凸显，这是系统协同自组织演化的复杂进程，因此最终决定两岸和平与发展走势的必然是一个综合变量。

在两岸步入和平与发展的新阶段后，"两岸融合需要经济、文化、观念的滋养，需要理解和包容，也需要环境和时间来培育"。[①] 总体看，两岸共同利益的培育与拓展是役使两岸系统并产生协同效应的最终慢变量——"序参量"。两岸继续深化经济合作，以经济融合为基础，加速扩大两岸的共同利益成为未来的发展方向。对此，全国台研会郑庆勇指出，两岸的共同利益包括经济利益、政治利益、安全利益、文化利益和社会利益等，而厚植共同利益，特别是培育主流社会新的情感认同是两岸关系和平发展期内的重要阶段性目标。他指出，随着两岸交流越来越紧密，民众心里的鸿沟却仍很深，因此构建两岸新认同要将两岸关系建立在两岸同胞共同需求的物质与精神层面上，避免把两岸关系过于物质化，否则反而可能加深认同分歧。因此，两岸人民的共同利益可以界定为：共同的安全利益、共同的经贸利益、共同的文化传统、共同的政治诉求以及共同的和平氛围。

在两岸共同利益中，两岸经济统合最为成功，成为两岸共同利益培育的经济基础。2008 年以来，两岸通过平等协商，签署了 19 项协议，解决了两岸在通航、贸易、投资、金融等领域中存在的一系列问题，促进了两岸经济关系的正常化、制度化和自由化，给两岸同胞带来了看得见、摸得着的实惠和便利。自 20 世纪 90 年代以来，两岸在经贸领域的共同利益，促进了两岸经贸合作，这成为两岸关系发展的最主要动力。事实上，两岸经贸关系的高速发展，一方面强化了两岸之间在经济上的相互依赖，另一方面在两岸经贸合作中，一些类

---

① 《学者谈两岸政治互信：厚植共同利益与共同认知》，网易网，http://news.163.com/10/0625/16/6A1O86HD000146BD.html，2010-06-25。

似于相互依赖关系的规范性、制度性和结构性因素正在逐渐凝聚。① 海峡两岸的经贸合作是顺应世界潮流的必然选择。林毅夫指出：从世界经济全球化与东亚经济一体化的角度看，在经济全球化时代，台湾地区经济与祖国大陆经济要发展，都必须融入世界经济体系之中，并且首先要融入一体化的东亚经济之中。由于台湾地区与祖国大陆各自的比较优势互补，地理位置接近，语言与文化渊源相同，海峡两岸同胞血脉相通。因此，台湾地区经济与祖国大陆经济的整合或一体化就顺理成章。并且，由于祖国大陆在东亚经济一体化中越来越成为核心角色。所以，推进台湾地区与祖国大陆的经贸合作，推进台湾地区经济与祖国大陆经济的一体化，就成为未来台湾地区经济发展的必要条件。相反，如果台湾当局继续消极对待甚至阻扰海峡两岸经贸合作与海峡两岸经济一体化，则台湾地区经济具有被"边缘化"的危险。②

区域整合是两岸经贸统合与文化融合乃至政治协商的地缘基础，也是两岸由经济合作最终走向政治协商的实验区，因此两岸的区域整合备受关注。近年来，以海西区为代表的两岸区域整合正在逐步推进，效果显著。

当前，两岸文化和教育领域也在逐步融合，中华文化是连接两岸的桥梁与纽带，两地共同文化意识的培育就是两岸"命运共同体意识"的形成，而教育交流与沟通则可以清除"台独"思想的毒素，有助于两岸民众在意识形态领域回归民族复兴和国家统一的主线。胡锦涛总书记在中共十七大的政治报告中提出："十三亿大陆同胞和两千三百万台湾同胞是血脉相连的命运共同体"，"两岸同胞是血脉相连的命运共同体。包括大陆和台湾在内的中国是两岸同胞的共同家园"。③ 两岸命运共同体的概念，跨越了两岸长期政治对立的鸿沟，为两岸未来发展设定了一个最为根本的认同目标。

就两岸未来的和平统一背景而言，在两岸经贸、文化、教育交流与合作日益深化，两岸社会一体化进程加快的背景下，深化政治互信将成为开创两岸和平发展新局面的主要动能。全国台研会执行副会长兼秘书长周志怀指出，现在

---

① 杨丹伟：《两岸关系和平发展新思维的理论分析》，《台湾研究集刊》，2010 年第 4 期，第 10 页。

② 林毅夫、易秋霖：《海峡两岸经济发展与经贸合作趋势》，《国际贸易问题》，2006 年第 2 期，第 16 页。

③ 胡锦涛：《高举中国特色社会主义伟大旗帜　为夺取全面建设小康社会新胜利而奋斗——在中国共产党第十七次全国代表大会上的报告》，《人民日报》，2007 年 10 月 25 日；《胡锦涛：携手推动两岸关系和平发展　同心实现中华民族伟大复兴——在纪念〈告台湾同胞书〉发表 30 周年座谈会上的讲话》，《人民日报》，2009 年 1 月 1 日。

两岸关系的主要矛盾由过去的"台独"与反"台独""战与和"转化为共谋和平发展与共享和平红利。他认为，两岸在协商、对话与谈判中增进与深化政治互信的重要性日渐突出，而价值认同与责任期待更是关键因素，这需要一个漫长的磨合过程，需做长期思想准备，妥善处理波动甚至低潮中的两岸关系将有助于深化政治互信。

此外，两岸的共享"和平红利"也是两岸共同利益的重要组成部分，两岸宜协商有关台湾地区的"国际空间"问题，同时更应齐心协力维护同属两岸共同利益范畴的领土主权利益，尤其是海洋权益。实际上，海峡两岸在"南海岛礁主权归属中国"这一点上立场完全相同，即认为南海东沙、西沙、中沙、南沙四群岛自古以来就是中国领土的一部分。在南海海域划分的问题上，尽管两岸对南海"九条断续线"的性质以及线内水域法律地位的理解略有差别，但大陆方面始终坚持在相关水域的"历史性权利"，台湾方面则明确主张线内为中国的"历史性水域"。[①] 因此，两岸同胞完全应该携起手来，共同承担起维护中华民族海洋主权权益的责任与义务。

总之，两岸命运共同体的构建前提在于两岸各个领域的融合发展，十八大以来，两岸经济文化交流合作程度不断加深，海峡两岸的融合发展迈上一个新的台阶。2008—2016 年，两岸贸易额年均 1598.6 亿美元，截至 2017 年春，大陆累计批准台资项目 99506 个，实际使用台资 652.4 亿美元。

三、基于突变理论构建两岸和平发展的应急机制

两岸和平发展框架是一个系统工程，尽管在运行中能够借助众多的正方向变量即正能量维持其有利于国家统一的涨落，但是不乏各类突发事件困扰，特别是"台独"分裂势力几度威胁到台海地区的和平与稳定，由此基于自组织理论中的突变论可以帮助我们有的放矢地构建两岸系统的应急机制。

突变理论是 20 世纪 70 年代发展起来的自组织理论的重要组成部分，传统应用领域基本上以数学为主要杠杆，但是两岸系统是一个非常复杂、宏观多维的社会与国家层面的巨系统，因此不可能建立一个精确的数学模型进行研究，

---

① 如 1998 年中国颁布的《中华人民共和国专属经济区和大陆架法》第 14 条规定："本法的规定不影响中华人民共和国享有的历史性权利。"转引自：冯梁、王维、周亦民：《两岸南海政策：历史分析与合作基础》，《世界经济与政治论坛》，2010 年第 4 期，第 9 页。

在本课题中仅仅借助其逻辑思维和研究机理对两岸系统的突变现象进行宏观的描述与历史的解读。

突变论是一门着重应用的科学，它既可以用在"硬"科学方面，又可以用于"软"科学方面。在研究进程中，突变论一般并不给出产生突变机制的假设，而是提供一个合理的数学模型来描述现实世界中产生的突变现象，对它进行分类，使之系统化。突变论特别适用于研究内部作用尚属未知、但已观察到有不连续现象的系统。

突变理论在社会现象得以应用可以归纳为某种量的突变问题，人们施加控制因素影响社会状态是有一定条件的，只有在控制因素达到临界点之前，状态才是可以控制的。一旦发生根本性的质变，它就表现为控制因素所无法控制的突变过程。此外，还可以基于突变理论对社会系统研究进行高层次的有效控制，用于研究事物状态与控制因素之间的相互关系，以及稳定区域、非稳定区域、临界曲线的分布特点。

因此，分析两岸体系内的诸多突变现象，必须厘清引发两岸体系内外各类突发事件的因素，从而探讨中国国家统一进程中突发事件的形成机理。

当前的两岸系统处于和平与发展的历史新时期，但在 1949 年以来，两岸间由于国内外局势演变导致的各类危机不断发生——以突变论的视角来解读，其关键点在于国内外反华、反共及分裂势力触发了系统突变的临界点——采取了一系列可能导致中国走向分裂的行径，其中尤以三次台海危机最为典型。

"第一次台海危机"即 1954—1955 年发生的台湾海峡危机，是 20 世纪 50 年代中美关系史上的一个重大事件，也是中美两国继朝鲜战争之后的又一直接较量，使双方再次处于战争的边缘，对此在第一章中曾有详细阐释。危机期间，艾森豪威尔政府不断挥舞核武器，试图以核威慑来迫使中国做出让步。但是，美国的强硬政策不仅没有取得任何效果，反而使自己陷入了进退两难的境地。同时，这次危机也表明了中美对抗的限度，揭示了美国"战争边缘政策"和"核威慑"战略的本质。其中危机临界点在于美方炮制了一个所谓的"新西兰提案"，企图造成"一中一台"使台湾海峡永久分裂的状态，这完全触碰了中国政府在台海地区的底线，因此决定炮击金门且反击美国的分裂阴谋，而美方囿于国际道义和现实利益没有扩大对华军事行动。面对美方的核讹诈，中国为维护国家利益，从 20 世纪 50 年代开始倾其国力加速构筑自身的核安全体系。

"第二次台海危机"即 1958 年 8 月至 10 月之间的金门炮战。1958 年中国政府为声援中东人民的反侵略斗争，于 8 月 23 日炮击金门、马祖。对此，毛泽东主席言简意赅地指出：我们的要求是美军从台湾撤退，蒋军从金门、马祖撤退，你不撤我就打。本次危机与第一次完全不同的在于由可控的军事斗争迅速转为政治斗争，炮击金门仅为对美对台斗争的辅助手段，并且大陆一直没有收回金门、马祖。金门炮战之后，大陆又发动较小规模的炮战，尔后采取"单打双不打"方式炮击，直至 1979 年中美建交为止，有意维系两岸之间的联系。至此，国际舆论指出金门炮战是一场不求杀伤和占领，同时政治意义高于军事意义的战争。第二次台海危机的关键点在于美方长期奉行"反华、反共、扶蒋"政策，中方坚决不允许台海分裂局势固化，反对美方军事介入台湾问题，同时划出两国之间不能逾越的红线，迫使美方思考未来中美关系的走向和慎重对华采取军事行动，中方则在危机中掌握了主动权。

"第三次台海危机"即 1995—1996 年台海危机。1995 年，时任美国总统的克林顿允许李登辉访美，李登辉借机在美公开鼓吹"台独"。为警告李登辉等"台独"势力，1996 年 3 月，中国宣布在台湾海域附近进行导弹演习，害怕局势失控的美国急忙派遣两个航母战斗群在台湾以东游弋，中美在台海军事对峙一度十分紧张。即时，美军当时的作战指挥官、美国太平洋司令部前司令普理赫特别提到，在 1996 年台海危机中，中美两国军方始终没有交流，"这是我从这件事得到的教训。我们跟很多国家的军方都保持交流，其中有些国家并不是特别好的朋友。我们和解放军没有任何联系或交流，倒不是说我们非得做朋友，但我们需要交谈"。[1] 第三次台海危机的启示在于中美之间军事安全管控机制亟待建立，之后中美两国和两军之间的联系热线逐步建立，对于台海地区的危机事件建立了初步的应急管理机制。

以上三次台海危机都属于逆向性突变，与两岸系统通过涨落走向统一形态是背道而驰的，属于传统安全的范畴，当前台湾岛内蔡英文当局不承认体现一个中国原则的"九二共识"，成为台海地区新的不稳定因素。同时，除了"台独"势力蛰伏以待分裂时机外，多年来美国对台军售对于两岸之间的和平与发展形成现实威胁，也是引发两岸系统出现突变的关键"诱因"所在；此外，非传统安全问题如两岸之间的间谍、走私、贩毒、刑事犯罪等也日益威胁到两岸的和平与发展，特别是两岸之间的谍战从新中国成立至今未断，已经成为当前

---

① 《美上将谈 96 台海危机内幕：大陆是否动武成焦点》，《环球时报》，2004 年 11 月 24 日。

影响两岸和平与发展的突出性负面因素，其他事件如 1994 年"千岛湖事件"曾被李登辉等"台独"势力诬蔑为大陆对台胞的迫害，当时在岛内外引起轩然大波，所幸大陆公安部门迅速破案才平息事端。因此，对于非传统突变要高度重视，必须纳入两岸和平与发展框架中予以制度性安排。

破解两岸之间的各类危机，预防各类突变，必须着手构建两岸军事与安全互信机制，特别是建立两岸相关安全互信联席会议制度，最终为两岸的政治统一奠定安全基础。

当前，引发海峡两岸和平发展局面突变的最大威胁仍为"台独"势力策动"台独"事变，因此反"台独"斗争的准备丝毫不能松懈，同时要有"底线思维"，做好应对"台独"事变的各项预处工作包括制订经济、外交及军事预案。2016 年后，主张"台独"的民进党重新掌握执政权，两岸和平与发展的局面再次面临严峻的考验。

在构建两岸和平与发展框架中，十分有必要把"反恐"与反"台独"分裂活动进行综合考量。事实上，"台独"势力的分裂行为已经符合恐怖主义行为的某些特质，对于中国的国家安全和国家统一构成了现实和潜在威胁。解决台湾问题是中国的内政问题，同时也要在国际社会尽可能争取包括美、日在内的更多国际力量的支持，以顺利完成中国的统一大业，这需要战略与策略相统一，在当今国际反恐的形势下，有必要界定"台独"分裂行径的一些恐怖主义特质。

海峡两岸的和平发展局势是两岸人民的福祉所在，但是大陆只有对"台独"势力保持足够的威慑，才能达到"不战而屈人之兵"的战略效果，换言之，只有大陆保持强大的军事压力，"台独"势力才不敢轻易越过"法理独立"这条"红线"。

台湾问题延续到今天，与美日等外部因素的干扰密不可分，在台湾涉外因素的政治光谱上，美国因素最为核心和直接，其次为日本。美国对台军售是历史遗留问题，从 1979 年中美建交开始，美国对台军售一直是阻碍中美关系发展的主导性消极因素。进入 21 世纪，美国对台军售仍然继续且呈现升级趋势，成为影响台海和平稳定局面的重要负面因素。

尽管冷战结束后，海峡两岸关系步入和平发展的新进程，台海呈现和平稳定的新局面，美国依然持续不断对台军售，并体现出"小步慢跑、试探底线、浑水摸鱼、利益优先"的规律与特点。美对台军售的动因是什么，哪些因素影响制约其对台军售，需要有准确的判断与把握，这是选择应对思路的必要前提。

台湾问题是中国的内政。力争和平统一，但不承诺放弃使用武力。自2016年台当局领导人蔡英文就任一年多来，拒不承认"九二共识"，不认同两岸同属一个中国，回避两岸关系根本性质这一核心问题，实际已经损毁了两岸共同政治基础，破坏了两岸关系和平发展的良好势头。2017年3月6日，国台办主任张志军参加全国人大台湾省代表团全体会议指出：2017年的两岸关系最大的挑战就是那些"台独"势力蠢蠢欲动。这些分裂行径如果得不到有效遏制，必定对两岸关系和平发展和台海的和平稳定带来非常直接重大的威胁。这也是我们的领导人在重要讲话中再三强调，我们要坚决反对和遏制"台独"的原因。如果"台独"继续沿着这样分裂的道路走下去，最终结果必定给台湾民众带来巨大伤害。"台独"之路走到尽头就是统一。但是那样的统一方式一定会给台湾社会和民众带来伤害，他们会付出巨大的代价。

随着两岸关系的改善和台湾当局大陆政策的开放，两岸民间交流加速发展，两岸关系一度进入了一个"大交流、大合作、大发展"的新阶段，传统安全因素即政治与军事对于两岸关系的威胁逐渐淡化，但是非传统安全因素如跨境犯罪、传染疫病、重大事故等对于两岸关系的影响上升。两岸间的间谍战本属于传统安全问题，但是近年来转换为新的存在形式，因此将其归结为非传统突变。

随着我国改革开放政策的进一步深化以及1987年台湾当局开放大陆人民赴台探亲以来，两岸的交流日益密切，经贸往来日益频繁，人员往来不断增加，但随之而来的是两岸日益严峻的跨境犯罪问题，不但危害两岸民众的人身和财产安全，而且一些重大刑事案件影响到了两岸关系的顺畅发展，如1994年的"千岛湖事件"。

突发公共事件是指突然发生，造成或者可能造成严重社会危害，需要采取应急处置措施予以应对的自然灾害、事故灾难、公共卫生事件和社会安全事件。近年来重大公共安全事故与事件成为两岸之间新的突变点，具有牵一发而动全身的"蝴蝶效应"，比较典型的就是"非典"对两岸关系的影响。

评估、预防和处理两岸间的突变，传统安全问题仍然居于首位，非传统安全问题也应高度重视，因此预案的制定要区分层次，既有战略层面的，也有应急管理层面的。

在国内，中国必须在国家安全层面上对可能的台海战争做好准备，整体国家安全战略包括核战略要进行有针对性的调整，只有在对可能发生的一切情况做好充分准备的前提下，才有可能和平地实现国家的统一。

海峡两岸经济文化的开放交流，人员往来日益频繁，彼此之间相互涉及的共同管理协助案件日益增加，目前仍需要在法制和管理层面多做文章。

未来一是法制保障。为保障两岸人员往来，促进各方交流；二是两岸应急管理机制的建立。

四、基于超循环论探寻两岸和平发展的演化路径

两岸系统的正向演变（由两岸和平发展到国家统一）需要一个相对和平的国际环境，同时必须明确系统运行的动力——"序参量"，此外还要预防和处理各类系统演化中的逆向突变，最后必须探寻到系统演化的路径所在，自组织学说体系中的超循环理论可以为两岸系统演化路径的探寻提供理论支撑。

超循环理论是关于非平衡态系统的自组织现象的理论，对于研究两岸和平发展的演化路径有一定的参考价值。

超循环理论起源于研究细胞的生化系统、分子系统与信息进化理论，20 世纪 70 年代，德国科学家 M·艾肯直接从生物领域的研究中提出超循环理论。超循环理论已成为自组织学说的一个组成部分，对研究系统演化规律、系统自组织方式以及对复杂系统的处理都有深刻影响。

超循环带给两岸系统构建的启示在于两岸之间的沟通与交流将会经历一个由简单到复杂、由低阶到高阶的过程，同时这又是多个不可逆过程或者循环过程的综合的、复杂的自组织演进。

第一，两岸系统演化的基础路径在于两岸"三通"和两岸人民的自组织交流。两岸直接"三通"是两岸人民的多年期盼，它的实施对两岸关系和平发展乃至亚太地区和世界的和平发展意义重大。就超循环理论而言，"三通"对于两岸系统的演进意义在于贯通了系统涨落的基础循环路径，类似分子进化中的原始进化；"三通"不意味着统一的实现，但是其拓展乃至巩固系统涨落的成果即维系两岸和平局面的功能不可替代，特别是改变过去两岸间单向、间接和不平衡的不合理状况。跨海峡婚姻与家庭——"两岸'三通'之外的第四通"。两岸同胞同根同祖，血脉相连。在两岸交往过程中，相互通婚是维系两岸关系、促进两岸融合的重要纽带。国台办前主任王毅指出：两岸婚姻群体为推动两岸关系的改善发展做出了独特和宝贵贡献。两岸关系发展的动力在民间。在两岸民众当中，两岸婚姻群体已成为维护两岸和平稳定、促进两岸交流融合的一支天

然力量。①

第二，目前看，两岸系统演化"由经至政"的主干渠道是政党交流平台的建立，由政党交流平台逐步循环跃进才能达到两岸公权力的交流。在两岸关系中，国共两党的历史恩怨一直是海峡两岸的主旋律。近年来，随着两岸进入和平与发展的新阶段，国共两党交流的机制化已经成为两岸系统演化的"政治引擎"，特别是在承前启后的每一个新时期，国共两党领导人的机制化会晤都会向两岸乃至海外华人和国际社会最先传递出积极信号。中共和国、亲两党关系史上的"历史性一步"，对处于政治僵局、两岸经贸和民间交流却越来越热的两岸关系现状具有重大的现实意义，特别是在两岸没有恢复政治谈判前，为两岸建立了以政党交流平台为主体的新的沟通机制，构筑起两岸良性互动的有利气氛。在两岸"面对面"政治协商尚未开局的形势下，两岸政党交流平台成为两岸系统演化的主干路径，也属于两岸在特殊时期在政治层面迂回的沟通渠道，其中中国共产党与中国国民党的两党会谈与磋商机制在两岸政治协商的预演中扮演了核心角色。

第三，两岸系统演化的未来在于政治统一，必须坚持先易后难、循序渐进的基本思路。两岸系统演变的进程前瞻在于低阶政治交流必然过渡到高阶政治交流。两会协商目前看是重要的有效、现实的低阶政治交流。两岸政治议题确实客观存在，双方应正视问题，努力探讨破解之道。在步骤上要循序渐进、先易后难。民间先行就两岸政治议题进行对话，或举办和平论坛，是一个很好的办法，也是一条可行途径。它有利于增进双方了解，为今后共同破解两岸政治难题积累共识、创造条件。2015 年 11 月 7 日下午，中共中央总书记、国家主席习近平同台湾方面领导人马英九在新加坡会面，就进一步推进两岸关系和平发展交换意见，这是 1949 年以来两岸领导人的首次会面，翻开了两岸关系历史性的一页。

目前的关键是，双方如何在维护国家领土完整的基本前提下，为双方人民之间的无障碍交流交往创造条件，让人民自主学习与思考，逐渐形成共同的政治认知、政治情感和政治价值观念，融合出两岸人民共同接受的政治文化，并在此基础上推动两岸政治整合，共同构建中国的政治发展与政治现代化蓝图。②

---

① 王毅:《在海峡两岸婚姻家庭协会成立大会上的讲话》，中华人民共和国中央人民政府网，http://www.gov.cn/gzdt/2012-08/28/content_2212443.htm。

② 刘国深:《两岸关系和平发展新课题浅析》，《台湾研究集刊》，2008 年第 4 期，第 5 页。

2013 年 10 月 6 日，中共中央总书记习近平，在印度尼西亚巴厘岛会见了台湾两岸共同市场基金会荣誉董事长萧万长一行。习近平强调，两岸双方应该坚持走两岸关系和平发展的正确道路，倡导"两岸一家亲"的理念，加强交流合作，共同促进中华民族伟大复兴。习近平强调，要珍惜历史机遇，保持两岸关系和平发展良好势头。两岸民众都希望两岸关系取得更大进展。双方应该顺应民心、抓住机遇、促进两岸关系发展取得新成果。习近平指出，增进两岸政治互信，夯实共同政治基础，是确保两岸关系和平发展的关键。着眼长远，两岸长期存在的政治分歧问题终归要逐步解决，总不能将这些问题一代一代传下去。这是中国共产党高层就两岸关系发出的最新的声音。①

事实上，巩固基础，深化互信，两岸关系就能相向而行，良性互动。从大的背景看，2013 年以来，台湾方面多次表示，两岸不是"国与国"关系；不论在岛内或岛外，都不会推动"两个中国""一中一台"与"台湾独立"。两岸就共同维护一个中国框架形成更加清晰的共同认知，有利于为两岸关系和平发展开辟更加广阔的前景。2016 年以来，台湾政局发生重大变化，蔡英文当局拒不承认"九二共识"，不认同两岸同属"一中"，破坏了两岸关系和平发展的政治基础，造成两岸联系沟通和协商谈判机制中断，台湾民众切身利益受到损害。习近平多次发表重要讲话，阐明了坚持"九二共识"、维护两岸关系和平发展的原则立场，宣示了反对和遏制任何形式"台独"的坚定意志和决心，表达了促进两岸民间交流合作、增进两岸同胞福祉的真诚态度，为两岸关系发展指明了方向。截至 2016 年年底，大陆 53 个海峡两岸青年就业创业基地和示范点共入驻或服务台资企业近 1200 家，吸引超过 6000 名台湾青年实习就业创业，1.7 万多名台湾青年参加基地或示范点组织的各类实习就业、创业创新交流活动。

刘国深指出：未来两岸之间进行内政与外交空间的重新安排并非绝无可能，但这样的重新安排必须建立在"正视现实"基础上，两岸唯有明确认知现存的政治框架，并且形成"共同的视域"，双方才能通过协商与谈判的方式解决问题。他认为，当前两岸关系和平发展的最大难题还是政治互信的建立与过渡性政治框架的建构。在高阶政治问题一时不能解决的情况下，双方可以求同存异，找出共同点，搁置分歧点。一些亟待解决的低阶政治问题可以通过政党协商、

---

① 《媒体热议习近平解决两岸政治分歧呼吁》，网易网，http://money.163.com/13/1008/09/9ALDVQBV00253B0H.html。

两会协商等方式谈判解决。①

本课题的主要研究体系可以分为四部分：

第一，基于自组织理论中耗散理论对由海峡两岸所构成的巨系统的耗散结构及其稳定性和开放性进行全面的考察，并对其演化生成的国际环境进行合理预测，据此分析历史上形成的美日台同盟的特点及其结构性困境，把握美日在台海两岸关系改善形势下对台政策走向。

第二，基于自组织理论中的协同论考察逐步形成的两岸和平发展框架的运行动力和结构性问题，对于体系内各种变量以及"序参量"进行归纳。框架体系内存在诸多快变量和慢变量，一些最终决定系统未来走向的慢变量将会演化为"序参量"，也是系统发展的动力所在。当前看，海峡两岸共同利益与民族情感是两岸命运共同体也是两岸和平发展框架的"序参量"。

第三，基于自组织理论中的突变论分析台海地区发生突发应急事件的形成机理和促成要素，对如何规避这类应急事件形成"巨涨落"进行对策研究。以建立两岸应急防范机制，特别是探讨两岸军事互信机制的建立，完善两岸危机管理机制。

第四，基于自组织理论中的超循环论考察两岸和平发展框架的演化路径，对两岸合作的递进层次进行动态分析。两岸合作框架的建设基本遵循着"先经后政""先易后难"的演进路径，运用超循环理论可以在两岸合作层面不断深化和扩大的过程中有效处理系统内在的随机性和外界扰动性，保持结构的稳定性。

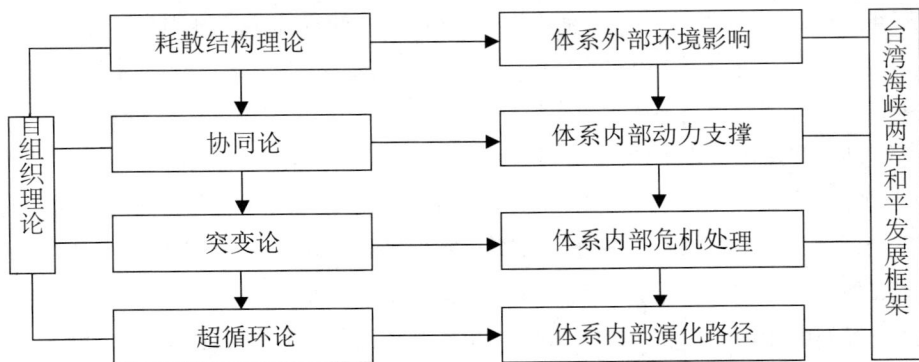

主要研究体系图示一

---

① 刘国深：《两岸关系和平发展新课题浅析》，《台湾研究集刊》，2008 年第 4 期，第 4—5 页。

　　两岸和平发展是两岸走向和平统一的初级阶段，两岸和平统一则是两岸和平发展的终极目标，二者是辩证统一的。台湾问题涉及政治、经济、法律、国际问题以及民族情感等方方面面，错综复杂，千头万绪。两岸多年隔绝造成的各种分歧与误解，更是冰冻三尺，非一日之寒。因此，两岸走向和平统一是人类政治学史上的难题，必须用系统和战略的思维与眼光看待和破解两岸问题。

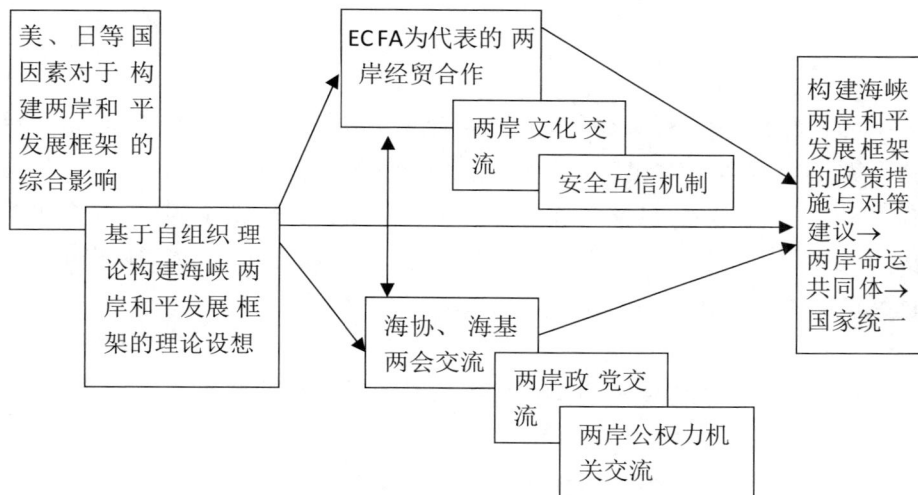

主要研究体系图示二

　　台湾问题由来已久，既有国内因素，又掺杂国际因素；既有政党关系，又涉及民众情感；和平发展虽然成为发展趋势，但是两岸战争对峙状态尚未完全解除。因此，行稳才能致远。对于台湾问题的最终解决既要有信心又要有耐心，不可以简单地设定两岸统一的时间表，否则会丧失来之不易的成果和两岸关系发展的主导权。我们期望两岸关系能在双方政治互信和良好合作基础上继续向前迈进，走向和平、稳定、繁荣的明天，最终迎来国家统一，民族复兴的光辉时刻。

结束语 有关国家统一与民族复兴的几点思考

回顾历史是为了展望未来。从 1894 年甲午战争后清政府割台到 1945 年台湾光复，再到今天中华民族即将实现伟大复兴的历史时刻，我们可以深深体会到国家统一与民族复兴是一个不可分割的整体，而台湾问题必须放在中华民族史诗般的壮丽征程中才能解读台湾同胞百年来的郁郁悲歌，并憧憬两岸携手迎接民族复兴的光明前景。

一、国家统一是时代潮流指向和大国兴衰关键

2016 年，蔡英文和民进党重新取得岛内执政权，由于民进党本身没有放弃"台独党纲"，而蔡英文迟迟不肯承认"九二共识"，为此一批"台独"分子蠢蠢欲动，力图结束"蛰伏"而图"大业"，而一部分关注台湾问题的人士则各持己见，或者眉头紧锁，或者愤慨激昂，其实不必如此烦恼，因为历史是解读未来的一把钥匙，纵览几千年的世界历史和中国历史，都可以找到一个颠扑不破的真理：国家统一是时代潮流指向和大国兴衰关键。中国的国家统一最终是一个历史合力的作用，既非个人和个别群体意志所能左右，更不是一小撮人蚍蜉撼树所能够阻挡。

在 1890 年《恩格斯致约·布洛赫》的通信中，恩格斯说："历史是这样创造的：最终的结果总是从许多单个的意志的相互冲突中产生出来的，而其中的每一个意志，又是由于许多特殊的生活条件，才成为它所成为的那样。这样就有无数互相交错的力量，有无数个力的平行四边形，而由此就产生出一个总的结果，即历史事变，而这个结果又可以看作一个作为整体的、不自觉地和不自主

190

地起着作用的力量的产物。"①

从世界历史特别是世界近现代史看，任何一个民族国家要实现国家的繁荣昌盛的前提在于国家的统一，一个民族国家丧失了主权独立和领土完整后，只能沦为一些霸权国家的附庸，长此以往，其民族精神和民族凝聚力会逐渐消散，而这个民族国家从实体和国家理念上都会走向消亡。

"国家"是天下、邦国、家室的总称。《孟子·离娄上》中指出："人有恒言，皆曰天下国家，天下之本在国，国家之本在家。"16世纪，社会政治的发展使人们已有可能抽象出现代国家的概念，意大利的政治思想家马基雅维利在《君主论》中，第一次广泛使用"国家"这个词表示在政治上组织起来的社会。此后"国家"一词便流行通用。列宁说："几乎目前所有各种政治争论、分歧和意见，都是围绕国家这一概念的。"②

马克思与恩格斯一直强调国家和国家统一的重要意义。恩格斯曾经指出，国家是阶级矛盾不可调和的产物和表现，是"从社会中产生但又自居于社会之上并且日益同社会脱离的力量"；国家"作为表面上的调停人"，为了使那些不可调和的对立面不致在无谓的斗争中把自己和社会消灭，就"应当缓和冲突，把冲突保持在'秩序'的范围以内"。③1884年，恩格斯在《马克思和新莱茵报》一文中针对德意志的统一问题指出："'新莱茵报'的政治纲领有两个要点：建立统一的、不可分割的、民主的德意志共和国和对俄国进行一场包括恢复波兰的战争。""无产阶级的利益迫切要求德国彻底统一成为一个民族，只有这样才能把过去遗留的一切琐屑障碍清除掉而扫清无产阶级同资产阶级较一较量的战场。""普鲁士的消灭，奥地利国家的崩溃，德国真正统一成为共和国——我们在最近将来的革命纲领只能是这样的。"④

纵观世界历史，包括美国在内的各主要大国都把不惜一切代价反分裂作为其首要的排他型战略。美国总统林肯曾经论述过一国之内的地理依存，他说："一座房子不能从中间裂开"。1861年，美国南方一些州建立南部同盟，公开分裂国家，并于1861年2月8日组成南部邦联，推举所谓"临时总统"，公开与联邦政府分庭抗礼。面对国家分裂的严重危机，时任美国总统林肯旗帜鲜明地

---

① 《马克思恩格斯选集》，第4卷，人民出版社，1972年，第478页。
② 《列宁选集》，第4卷，人民出版社，1995年，第53页。
③ 《马克思恩格斯选集》，人民出版社，1972年，第4卷，第166、168页。
④ 《马克思恩格斯全集》，第21卷，人民出版社，1965年，第21页。

表明了反对国家分裂的严正立场："从一般法律和我们的宪法来仔细考虑，我坚信，我们各州组成的联邦是永久性的"，"没有一个名副其实的政府会在自己的根本法中定出一条，规定自己完结的期限。继续执行我国宪法所明文规定的各项条文，联邦便将永远存在下去——除了采取并未见之于宪法的行动，谁也不可能毁灭掉联邦"，"联邦是不容分裂的；我也将竭尽全力，按照宪法明确赋予我的责任，坚决负责让联邦的一切法令在所有各州得以贯彻执行"。[①] 这场冲突在 19 世纪 60 年代演变为一场长达 4 年、席卷全国的南北战争，最终南北战场较量的结果是美国联邦复归于统一，1865 年 4 月 9 日，南方军队总司令李将军被迫投降，南部邦联的分裂活动被彻底粉碎。在这场战争中，南北双方共花费军费 60 多亿美元，投入兵力 300 万人，61.5 万人战死沙场，大约每 60 个美国人里，就有一个死于战火（美国内战时期，北方人口 2200 万，南方人口 900 万，其中有 350 万是奴隶）。

与美国同为近邻的加拿大在反分裂方面同样意志坚决。1995 年 10 月，加拿大就魁北克独立问题举行公民投票，反对独立的联邦主义者以 50.6% 比 49.4% 的微弱多数获胜，两者的票数之差仅为 5.4 万张，这使加拿大暂时避免了分裂。[②] 在 1995 年魁北克公投前的国会会议上，克雷蒂安总理坚定地说："百分之五十加一票就可以分裂一个国家？这不是民主！"针对魁北克分裂势力要求独立，加拿大政府采取司法诉讼和立法这两种重要的手段来加以约束。1999 年 12 月，联邦政府推出"清晰法案"。法案中有两个最关键的内容：其一，分裂势力在就独立问题组织公投时必须设问清晰，不得有丝毫倾向性，防止政治人物用模棱两可的词汇误导民众；其二，《清晰法》还规定必须有清晰数量的民众支持，不仅仅是魁北克人的支持，而是整个加拿大人都要支持。在这部"铁法"面前，魁北克分裂势力受到沉重打击。这意味着，魁北克人党在 1980 年和 1995 年全民投票中的议题都是不能接受的，投票结果是无效的。正如当时的政府事务部长迪恩所说：《清晰法》草案的通过，保障了加拿大永远不会在混乱中被分裂。"自此，加拿大的分裂危机从根本上得到了控制，"清晰法案"于

---

① 黄雨石、辜正坤、邓蜀生译：《林肯集——演说 信件 杂文 公告 总统咨文和公告》（上），生活·读书·新知三联书店，1993 年，第 298、299 页。

② Edwards G. *Britannica Book of the Year 1996*.Chicago, ILL:Encyclopedia Britannica, Inc., 1996:385.

2000 年 3 月在加拿大国会通过。①

俄罗斯在打击车臣独立、维护国家统一方面得到举国上下的鼎力支持。1999 年下半年，普京任俄罗斯总统后痛下决心，决定动用军事手段遏制民族分裂主义，打击车臣叛乱，他说："我们打击恐怖分子必须坚持到底，即使他们逃到厕所里，我们也要把他们溺死在马桶里！"该年 9—10 月，普京政府全面展开了第二次车臣战争，并获得胜利。同时，双管齐下，在加紧清剿车臣非法武装，消灭其有生力量的同时，倾注巨大财力加快车臣法制建设和重建恢复，并取得初步成效。

中国作为五千年的文明古国，在历史上多次面临统一和分裂的局面，对于国家分裂的显著危害有着切肤之痛。公元 156 年，全国人口 5000 多万，但经过黄巾起义和三国混战，公元 221 年人口下降到 90 万，损失了 98.3%，"马前悬人头，车后载妇女。白骨露于野，千里无鸡鸣。生民百余一，念之断人肠"。从而成为当时社会历史的真实写照。宋朝的苏轼也在《教战守策》中曾经明确指出"天下分裂，而唐室固以微矣"，总结出唐朝的衰微与唐末的分裂割据之间存在着必然的因果联系。

正是因为分裂的显著危害，国际法禁止以任何理由损害一个国家的领土完整和政治独立。联合国前秘书长加利曾一针见血地指出："如果每个种族、宗教或语言集团都要求建立国家，那么世界将会出现一种完全支离破碎的情景，全人类的和平、安全与经济利益都将更难以实现。"因此，他警告说："以种族、宗教社会、文化和语言为借口进行反叛斗争，正在威胁着国与国之间的和睦关系。"

2015 年 9 月 10 日，英国首相卡梅伦在苏格兰首府爱丁堡为苏格兰独立公投反独阵营造势，呼吁选民投反对票，极力挽留苏格兰留在英国，卡梅伦深情地指出："周四，你们开始投票，周五一早醒来，可能你们就已经身在一个不同的国家。我们要知道，此行一投，已再无退路，这就是一锤定音的一次投票。在周五早晨醒来，我们伤心，因为我们所深爱的国家已经不再，苏格兰将不再与英格兰、威尔士和北爱尔兰在三军中携手，不再参与联合王国在世界上的光荣活动，不再是英国奥林匹克代表团成员。从此失去联合国王国的养老金，不再持有联合国王国的护照，不再使用英镑。世界最伟大的典范的民主，各民族开放而诚信如一个民族的国家将不再存在。独立会终结一个国家，一个曾发起

---

① 　王英津:《关于遏止分离性公民投票的对策思考——以魁北克"公投"为个案》,《河南师范大学学报》(哲学社会科学版)，2008 年第 3 期，第 69、70 页。

启蒙运动，发起工业革命，消灭了奴隶制，打败了法西斯赢得全球尊重，一个我们称为家的地方。苏格兰之离去正如我们一起辛苦创建了家园，但你却出门而去不再回来。所以，我要对所有在周四投票的人说，请记住：这不仅是一个古老的国家。这是联合王国。这是我们的国家。""说到家庭，我的感受相当简单，我们是一个家庭，联合王国不只是一个民族，我们是四个民族凝聚成的一个国家。这中间也许存在困难，但终归是美好的。苏格兰、英格兰、威尔士和北爱尔兰是不同的民族，有着各自独特的民族性。大家相互竞争，甚至有些时候触怒彼此，但我们相聚之时确实是强大的。我们是一个民族大家庭。所以，请不要让这个家庭四分五裂。"①卡梅伦的深情演讲博得国际社会的满堂彩，其英文演讲文本甚至被采用为非英语国家的学习教材，而其中深层次含义在于国际社会对于国家统一在感性层面的高度认同。

二、中国国家统一的历史逻辑寓于"大一统" 中华传统政治文化之中

中华文明历史从未中断就是因为中华民族很早就形成了向往统一、向往安定的民族心理。这种心理是如此强烈，成为中国最大的聚合力。几千年来，中华民族不止一次被分开，但是每一次分裂，中国人总是以坚忍的毅力、巨大的牺牲去实现新的统一。如《三国演义》写天下大乱，群雄并起。尽管小说对曹、刘、孙三家的态度有区别，但小说充分肯定了三家的一个共同点，就是眼观天下、志在统一。鼎立以后，谁都没有满足，大家都要继续追求国家的全部统一。

"大一统"是儒家提出的政治主张，"大一统"始见于《公羊传·隐公元年》："何言乎王正月？大一统也。""大一统"一词最早主要是解释王朝更替的理论，是对王朝由以建立的理论基础所做的说明，是中国早期国家建立之理念。"大一统"观念形成最初源头可以追溯到中华民族对自身所住其间的宇宙的认识，后来才引申为国家在政治和文化上的高度统一。《礼记》给予最通俗的解释："天无二日，土无二主，家无二尊，以一治之也，即大一统之义也。"秦灭六国，完成中国历史上的第一次大一统后，实行的"书同文，车同轨，建立郡县"等一系列政策进一步强化了"大一统"在制度层面上和领土层面上的体现，为后世

---

① 《2014经典演讲之卡梅伦深情挽回苏格兰》，新浪网，http://edu.sina.com.cn/en/2015-01-22/121987240.shtml。

各个王朝所效仿。汉代以后，"大一统"思想不仅体现在心理、制度和领土层面上，而且完成了对"大一统"思想的理论化，其中董仲舒的"大一统论"的核心可以总结为：统一思想、加强中央集权和削弱地方封建势力。此后，"大一统"观念逐渐形成并深入人心，成为任何想建立合法王朝的统治者的最高追求。

在中国古代伦理道德体系中，国家统一是"古今之通义"的核心范畴。"古今之通义"是王夫之道义伦理思想的重要范畴和命题，它与"一人之正义"与"一时之大义"一起构成王夫之义范畴的有机体系并在其中起着引领、规范作用。明清易代给王夫之以极大的心灵震撼和价值撞击，使得他在经历了对"一人之正义"和"一时之大义"求索践履的巨大创痛之后，将全部心志集聚于民族复兴的哲学总结和伦理精神的阐扬之中，提出并论述了"古今之通义"的价值判断和伦理理念，赋予这一价值判断和伦理理念以国魂民魄的核心或枢纽意义，极大地彰显了中华民族整体利益和长远利益的道德合理性和价值至上性，从而使其道义论具有超越千古而又继往开来的价值特质，成为中华民族伦理精神和文化系统中的核心价值观。[①]

华夷之变是中国古代的传统民族观念，自春秋以来的 2300 余年间，大多数中原汉族王朝均奉为圭臬，相沿未革，因而也未能解决好北方的民族问题与边患问题。清朝统治者锐意改革，以民族"大一统"观念取代了以往的华夷之辨。以这种新型民族观念为指导，清朝统治者很好地解决了中国北方的边患问题，促进了中国政治与国土疆域的空前统一。[②]

清朝定鼎北京，君临天下，进入人数以千万计、传统文化极深的汉人社会之中，以顺治帝为首的满族贵族集团，仍然恪守皇太极的遗策，坚持"满汉一体"的思想，他说："历代帝王大率专治汉人，朕兼治满、汉，必使各得其所，家给人足。"他不断阐述、强调这一思想："方今天下一家，满汉官民皆朕臣子"；"满汉官民，俱为一家"。[③]康熙三十年 (1691) 五月，康熙帝采取一项惊人的举措：废长城而不用。他说：秦筑长城以来，汉唐宋亦常修理，其时岂无边患？明末我太祖统大兵长驱直入，诸路瓦解，皆莫敢当。可见守国之道，惟在

①　王泽应：《王夫之"古今之通义"的深刻内涵与价值建构》，《船山学刊》，2015 年第 3 期，第 8 页。

②　李治亭：《清代民族"大一统"观念的时代变革》，《社会科学辑刊》，2006 年第 3 期，第 162 页。

③　《清世祖实录》，华文书局，1985 年，卷 90。

修德友民，民心悦，则邦本得，而边境自固，所谓众志成城者是也。"①

清朝入关之后的第二个皇帝康熙一举实现了对隔海相望的台湾的统一，是清朝历史的一件大事。1662 年 6 月，爱国英雄郑成功收复台湾后不久去世。继承延平王位的儿子郑经、孙子郑克塽等人，凭恃武力在台湾割据。于是，遏制分裂、统一祖国成为大清王朝的重要任务。1667 年，在清朝"征剿"台湾的几次军事行动受挫后，清廷的对台政策改为"议和"。从 1667 年到 1682 年，康熙皇帝先后派福建招抚总兵孔元章和道员刘尔贡、知州马星等人作为谈判代表，与郑经进行了四次七轮谈判。郑经坚持仿效朝鲜"称臣纳贡不登陆不削发"，其理由为"朝鲜亦箕子之后，士各有志，未可相强"。当时清朝为统一国家，做出了最大限度的让步，同意台湾郑氏政权"称臣纳贡不登陆"，但康熙皇帝坚决拒绝"不削发"的条件，因为"削发"是清朝臣民的象征，台湾是大清王朝的领土，朝鲜只是保护国，台湾"东宁小朝廷"不能不削发。其实郑氏集团早已图谋"自立乾坤"，公开分裂国土，并无和谈诚意。面对其分裂行径，康熙起用施琅将军，采取"因剿寓抚"的正确战略，着手完成统一大业。郑氏集团惊慌失措，一些人甚至主张，派使者南联吕宋、苏禄诸国，北结日本，许以重酬，请他们派船派兵来台，共同赶走清军。1683 年，澎湖决战，清军击败郑军，郑氏集团无奈同意议和，对清廷称臣，台湾又一次回归祖国。②

康熙统一台湾是"剿抚兼施"，是和平的方式和非和平的方式交替并用，这种经验方式时至今日值得总结。康熙统一台湾，削除了南明郑氏与清朝对立的最后一点象征性根据地，结束了台湾可能为外人占领的最后一点机会，实现了中国国土的事实上的大统一。康熙统一台湾，在台湾设置郡县，传播中华文化，开辟草莽，改变了禁海和迁界的政策，为台湾的发展和海峡两岸的交流奠定了基础。康熙统一台湾对于中国和台湾来说，其历史意义无疑是巨大的。

2013 年 8 月 13 日，在纪念康熙统一台湾 330 周年国际学术讨论会上，许多学者特别是海研中心副主任谷凯宁先生肯定了康熙统一台湾意志的坚定性，其中康熙打掉郑氏集团偏安一隅的幻想以及立足长远思考台湾未来的战略眼光是其统一的必要条件。首先，最高决策者坚定不移的统一意志是完成统一大业的必要条件。作为决策者，要实现统一的行动，统一意志非常关键，这就是战

---

① 《清圣祖实录》，新文丰出版社，1978 年，卷 151。
② "清政府收复台湾"这段文字主要转引自孙力：《台海两岸分合历史之反思》，《史学集刊》，2003 年第 4 期。

略意志的问题。当时，清政府也面临着内忧外患等等各种各样的问题，但是康熙坚持不允郑经集团"仿朝鲜、琉球例"，坚持"削发"，"上岸"，从康熙初期一直到收复之前坚定不移，贯彻始终，如果他只是为了维持一方的安宁，他可能就可以接受依朝鲜例，进贡称臣，但恐怕不能达成统一的结果。只有领导人的坚定不移，才能凝聚国人共识，使整个国家机器有效运作，形成综合能力。同时，立足长远战略利益确保台湾是康熙统一台湾的最大意义所在，谷凯宁先生认为康熙统一台湾是一种战略眼光的体现。康熙统一台湾的历史功绩，不仅在于当时，更在于未来。康熙收复台湾之后，还就弃守台湾展开过激烈争论，一些朝廷重臣主张放弃，主要是着眼于清朝当时的社会经济状况，但施琅、姚启圣等人从安定东南海疆的国家安全的角度坚持留守台湾，而最终康熙还是采纳了施琅等人的意见，从而为我们赢得了一个非常好的地缘战略的有利态势。①

延安时期，毛泽东提出"中华各族"的概念和各民族共同建立"统一的国家"的思想，不仅从根本上改变了建立"中华联邦共和国"等脱离国情的政治主张，而且是他把马克思主义基本原理与中国革命具体实际相结合，做到了又一次重要的理论突破。

中华人民共和国成立后，毛泽东主席指出："我们的国家现在是空前统一的。资产阶级民主革命和社会主义革命的胜利，以及社会主义建设的成就，迅速地改变了旧中国的面貌。祖国的更加美好的将来，正摆在我们的面前。人民所厌恶的国家分裂和混乱的局面，已经一去不复返了。我国的六亿人民正在工人阶级和共产党的领导下，团结一致地进行着伟大的社会主义建设。国家的统一，人民的团结，国内各民族的团结，这是我们的事业必定要胜利的基本保证。"②莫里斯·梅斯纳在其专著《毛泽东的中国及其发展———中华人民共和国史》中曾给予了客观的积极的评价："中国的马克思主义新执政者们……迅速地把四分五裂的古老中华帝国改造成为一个现代的民族国家，并且给它的多民族的众多人口逐渐灌输了关于民族统一和社会目标的强烈观念。"③

国家统一和民族复兴是习近平为代表的中国共产党人的崇高理想。意志、

---

　　①　《康熙统一台湾330周年系列报道之三：统一意志与战略是统一的必要条件》，海峡之声广播电台，http://www.vos.com.cn/news/2013-08/14/cms764353article.shtml。

　　②　《毛泽东文集》，第7卷，人民出版社，1999年，第204—205页。

　　③　[美]莫里斯·梅斯纳：《毛泽东的中国及其发展———中华人民共和国史》，社会科学文献出版社，1989年，第481页。

勇气、担当，一些外国领导人在和习近平接触后都用这样的词汇描绘他，包括奥巴马在内的美国政要对习近平坚定维护国家主权、领土完整，推进国家统一和民族富强的理想信念也留下了深刻的印象。

2014 年 11 月 14 日，习近平在"习奥会"夜话瀛台时向美国总统奥巴马指出，要了解今天的中国、预测明天的中国，必须了解中国的过去，了解中国的文化。当代中国人的思维，中国政府的治国方略，浸透着中国传统文化的基因。中国人民自古以来珍视国家独立、统一和尊严。中国政府必须顺乎民意，坚定维护国家主权、安全和领土完整，维护民族团结和社会稳定，坚定不移走和平发展道路。奥巴马也表示通过谈话他更加理解中国人民为何珍惜国家统一和稳定。[①]

三、认清国家统一与民族复兴的辩证关系

整体而言，与 2008 年之前的十几年相比，国家统一的前景已经愈加清晰。当然，不排除"台独"分裂势力铤而走险导致台海发生突变的可能性。

中华人民共和国成立后，中国共产党人和中国政府以国家富强、民族统一为己任，国家逐步摆脱积贫积弱的落后状态。邓小平指出："党的十一届三中全会以后，我们集中力量搞四个现代化，着眼于振兴中华民族。没有四个现代化，中国在世界上就没有应有的地位。"[②]他铭记作为中国人的历史责任感，经常以中国近代史上饱受屈辱的历史警醒国人，指出 20 世纪 90 年代初西方七国首脑会议制裁中国的行径令人联想起 1900 年八国联军侵略中国的历史。

20 世纪末，香港、澳门先后回归祖国，主要原因在于此时中国的国力已经今非昔比，"主要是我们这个国家这几年发展起来了，是个兴旺发达的国家，有力量的国家"，[③]所以邓小平在 1982 年会见英国首相撒切尔夫人时说："主权问题，中国在这个问题上没有回旋余地。坦率地讲，主权问题不是一个可以讨论的问题"，否则"任何一个中国领导人和政府都不能向中国人民交代，甚至也不能向世界人民交代。如果不收回，就意味着中国政府是晚清政府，中国领导人是李

---

① 《习近平同奥巴马在中南海会晤 强调要以积水成渊、积土成山的精神推进中美新型大国关系建设》，《人民日报》，2014 年 11 月 12 日。

② 《邓小平文选》，第三卷，人民出版社，1993 年，第 357 页。

③ 《邓小平文选》，第三卷，人民出版社，1993 年，第 85 页。

鸿章"！①因此，尽管英国、美国在 1997 年之前曾为归还香港给中国设立种种障碍，但是香港最终回归中国。进入新世纪后，中英关系得到了健康的发展，主要在于包括英国在内的西方国家看到中国的蓬勃发展给他们带来的巨大机遇。

20 世纪末，随着香港、澳门的回归，"一国两制"构想得到成功实践。20 年间，"一国两制"在香港的实践，就像一棵幼苗，在风雨中茁壮成长，结出了累累硕果。《中华人民共和国宪法》和《香港特别行政区基本法》确立的特别行政区制度有效运作，民主政治依法推进，政府效能、法治水平等多项指标均比回归前大幅提升；经济平稳增长，竞争力和自由度在全球名列前茅；社会大局保持稳定，各项事业长足发展，人均预期寿命位居世界前列。②

从经济数据和国际地位上看，香港变得更强、更大、更美好。1997 年至 2016 年，香港本地生产总值由 1.37 万亿元（港币，下同）增加至 2.49 万亿元，财政储备由 3707 亿元增加至 9357 亿元；外汇储备由 928 亿美元增加至 3862 亿美元；香港自 1995 年起连续 23 年获评全球最自由经济体，评分稳居第一；香港继续保持国际金融、贸易、航运中心地位，是全球第四大金融中心、第八大贸易实体、第四大船舶注册地、第五大集装箱吞吐港，机场货运量多年高居全球首位。③截至 2016 年年底，香港仍然是内地最大的外资来源地，是内地最大的境外融资平台，是内地对外投资的首要目的地，是全球最大的人民币离岸中心和跨境贸易人民币结算中心。④

全面准确贯彻"一国两制"方针，牢牢掌握宪法和基本法赋予的中央对香港、澳门全面管治权，深化内地和港澳地区交流合作，挫败了境内外分裂势力所策划的意图搞乱香港的"占中"闹剧，保持了香港、澳门繁荣稳定。

从"以静制动""以逸待劳"的角度看，中国保持政治稳定、经济发展、社会进步，则对外能够发展中美日关系，对内能够遏制"台独"，因为经济实力的抬升会增强中国的"硬实力"（特别是国防实力），同时中国改革发展的"溢出效应"必然在政治层面上提高中国的国际地位，在中美日的政治博弈中取得更多的话语权。十七大报告指出："我国经济从一度濒于崩溃的边缘发展到总量跃

---

① 《邓小平文选》，第三卷，人民出版社，1993 年，第 12 页。

② 习近平：《在香港特别行政区政府欢迎晚宴上的致辞（2017 年 6 月 30 日）》，《人民日报（海外版）》，2017 年 7 月 1 日。

③ 《东方之珠 20 年的变与不变》，《人民日报（海外版）》，2017 年 7 月 1 日。

④ 习近平：《在香港特别行政区政府欢迎晚宴上的致辞（2017 年 6 月 30 日）》，《人民日报（海外版）》，2017 年 7 月 1 日。

至世界第四、进出口总额位居世界第三，人民生活从温饱不足发展到总体小康，农村贫困人口从两亿五千多万减少到两千多万，政治建设、文化建设、社会建设取得举世瞩目的成就。中国的发展，不仅使中国人民稳定地走上了富裕安康的广阔道路，而且为世界经济发展和人类文明进步作出了重大贡献。"[①]

2018 年中国国内生产总值超过 90 万亿元，比上年增加了近 8 万亿元。按平均汇率折算，经济总量达到 13.6 万亿美元，稳居世界第二位。[②]

同时，内地、香港、澳门三地协同发展，其融合示范效应对于当前两岸关系的发展具有重要的借鉴意义。第十届中国城市竞争力排行榜发布会的统计资料显示，香港、上海、北京、深圳、广州位居 2011 中国城市综合竞争力前五。在世纪之初，香港综合竞争力继续保持优势，其人才竞争力、商务环境竞争力和社会环境竞争力仍优于内地城市。然而，据专家预测，北京、广州、深圳经济总量将在"十二五"期间全面超越香港。2009 年之前，香港 GDP 远高于其他城市，随着上海等城市高速发展，继上海 2010 年经济总量超越香港，北京、深圳和广州经济总量分别于 2011 年、2013 年超越香港。今后，香港、深圳乃至珠三角的协同效应不可低估，深圳在其《城市总体规划（2007—2020）》中，很重要的一条就是阐述"与香港共建国际大都会"，研究数据表明：2020 年以前，"深港都会"GDP 可保持年均约 8% 增长率，到 2020 年，其经济总量将达到 1.11 万亿美元，仅次于纽约、东京，排名世界城市第 3 位，目前深港合起来的金融证券市场总量就已相当于伦敦。

当前，港澳的经济社会可持续发展是"一国两制"实践的关键所在。建设粤港澳大湾区，既是新时代推动形成全面开放新格局的新尝试，也是推动"一国两制"事业发展的新实践。改革开放以来，特别是香港、澳门回归祖国后，粤港澳合作不断深化实化，粤港澳大湾区经济实力、区域竞争力显著增强，已具备建成国际一流湾区和世界级城市群的基础条件。其中，依托香港、澳门作为自由开放经济体和广东作为改革开放排头兵的优势，继续深化改革、扩大开放，在构建经济高质量发展的体制机制方面走在全国前列，发挥示范引领作用，加快制度创新和先行先试，建设现代化经济体系，更好融入全球市场体系，建

[①] 胡锦涛：《高举中国特色社会主义伟大旗帜　为夺取全面建设小康社会新胜利而奋斗——在中国共产党第十七次全国代表大会上的报告》，2007 年 10 月 15 日，新华网，http://news. xinhuanet.com/newscenter/2007-10/24/content_6938568_1.htm。

[②] 《统计局：2018 年 GDP 达到 13.6 万亿美元 稳居世界第二位》，新浪网，https://finance. sina.com.cn/china/gncj/2019-01-21/doc-ihqfskcn9005130.shtml。

成世界新兴产业、先进制造业和现代服务业基地，建设世界级城市群。①

已经建成的港珠澳大桥是连接香港、珠海和澳门的跨海大桥，全长约 50 公里。大桥建成后，往来珠海与香港国际机场的时间将由 4 小时缩减至约 30 分钟，并将珠三角西部纳入香港 3 小时车程范围内。

2015 年 3 月 4 日，习近平看望出席全国政协十二届三次会议的民革、台盟、台联委员时强调我们坚持对台工作大政方针和决策部署，两岸制度化协商取得新成果，两岸经济融合发展不断深入，各领域交流合作保持良好发展势头，台海局势总体稳定。从根本上说，决定两岸关系走向的关键因素是祖国大陆发展进步。我们要保持自身发展势头，同时采取正确政策措施做好台湾工作。②

国家统一是中华民族的最高国家利益，针对台湾问题，邓小平指出中国"吞不下去（台湾问题），不会吞下去的。如果真的出现这样的情况，由于台湾问题迫使中美关系倒退的话，中国不会吞下去。"③ 他多次指出，"我们一定要完成前人没有完成的统一事业"，④ "实现国家统一是民族的愿望，一百年不统一，一千年也要统一"。⑤ 1986 年，邓小平再次谈及台湾问题，他认为台湾必须同大陆统一，"首先是个民族问题，民族的感情问题。凡是中华民族子孙，都希望中国能统一，分裂状况是违背民族意志的。其次，只要台湾不同大陆统一，台湾作为中国领土的地位是没有保障的，不知道哪一天又被别人拿走了"。⑥

一旦中国改革开放停滞或者发生社会动乱，则美日会加快分化、演化中国大陆的步伐，"台独"势力也会抓住时机，铤而走险，内外不利因素将接踵而至，经济滞后和社会动乱所带来的"多米诺骨牌"效应凸显，不但台湾的分裂走向"法理化"，中国还将会再次面临领土分裂的局面，以及中国经济发展和社会倒退几十年的危险。从苏联的解体可以看出，在苏联解体前面临着各种错综复杂的矛盾，但是主要矛盾还是来自国内，并且矛盾的主要方面在于苏联的经济发展和社会机制出现难以克服的困难，最终其国内反对派势力在西方外部势力的帮助下促成苏联的解体。近年来，俄罗斯克服了国内一系列经济和社会问

---

① 《中共中央、国务院印发〈粤港澳大湾区发展规划纲要〉》，《人民日报》，2019 年 2 月 19 日。

② 《习近平：两岸关系走向关键在大陆发展》，新浪网，http://news.sina.com.cn/o/2015-03-05/025931568752.shtml。

③ 《邓小平文选》，第二卷，人民出版社，1983 年，第 377 页。

④ 《邓小平文选》，第二卷，人民出版社，1983 年，第 31 页。

⑤ 《邓小平文选》，第二卷，人民出版社，1983 年，第 59 页。

⑥ 《邓小平文选》，第二卷，人民出版社，1983 年，第 170 页。

题，国内各种矛盾得以缓和，所以尽管西方势力肆意支持俄国内分裂势力，特别是乌克兰局势恶化后，但是俄罗斯仍然采取强有力的措施维护了本国的稳定与统一。

在"习马会"上，习近平强调，两岸同胞是打断骨头连着筋的同胞兄弟，是血浓于水的一家人。我们应该以行动向世人表明：两岸中国人完全有能力、有智慧解决好自己的问题，并共同为世界与地区和平稳定、发展繁荣做出更大贡献。两岸双方应该坚持"九二共识"、巩固共同政治基础，坚定走和平发展道路，深化两岸交流合作，增进两岸同胞福祉，共谋中华民族伟大复兴。

四、正确处理国家统一进程中的外部干扰因素

台湾问题延续到今天，与美日等外部因素的干扰密不可分，在台湾涉外因素的政治光谱上，美国因素最为核心和直接，其次为日本，再次为韩国、俄罗斯、东南亚国家，而欧盟、印度等外部因素形成的干扰则是相对较弱。

对于美国的台海政策比较客观的论述可见苏格所著的《美国对华政策与台湾问题》一书，"正是因为美国将台湾实际上当成一个实现自己利益的'卒子'，那么它就从根本上决不可能对海峡两岸任何一方的利益予以充分的考虑。也正是因为美国决策者时时以自身的利益出发制定对台政策，其政策就难免不出现种种难以平衡的矛盾之处"，"美国自我标榜的'双轨'政策，说到底就是要维持台湾海峡两岸'不统不独''不战不和'的局面"。[1]

尽管 2008 年之后海峡两岸进入了和平发展的历史时期，但是美国为代表的外部势力从未放松对台湾岛内政局走向的干预，特别是大力培育台湾岛内尤其是青年群体的所谓的"民主势力"和"亲美势力"。2018 年"九合一"选举结果与国民党的选前预判出入很大，选前民调与选举结果相差悬殊的重要原因，就是美国等外部势力竭力培育以"太阳花学运"为代表的蓝绿外第三政治势力并且使其逐步走强。美国等外部势力不愿意看到两岸的和平发展及"一国两制"的成功实施，因此"太阳花学运"与香港"占中"之间一直有交集并互相支撑。

当前，要统筹考虑美国对台军售与大陆对台政策性贸易逆差挂钩。每年大陆对台贸易逆差达 1000 多亿美元，2013 年 5 月美国防部发布 2013 年度《中国

---

[1]　苏格：《美国对华政策与台湾问题》，世界知识出版社，1998 年，第 811 页。

军事与安全态势发展报告》，进一步强调"解放军已具备对台实施越来越复杂的军事行动的能力"，"为使台湾具备足够的自卫能力"和"维持台海地区的和平、安全与稳定"，"美国自 2010 年以来已宣布向台湾出售了超过 120 亿美元的军火"。马英九连任后依然巩固与美关系并高调寻求军购。台湾岛内社会政治生态的现实状况，越来越成为助推美对台军售的重要推手。随着台海和平稳定局面和两岸和平发展态势的出现，台湾的"安全"环境极大改善的同时与台湾当局的巨额军购形成巨大反差，岛内要求发展经济、减少军购的呼声近年持续升温。因此，要综合考虑台湾岛内政党轮替因素，大陆对台的贸易优惠政策与对台军售挂钩的条件已经具备，台湾当局应该将两岸巨额顺差和其他经济实惠造福于台湾民众，要阻止台湾当局利用每年盈余的外汇储备用于军购，消除对两岸和平发展的现实威胁和严重隐患。这既是深化两岸关系和平发展的题中应有之义，也是顺应两岸民意尤其是台湾民众福祉的必要之举。

2013 年 6 月，中美两国元首在加州安纳伯格庄园成功举行了一次历史性会晤，中美双方达成重要共识——共同构建中美新型大国关系。习近平对奥巴马强调，中美双方应该从两国人民根本利益出发，从人类发展进步着眼，创新思维，积极行动，共同推动构建新型大国关系。关于中美新型大国关系的内涵，习近平用三句话做了精辟概括：一是不冲突、不对抗。就是要客观理性看待彼此战略意图，坚持做伙伴、不做对手；通过对话合作、而非对抗冲突的方式，妥善处理矛盾和分歧。二是相互尊重。就是要尊重各自选择的社会制度和发展道路，尊重彼此核心利益和重大关切，求同存异，包容互鉴，共同进步。三是合作共赢。就是要摒弃零和思维，在追求自身利益时兼顾对方利益，在寻求自身发展时促进共同发展，不断深化利益交融格局。① 这一兼具战略性、建设性和开创性的重要共识，为中美关系的未来指明了方向，开辟了道路，同时，也必将对亚太地区乃至国际格局的演变产生积极和深远影响。

2013 年 9 月 20 日，中国外长王毅在美国首都华盛顿美国知名智库布鲁金斯学会发表演讲时专门提及台湾问题。他强调，台湾问题事关中国的主权和领土完整，事关 13 亿中国人的民族感情。当前，两岸关系保持和平发展势头，要和平不要战争、要合作不要对抗、要交往不要隔绝已是两岸同胞的人心所向。两岸在相互往来合作中逐渐彼此融合，直至实现最终统一将是谁也无法阻挡的

---

① 《习近平概括中美新型大国关系：不冲突、不对抗，相互尊重，合作共赢》，新华网，http://news.xinhuanet.com/politics/2013-06/10/c_116107914.htm。

历史潮流。

王毅表示，多年来，台湾问题始终是中美关系中损害互信、干扰合作的一项负资产。如果美方能够顺应两岸关系和平发展的大势，切实理解和尊重中国反对分裂，致力于和平统一的努力，那么台湾问题就会从中美关系的负资产变成正资产，从消极因素变成积极因素，就能为中美关系长期稳定发展提供保障，为中美开展全方位合作开辟前景。

2013年就任外长前，王毅曾于2008年至2013年担任中共中央台湾工作办公室、国务院台湾事务办公室主任，因此王毅的发言代表了中方在中美关系中妥善处理台湾问题的基本立场，是近年来中国官方对于美台问题最为明确的表述。

冷战后，日本从其国家利益出发，乐见台湾民众"皇民化情结"的滋长，由于受战败国身份的限制，日本不能和美国一样在政治和军事上直接介入台湾事务，但是日本凭借多年来形成的台湾民众的亲日意识在文化上渗透台湾。自1995年开始，台湾各大学的日语系剧增，到2004年全台设有日语系的高等院校多达43所，共有7.5万名学生在学日语。日本交流协会及其在台北、高雄两地的事务所，是"日语渗透台湾"的最大推动者。台湾岛内政客还把学日语、去日本访问当成捞取政治资本的捷径，民进党上台后包括"国安会秘书长"邱义仁、民进党前秘书长张俊雄等人在内都在学习日语，而所有的课程都是由日本交流协会台北事务所安排的。

在历史上，日本军国主义一直坚持"远交近攻"的外交理念，日本发动的甲午战争和对华全面侵略战争都是在中国面临两次国内现代化（近代化）的历史时期发动的，现在中国将要完成第三次现代化的进程，日本国内的不安和焦虑更是有迹可循的。当前，世界的基本潮流就是倡导和平与发展，中日之间爆发热战的可能性几乎不存在。但是，日本一直有意寻找遏制中国的各方面因素，干扰中国的现代化进程，在中国的发展一旦遇到诸多问题而陷入停滞时，日本就可以在东亚事务中居于主导地位。日本东京都知事石原慎太郎在2000年4月12日接受德国《明镜》周刊记者采访时，更直言不讳地鼓吹"中国分裂有利于日本"，叫嚣："中国最好分裂成几个小国，日本应尽力促进这一过程。"① 因此，具有特殊历史背景和现实利益纠葛的台湾问题成为日本干扰中国的首选，这与美国的出发点既有相同之处，又有不同之处，因为美国插手台湾的意图在于要

---

① 岳麓士:《不能容忍的狂言》,《人民日报》, 2000年4月17日。

保持世界的"单极"地位，日本的目的在于争夺同中国有关东亚事务的主导权，尽管中国政府一贯坚决奉行不干涉他国内政的和平外交政策。对于日台关系进展要高度警惕，因为二者极易对中国东部沿海区域形成"扇面"包围与辐射态势。

当前，台湾当局"拓展国际空间"频频受挫。在马英九执政的 8 年间，与台湾"断交"的只有冈比亚，而蔡英文仅执政两年，就有 5 个国家与台"断交"，2016 年 12 月圣多美和普林西比、2017 年 6 月巴拿马、2018 年 5 月 1 日多米尼加共和国、5 月 24 日布基纳法索分别与台湾"断交"，先后同中华人民共和国建立外交关系。2018 年 8 月萨尔瓦多宣布同台湾"断交"，自蔡英文 2016 年上台以来，这已经是第五个国家拒绝承认台湾，转而同中华人民共和国建立外交关系。接下来，台湾仅剩的 17 个"邦交国"中一定会有很多国家想趁着"断交潮"与中华人民共和国建交。

五、制定中国国家统一总体战略

（一）政治上，本着协同原则，对台做好打持久战的准备。

台湾问题由来已久，既有国内因素，又掺杂国际因素；既有政党关系，又涉及民众情感；当前，两岸战争状态尚未解除。因此，对于台湾问题要做好打持久战的准备，否则会丧失在两岸关系上的主导权。

第一，坚持一个中国的基本原则不动摇。就"一个中国"的领土指涉而言，包括中国大陆和中国台湾地区，这是发展两岸关系的底线和维护国家统一的重要保障。当然，对于"一个中国"的政治含义可以进行探讨，要充分照顾到双方的法律地位、历史渊源和政治情感，未来统一后的中国概念将是在中西方政治学体系内对于国体和政体理论的扬弃，也是对"一国两制"理论的重大创新。尝试直接对"中华民国宪法"进行功能性抽取，肯定"一中"法理基础，对于"法统"之争搁置争议，最大程度争取国民党的认同。在法律体系上，阐明《反分裂国家法》代表中国的国家统一意志，对于民进党以岛内多数民意之名搞"法理台独"明确划出法律红线。

第二，蔡英文执政后，当前我们对于持"理念型台独"的蔡英文要更加具有耐心。把握两岸的主导权，继续对蔡施压，同时预留出一定缓冲空间，由实践证明最终破坏台海和平的责任在蔡英文，核心是要让大陆民众和国际社会可以清楚并准确地理解蔡主张的两岸关系在政治和法理上是什么性质，是"国与国"？还是"非国与国"的关系？

民进党目前还是"泛绿"阵营的骨干，深绿人士掌握主导权，同时基本盘在底层民众和草根群体，因此对其要全面分析。民进党在两度失去岛内执政权后曾一度反思和检讨其大陆政策，民进党内部一些青壮派开始提出与大陆进行接触。如果我们适当把握时机，有的放矢地对民进党内相对开明人士开展工作，争取民进党"台独"政策的转向或者促使民进党内部分党员放弃"台独"主张，这将是打破台湾岛内蓝绿平衡状态的重要着力点，也是"反独促统"工作的突破口，此外对持中间立场的选民也会有所触动。如果民进党放弃"台独党纲"，则国民党只能和他拼"蓝"，继续向两岸统一问题上靠拢，那么我们按照"一国两制"实现祖国统一将会取得重大进展。

近年来大陆对台的"防独"政策中，除了原有的"武力威慑"外，特别注意以"柔性"政策瓦解"台独"阵营，包括区别对待"浅绿"和"铁杆深绿"，实行"一手软一手硬"的策略，争取绿营中一切可以争取的人士。适当放宽绿营成员来大陆的限制，通过学术讨论的方式与蓝、绿营学者共同探讨两岸和平框架与构想。同时，对于目前台海局势的认识必须理性、客观、全面，要充分重视坚持"台独"理念的绿营在政治上的整合趋势和舆论上的动员能力。

第三，团结"深蓝"，孤立"深绿"，争取岛内中间民众。大陆是长期战略目标指引，立足现实，放眼长远，多方动员，合力凸显；台湾是短期选举布局驱动，紧盯票源，自保第一，蓝绿冲突，矛盾重重；根据多项民意测评，整个台湾岛内民众对于统一的态度呈现"橄榄型"，一小部分为"深蓝"（支持尽快实现国家统一），另一小部分为"深绿"（主张"台湾尽快独立"），绝大部分为中间民众（主张维持"不独、不统"现状或者没有明确态度），因此争取中间民众的工作十分艰巨。

国民党是泛蓝阵营的代表和中坚，要继续巩固与国民党的"友党"关系，对国共两党之间将近一个世纪的恩怨应本着历史态度和现实精神予以化解，对于国民党在岛内执政权的取得和巩固要充分支持，这是维护台海两岸和平的重要前提。当前帮助和支持中国国民党是我们对台工作的重中之重，同时对其在统一问题上的期望值不宜过高。

（二）经济上，建立稳固和长效的两岸经贸互利机制。

今后两岸要继续深化经济合作，以经济融合为基础，加速扩大两岸的共同利益。当前，两岸的经贸交流十分顺畅，人员往来频繁，但是大陆单方让利和台湾方面尽收"红利"的局面是不会持久的，尤其是台湾当局对于"陆资入台"和"陆生赴台"疑虑重重。实际上两岸经贸交流又到了一个需要跃升的层面，一方面台商在大陆的投资黄金期已过，大陆包括内地省份对于台商落地投资的期望值逐渐相对理性，在环保、财政收益、用工方面的准入要求十分明确，台商在大陆的投资被要求承载更多的社会责任，而诸如当年许文龙等绿色台商"大陆淘金，支持台独"的活动将更不会得到宽容。另一方面，台湾必须把自身发展定位融入大陆的经济发展大潮中，就纯粹的经贸伙伴而言，韩国以及东南亚等国在技术、劳动力和产品出口结构方面对于台湾形成同质性竞争，大陆可以选择的经贸伙伴的余地很大，而在美欧经济下行的阴影下，台湾经济可以转圜的余地很小。因此，建立稳固和长效的两岸经贸互利机制十分关键，可以考虑将台湾的技术与大陆的市场结合，让台湾的企业透过与大陆企业的合作，加速进入大陆的内需市场。总之两岸经贸共同利益的扩充对于两岸逐步走通"先经后政"乃至"以经促统"的路径十分关键。

今后要创造具有更大吸引力的投资环境，增加绿营成员对大陆经济的依赖，以更多的国民待遇促使绿营成员逐步改变其政治主张；要继续争取青年群体，削弱民进党"票仓"，特别是民进党在台南的"票仓"——台南渔民和农民群体。在涉台人员在大陆求学、经商待遇方面加速推进"单边一国"，促进海西区的产业升级。在2015年对台工作会议上，全国政协主席俞正声就两岸经贸交流方面，首次提及"三中一青"（中小企业、中下阶层、中南部民众及青年），要扩大台湾中小企业、农渔民参与面、受益面，扩大两岸青少年和基层交流，深化两岸各领域交流合作。支持福建自由贸易园区、平潭综合实验区和昆山深化两岸产业合作试验区对台扩大开放、加强合作。

2018年12月4日，汪洋主席在2018厦门两岸企业家峰会年会上的演讲中指出："两岸同胞是手足兄弟，大陆对外开放愿意率先对台湾开放，因为我们是一家人！今年2月我们出台了促进两岸经济文化交流合作的'31条措施'，随后几个月又取消了台港澳人员就业证，实施了台湾居民居住证，这些都是送给台企台胞的'大礼包'。我们言必信、行必果，说到的一定会做到。目前，各地各部门都在按照习近平总书记的要求，顺应台湾同胞的期待，努力地抓落实，福建就出台了含金量颇高的66条配套措施。回顾两岸经济合作走过的路，一句话，大陆对台湾企业的政策和服务没有最好，只有更好，一定会越来越好。"①

在两岸经贸、人员交流等方面，在政策宣示层面继续加大力度，同时把握推进节奏，重点在于加强岛内民众的获得感和收益感。2019年8月1日，大陆暂停47个城市大陆居民赴台个人游试点。国台办回应，大陆居民赴台个人游试点工作于2011年启动，是在两岸关系和平发展大背景下扩大两岸人员往来和交流的积极举措。多年来，大陆居民赴台旅游对台湾旅游及相关产业发展产生了积极促进作用。民进党当局不断推进"台独"活动，不断煽动对大陆敌意，挑动两岸对立，严重破坏了大陆居民赴台个人游试点的基础和条件。总之，经贸领域也要"软硬兼施"。

（三）文化上，培养两岸的"大中华情结"和"命运共同体意识"。

就两岸关系而言，马英九曾经提出两岸同属中华民族，这是一个值得肯定的地方。植根于中华民族悠久历史的中华文化是两岸走向统一的公约数。中华文化以博大精深、兼容并蓄、多元一体为基本特点，台湾文化则强调"独特具有台湾特色的中华文化"，正是中华文化中的一分子。当前，在两岸民众能够积极参与文化层面融合沟通的良好态势下，应搁置关于海峡两岸哪一方是中华文化的"正统"代表的争论，增强民族认同，重建两岸共同价值观念。要扩大文化交流，建立海峡两岸的文化共识，奠定统一的思想文化基础，增强中华文化的凝聚力。今后要以共同继承和发扬中华文化的优秀传统为主线，以加深两岸同胞感情和理解为出发点，采取多种形式，拓宽各种渠道，逐步建立两岸文化交流合作机制，探索两岸文化交流合作的新模式。

在全党内部和各级学校、高校开展全面系统的国家统一教育，组织人员编纂简明读本，阐述台湾岛内"民主、宪政"及"台独"的实质联系所在，同时宣传大陆民众对于国家统一的民意汇集，批驳蔡英文的"台湾多数民意论"。加强对在大陆台商、台生的爱国主义教育，研讨合适的工作方法与机制，以在陆台商为基干组织回流岛内开展反分裂宣传教育，辅之以财税及经费支持。

（四）军事上，坚决做好对台军事斗争准备。

随着中国综合国力规模的继续扩大，对局部损失的承受力将越来越强。这必将为中国捍卫具体国家利益提供决心和能力，也会使外部力量损害中国利益时越来越顾忌。

---

① 《汪洋主席在2018两岸企业家峰会年会上的演讲》，中国台湾网，http://www.taiwan.cn/xwzx/la/201812/t20181207_12120476.htm。

　　20 世纪 90 年代末，对台军事斗争准备在国家军事战略和军队现代化任务中占据核心位置，反"台独"作战任务成为新世纪初期军队建设的主要支点。当前，台湾海峡两岸进入了和平与发展的历史新时期，"台独"对国家安全的威胁程度在逐步降低，而我国面临的生存安全问题和发展安全问题、传统安全威胁和非传统安全威胁相互交织，要求新时期的国防和军队现代化建设要有一个大的发展。因此，十八大报告提出要提高以打赢信息化条件下局部战争能力为核心的完成多样化军事任务的能力，相应地对台军事斗争准备在国家军事战略中的权重要适当降低。一方面对台军事斗争"只做不说"，配合做好争取岛内民心的工作。另一方面，以整体带动局部，主要假想敌发生置换后，军事战略定位相应提升，军事现代化建设的整体水平提高后，自然"水涨船高"，加速形成台海两岸的军力不对称，对"台独"势力形成有力的威慑态势。

　　中国为处理台海局势中的突发事态已经在几个重要的涉台的公开文件中界定了以非和平方式（包括使用武力）解决台湾问题的条件、办法。2001 年 2 月 21 日，国务院台湾事务办公室、国务院新闻办公室发表《一个中国的原则与台湾问题》白皮书指出："如果出现台湾被以任何名义从中国分割出去的重大事变，如果出现外国侵占台湾，如果台湾当局无限期地拒绝通过谈判和平解决两岸统一问题，中国政府只能被迫采取一切可能的断然措施、包括使用武力，来维护中国的主权和领土完整，完成中国的统一大业。"[①] 2004 年 12 月 27 日，国务院新闻办公室发表《2004 年中国的国防》白皮书指出："如果台湾当局铤而走险，胆敢制造重大'台独'事变，中国人民和武装力量将不惜一切代价，坚决彻底地粉碎'台独'分裂图谋。"[②] 2005 年 3 月 14 日，全国人大通过的《反分裂国家法》第八条指出："'台独'分裂势力以任何名义、任何方式造成台湾从中国分裂出去的事实，或者发生将会导致台湾从中国分裂出去的重大事变，或者和平统一的可能性完全丧失，国家得采取非和平方式及其他必要措施，捍卫国家主权和领土完整。"[③] "台独"势力"法理建国"的时刻就是台海局势的"燃点"，中国的对台军事斗争准备越充分，对"台独"势力的冒险行径粉碎得越坚决、越彻底，美日等外部势力直接军事介入的可能性越小。

---

　　①　国务院台湾事务办公室、国务院新闻办公室：《一个中国的原则与台湾问题》白皮书，《人民日报》，2001 年 2 月 22 日。

　　②　《中国发表 2004 年国防白皮书》，《人民日报（海外版）》，2004 年 12 月 28 日。

　　③　《反分裂国家法（2005 年 3 月 14 日第十届全国人民代表大会第三次会议通过）》，《人民日报》，2005 年 3 月 15 日。

　　根据当前台湾岛内政治生态的演变和国际社会各地区政党轮替的规律来看，民进党今后放弃其"台独党纲"的概率不大，所以 2016 年后两岸和平与发展的局面将存在严峻考验，宜做好相应的战略预案。中国社科院台湾史研究中心副研究员褚静涛认为，两岸政治心结不易化解，使两岸关系的缓和与改善仍面临着许多不确定性，政治上缺乏互信、军事上对峙是两岸关系和平发展的最大障碍。结束内战，达成和平协议是实现台海和平的最佳路径。

　　2013 年 9 月 1 日，国民党中央前副秘书长张荣恭参加第七届两岸发展论坛第二组会议"亚太变局下两岸军事互信的途径及台港澳互动关系"议题讨论时发表讲话表示，两岸形势在变化，战略轨迹也在变化，所以两岸需要协商。张荣恭说，两岸的协商不能只局限在经济问题，也需要谈军事互信机制。相比其他疑难问题，军事互信相对比较好做，不可能不是带有"两岸特色"的安排，一定在吴伯雄荣誉主席和连战荣誉主席所讲的"一个中国"架构下，不可能比照"国与国"模式协商，也不涉及两岸的终极安排。张荣恭表示，台湾人民所担心的政治地位问题，也应该本着先易后难解决。比如，现在两岸的军事演习完全可以发布。即使不发布，以现在的技术而言，美国也会知道。因此，两岸完全可以互相通报。如果不能做到互相通报，哪方有自信，哪方可以首先向对方通报，这即先易后难。

　　2017 年 3 月 6 日，时任国台办主任张志军参加全国人大台湾省代表团全体会议指出：2017 年的两岸关系最大的挑战就是那些"台独"势力蠢蠢欲动。这些分裂行径如果得不到有效遏制，必定对两岸关系和平发展和台海的和平稳定带来非常直接重大的威胁。这也是我们的领导人在重要讲话中再三强调，我们要坚决反对和遏制"台独"的原因。如果"台独"继续沿着这样分裂的道路走下去，最终结果必定给台湾民众带来巨大伤害。"台独"之路走到尽头就是统一。但是那样的统一方式一定会给台湾社会和民众带来伤害，他们会付出巨大的代价。

　　2018 年 4 月，中国人民解放军接连在南海阅兵、台海实弹射击演习，各方评论认为针对性极强，都是对美国插手南海以及"美台关系"升温的强硬响应。

　　2019 年 7 月 24 日，中国政府发表《新时代的中国国防》白皮书，这是中国政府自 1998 年以来发表的第 10 部国防白皮书，也是党的十八大以来发表的首部综合型国防白皮书。白皮书指出：国家"反分裂斗争形势更加严峻，民进党当局顽固坚持'台独'分裂立场，拒不承认体现一个中国原则的'九二共识'，加紧推行'去中国化''渐进台独',图谋推动'法理台独',强化敌意对抗,挟洋自重,在分裂道路上越走越远。'台独'分裂势力及其活动始终是台海和平稳定的最大现实威胁,是祖国和平统一的最大障碍"。①

中国作为国际上有影响和负责任的大国,必然努力推行"和平外交战略",为中国的经济建设营造良好的和平环境,同时为世界和平做出贡献。但是,能战方能言和,备战可以逼和。强大的针对"台独"势力的军事威慑、充分的对台军事斗争准备,不但可以遏制台湾当局走向"法理独立",而且对于台湾的主流民意有相当的影响和制约作用,促使台湾民众对于"台独"的危害性及台海形势的未来走向保持相对理性的认识。2004 年 7 月 22 日,台湾《商业周刊》公布的一份民意调查表明,有 58% 的台湾民众认为,如果宣布"台湾独立"将引起两岸战争。调查还发现,认为自己是台湾人也是中国人的达 58%,他们认为"台独"是台海安全的红线。2015 年,台湾的"中央研究院"最新民调显示,台湾有 50% 的民众认为,终将和大陆统一,认为可长久维持现状的比例只占 14%。

当前许多学者将对台军事斗争列为"禁区"。这是非常不负责任的,因为基于中国国家统一的历史经验和对台工作的规律总结,"能战方可言和",在民族面临统一,结束分裂的历史关头,总有一小部分人蚍蜉撼树,逆历史潮流而动,企图使国家分裂的局面固定化、长期化。在统一过程中,对这部分人从战略上要藐视他们,因为最终他们是螳臂当车;但是在战术上要重视他们,因为历史证明这些分裂势力具有顽固性、冒险性及勾结外部势力的整合能力,对国家的统一大业破坏性极大。

从各种资料的综合分析看,在"台独"势力制造重大"台独"事变的时刻,中国未来可能进行的对台作战的基本模式有三种:

第一,经济封锁。对台湾岛内的经济封锁可以达到"不战而屈人之兵"的作战效果,但是一旦实行,对于亚太地区的经济发展特别是中国的经济发展负面影响较大。台湾地区囿于地理环境没有任何陆上通道与外界相连,经济上主要依靠对外贸易,一旦被封锁,经济上将会遭受致命性打击,"台独"行径必然得不到岛内民众的支持而归于失败。但是,美、日将会进行有针对性的反封锁行动,并且伴随西方社会的对中国的经济制裁,整个东亚甚至全球的经济发展

---

① 《新时代的中国国防》白皮书全文,中国军网,http://www.81.cn/jmywyl/2019-07/24/content_9567323.htm。

会陷入一定时期的停滞。

第二，有限打击。中国军队通过发射导弹进行多个波次的攻击并且在海空军掌握台海的制海权和制空权后，可以有选择地对"台独"势力进行一定程度的有限打击，主要目的在于阻吓"台独"势力推行重大的"台独"事变，并且催生岛内政治力量的整合，最终使台湾当局能够回到"一个中国"的立场上来。但是，这种有限打击在何种程度上可以达到其政治上的战略意图，其临界点要精准把握。

第三，登岛作战。通过中国人民解放军的登岛作战，可以彻底根除岛内分裂势力的社会基础和物质基础，但是代价最大，只能是不得已而为之的最后选择。解放军登岛作战将会远远超出战役作战的范畴，将牵涉中国东部沿海地区的战时动员甚至全国动员，在相当长的一个时期里，一切工作将会服从和服务于对台作战及对台工作这个全国性的中心工作。在面临美、日等国家进行军事干涉和政治封锁的强大压力下，中国的和平发展和整个国家和民族的意志力、向心力都将经受极大的考验。

总体来看，"台独"势力的基本特征在于对外挟洋自重，对内挑动族群分裂，并没有在整个台湾岛内建构起全民彻底对抗大陆实现分裂的意志和精神，只要中国政府与国际社会进行广泛的沟通，取得多数国家在道义上的支持，"台独"势力不顾一切进行"法理台独"的可能性不大；即使"台独"势力在美日等国暗中纵容下铤而走险，中国政府通过经济封锁和进行有选择、有目标的有限打击，可以挫败某些重大的"台独"事变。登岛作战以及后续台湾岛的治理将会面临诸多问题，要进行全面的论证，在国家安全层面建立一整套预案，以备在国家安全面临最为严峻挑战的时刻启用。

（五）区处涉台外来干涉，对美外交是重点

必须准确区处美日等外部涉台因素，重点处理好中美关系，促使台湾问题在中美关系中边缘化，使美日"以台制华"的图谋无法实现，在中美日三边良性互动的框架内弱化台湾问题的涉外因素。对美外交中，中国应继续"以两手对两手"，在外交上保持接触和对话的渠道，对其在台湾问题上对中国的遏制和打压，进行有理、有利、有节的斗争，适时把握斗争尺度和分寸，维持斗而不破，明确中国自身的核心利益。此外，要防止日本右翼势力与"台独"势力的合流化趋势。对于台湾的"国际生存空间"问题，在两岸政治谈判尚未启动的情况下，要在"一中"前提下妥善考虑台湾当局涉外活动的合理性及必要性，并充分考虑台湾岛内民众的合理感受。

美国南加大美中学院副教授林丹（Daniel Lynch）2018年3月19日在《外交》杂志网站撰文指出，随着"台湾旅行法"生效，特朗普很有可能在任内，冒着与中国大陆发生军事冲突的风险打"台湾牌"，对蔡英文来说，抗拒这种诱惑、不接受这种改变才是比较明智的。她应该认清，容许那种改变，就是把台湾变成美中角力的棋子。①

今后一个时期，"美日主动，中方被动"仍然是亚太政治博弈格局的常态。对美日同盟的对华指向性，中国在坚决维护领土主权安全的基础上，应通过多层次对话磋商等建设性行动管控中美、中日分歧，强调东亚和平稳定的共同"地区利益"，重视中美日多边合作机制和应急协调机制的建立。

争取美国对台海稳定表态，向其说明蔡英文"宪政体制"与"隐性台独"的逻辑关系，从外部环境上对蔡英文施压。在蔡英文上台后，进一步有节奏地压缩台湾的"国际空间"，使台湾岛内民众受到反向教育，把握中国在南海问题上的主导权，不容台湾方面插手。

在亚太区域乃至全球区域，中国必须发挥自身的主导作用，贯彻"结伴不结盟"方针，关键是在各个方向培育坚定有力的安全可信任的合作伙伴，树立"大周边"理念，打造周边命运共同体。如东南亚方向的柬埔寨、老挝，西北中亚五国，西南巴基斯坦，北部俄罗斯等，中国只有形成在亚太区域乃至辐射全球的聚合效应才能增强抗打压能力，才能与美日避免"见招拆招"，同时保持战略定力。事实表明，中国从亚太和平繁荣的共同利益出发，倡导"一带一路"及"亚投行"等区域合作的开创性举措，从正面凸显了美日军事同盟冷战式安全导向与当今时代潮流的相悖。

六、建立台海应急处置和战略管控体系

在当前两岸关系的评估上要肯定两岸和平发展一系列成绩的取得，同时对于岛内局势做出预判，对一些可能出现的逆流和危机做好应急处理与战略管控。

台海局势当前看是"外患"与"内忧"并存，"台独"势力行分裂之实主要依靠外部势力的支持，所以中国遏制"台独"的对外方略在于构建有利于实现

---

① 《特朗普上周才签"台旅法"美官员黄之瀚即赴台访问》，联合早报网，https://www.zaobao.com/news/china/story20180321-844360。

国家统一的大国关系，特别是中美日大三角的走向直接决定台海地区的和平与稳定。在国内，中国必须在国家安全层面上对可能的台海战争做好准备，整体国家安全战略包括核战略要进行有针对性的调整，只有在对可能发生的一切情况做好充分准备的前提下，才有可能和平地实现国家的统一。

第一，要从国家安全的层面有针对性地进行区域经济布局规划。改革开放以来，中国东南沿海地区已经成为中国最重要的工业基地，在全国工业总产值中所占份额由 1978 年的 31.7% 上升到 1996 年的 41.30%，上升了 9.6 个百分点；2003 年，中国对外贸易达 8500 亿美元，吸引外资近 6000 亿美元，东南沿海地区占 60%，沿海地区经济增长速度超过全国 2 个百分点；2015 年仅仅广东、福建、江苏、上海、浙江五省市已经占全国 GDP 总量（63.6 万亿元）的 35%。台海战争一旦发生，中国东南沿海地区要承受巨大的经济损失，基础设施将会遭到较为严重的破坏，对外贸易将大幅度倒退，中国的工业能力也将整体下降。所以，必须从国家安全战略的宏观层面看待西部大开发与东北老工业基地的振兴及促进中部地区崛起。中国东北和西部地区相对台海地区而言是重要的战略纵深，国家把开发重点转向这两个区域，将完全不同于计划经济年代的"大三线建设"，是国家经济布局和国家安全战略的有机结合。所以，加强中国东北和西部地区的开发建设，不仅仅是区域经济平衡的问题，更为关键的是为未来可能发生的台海战争提供坚实的物质基础和技术支撑。

在武力"防独"的准备方面不能懈怠，对于秉承"台独基本教义派"的"铁杆深绿"们而言，这是最后一道防线。当前，"台独"实力最为忌惮的还是对台军事斗争准备，因此要适时开展对台军事斗争及台海危机管控的沙盘推演，包括开展启动对台打击后西方对大陆施行全面封锁阶段的全方位"压力测试"，有选择性地公布相关数据，形成有效威慑。

第二，建立战时应急经济运行体制的预案，特别是石油储备的预案。未来的战争不仅是高科技层面上的斗争，更是国家间综合国力特别是经济力的对抗。2003 年以来，美国每个月为伊拉克战争花费 56 亿美元，是美国过去 60 年来费用最高昂的战争。截至 2005 年 8 月，美国国会迄今为伊拉克战争批准了 4 项拨款法案，开支总额达到 2044 亿美元。未来的台海战争对中国的经济增长机制，特别是过度依赖对外贸易的经济增长模式产生重要的影响，所以中国必须着手建立战时应急经济运行体制的预案，扩大内需，减少对外资和外贸的依赖程度。

另一方面，1993 年，中国首次成为石油净进口国，2009 年我国原油进口依存度首次突破国际公认的 50% 警戒线。到了 2011 年，中国超过美国成为第一大石油进口国和消费国，当年，官方公布的数据显示中国原油对外依存度达 55.2%，也首次超越美国的 53.5%。2015 年，国内石油消费量为 5.43 亿吨，石油净进口量 3.28 亿吨，中国石油消费的对外依存度首次突破了 60%。当前，中国石油消费超过了 GDP 增速，预计到 2020 年，石油消费总量将达到 6 亿吨左右。到 2030 年，中国石油消耗量的 80% 需要依靠进口。

中国已经成为仅次于美国的世界第二大石油消费国。随着中国石油对外依存度的迅速提高，石油安全问题成了非常紧迫的问题。中国要打赢高科技条件下的局部战争，现代化作战条件下所需的能源安全至关重要，中国政府必须从国家安全层面制定应急的能源安全特别是石油储备预案，包括战略石油储备库的建设，石油通道的安全保障、协调与主要石油供应国的关系以及加紧进行相关替代能源的开发等等。

2007 年 12 月，中国国务院新闻办公室发布的《中国的能源状况与政策》白皮书指出：按照统一规划、分步实施的原则，建设国家石油储备基地，扩大石油储备能力。中国的石油储备包括国家战略石油储备、地方石油储备、企业商业储备和中小型公司石油储备等四级石油储备体系，就中国面临的实际国情和国际安全环境而言，国家战略石油储备为主体，其他储备系统为补充。

2007 年 12 月 18 日，中国国家石油储备中心正式成立。根据初步规划，我国建立了 30 天的石油储备数量，储备总量 1640 万立方米，约合 1400 万吨（按照 BP 统计资料的换算标准，1 立方米原油相当于 0.8581 吨），相当于我国 10 余天原油进口量，加上国内 21 天进口量的商用石油储备能力，我国总的石油储备能力可达到 30 天原油进口量。石油储备基地一期项目主要集中于东部沿海城市，而在二期规划中，内陆地区将扮演重要角色。[①] 至 2016 年年中，中国建成舟山、舟山扩建、镇海、大连、黄岛、独山子、兰州、天津及黄岛国家石油储备洞库共 9 个国家石油储备基地，利用上述储备库及部分社会企业库容，储备原油 3325 万吨，约占我国 2015 年石油净进口量的 1/10。

据了解，2020 年整个项目一旦完成，中国的储备总规模将达到 100 天左右

[①] 据了解，我国石油储备基地的选择需要具备三个基本条件：一是要靠近深水港、铁路线、高速公路网，有优越的交通物流条件；二是要靠近大型炼油厂，在关键时刻储备基地可以就地加工出成品油，以供需要；三是靠近消费市场，尤其是在我国一期建设中，4 个基地都分布在东南沿海石油消费量高的地区。当然，石油储备基地的选择还需要考虑与我国石油进口国的地理位置因素，二期工程在新疆的选址就是考虑了这一点。

的石油净进口量，将国家石油储备能力提升到约 8500 万吨，相当于 90 天的石油净进口量，这也是国际能源署 (IEA) 规定的战略石油储备能力的"达标线"。

第三，中国要提高自身的核威慑能力以应对高技术条件下的局部战争。

"9·11"事件之前，美国与俄罗斯、英国、法国和中国这几个核武器大国一样，承诺不会首先向无核武器国家发动核打击。但"9·11"后，美国已改变了这一核战略政策，并明确宣布对于伊朗、伊拉克、朝鲜、利比亚和叙利亚这些无核武器国家也有可能会首先使用核武器。中国当前的核战略主要体现在"有限核威慑"理论上，中国现行的核战略是一种"无条件"的核战略，概括起来说由以下四个方面构成：（1）全面禁止和销毁核武器；（2）在任何时候不首先使用核武器；（3）在任何时候不对无核国家或无核武器区使用或威胁使用核武器；（4）不扩散包括核武器在内的大规模杀伤性武器。

中国所拟定的"打赢高技术条件下的局部战争"的设想与这种"有限核威慑"理论基本上是相匹配的，但是在未来可能进行的台海战争中面临两个问题：第一，由于奉行"有限核威慑"理论导致中国核威慑能力先天不足，事实上，中国在常规武器装备的研发领域与美国等西方发达国家相比一直存在差距，如果台海形势突变遇到外来军事干涉时，中国是否能够把常规战争的规模控制在局部范围内？如果假想敌在局部战争的框架内无法达到其目的，将战争升级为全面常规战争，中国一旦处于劣势从而面临国家即将分裂的危险时如何有效自卫？第二，在高技术条件下，核大国正在加强核武器的研发以降低核打击的门槛。美国一心想要消除小型核武器和常规武器之间的差异，目前正在研制全新的第四代核武器——不存在核污染的纯热核武器。美国这种企图降低核门槛，将战略核武器战术化的做法，可能在全球引发研制新型核武器的竞赛，使本已笼罩在核阴云下的世界更加不安，国际社会当前也面临着如何界定新型核武器使用的临界点这一严峻课题。

2013 年 10 月 27 日，中国向全世界揭开了核潜艇部队的神秘面纱，从而引起了全球的广泛关注，《人民日报》等中央级媒体进行了深入翔实的报道："……中国海军第一支核潜艇部队——海军北海舰队某潜艇基地。多年来，基地官兵用忠诚和汗水创造出中国潜艇史上多个'首次'和'第一'：90 昼夜长航，创造世界核潜艇一次长航时间新纪录；大深度极限深潜，检验了我国核潜艇深海作战性能；水下发射运载火箭，宣告中国海基战略威慑力量正式形成；作为我军战略铁拳，初步具备了核威慑和核反击能力；连续 42 年守护核安全，从未发生核事故……"。① 各方评论指出，中国官方媒体最近大规模报道中国战略核潜艇部队的情况，被普遍评论为中国对外战略"撒手锏"的一次展示，对现代大国来说，核心军事力量投入实战的机会并不多，它们所承担的战略威慑角色就变得越来越突出。建设好军队除了要确保它的真实战斗力，还要让这种战斗力最大限度地释放出战略威慑力。由于中国崛起已经前进到非常敏感的位置，中国今后会对战略威慑力产生越来越大的需求。中国崛起能够最终成为"和平的"力量，将有赖于战略威慑力的强大和有效。

2019 年 7 月 24 日，《新时代的中国国防》白皮书指出：火箭军在维护国家主权、安全中具有至关重要的地位和作用。火箭军包括核导弹部队、常规导弹部队、保障部队等，下辖导弹基地等。按照核常兼备、全域慑战的战略要求，增强可信可靠的核威慑和核反击能力，加强中远程精确打击力量建设，增强战略制衡能力，努力建设一支强大的现代化火箭军。②

所以，中国必须立足现实，着眼长远，一方面主张在全球范围内全面、彻底地销毁核武器，另一方面在国家安全战略的调整中牢牢把握国家的核心利益——维护国家主权和领土完整这一原则，使中国的核力量在遇有外部势力军事干涉中国国家统一进程中发挥重要的威慑作用；此外，要追踪美国等发达国家研制新型特别是小型化、可控型核武器的动态，通过自身技术水平特别是研发能力的提升维持中国核力量的基本威慑能力和快速反应能力，以应对个别核大国的核讹诈，弥补中国在常规武器装备领域中与美日等国家的相对劣势。

---

① 《深海大洋锻利剑（时代先锋）》，《人民日报》，2013 年 10 月 28 日。

② 《新时代的中国国防》白皮书全文，中国军网，http://www.81.cn/jmywyl/2019-07/24/content_9567323.htm。

附录

【附录一】 国民政府对日宣战文

（一九四一年十二月九日）

日本军阀夙以征服亚洲，并独霸太平洋为其国策，数年以来，中国不顾一切牺牲，继续抗战，其目的不仅所以保卫中国之独立生存，实欲打破日本之侵略野心，维护国际公法、正义及人类福利与世界和平，此中国政府屡经声明者。

中国为酷爱和平之民族，过去四年余之神圣抗战，原期侵略者之日本于遭受实际之惩创后，终能反省。在此时期，各友邦亦极端忍耐，冀其悔祸，俾全太平洋之和平得以维持。不料残暴成性之日本，执迷不悟，且更悍然向我英美诸友邦开衅，扩大其战争侵略行动，甘为破坏全人类和平与正义之戎首，逞其侵略无餍之野心，举凡尊重信义之国家，咸属忍无可忍。兹特正式对日宣战，昭告中外，所有一切条约、协定、合同，有涉及中日间之关系者，一律废止，特此布告。

中华民国三十年十二月九日　主席林森

——摘自《中日关系五十年大事记》，第二卷，文化艺术出版社，2006年，第472页。

【附录二】中、美、英三国《开罗宣言》

（一九四三年十二月一日）

　　三国军事方面人员，对于今后对日作战计划，已获得一致意见，我三大盟国决心以不松弛之压力，从海、陆、空各方面加诸敌人。此项压力已在增长之中。

　　我三大盟国此次进行战争之目的，在于制止及惩罚日本之侵略。三国决不为自身图利，亦无拓展领土之意。三国之宗旨，在剥夺日本自一九一四年第一次世界大战开始以后在太平洋所夺得或占领之一切岛屿，在使日本所窃取于中国之领土，例如满洲、台湾、澎湖列岛等，归还中国。日本亦将被逐出其以武力或贪欲所攫取之所有土地，我三大盟国轸念朝鲜人民所受之奴隶待遇，决定在相当时期，使朝鲜自由独立。

　　我三大盟国抱定上述之各项目标，并与其他对日作战之联合国家目标一致，将坚持进行为获得日本无条件投降所必要之重大的长期作战。

　　——摘自《中日关系五十年大事记》，第三卷，文化艺术出版社，2006年，第178页。

【附录三】波茨坦公告
（又称《波茨坦宣言》）有关台湾部分

（一九四五年七月二十六日）

1. 余等：美国总统、中华民国国民政府主席和英国首相，代表余等亿万国民，业经会商，并同意对日本应予以一机会，以结束此次战争。

8.《开罗宣言》之条件必须实施，而且日本之主权必将限于本州、北海道、九州、四国及吾人所决定其他小岛之内。

——摘自《中日关系五十年大事记》，第三卷，文化艺术出版社，2006 年，第 390—391 页。

【附录四】中华人民共和国和美利坚合众国联合公报
（《上海公报》）

（一九七二年二月二十八日）

应中华人民共和国总理周恩来的邀请，美利坚合众国总统理查德·尼克松自一九七二年二月二十一日至二月二十八日访问了中华人民共和国。陪同总统的有尼克松夫人、美国国务卿威廉·罗杰斯、总统助理亨利·基辛格博士和其他美国官员。

尼克松总统于二月二十一日会见了中国共产党主席毛泽东。两位领导人就中美关系和国际事务认真、坦率地交换了意见。

访问中，尼克松总统和周恩来总理就美利坚合众国和中华人民共和国关系正常化以及双方关心的其他问题进行了广泛、认真和坦率的讨论。此外，国务卿威廉·罗杰斯和外交部长姬鹏飞也以同样精神进行了会谈。

尼克松总统及其一行访问了北京，参观了文化、工业和农业项目，还访问了杭州和上海，在那里继续同中国领导人进行讨论，并参观了类似的项目。

中华人民共和国和美利坚合众国领导人经过这么多年一直没有接触之后，现在有机会坦率地互相介绍彼此对各种问题的观点，对此，双方认为是有益的。他们回顾了经历着重大变化和巨大动荡的国际形势，阐明了各自的立场和态度。

中国方面声明：哪里有压迫，哪里就有反抗。国家要独立，民族要解放，人民要革命，已成为不可抗拒的历史潮流。国家不分大小，应该一律平等，大国不应欺负小国，强国不应欺负弱国。中国决不做超级大国，并且反对任何霸权主义和强权政治。中国方面表示：坚决支持一切被压迫人民和被压迫民族争取自由、解放的斗争；各国人民有权按照自己的意愿，选择本国的社会制度，有权维护本国独立、主权和领土完整，反对外来侵略、干涉、控制和颠覆。一切外国军队都应撤回本国去。中国方面表示：坚决支持越南、老挝、柬埔寨三国人民为实现自己的目标所作的努力，坚决支持越南南方共和临时革命政府的七点建议以及在今年二月对其中两个关键问题的说明和印度支那人民最高级会议联合声明；坚决支持朝鲜民主主义人民共和国政府一九七一年四月十二日提出的朝鲜和平统一的八点方案和取消"联合国韩国统一复兴委员会"的主张；坚决反对日本军国主义的复活和对外扩张，坚决支持日本人民要求建立一个独立、民主、和平和中立的日本的愿望；坚决主张印度和巴基斯坦按照联合国关于印巴问题的决议，立即把自己的军队全部撤回到本国境内以及查谟和克什米尔停火线的各自一方，坚决支持巴基斯坦政府和人民维护独立、主权的斗争以及查谟和克什米尔人民争取自决权的斗争。

美国方面声明：为了亚洲和世界的和平，需要对缓和当前的紧张局势和消除冲突的基本原因作出努力。美国将致力于建立公正而稳定的和平。这种和平是公正的，因为它满足各国人民和各国争取自由和进步的愿望。这种和平是稳定的，因为它消除外来侵略的危险。美国支持全世界各国人民在没有外来压力和干预的情况下取得个人自由和社会进步。美国相信，改善具有不同意识形态的国与国之间的联系，以便减少由于事故、错误估计或误会而引起的对峙的危险，有助于缓和紧张局势的努力。各国应该互相尊重并愿进行和平竞赛，让行动作出最后判断。任何国家都不应自称一贯正确，各国都要准备为了共同的利益重新检查自己的态度。美国强调：应该允许印度支那各国人民在不受外来干涉的情况下决定自己的命运；美国一贯的首要目标是谈判解决；越南共和国和美国在一九七二年一月二十七日提出的八点建议提供了实现这个目标的基础；在谈判得不到解决时，美国预计在符合印度支那每个国家自决这一目标的情况下从这个地区最终撤出所有美国军队。美国将保持其与大韩民国的密切联系和对它的支持；美国将支持大韩民国为谋求在朝鲜半岛缓和紧张局势和增加联系的努力。美国最高度地珍视同日本的友好关系，并将继续发展现存的紧密纽带。按照一九七一年十二月二十一日联合国安全理事会的决议，美国赞成印度和巴基斯坦之间的停火继续下去，并把全部军事力量撤至本国境内以及查谟和克什米尔停火线的各自一方；美国支持南亚各国人民和平地、不受军事威胁地建设自己的未来的权利，而不使这个地区成为大国竞争的目标。

中美两国的社会制度和对外政策有着本质的区别。但是，双方同意，各国不论社会制度如何，都应根据尊重各国主权和领土完整、不侵犯别国、不干涉别国内政、平等互利、和平共处的原则来处理国与国之间的关系。国际争端应在此基础上予以解决，而不诉诸武力和武力威胁。美国和中华人民共和国准备在他们的相互关系中实行这些原则。

考虑到国际关系的上述这些原则，双方声明：

——中美两国关系走向正常化是符合所有国家的利益的；

——双方都希望减少国际军事冲突的危险；

——任何一方都不应该在亚洲—太平洋地区谋求霸权，每一方都反对任何其他国家或国家集团建立这种霸权的努力；

——任何一方都不准备代表任何第三方进行谈判，也不准备同对方达成针对其他国家的协议或谅解。

双方都认为，任何大国与另一大国进行勾结反对其他国家，或者大国在世界上划分利益范围，那都是违背世界各国人民利益的。

双方回顾了中美两国之间长期存在的严重争端。中国方面重申自己的立场：台湾问题是阻碍中美两国关系正常化的关键问题；中华人民共和国政府是中国的唯一合法政府；台湾是中国的一个省，早已归还祖国；解放台湾是中国内政，别国无权干涉；全部美国武装力量和军事设施必须从台湾撤走。中国政府坚决反对任何旨在制造"一中一台"、"一个中国、两个政府"、"两个中国"、"台湾独立"和鼓吹"台湾地位未定"的活动。

美国方面声明：美国认识到，在台湾海峡两边的所有中国人都认为只有一个中国，台湾是中国的一部分。美国政府对这一立场不提出异议。它重申它对由中国人自己和平解决台湾问题的关心。考虑到这一前景，它确认从台湾撤出全部美国武装力量和军事设施的最终目标。在此期间，它将随着这个地区紧张局势的缓和逐步减少它在台湾的武装力量和军事设施。

双方同意，扩大两国人民之间的了解是可取的。为此目的，他们就科学、技术、文化、体育和新闻等方面的具体领域进行了讨论，在这些领域中进行人民之间的联系和交流将会是互相有利的。双方各自承诺对进一步发展这种联系和交流提供便利。

双方把双边贸易看作是另一个可以带来互利的领域，并一致认为平等互利的经济关系是符合两国人民的利益的。他们同意为逐步发展两国间的贸易提供便利。

双方同意，他们将通过不同渠道保持接触，包括不定期地派遣美国高级代表前来北京，就促进两国关系正常化进行具体磋商并继续就共同关心的问题交换意见。

双方希望，这次访问的成果将为两国关系开辟新的前景。双方相信，两国关系正常化不仅符合中美两国人民的利益，而且会对缓和亚洲及世界紧张局势作出贡献。

　　尼克松总统、尼克松夫人及美方一行对中华人民共和国政府和人民给予他们有礼貌的款待，表示感谢。

　　　　　　　　　　——摘自《人民日报》，1972 年 2 月 28 日，第 1 版。

【附录五】中华人民共和国和美利坚合众国
关于建立外交关系的联合公报（《建交公报》）

（一九七九年一月一日）

中华人民共和国和美利坚合众国商定自一九七九年一月一日起互相承认并建立外交关系。

美利坚合众国承认中华人民共和国政府是中国的唯一合法政府。在此范围内，美国人民将同台湾人民保持文化、商务和其他非官方关系。

中华人民共和国和美利坚合众国重申上海公报中双方一致同意的各项原则，并再次强调：

——双方都希望减少国际军事冲突的危险。

——任何一方都不应该在亚洲—太平洋地区以及世界上任何地区谋求霸权，每一方都反对任何国家或国家集团建立这种霸权的努力。

——任何一方都不准备代表任何第三方进行谈判，也不准备同对方达成针对其他国家的协议或谅解。

——美利坚合众国政府承认中国的立场，即只有一个中国，台湾是中国的一部分。

——双方认为，中美关系正常化不仅符合中国人民和美国人民的利益，而且有助于亚洲和世界的和平事业。

中华人民共和国和美利坚合众国将于一九七九年三月一日互派大使并建立大使馆。

——摘自《人民日报》，1978 年 12 月 17 日，第 1 版。

225

【附录六】中华人民共和国和美利坚合众国联合公报
(《八一七公报》)

(一九八二年八月十七日)

一、在中华人民共和国政府和美利坚合众国政府发表的一九七九年一月一日建立外交关系的联合公报中，美利坚合众国承认中华人民共和国政府是中国的唯一合法政府，并承认中国的立场，即只有一个中国，台湾是中国的一部分。在此范围内，双方同意，美国人民将同台湾人民继续保持文化、商务和其他非官方关系。在此基础上，中美两国关系实现了正常化。

二、美国向台湾出售武器的问题在两国谈判建交的过程中没有得到解决。双方的立场不一致，中方声明在正常化以后将再次提出这个问题。双方认识到这一问题将会严重妨碍中美关系的发展，因而在赵紫阳总理与罗纳德·里根总统以及黄华副总理兼外长与亚历山大·黑格国务卿于一九八一年十月会见时以及在此以后，双方进一步就此进行了讨论。

三、互相尊重主权和领土完整、互不干涉内政是指导中美关系的根本原则。一九七二年二月二十八日的上海公报确认了这些原则。一九七九年一月一日生效的建交公报又重申了这些原则。双方强调声明，这些原则仍是指导双方关系所有方面的原则。

四、中国政府重申，台湾问题是中国的内政。一九七九年一月一日中国发表的告台湾同胞书宣布了争取和平统一祖国的大政方针。一九八一年九月三十日中国提出的九点方针是按照这一大政方针争取和平解决台湾问题的进一步重大努力。

五、美国政府非常重视它与中国的关系，并重申，它无意侵犯中国的主权和领土完整，无意干涉中国的内政，也无意执行"两个中国"或"一中一台"政策。美国政府理解并欣赏一九七九年一月一日中国发表的告台湾同胞书和一九八一年九月三十日中国提出的九点方针中所表明的中国争取和平解决台湾问题的政策。台湾问题上出现的新形势也为解决中美两国在美国售台武器问题上的分歧提供了有利的条件。

六、考虑到双方的上述声明，美国政府声明，它不寻求执行一项长期向台湾出售武器的政策，它向台湾出售的武器在性能和数量上将不超过中美建交后近几年供应的水平，它准备逐步减少它对台湾的武器出售，并经过一段时间导致最后的解决。在作这样的声明时，美国承认中国关于彻底解决这一问题的一贯立场。

七、为了使美国售台武器这个历史遗留的问题，经过一段时间最终得到解决，两国政府将尽一切努力，采取措施，创造条件，以利于彻底解决这个问题。

八、中美关系的发展不仅符合两国人民的利益，而且也有利于世界和平与稳定。双方决心本着平等互利的原则，加强经济、文化、教育、科技和其他方面的联系，为继续发展中美两国政府和人民之间的关系共同作出重大努力。

九、为了使中美关系健康发展和维护世界和平、反对侵略扩张，两国政府重申上海公报和建交公报中双方一致同意的各项原则。双方将就共同关心的双边问题和国际问题保持接触并进行适当的磋商。

——摘自《人民日报》，1982 年 8 月 18 日，第 1 版。

【附录七】叶剑英委员长进一步阐明台湾回归祖国实现和平统一的方针政策建议举行两党对等谈判实行第三次合作

（一九八一年十月一日）

今天是中华人民共和国三十二周年国庆前夕，又欣逢辛亥革命七十周年纪念日即将来临之际，我首先向全国各族人民，包括台湾同胞、港澳同胞以及国外侨胞致以节日祝贺和亲切问候。1979 年元旦，全国人民代表大会常务委员会发表《告台湾同胞书》，宣布了争取和平统一祖国的大政方针，得到全中国各族人民，包括台湾同胞、港澳同胞以及国外侨胞的热烈拥护和积极响应。台湾海峡出现了和缓气氛。现在，我愿趁此机会进一步阐明关于台湾回归祖国，实现和平统一的方针政策：（一）为了尽早结束中华民族陷于分裂的不幸局面，我们建议举行中国共产党和中国国民党两党对等谈判，实行第三次合作，共同完成祖国统一大业。双方可先派人接触，充分交换意见。（二）海峡两岸各族人民迫切希望互通音讯、亲人团聚、开展贸易、增进了解。我们建议双方共同为通邮、通商、通航、探亲、旅游以及开展学术、文化、体育交流提供方便，达成有关协议。（三）国家实现统一后，台湾可作为特别行政区，享有高度的自治权，并可保留军队。中央政府不干预台湾地方事务。（四）台湾现行社会、经济制度不变，生活方式不变，同外国的经济、文化关系不变。私人财产、房屋、土地、企业所有权、合法继承权和外国投资不受侵犯。（五）台湾当局和各界代表人士，可担任全国性政治机构的领导职务，参与国家管理。（六）台湾地方财政遇有困难时，可由中央政府酌情补助。（七）台湾各族人民、各界人士愿回祖国大陆定居者，保证妥善安排，不受歧视，来去自由。（八）欢迎台湾工商界人士回祖国大陆投资，兴办各种经济事业，保证其合法权益和利润。（九）统一祖国，人人有责。我们热诚欢迎台湾各族人民、各界人士、民众团体通过各种渠道、采取各种方式提供建议，共商国是。台湾回归祖国，完成统一大业是我们这一代人光荣、伟大的历史使命。中国的统一和富强，不仅是祖国大陆各族人民的根本利益所在，同样是台湾各族同胞的根本利益所在，而且有利于远东和世界和平。我们希望广大台湾同胞，发扬爱国主义精神，积极促进全民族大团结早日实现，共享民族荣誉。希望港澳同胞、国外侨胞继续努力，发挥桥梁作用，为统一祖国贡献力量。我们希望国民党当局坚持一个中国、反对"两个中国"的立场，以民族大义为重，捐弃前嫌，同我们携起手来，共同完成统一祖国大业，实现振兴中华的宏图，为列祖列宗争光，为子孙后代造福，在中华民族历史上谱写新的光辉篇章！

——摘自《人民日报》，1981 年 10 月 1 日，第 1 版。

【附录八】邓小平：中国大陆和台湾和平统一的设想

　　问题的核心是祖国统一。和平统一已成为国共两党的共同语言。但不是我吃掉你，也不是你吃掉我。我们希望国共两党共同完成民族统一，大家都对中华民族作出贡献。

　　我们不赞成台湾"完全自治"的提法。自治不能没有限度，既有限度就不能"完全"。"完全自治"就是"两个中国"，而不是一个中国。制度可以不同，但在国际上代表中国的，只能是中华人民共和国。我们承认台湾地方政府在对内政策上可以搞自己的一套。台湾作为特别行政区，虽是地方政府，但同其他省、市以至自治区的地方政府不同，可以有其他省、市、自治区所没有而为自己所独有的某些权力，条件是不能损害统一的国家的利益。

　　祖国统一后，台湾特别行政区可以有自己的独立性，可以实行同大陆不同的制度。司法独立，终审权不须到北京。台湾还可以有自己的军队，只是不能构成对大陆的威胁。大陆不派人驻台，不仅军队不去，行政人员也不去。台湾的党、政、军等系统，都由台湾自己来管。中央政府还要给台湾留出名额。

　　和平统一不是大陆把台湾吃掉，当然也不能是台湾把大陆吃掉。所谓"三民主义统一中国"，这不现实。

　　要实现统一，就要有个适当方式，所以我们建议举行两党平等会谈，实行第三次合作，而不提中央与地方谈判。双方达成协议后，可以正式宣布。但万万不可让外国插手，那样只能意味着中国还未独立，后患无穷。

　　我们希望台湾方面仔细研究一下一九八一年九月叶剑英提出的九条方针政策的内容和一九八三年六月邓颖超在政协六届一次会议上的开幕词，消除误解。

　　你们今年三月在美国旧金山举办"中国统一之展望"讨论会，做了一件很好的事。

　　我们是要完成前人没有完成的统一事业。如果国共两党能共同完成这件事，蒋氏父子他们的历史都会写得好一些。当然，实现和平统一需要一定时间。如果说不急，那是假话，我们上了年纪的人，总希望早日实现。要多接触，增进了解。我们随时可以派人去台湾，可以只看不谈。也欢迎他们派人来，保证安全、保密。我们讲话算数，不搞小动作。

我们已经实现了安定团结。和平统一祖国的方针，是我们党的十一届三中全会以后制定的，有关政策是逐渐完备起来的，我们将坚持不变。

中美关系最近略有好转，但是，美国的当权人士从未放弃搞"两个中国"或"一个半中国"。美国把它的制度吹得那么好，可是总统竞选时一个说法，刚上任一个说法，中期选举一个说法，临近下一届大选时又是一个说法。美国还说我们的政策不稳定，同美国比起来，我们的政策稳定得多。

——摘自《邓小平文选》，第三卷，人民出版社，1993 年，第 30—31 页。

【附录九】江泽民：为促进祖国统一大业的完成而继续奋斗

（一九九五年一月三十日）

同志们，朋友们：

全国各族人民刚刚欢度了 1995 年元旦，又迎来了乙亥年春节。在这中华民族的传统节日来临之际，在京的台湾同胞和有关人士欢聚一堂，共话两岸关系前景和祖国和平统一大业，是一件很有意义的事。借此机会，我谨代表中共中央、国务院，向 2100 万台湾同胞祝贺新年，祝愿台湾同胞新春快乐，万事如意！

台湾是中国不可分割的一部分。100 年前，1895 年 4 月 17 日，日本帝国主义以战争的手段逼迫腐败的清朝政府签订了丧权辱国的《马关条约》，强行攫取了台湾与澎湖列岛，使台湾人民在日本殖民统治下生活了半个世纪之久，中国人民永远不会忘记这屈辱的一页。50 年前，中国人民同世界人民一道战胜了日本帝国主义，1945 年 10 月 25 日，台湾与澎湖列岛重归中国版图，台湾同胞从此摆脱了殖民统治的枷锁。但是，由于众所周知的原因，1949 年以后，台湾又与祖国大陆处于分离状态。实现祖国的完全统一，促进中华民族的全面振兴，仍然是所有中国人的神圣使命和崇高目标。

1979 年 1 月，全国人民代表大会常务委员会发表《告台湾同胞书》以来，我们制定了"和平统一、一国两制"的基本方针和一系列对台政策。邓小平同志是中国改革开放的总设计师，也是"一个国家、两种制度"伟大构想的创造者。邓小平同志高瞻远瞩，实事求是，提出了一系列具有鲜明时代特色的解决台湾问题的重要论断和思想，确立了实现祖国和平统一的指导方针。

邓小平同志指出，问题的核心是祖国统一，凡是中华民族的子孙，都希望中国统一，分裂是违背民族意志的。只有一个中国，台湾是中国的一部分。不能允许有什么"两个中国"或"一中一台"，坚决反对"台湾独立"。解决台湾问题无非有两种方式，一种是和平的方式，一种是非和平的方式。用什么方式解决台湾问题，完全是中国的内政，决不允许外国干涉。我们坚持用和平的方式，通过谈判实现和平统一；同时我们不能承诺根本不使用武力，如果承诺了这一点，只能使和平统一成为不可能，只能导致最终用武力解决问题。统一以后实行"一国两制"，国家的主体坚持社会主义制度，台湾保持原有的制度。"不是我吃掉你，也不是你吃掉我"。统一后，台湾的社会经济制度不变，生活方式不变，台湾同外国的民间关系不变，包括外国在台湾的投资及民间交往不变。台湾作为特别行政区有高度的自治权，拥有立法权和司法权（包括终审权），可以有自己的军队，党、政、军等系统都由自己管理。中央政府不派军队、行政人员驻台，而且在中央政府里还要给台湾留出名额。

十几年来，在"和平统一、一国两制"基本方针指引下，经过海峡两岸同胞、港澳同胞和海外侨胞的共同努力，两岸人员往来以及科技、文化、学术、体育等各领域的交流蓬勃发展。两岸经济相互促进、互补互利的局面正初步形成。早日实现两岸直接"三通"，不仅是广大台胞、特别是台湾工商业者的强烈呼声，而且成为台湾未来经济发展的实际需要。两岸事务性商谈已取得进展，"汪辜会谈"标志着两岸关系迈出了历史性的重要一步。

但是，值得所有中国人警惕的是，近年来台湾岛内分离倾向有所发展，"台独"活动趋于猖獗。某些外国势力进一步插手台湾问题，干涉中国内政。这些活动不仅阻碍着中国和平统一的进程，而且威胁着亚太地区的和平、稳定和发展。

当前国际形势仍然复杂多变，但总的趋势是走向缓和。世界各国都在制定面向未来的经济战略，把增强综合国力作为首要任务，以求在下一世纪到来时能在世界上占有自己的位置。我们感到高兴的是，海峡两岸的经济都在向前发展。1997年、1999年，我国将相继恢复对香港和澳门行使主权，这将是全国各族人民包括台湾同胞的一件大喜事。中华民族历尽沧桑，饱经磨难，现在是完成祖国统一大业、实现全面振兴的时候了。这对台湾是个机会，对整个中华民族也是个机会。在这里，我愿就现阶段发展两岸关系、推进祖国和平统一进程的若干重要问题提出如下看法和主张。

（一）坚持一个中国的原则，是实现和平统一的基础和前提。中国的主权和领土决不容许分割。任何制造"台湾独立"的言论和行动，都应坚决反对；主张"分裂分治"、"阶段性两个中国"等等，违背一个中国的原则，也应坚决反对。

（二）对于台湾同外国发展民间性经济文化关系，我们不持异议。在一个中国的原则下，并依据有关国际组织的章程，台湾已经以"中国台北"名义参加亚洲开发银行、亚太经济合作会议等经济性国际组织。但是，我们反对台湾以搞"两个中国"、"一中一台"为目的的所谓"扩大国际生存空间"的活动。一切爱国的台湾同胞和有识之士都会认识到，进行这类活动并不能解决问题，反而会使"台独"势力更加肆无忌惮地破坏和平统一的进程。只有实现和平统一后，台湾同胞才能与全国各族人民一道，真正充分地共享伟大祖国在国际上的尊严和荣誉。

（三）进行海峡两岸和平统一谈判，是我们的一贯主张。在和平统一谈判的过程中，可以吸收两岸各党派、团体有代表性的人士参加。我在 1992 年 10 月中国共产党第十四次全国代表大会的报告中说："在一个中国的前提下，什么问题都可以谈，包括就两岸正式谈判的方式同台湾方面进行讨论，找到双方都认为合适的办法。"我们所说的"在一个中国的前提下，什么问题都可以谈"，当然也包括台湾当局关心的各种问题。我们曾经多次建议双方就"正式结束两岸敌对状态，逐步实现和平统一"进行谈判。在此，我再次郑重建议举行这项谈判，并且提议，作为第一步，双方可先就"在一个中国的原则下，正式结束两岸敌对状态"进行谈判，并达成协议。在此基础上，共同承担义务，维护中国的主权和领土完整，并对今后两岸关系的发展进行规划。至于政治谈判的名义、地点、方式等问题，只要早日进行平等协商，总可找出双方都可以接受的解决办法。

（四）努力实现和平统一，中国人不打中国人。我们不承诺放弃使用武力，决不是针对台湾同胞，而是针对外国势力干涉中国统一和搞"台湾独立"的图谋的。我们完全相信台湾同胞、港澳同胞和海外侨胞理解我们的这一原则立场。

（五）面向 21 世纪世界经济的发展，要大力发展两岸经济交流与合作，以利于两岸经济共同繁荣，造福整个中华民族。我们主张不以政治分歧去影响、干扰两岸经济合作。我们将继续长期执行鼓励台商投资的政策，贯彻《中华人民共和国台湾同胞投资保护法》。不论在什么情况下，我们都将切实维护台商的一切正当权益。要继续加强两岸同胞的相互往来和交流，增进了解和互信。两岸直接通邮、通航、通商，是两岸经济发展和各方面交往的客观需要，也是两岸同胞利益之所在，完全应当采取实际步骤加速实现直接"三通"。要促进两岸事务性商谈。我们赞成在互惠互利的基础上，商谈并且签订保护台商投资权益的民间性协议。

（六）中华各族儿女共同创造的五千年灿烂文化，始终是维系全体中国人的精神纽带，也是实现和平统一的一个重要基础。两岸同胞要共同继承和发扬中华文化的优秀传统。

（七）2100万台湾同胞，不论是台湾省籍还是其他省籍，都是中国人，都是骨肉同胞、手足兄弟。要充分尊重台湾同胞的生活方式和当家作主的愿望，保护台湾同胞一切正当权益。我们党和政府各有关部门，包括驻外机构，要加强与台湾同胞的联系，倾听他们的意见和要求，关心、照顾他们的利益，尽可能帮助他们解决困难。我们希望台湾岛内社会安定、经济发展、生活富裕；也希望台湾各党派以理性、前瞻和建设性的态度推动两岸关系发展。我们欢迎台湾各党派、各界人士，同我们交换有关两岸关系与和平统一的意见，也欢迎他们前来参观、访问。凡是为中国统一作出贡献的各方面人士，历史将永远铭记他们的功绩。

（八）我们欢迎台湾当局的领导人以适当身份前来访问；我们也愿意接受台湾方面的邀请，前往台湾。可以共商国是，也可以先就某些问题交换意见，就是相互走走看看，也是有益的。中国人的事我们自己办，不需要借助任何国际场合。海峡咫尺，殷殷相望，总要有来有往，不能"老死不相往来"。

港澳同胞、海外侨胞为促进两岸关系、祖国统一和中华民族振兴，作出了许多努力，功不可没。我们希望广大港澳同胞、海外侨胞进一步为发展两岸关系、统一祖国和振兴中华作出新的贡献。

早日完成祖国统一，是中国各族人民的共同心愿。无限期地拖延统一，是所有爱国同胞不愿意看到的。中华民族伟大的革命先行者孙中山先生曾经说过："统一是中国全体国民的希望。能够统一，全国人民便享福；不能统一便要受害。"我们呼吁所有中国人团结起来，高举爱国主义的伟大旗帜，坚持统一，反对分裂，全力推动两岸关系的发展，促进祖国统一大业的完成。中华民族现代发展进程中这光辉灿烂的一天，一定会到来。

——摘自《人民日报》，1995年1月31日，第1版。

【附录十】台湾问题与中国的统一

（一九九三年九月一日）

前言

维护国家统一和领土完整，是每个主权国家的神圣权利，也是国际法的基本原则。联合国宪章明确规定：联合国和它的成员国不得侵害任何会员国或国家之领土完整或政治独立，不得干涉在本质上属于任何国家国内管辖的事件。联合国《关于各国依联合国宪章建立友好关系及合作之国际法原则之宣言》指出：凡以局部或全部破坏国家统一及领土完整或政治独立为目的之企图，都是不符合联合国宪章精神的。

中国近代史是一部被侵略、被宰割、被凌辱的历史，也是中国人民为争取民族独立，维护国家主权、领土完整和民族尊严而英勇奋斗的历史。台湾问题的产生与发展，都与这段历史有着紧密的联系。由于种种原因，台湾迄今尚处于与大陆分离的状态。这种状态一天不结束，中华民族所蒙受的创伤就一天不能愈合，中国人民为维护国家统一和领土完整的斗争也一天不会结束。

台湾问题的现状如何？症结何在？中国政府解决台湾问题的立场与主张是什么？为了便于国际社会有一个清楚的了解，有必要就下列问题加以阐述。

一、台湾是中国不可分割的一部分

台湾地处中国大陆的东南缘，是中国第一大岛，同大陆是不可分割的整体。

台湾自古即属于中国。台湾古称夷洲、流求。大量的史书和文献记载了中国人民早期开发台湾的情景。距今 1700 多年以前，三国时吴人沈莹的《临海水土志》等对此就有所著述，它们是世界上记述台湾最早的文字。公元 3 世纪和 7 世纪，三国孙吴政权和隋朝政府都曾先后派万余人去台。进入 17 世纪之后，中国人民在台湾的开拓规模越来越大。17 世纪末，大陆赴台开拓者超过 10 万人。至公元 1893 年（清光绪十九年）时，总数达到 50.7 万余户，254 万余人。200 年间增长 25 倍。他们带去先进的生产方式，由南到北，由西及东，筚路蓝缕，披荆斩棘，大大加速了台湾整体开发的进程。这一史实说明，台湾和中国其他省区一样，同为中国各族人民所开拓所定居。台湾社会的发展始终延续着中华文化的传统，即使在日本侵占的 50 年间，这一基本情况也没有改变。台湾的开拓发展史，凝聚了包括当地少数民族在内的中国人民的血汗和智慧。

中国历代政府在台湾先后建立了行政机构，行使管辖权。早在公元 12 世纪中叶，宋朝政府即已派兵驻守澎湖，将澎湖地区划归福建泉州晋江县管辖。元朝政府在澎湖设置行政管理机构"巡检司"。明朝政府于 16 世纪中后期，恢复了一度废止的"巡检司"，并为防御外敌侵犯，增兵澎湖。1662 年（清康熙元年），郑成功在台湾设"承天府"。清朝政府逐步在台湾扩增行政机构，加强了对台湾的治理。1684 年（清康熙二十三年）设"分巡台厦兵备道"及"台湾府"，下设"台湾"（今台南）、"凤山"（今高雄）、"诸罗"（今嘉义）3 县，隶属福建省管辖。1714 年（清康熙五十三年），清政府派员测绘台湾地图，勘丈全境里数。1721 年（清康熙六十年），增设"巡视台湾监察御史"，改"分巡台厦兵备道"为"分巡台厦道"。尔后又增设"彰化县"和"淡水厅"。1727 年（清雍正五年），复改"分巡台厦道"为"分巡台湾道"（后又改为"分巡台湾兵备道"），增"澎湖厅"，定"台湾"为官方统一的名称。1875 年（清光绪元年），清政府为进一步经营和治理台湾，再增设"台北府"及"淡水"、"新竹"、"宜兰"3 县和"基隆厅"。1885 年（清光绪十一年），清政府正式划台湾为单一行省，任刘铭传为首任巡抚，行政区扩为 3 府 1 州，领 11 县 5 厅。刘在任内，铺铁路，开矿山，架电线，造商轮，兴办企业，创设新学堂，把台湾社会经济文化的发展大大向前推进。

1945 年中国人民抗日战争胜利后，中国政府重新恢复了台湾省的行政管理机构。

海峡两岸中国人为反对外国侵占台湾进行了长期不懈的斗争。15 世纪后期起，西方殖民主义者大肆掠夺殖民地。1624 年（明天启四年），荷兰殖民者侵占台湾南部。1626 年（明天启六年），西班牙殖民者入侵台湾北部。1642 年（明崇祯十五年），荷兰又取代西班牙占领台湾北部。两岸同胞为反对外国殖民者侵占台湾进行了包括武装起义在内的各种方式的斗争。1661 年（清顺治十八年），郑成功率众进军台湾，于次年驱逐了盘踞台湾的荷兰殖民者。

1894 年（清光绪二十年），日本发动侵略中国的"甲午战争"。翌年，清政府战败，在日本威迫下签订丧权辱国的《马关条约》，割让台湾。消息传来，举国同愤。在北京会试的包括台湾在内的 18 省千余举人"公车上书"，反对割台。

台湾全省"哭声震天",鸣锣罢市。协理台湾军务的清军将领刘永福等和台湾同胞一起,与占领台湾的日军拚死搏斗。中国大陆东南各地居民为支援这一斗争,或捐输饷银,或结队赴台,反抗日本侵略。在日本侵占台湾期间,台湾同胞一直坚持英勇不屈的斗争。初期,他们组织义军,进行武装游击抵抗,前后达7年之久。继而,在辛亥革命推翻清政府后,他们又汇同大陆同胞一道,先后发起十余次武装起义。及至本世纪20和30年代,岛内反抗日本殖民统治的群众运动更加波澜壮阔,席卷台湾南北。

1937年,中国人民开始了全民族的抗日战争。中国政府在《中国对日宣战布告》中明确昭告中外:所有一切条约、协定、合同有涉及中日关系者,一律废止。《马关条约》自属废止之列。这一布告并郑重宣布:中国将"收复台湾、澎湖、东北四省土地"。中国人民经过8年艰苦的抗日战争,于1945年取得了最后的胜利,收复了失土台湾。台湾同胞鸣放鞭炮,欢欣鼓舞,祭告祖先,庆祝回归祖国怀抱的伟大胜利。

国际社会公认台湾属于中国。中国人民的抗日战争是世界反法西斯斗争的一部分,得到了世界人民的广泛支持。在第二次世界大战中,为了反对德、日、意法西斯轴心国,中国与美国、苏联、英国、法国等结成同盟国。1943年12月1日,中、美、英三国签署的《开罗宣言》指出:"三国之宗旨,在剥夺日本自1914年第一次世界大战开始以后在太平洋所夺得或占领之一切岛屿,在使日本所窃取于中国之土地,例如满洲、台湾、澎湖列岛等,归还中国。"1945年7月26日,中、美、英三国签署(后苏联参加)的《波茨坦公告》又重申:"开罗宣言之条件必将实施。"同年8月15日,日本宣布投降,《日本投降条款》规定:"兹接受中美英三国共同签署的、后来又有苏联参加的1945年7月26日的波茨坦公告中的条款。"10月25日,同盟国中国战区台湾省受降仪式于台北举行,受降主官代表中国政府宣告:自即日起,台湾及澎湖列岛已正式重入中国版图,所有一切土地、人民、政事皆已置于中国主权之下。至此,台湾、澎湖重归于中国主权管辖之下。

中华人民共和国成立以来,157个国家先后同中国建立了外交关系,它们都承认只有一个中国,中华人民共和国政府是中国的唯一合法政府,台湾是中国的一部分。

二、台湾问题的由来

台湾在第二次世界大战之后，不仅在法律上而且在事实上已归还中国。之所以又出现台湾问题，与随后中国国民党发动的反人民内战有关，但更重要的是外国势力的介入。

台湾问题与国民党发动的内战。中国抗日战争期间，在中国共产党和其它爱国力量的推动下，中国国民党与中国共产党建立了抗日民族统一战线，抗击日本帝国主义的侵略。抗日战争胜利后，两党本应继续携手，共肩振兴中华大业，惟当时以蒋介石为首的国民党集团依仗美国的支持，置全国人民渴望和平与建设独立、民主、富强的新中国的强烈愿望于不顾，撕毁国共两党签订的《双十协定》，发动了全国规模的反人民内战。中国人民在中国共产党领导下被迫进行了三年多的人民解放战争，由于当时的国民党集团倒行逆施，已为全国各族人民所唾弃，中国人民终于推翻了南京的"中华民国"政府。1949年10月1日成立了中华人民共和国，中华人民共和国政府成为中国的唯一合法政府。国民党集团的一部分军政人员退据台湾。他们在当时美国政府的支持下，造成了台湾海峡两岸隔绝的状态。

台湾问题与美国政府的责任。第二次世界大战后，在当时东西方两大阵营对峙的态势下，美国政府基于它的所谓全球战略及维护本国利益的考虑，曾经不遗余力地出钱、出枪、出人，支持国民党集团打内战，阻挠中国人民革命的事业。然而，美国政府最终并未达到它自己所希望达到的目的。美国国务院1949年发表的《美国与中国的关系》白皮书和艾奇逊国务卿给杜鲁门总统的信，都不得不承认这一点。艾奇逊在他的信中说："中国内战不祥的结局超出美国政府控制的能力，这是不幸的事，却也是无可避免的"；"这种结局之所以终于发生，也并不是因为我们少做了某些事情。这是中国内部各种力量的产物，我国曾经设法去左右这些力量，但是没有效果。"

中华人民共和国诞生以后，当时的美国政府本来可以从中国内战的泥潭中拔出来，但是它没有这样做，而是对新中国采取了孤立、遏制的政策，并且在朝鲜战争爆发后武装干涉纯属中国内政的海峡两岸关系。1950年6月27日，美国总统杜鲁门发表声明宣布："我已命令第七舰队阻止对台湾的任何攻击。"美国第七舰队侵入了台湾海峡，美国第十三航空队进驻了台湾。1954年12月，美国又与台湾当局签订了所谓《共同防御条约》，将中国的台湾省置于美国的"保护"之下。美国政府继续干预中国内政的错误政策，造成了台湾海峡地区长期的紧张对峙局势，台湾问题自此亦成为中美两国间的重大争端。

为了缓和台湾海峡地区的紧张局势，探寻解决中美两国之间争端的途径，中国政府自 50 年代中期起，即开始与美国对话。1955 年 8 月至 1970 年 2 月，中美两国共举行了 136 次大使级会谈，但在缓和与消除台湾海峡地区紧张局势这个关键问题上，未取得任何进展。及至 60 年代末 70 年代初，随着国际局势的发展变化和新中国的壮大，美国开始调整其对华政策，两国关系逐步出现解冻的形势。1971 年 10 月，第 26 届联合国大会通过 2758 号决议，恢复中华人民共和国在联合国的一切合法权利，并驱逐台湾当局的"代表"。1972 年 2 月，美国总统尼克松访问中国，中美双方在上海发表了联合公报。公报称："美国方面声明：美国认识到，在台湾海峡两边的所有中国人都认为只有一个中国，台湾是中国的一部分。美国政府对这一立场不提出异议"。

1978 年 12 月，美国政府接受了中国政府提出的建交三原则，即：美国与台湾当局"断交"、废除《共同防御条约》以及从台湾撤军。中美两国于 1979 年 1 月 1 日正式建立外交关系。中美建交联合公报声明："美利坚合众国承认中华人民共和国政府是中国的唯一合法政府。在此范围内，美国人民将同台湾人民保持文化、商务和其他非官方联系"；"美利坚合众国政府承认中国的立场，即只有一个中国，台湾是中国的一部分"。自此，中美关系实现正常化。

但遗憾的是，中美建交不过三个月，美国国会竟通过了所谓《与台湾关系法》，并经美国总统签署生效。这个《与台湾关系法》，以美国国内立法的形式，做出了许多违反中美建交公报和国际法原则的规定，严重损害中国人民的权益，美国政府根据这个关系法，继续向台湾出售武器和干涉中国内政，阻挠台湾与中国大陆的统一。

为解决美国售台武器问题，中美两国政府通过谈判，于 1982 年 8 月 17 日达成协议，发表了有关中美关系的第三个联合公报，简称"八·一七公报"。美国政府在公报中声明："它不寻求执行一项长期向台湾出售武器的政策，它向台湾出售的武器在性能和数量上将不超过中美建交后近几年供应的水平，它准备逐步减少它对台湾的武器出售，并经过一段时间导致最后的解决。"然而，十多年来美国政府不但没有认真执行公报的规定，而且不断发生违反公报的行为。1992 年 9 月，美国政府甚至决定向台湾出售 150 架 F－16 型高性能战斗机，美国政府的这一行动，给中美关系的发展和台湾问题的解决增加了新的障碍和阻力。

由上可见，台湾问题直到现在还未得到解决，美国政府是有责任的。自 70 年代以来，美国朝野许多有识之士和友好人士，曾经为促使中美之间在台湾问题上的分歧的解决做了大量有益的工作，上述三个联合公报就包含着他们的努力和贡献。中国政府和人民对此十分赞赏。然而也不能不看到，美国确也有人至今仍不愿看到中国的统一，制造种种借口，施加种种影响，阻挠台湾问题的解决。

中国政府相信，美国人民与中国人民是友好的。两国关系的正常发展，是符合两国人民的长远利益和共同愿望的。中美两国都应珍视来之不易的指导两国关系发展的三个联合公报。只要双方都能恪守三个公报的原则，相互尊重，以大局为重，历史遗留下来的台湾问题就不难得到解决，中美关系就一定能不断获得改善和发展。

三、中国政府解决台湾问题的基本方针

解决台湾问题，实现国家统一，是全体中国人民一项庄严而神圣的使命。中华人民共和国成立后，中国政府为之进行了长期不懈的努力。中国政府解决台湾问题的基本方针是"和平统一、一国两制"。

"和平统一、一国两制"方针的形成。早在 50 年代，中国政府就曾设想以和平方式解决台湾问题。1955 年 5 月，周恩来总理在全国人民代表大会常务委员会会议上即提出：中国人民解决台湾问题有两种可能的方式，即战争的方式和和平的方式，中国人民愿意在可能的条件下，争取用和平的方式解决问题。1956 年 4 月，毛泽东主席又提出："和为贵"、"爱国一家"、"爱国不分先后"等政策主张。但由于某些外国势力的干预等原因，这些主张未能付诸实践。

自 70 年代末开始，国际国内形势发生了一些重要变化：中美建立外交关系，实现了关系正常化；中国共产党召开十一届三中全会，决定把党和国家的工作中心转移到现代化经济建设上来。与此同时，海峡两岸的中国人、港澳同胞以及海外侨胞、华人，都殷切期望两岸携手合作，共同振兴中华。在这样的历史条件下，中国政府出于对整个国家民族利益与前途的考虑，本着尊重历史、尊重现实、实事求是、照顾各方利益的原则，提出了"和平统一、一国两制"的方针。

1979 年 1 月 1 日，中华人民共和国全国人民代表大会常务委员会发表《告台湾同胞书》，郑重宣告了中国政府和平解决台湾问题的大政方针，呼吁两岸就

结束军事对峙状态进行商谈。表示在实现国家统一时，一定"尊重台湾现状和台湾各界人士的意见，采取合情合理的政策和办法"。

1981年9月30日，全国人民代表大会常务委员会委员长叶剑英发表谈话，进一步阐明解决台湾问题的方针政策。表示"国家实现统一后，台湾可作为特别行政区，享有高度的自治权"，并建议由两岸执政的国共两党举行对等谈判。

1982年1月11日，中国领导人邓小平就叶剑英的上述谈话指出：这实际上就是"一个国家、两种制度"，在国家实现统一的大前提下，国家主体实行社会主义制度，台湾实行资本主义制度。

1983年6月26日，邓小平进一步发挥了关于实现台湾与大陆和平统一的构想，指出，问题的核心是祖国统一。他还就两岸统一和设置台湾特别行政区问题，阐明了中国政府的政策。

1992年10月12日，中共中央总书记江泽民指出："我们坚定不移地按照'和平统一、一国两制'的方针，积极促进祖国统一。""我们再次重申，中国共产党愿意同中国国民党尽早接触，以便创造条件，就正式结束两岸敌对状态、逐步实现和平统一进行谈判。在商谈中，可以吸收两岸其他政党、团体和各界有代表性的人士参加。"

"和平统一、一国两制"的基本点。"和平统一、一国两制"是建设有中国特色的社会主义理论和实践的重要组成部分，是中国政府一项长期不变的基本国策。这一方针，有以下基本点：

（一）一个中国。世界上只有一个中国，台湾是中国不可分割的一部分，中央政府在北京。这是举世公认的事实，也是和平解决台湾问题的前提。

中国政府坚决反对任何旨在分裂中国主权和领土完整的言行，反对"两个中国"、"一中一台"或"一国两府"，反对一切可能导致"台湾独立"的企图和行径。海峡两岸的中国人民都主张只有一个中国，都拥护国家的统一，台湾作为中国不可分割的一部分的地位是确定的、不能改变的，不存在什么"自决"的问题。

（二）两制并存。在一个中国的前提下，大陆的社会主义制度和台湾的资本主义制度，实行长期共存，共同发展，谁也不吃掉谁。这种考虑，主要是基于照顾台湾的现状和台湾同胞的实际利益。这将是统一后的中国国家体制的一大特色和重要创造。

两岸实现统一后，台湾的现行社会经济制度不变，生活方式不变，同外国的经济文化关系不变。诸如私人财产、房屋、土地、企业所有权、合法继承权、华侨和外国人投资等，一律受法律保护。

（三）高度自治。统一后，台湾将成为特别行政区。它不同于中国其他一般省区，享有高度的自治权。它拥有在台湾的行政管理权、立法权、独立的司法权和终审权；党、政、军、经、财等事宜都自行管理；可以同外国签订商务、文化等协定，享有一定的外事权；有自己的军队，大陆不派军队也不派行政人员驻台。特别行政区政府和台湾各界的代表人士还可以出任国家政权机构的领导职务，参与全国事务的管理。

（四）和平谈判。通过接触谈判，以和平方式实现国家统一，是全体中国人的共同心愿。两岸都是中国人，如果因为中国的主权和领土完整被分裂，兵戎相见，骨肉相残，对两岸的同胞都是极其不幸的。和平统一，有利于全民族的大团结，有利于台湾社会经济的稳定和发展，有利于全中国的振兴和富强。

为结束敌对状态，实现和平统一，两岸应尽早接触谈判。在一个中国的前提下，什么问题都可以谈，包括谈判的方式，参加的党派、团体和各界代表人士，以及台湾方面关心的其他一切问题。只要两岸坐下来谈，总能找到双方都可以接受的办法。

鉴于两岸的现实状况，中国政府主张在实现统一之前，双方按照相互尊重、互补互利的原则，积极推动两岸经济合作和各项交往，进行直接通邮、通商、通航和双向交流，为国家和平统一创造条件。

和平统一是中国政府既定的方针。然而，每一个主权国家都有权采取自己认为必要的一切手段包括军事手段，来维护本国主权和领土的完整。中国政府在采取何种方式处理本国内部事务的问题上，并无义务对任何外国或图谋分裂中国者作出承诺。

这里还应指出，台湾问题纯属中国的内政，不同于第二次世界大战后经国际协议而形成的德国问题和朝鲜问题。因此，台湾问题不能和德国、朝鲜问题相提并论。中国政府历来反对用处理德国问题、朝鲜问题的方式来处理台湾问题。台湾问题应该也完全可以通过两岸的协商，在一个中国的架构内求得合理的解决。

四、台湾海峡两岸关系的发展及其阻力

台湾海峡两岸目前的分离状态，是中华民族的不幸。所有中国人无不殷切

盼望早日结束这种令人痛心的局面。

为了实现两岸人民正常往来和国家统一，中国政府在提出和平统一主张的同时，也采取了一系列推动两岸关系发展的措施：

政治方面，调整有关政策措施，化解敌对情绪。最高人民法院、最高人民检察院决定不再追诉去台人员在中华人民共和国成立前的犯罪行为。

军事方面，主动缓和海峡两岸军事对峙状态，停止对金门等岛屿的炮击，并把福建沿海一些前沿阵地、观察所开辟为经济开发区和旅游点。

经济方面，敞开门户，促进交流，欢迎台商来大陆投资和从事贸易活动，并为之提供优惠条件和法律保障。

其他如人员往来、邮电交通以及科技、文化、体育、学术、新闻等方面，中国政府亦持积极态度，采取了相应措施，鼓励发展两岸在各个领域的交流与合作，还成立了得到政府授权的民间团体"海峡两岸关系协会"，同台湾"海峡交流基金会"及有关民间团体建立联系，维护两岸人民的合法权益，推动两岸关系的发展。

中国政府的对台政策和措施，得到了越来越多的台湾同胞、港澳同胞和海外侨胞、华人的理解和支持。广大台湾同胞为发展两岸关系作出了很大的努力。台湾当局近几年也相应调整了对大陆的政策，采取了一些松动措施，诸如开放岛内民众赴大陆探亲，逐步放宽对两岸民间交流交往的限制，扩大间接贸易，开放间接投资，简化两岸同胞通话、通邮、通汇的手续。这些都是有利于相互交往的。近年来，两岸的经济贸易迅速发展，人员往来及各项交流活动不断扩大。1993 年 4 月举行的"汪辜会谈"签订了四项协议，迈出了两岸关系上具有历史意义的重要一步，台湾海峡出现了 40 余年来前所未有的缓和气氛，这是有利于和平统一的。必须指出，台湾当局虽对两岸关系作了某些松动，但其现行大陆政策仍严重阻碍着两岸关系的发展和国家的统一。他们口头上虽声称"中国必须统一"，但行动上却总是背离一个中国的原则，继续维持与大陆分离的局面，拒绝就和平统一问题进行商谈，甚至设置障碍，限制两岸交往的进一步发展。

近年来，台湾岛内"台独"活动日形嚣张，给两岸关系的发展和国家和平统一投下了阴影。"台独"的产生有着复杂的社会历史根源和国际背景，而台湾当局拒绝和谈、限制交往、在国际上推行"双重承认"和"两个中国"的政策，又实际上为"台独"活动提供了条件。应当说，台湾同胞要求当家作主管理台湾的愿望是合情合理的、正当的，这不同于"台湾独立"，更与极少数坚持要走"台独"道路的人有着根本的区别。极少数"台独"分子鼓吹"独立"，甚至投靠外国，妄图将台湾从中国分裂出去，这是违背包括台湾同胞在内的全中国人民的根本利益的。中国政府严重关注这一事态的发展，对任何制造"台湾独立"的行径绝不会坐视不理。

某些国际势力不希望中国统一，仍千方百计插手中国内政，支持台湾当局的"反共拒和"政策和岛内的分裂势力，为中国的和平统一制造障碍，严重伤害了中国人民的民族感情。

中国政府坚信，广大台湾同胞是要求国家统一的；台湾朝野政治力量的大多数也是主张国家统一的。在两岸人民共同努力下，上述障碍和阻力一定可以排除，两岸关系一定可以获得更好的发展。

五、国际事务中涉及台湾的几个问题

如前所述，世界上只有一个中国，台湾是中国不可分割的一部分。中华人民共和国政府作为代表全中国人民的唯一合法政府，得到了联合国及世界各国的普遍承认。为维护国家主权和实现国家的统一，中国政府在国际事务中处理涉及台湾的问题时，始终坚持一个中国的原则，一贯维护台湾同胞的利益。中国政府相信，这一立场必能赢得各国政府和人民的尊重。

在此，中国政府认为有必要就以下几个问题重申自己的立场和政策。

（一）与中国建交国同台湾的关系问题。目前，世界上凡与中国建交的国家，均遵照国际法和一个中国的原则，与中国政府就台湾问题达成正式协议或谅解，承诺不与台湾建立任何官方性质的关系。按照国际法，一个主权国家只能有一个中央政府代表这个国家。台湾作为中国的一部分，它在国际上无权代表中国，不能与外国建立外交关系和发展具有官方性质的关系。但考虑到台湾经济发展的需要和台湾同胞的实际利益，对台湾同外国的民间经济、文化往来，中国政府不持异议。

近几年，台湾当局在国际上竭力推行所谓"务实外交"，谋求同一些与中国建交的国家发展官方关系，推行"双重承认"，达到制造"两个中国"、"一中一台"的目的。对此，中国政府坚决反对。

应该指出，世界上绝大多数国家都能珍视同中国的友好关系，恪守在台湾问题上和中国达成的协议和谅解，中国政府对此表示赞赏。但也不能不指出，

有的国家竟不顾国际信誉，违反与中华人民共和国建交时所作的承诺，同台湾发展官方关系，从而给中国统一事业设置障碍。中国政府衷心希望，有关国家的政府能够采取措施，纠正这一做法。

（二）国际组织与台湾的关系问题。每个国家的主权是完整的，既不能分割，也不能分享。中华人民共和国政府作为中国的唯一合法政府，有权利也有义务在国际组织中行使国家主权，代表整个中国。台湾当局企图在某些只有主权国家才能参加的国际组织中搞所谓"一国两席"，就是要制造"两个中国"。中国政府坚决反对这种行径。这一原则立场完全符合包括台湾同胞和海外侨胞在内的全中国人民的根本利益。只有在坚持一个中国原则立场的前提下，中国政府才可以考虑，根据有关国际组织的性质、章程规定和实际情况，以中国政府同意和接受的某种方式，来处理台湾参加某些国际组织活动的问题。

联合国系统的所有机构，是由主权国家代表参加的政府间国际组织。在恢复中华人民共和国在联合国的合法权利后，联合国系统的所有机构都已通过正式决议，恢复中华人民共和国享有的合法席位，驱逐了台湾当局的"代表"。自此，在联合国组织中的中国代表权问题已获得了彻底的解决，根本不存在台湾再加入的问题。需要指出的是，近一个时期来，台湾当局的某些人又为"重返联合国"而大肆鼓噪。十分明显，这是一种妄图割裂国家主权的行径，它无论在法理上或实际上都是行不通的。中国政府相信各国政府和联合国系统的组织会识破这一图谋，不做有损于中国主权的事情。

其他政府间国际组织，原则上台湾也无权参加。至于亚洲开发银行（ADB）、亚太经济合作组织（APEC）等地区性经济组织，台湾的加入系根据中国政府与有关方面达成的协议或谅解，明确规定中华人民共和国作为主权国家参加，台湾只作为中国的一个地区以"中国台北"（英文在亚行为 TAIPEI,CHINA；在亚太经济合作组织为 CHINESE TAIPEI）的名称参加活动。这种做法属于特殊安排，不能构成其他政府间国际组织及国际活动效仿的"模式"。

在民间性质的国际组织中，中华人民共和国的相应组织同有关方面达成协议或谅解，在中国的全国性组织以中国的名义参加的情况下，台湾的相应组织可以以"中国台北"（TAIPEI,CHINA）或"中国台湾"（TAIWAN,CHINA）的名称参加。

（三）与中国建交国同台湾通航问题。一个国家的领空是该国领土不可分割的组成部分。1919 年公布的《巴黎航空公约》和 1944 年签署的《芝加哥公约》

均确认，每个国家对其领空具有完全的、排他性的主权的原则。因此，凡是同中国建交国家的任何航空公司，即使是私营航空公司与台湾通航，都是涉及中国主权的政治问题，而不是一般的民间关系。与中国建交国家的官方航空公司当然不可与台湾通航，而其民间航空公司如欲同台湾通航，则须由其政府与中国政府磋商。在征得中国政府同意后，其民间航空公司始可同台湾的私营航空公司互飞。实际上，根据上述原则，中国政府已经同意英、德、加拿大等国的民间航空公司与台湾的私营航空公司通航。

有的国家在与中华人民共和国建交前就同台湾通航的，则可通过与中国政府谈判，改变其同台湾通航的官方性质后继续其民间商业运输安排。

（四）与中国建交国向台湾出售武器问题。中国政府一贯坚决反对任何国家向台湾出售任何种类的武器装备或提供生产武器的技术。凡与中国建交的国家，都应遵循互相尊重主权和领土完整、互不干涉内政的原则，而不以任何形式或借口向台湾提供武器，否则就是违反国际关系准则，干涉中国内政。

世界各国，尤其是对世界和平事业负有重大责任的大国，理应严格遵守联合国安理会五常任理事国关于限制常规武器扩散的指导原则，为维护和促进地区的和平与安全作出贡献。然而，在目前台湾海峡两岸关系日益缓和的形势下，有的国家竟违背自己在国际协议中的承诺，置中国政府的一再严正交涉于不顾，向台湾出售武器，在海峡两岸之间制造紧张局势。这不仅是对中国安全的严重威胁，为中国的和平统一事业设置障碍，也不利于亚洲和世界的和平与稳定。中国人民当然要强烈反对。

在国际事务中，中国政府一贯奉行独立自主的和平外交政策，坚持"互相尊重主权和领土完整、互不侵犯、互不干涉内政、平等互利、和平共处"五项原则，积极发展同世界各国的友好关系，从不损害别国利益，不干涉别国内政。同样，中国政府也要求各国政府，不做损害中国利益、干涉中国内政的事情，正确处理与台湾的关系问题。

结束语

中国的统一是中华民族的根本利益所在。

中国实现统一后，两岸可携手合作，互补互助，发展经济，共同振兴中华。原来一直困扰台湾的各种问题，都将在一个中国的架构下得到合理解决。台湾同胞将与祖国其他地区人民一道共享一个伟大国家的尊严和荣誉。

长期以来，台湾问题一直是亚洲与太平洋地区一个不稳定的因素。中国的统一，不仅有利于中国本身的稳定和发展，也有利于中国同各国进一步加强友好合作关系，有利于亚太地区乃至全世界的和平与发展。

中国政府相信，在维护自己国家主权与领土完整的正义事业中，一定能够得到世界各国政府和人民的理解和支持。

——摘自《人民日报》，1993 年 9 月 1 日，第 1 版。

【附录十一】一个中国的原则与台湾问题

（二〇〇〇年二月）

前言

　　一九四九年十月一日，中国人民取得了新民主主义革命的伟大胜利，建立了中华人民共和国。国民党统治集团退踞中国的台湾省，在外国势力的支持下，与中央政府对峙，由此产生了台湾问题。

　　解决台湾问题，实现中国完全统一，是中华民族的根本利益。五十年来，中国政府为此进行了不懈的奋斗。一九七九年后，中国政府以极大的诚意、尽最大的努力，争取以"一国两制"的方式实现和平统一。自一九八七年底以来，两岸经济、文化交流和人员往来有了长足的发展。但是，九十年代以来，台湾当局领导人李登辉逐步背弃一个中国原则，极力推行以制造"两个中国"为核心的分裂政策，一直发展到公然主张两岸关系是"国家与国家，至少是特殊的国与国的关系"，严重损害了两岸和平统一的基础，危害了包括台湾同胞在内的整个中华民族的根本利益，也危害了亚洲太平洋地区的和平与稳定。中国政府始终如一地坚持一个中国原则，坚决反对任何把台湾从中国分割出去的图谋。中国政府与以李登辉为首的分裂势力的斗争，集中表现在是坚持一个中国原则还是制造"两个中国"、"一中一台"的问题上。

　　我们于一九九三年八月发表了《台湾问题与中国的统一》白皮书，系统地论述了台湾是中国不可分割的一部分、台湾问题的由来、中国政府解决台湾问题的基本方针和有关政策。现在，有必要进一步向国际社会阐述中国政府坚持一个中国原则的立场和政策。

一、一个中国的事实和法理基础

　　一个中国原则是在中国人民捍卫中国主权和领土完整的正义斗争中形成的，具有不可动摇的事实和法理基础。台湾是中国不可分割的一部分。有关台湾的全部事实和法律证明，台湾是中国领土不可分割的一部分。一八九五年四月，日本通过侵华战争，强迫清朝政府签订不平等的《马关条约》，霸占了台湾。一九三七年七月，日本发动全面侵华战争。一九四一年十二月，中国政府在《中国对日宣战布告》中昭告各国，中国废止包括《马关条约》在内的一切涉及中日关系的条约、协定、合同，并将收复台湾。一九四三年十二月，中美英三国政府发表的《开罗宣言》规定，日本应将所窃取于中国的包括东北、台湾、澎湖列岛等在内的土地，归还中国。一九四五年，中美英三国共同签署、后来又有苏联参加的《波茨坦公告》规定："开罗宣言之条件必将实施。"同年八月，日本宣布投降，并在《日本投降条款》中承诺"忠诚履行波茨坦公告各项规定之义务"。十月二十五日，中国政府收复台湾、澎湖列岛，重新恢复对台湾行使主权。

一九四九年十月一日，中华人民共和国中央人民政府宣告成立，取代中华民国政府成为全中国的唯一合法政府和在国际上的唯一合法代表，中华民国从此结束了它的历史地位。这是在同一国际法主体没有发生变化的情况下新政权取代旧政权，中国的主权和固有领土疆域并未由此而改变，中华人民共和国政府理所当然地完全享有和行使中国的主权，其中包括对台湾的主权。

国民党统治集团退踞台湾以来，虽然其政权继续使用"中华民国"和"中华民国政府"的名称，但它早已完全无权代表中国行使国家主权，实际上始终只是中国领土上的一个地方当局。

一个中国原则的产生和基本涵义。中华人民共和国中央人民政府成立当天即向各国政府宣布："本政府为代表中华人民共和国全国人民的唯一合法政府。凡愿遵守平等、互利及互相尊重领土主权等项原则的任何外国政府，本政府均愿与之建立外交关系。"随后又致电联合国，声明：国民党当局"已丧失了代表中国人民的任何法律的与事实的根据"，完全无权代表中国。外国承认中华人民共和国政府是代表全中国的唯一合法政府，与台湾当局断绝或不建立外交关系，是新中国与外国建交的原则。

中国政府的上述主张受到当时美国政府的阻挠。尽管一九五○年一月五日美国总统杜鲁门发表声明，表示美国及其他盟国承认一九四五年以来的四年中国对台湾岛行使主权，但是同年六月朝鲜战争爆发后，美国政府为了孤立、遏制中国，不仅派军队侵占台湾，而且抛出"台湾地位未定"等谬论，以后又逐步在国际社会策动"双重承认"，企图制造"两个中国"。对此，中国政府理所当然地予以坚决反对，主张和坚持世界上只有一个中国，台湾是中国的一部分，中华人民共和国政府是代表全中国的唯一合法政府。正是在中国与外国发展正常的外交关系中，在维护中国的主权和领土完整的斗争中，产生了一个中国原则。上述主张构成了一个中国原则的基本涵义，核心是维护中国的主权和领土完整。

在一九四九年后的三四十年间，台湾当局虽然不承认中华人民共和国政府代表全中国的合法地位，但也坚持台湾是中国的一部分、只有一个中国的立场，反对制造"两个中国"和"台湾独立"。这说明，在一个相当长的时间里，两岸的中国人在只有一个中国、台湾是中国领土的一部分这一根本问题上具有共识。早在一九五八年十月，中国人民解放军在进行炮击金门的战斗时，毛泽东主席就向台湾当局公开指出："世界上只有一个中国，没有两个中国。这一点，也是你们同意的，见之于你们领导人的文告。"一九七九年一月，全国人大常委会发表《告台湾同胞书》，指出："台湾当局一贯坚持一个中国的立场，反对台湾独立。这就是我们共同的立场，合作的基础。"

中国政府坚持一个中国原则的严正立场和合理主张，赢得了越来越多的国家和国际组织的理解和支持，一个中国原则逐步为国际社会所普遍接受。一九七一年十月，第二十六届联合国大会通过 2758 号决议，驱逐了台湾当局的代表，恢复了中华人民共和国政府在联合国的席位和一切合法权利。一九七二年九月，中日两国签署联合声明，宣布建立外交关系，日本承认中华人民共和国政府是中国的唯一合法政府，充分理解和尊重中国政府关于台湾是中华人民共和国领土不可分割的一部分的立场，并且坚持遵循《波茨坦公告》第八条规定的立场。一九七八年十二月，中美发表建交公报，美国"承认中华人民共和国政府是中国的唯一合法政府"；"承认中国的立场，即只有一个中国，台湾是中国的一部分"。目前，161 个国家与中华人民共和国建立了外交关系，它们都承认一个中国原则，并且承诺在一个中国的框架内处理与台湾的关系。

二、一个中国原则是实现和平统一的基础和前提

一个中国原则是中国政府对台政策的基石。经由邓小平同志的倡导，中国政府自一九七九年开始实行和平统一的方针，并逐步形成了"一国两制"的科学构想，在此基础上，确立了"和平统一、一国两制"的基本方针。这一基本方针和有关政策的要点是：争取和平统一，但是不承诺放弃使用武力；积极推动两岸人员往来和经济、文化等各项交流，早日实现两岸直接通邮、通航、通

商；通过和平谈判实现统一，在一个中国原则下什么都可以谈；统一后实行"一国两制"，中国的主体（中国大陆）坚持社会主义制度，台湾保持原有的资本主义制度长期不变；统一后台湾实行高度自治，中央政府不派军队和行政人员驻台；解决台湾问题是中国的内政，应由中国人自己解决，不需借助外国力量。上述方针和政策，贯彻了坚持一个中国原则的基本立场和精神，也充分尊重了台湾同胞当家作主、管理台湾的愿望。江泽民主席在一九九五年一月发表发展两岸关系、推进祖国和平统一进程的八项主张时，明确指出："坚持一个中国的原则，是实现和平统一的基础和前提。"

只有坚持一个中国原则才能实现和平统一。台湾问题是中国内战遗留下来的问题。迄今，两岸敌对状态并未正式结束。为了维护中国的主权和领土完整，为了实现两岸统一，中国政府有权采用任何必要的手段。采用和平的方式，有利于两岸社会的共同发展，有利于两岸同胞感情的融合和团结，是最好的方式。中国政府于一九七九年宣布实行和平统一的方针时，是基于一个前提，即当时的台湾当局坚持世界上只有一个中国、台湾是中国的一部分。同时，中国政府考虑到长期支持台湾当局的美国政府承认了世界上只有一个中国、台湾是中国的一部分、中华人民共和国政府是中国的唯一合法政府，这也有利于用和平的方式解决台湾问题。中国政府在实行和平统一方针的同时始终表明，以何种方式解决台湾问题是中国的内政，并无义务承诺放弃使用武力。不承诺放弃使用武力，决不是针对台湾同胞的，而是针对制造"台湾独立"的图谋和干涉中国统一的外国势力，是为争取实现和平统一提供必要的保障。采用武力的方式，将是最后不得已而被迫作出的选择。

对台湾而言，坚持一个中国原则，标志着承认中国的主权和领土不可分割，这就使两岸双方有了共同的基础和前提，可以通过平等协商，找到解决双方政治分歧的办法，实现和平统一。如果否认一个中国原则，图谋将台湾从中国领土中分割出去，那就使和平统一的前提和基础不复存在。

对美国而言，承诺奉行一个中国政策，就要切实执行中美两国政府之间的三个公报和美方的一系列承诺，就应当只与台湾保持文化、商务和其他非官方的关系，反对所谓"台湾独立"、"两个中国"、"一中一台"，不阻挠中国的统一。反之，就破坏了中国政府争取和平统一的外部条件。

对于亚太地区和世界其他地区的国家而言，台湾海峡局势一直与亚太地区的安定密切相关。有关各国坚持一个中国政策，有利于维护亚太地区的和平与稳定，也有利于中国同各国发展友好关系，符合亚太地区乃至世界各国的利益。

中国政府积极地真诚地努力争取实现和平统一。为了争取和平统一，中国政府一再呼吁在一个中国原则基础上举行两岸平等谈判。充分考虑到台湾的政治现实，为了照顾台湾当局关于平等谈判地位的要求，我们先后提出了举行中国共产党和中国国民党两党对等谈判、两党谈判可以吸收台湾各党派团体有代表性的人士参加等主张，而始终不提"中央与地方谈判"。中国政府还提出，可先从进行包括政治对话在内的对话开始，逐步过渡到政治谈判的程序性商谈，解决正式谈判的名义、议题、方式等问题，进而展开政治谈判。政治谈判可以分步骤进行，第一步，先就在一个中国原则下正式结束两岸敌对状态进行谈判，并达成协议，共同维护中国的主权和领土完整，并对今后两岸关系发展进行规划。一九九八年一月，为寻求和扩大两岸关系的政治基础，中国政府向台湾方面明确提出，在统一之前，在处理两岸关系事务中，特别是在两岸谈判中，坚持一个中国原则，也就是坚持世界上只有一个中国，台湾是中国的一部分，中国的主权和领土完整不容分割。中国政府希望，在一个中国原则基础上，双方平等协商，共议统一。

为争取和平统一，中国政府采取了一系列积极的政策和措施，全面推动两岸关系发展。自一九八七年底两岸隔绝状态被打破后至一九九九年底，到中国大陆从事探亲、旅游、交流的台湾同胞已达1600万人次；两岸间接贸易总额超过1600亿美元，台商在中国大陆投资的协议金额及实际到位金额分别超过了440亿美元与240亿美元；两岸互通邮政、电信取得了很大进展；两岸海上、空中通航也取得了局部进展。全国人民代表大会及其常务委员会、国务院、地方政府制定了一系列法律、法规，依法保障台湾同胞的正当权益。为了通过商谈妥善解决两岸同胞交往中所衍生的具体问题，一九九二年十一月，海峡两岸关系协会与台湾的海峡交流基金会达成在事务性商谈中各自以口头方式表述"海峡两岸均坚持一个中国原则"的共识，在此基础上，两会领导人于一九九三年四月成功举行了"汪辜会谈"，并签署了几项涉及保护两岸同胞正当权益的协议。一九九八年十月，两会领导人在上海会晤，开启了两岸政治对话。两会商谈是在平等的地位上进行的。实践证明，在一个中国原则的基础上，完全可以找到两岸平等谈判的适当方式。香港、澳门回归中国以来，港台之间、澳台之间原有的各种民间往来与交流，在一个中国原则的基础上继续保持和发展。

三、中国政府坚决捍卫一个中国原则

台湾分裂势力蓄意破坏一个中国原则。一九八八年，李登辉继任为台湾当局的领导人。当时他多次公开表示，台湾当局的基本政策就是"只有一个中国而没有两个中国的政策"；"我们一贯主张中国应该统一，并坚持'一个中国'的原则"。

但是，从九十年代初开始，李登辉逐步背离一个中国原则，相继鼓吹"两个政府"、"两个对等政治实体"、"台湾已经是个主权独立的国家"、"现阶段是'中华民国在台湾'与'中华人民共和国在大陆'"，而且自食其言，说他"始终没有讲过一个中国"。李登辉还纵容、扶持主张所谓"台湾独立"的分裂势力及其活动，使"台独"势力迅速发展、"台独"思潮蔓延。在李登辉主导下，台湾当局采取了一系列实际的分裂步骤。在台湾政权体制方面，力图通过所谓的"宪政改革"将台湾改造成一个"独立的政治实体"，以适应制造"两个中国"的需要。在对外关系方面，不遗余力地进行以制造"两个中国"为目的的"拓展国际生存空间"活动。一九九三年以来，连续七年推动所谓"参与联合国"的活动。在军事方面，大量向外国购买先进武器，谋求加入战区导弹防御系统，企图变相地与美、日建立某种形式的军事同盟。在思想文化方面，图谋抹杀台湾同胞、特别是年轻一代的中国人意识和对祖国的认同，挑起台湾同胞对祖国的误解和疏离感，割断两岸同胞的思想和文化纽带。

一九九九年以来，李登辉的分裂活动进一步发展。五月，他出版《台湾的主张》一书，鼓吹要把中国分成七块各自享有"充分自主权"的区域。七月九日，他公然将两岸关系歪曲为"国家与国家，至少是特殊的国与国的关系"，企图从根本上改变台湾是中国一部分的地位，破坏两岸关系、特别是两岸政治对话与谈判的基础，破坏两岸和平统一的基础。李登辉已经成为台湾分裂势力的总代表，是台湾海峡安定局面的破坏者，是中美关系发展的绊脚石，也是亚太地区和平与稳定的麻烦制造者。

中国政府坚决捍卫一个中国原则对于以李登辉为代表的台湾分裂势力的种种分裂活动，中国政府和人民一直保持着高度的警惕，并进行了坚决的斗争。

一九九五年六月李登辉以所谓"私人"名义访问美国后，中国政府果断地开展了反分裂、反"台独"的斗争，并对美国政府公然允许李登辉访美、违背美国在中美三个联合公报中所作的承诺、严重损害中国主权的行为，提出了强烈的抗议，进行了严正的交涉。这场斗争显示了中国政府和人民捍卫国家主权

和领土完整的坚强决心和能力，产生了重大和深远的影响。台湾同胞进一步认识到"台独"的严重危害。李登辉在国际上进行分裂活动受到沉重打击。部分"台独"势力被迫放弃了某些极端的分裂主张。国际社会进一步注意到坚持一个中国政策的必要性，美国政府还明确承诺不支持"台湾独立"、不支持"两个中国"或"一中一台"、不支持台湾加入任何必须由主权国家参加的国际组织。

李登辉抛出"两国论"后，中国政府和人民进行了更加坚决的斗争。针对台湾分裂势力企图通过所谓"法律"形式落实"两国论"的活动，中国政府有关部门明确指出，这是一个更加严重和危险的分裂步骤，是对和平统一的极大挑衅。如果这一图谋得逞，中国和平统一将变得不可能。这场斗争形成了海内外中国人同声谴责"两国论"的强大声势。世界上大多数国家重申坚持一个中国政策。美国政府也重申坚持一个中国政策和对台湾"三不支持"的承诺。台湾当局被迫表示不会依照"两国论"修改所谓"宪法"、"法律"。

但是，台湾分裂势力仍在企图以所谓"制宪"、"修宪"、"解释宪法"或"立法"等多种形式，用所谓"法律"形式实现在"中华民国"名义下把台湾从中国分割出去的图谋。特别值得警惕的是，台湾分裂势力一贯图谋破坏中美关系，挑起中美冲突和对抗，以便实现他们的分裂图谋。

事实证明，台湾海峡局势仍然存在着严重的危机。为了维护包括台湾同胞在内的全中国人民的利益，也为了维护亚太地区的和平与发展，中国政府仍然坚持"和平统一、一国两制"方针不变，仍然坚持江泽民主席提出的发展两岸关系、推进祖国和平统一进程的八项主张不变，仍然尽一切可能争取和平统一。但是，如果出现台湾被以任何名义从中国分割出去的重大事变，如果出现外国侵占台湾，如果台湾当局无限期地拒绝通过谈判和平解决两岸统一问题，中国政府只能被迫采取一切可能的断然措施、包括使用武力，来维护中国的主权和领土完整，完成中国的统一大业。中国政府和人民完全有决心、有能力维护国家主权和领土完整，决不容忍、决不姑息、决不坐视任何分裂中国的图谋得逞，任何分裂图谋都是注定要失败的。

四、两岸关系中涉及一个中国原则的若干问题

中国领土和主权没有分裂，海峡两岸并非两个国家。台湾当局支撑其制造"两个中国"的主张，包括李登辉提出的"两国论"的所谓理由无非是：一九四九年以后海峡两岸已经分裂分治且互不隶属，中华人民共和国政府从未统治

过台湾，一九九一年以后台湾也已产生了与中国大陆没有关系的政权体制。这些理由是根本不能成立的，也绝对不能得出台湾可以"中华民国"的名义自立为一个国家和海峡两岸已经分裂为两个国家的结论。第一，国家主权不可分割。领土是国家行使主权的空间。在一个国家的领土上，只能有一个代表国家行使主权的中央政府。如前所述，台湾是中国领土不可分割的一部分，一九四九年中华人民共和国政府取代中华民国政府成为全中国的唯一合法政府，已经享有和行使包括台湾在内的全中国的主权。虽然海峡两岸尚未统一，但是台湾是中国领土一部分的地位从未改变，由此，中国拥有对台湾的主权也从未改变。第二，国际社会承认只有一个中国、台湾是中国的一部分、中华人民共和国政府是中国的唯一合法政府。第三，台湾问题长期得不到解决，主要是外国势力干涉和台湾分裂势力阻挠的结果。海峡两岸尚未统一，这种不正常状态的长期存在，并没有赋予台湾在国际法上的地位和权利，也不能改变台湾是中国一部分的法律地位。目前的问题是台湾分裂势力和某些外国反华势力要改变这种状况，而这正是中国政府和人民坚决反对的。

坚决反对以公民投票方式改变台湾是中国一部分的地位。台湾分裂势力以"主权在民"为借口，企图以公民投票方式改变台湾是中国一部分的地位，这是徒劳的。首先，台湾是中国领土一部分的法律地位，无论在国内法还是在国际法上，都已经是明确的，不存在用公民投票方式决定是否应自决的前提。其次，"主权在民"是指主权属于一个国家的全体人民，而不是指属于某一部分或某一地区的人民。对台湾的主权，属于包括台湾同胞在内的全中国人民，而不属于台湾一部分人。第三，历史上台湾从未曾成为一个国家；一九四五年以后，台湾既不是外国的殖民地，又不处于外国占领之下，不存在行使民族自决权的问题。总之，自一九四五年中国收复台湾之后，就根本不存在就改变台湾是中国一部分的地位举行公民投票的问题。台湾的前途只有一条，就是走向与祖国大陆的统一，而决不能走向分裂。任何人以所谓公民投票的方式把台湾从中国分割出去，其结果必将把台湾人民引向灾难。

"两德模式"不能用于解决台湾问题。台湾有些人主张用第二次世界大战后德国被分裂为两个国家后又重新统一的所谓"两德模式"来处理两岸关系。这是对历史和现实的误解。战后德国的分裂和两岸暂时分离是两个不同性质的问题。主要有三点不同：第一，两者形成的原因、性质不同。一九四五年德国在二战中战败，被美、英、法、苏四个战胜国依据《鉴于德国失败和接管最高政府权力的声明》及其后的波茨坦协议，分区占领。冷战开始后，德国统一问题成为美苏两国在欧洲对抗的一个焦点，在美英法占领区和苏联占领区分别相继成立了德意志联邦共和国和德意志民主共和国，德国被分裂为两个国家。显然，德国问题完全是由外部因素造成的。而台湾问题则是中国内战遗留的问题，是内政问题。第二，两者在国际法上的地位不同。德国的分裂，为二战期间和战后一系列国际条约所规定。而台湾问题，则有《开罗宣言》《波茨坦公告》等国际条约关于日本必须将窃取于中国的台湾归还中国的规定。第三，两者存在的实际状况不同。在美苏两国对抗的背景下，两个德国都分别驻有外国军队，被迫相互承认和在国际社会并存。而中国政府始终坚持一个中国原则，李登辉上台前的台湾当局和李登辉上台初期也承认一个中国，反对"两个中国"；一个中国原则也被国际社会所普遍接受。因而，德国问题与台湾问题不能相提并论，更不能照搬"两德模式"解决台湾问题。

在一个中国原则下，什么问题都可以谈。中国政府主张两岸谈判最终目的是实现和平统一；主张以一个中国原则为谈判基础，是为了保证实现谈判的目的。而"台湾独立"、"两个中国"、"两国论"违背了一个中国原则，不是谈统一，而是谈分裂，当然不可能被中国政府接受。只要在一个中国的框架内，什么问题都可以谈，包括台湾方面关心的各种问题。中国政府相信，台湾在国际上与其身份相适应的经济的、文化的、社会的对外活动空间，台湾当局的政治地位等等，都可以在这个框架内，通过政治谈判，最终在和平统一的过程中得到解决。

所谓"民主和制度之争"是阻挠中国统一的借口。近些年来，台湾当局一再声称，"大陆的民主化是中国再统一的关键"、"两岸问题的真正本质是制度竞赛"。这是拖延和抗拒统一的借口，是欺骗台湾同胞和国际舆论的伎俩。中国共产党和中国政府不断为实现社会主义民主的理想而奋斗。按照"一国两制"的方式实现和平统一，允许海峡两岸两种社会制度同时存在，互不强加于对方，最能体现两岸同胞的意愿，这本身就是民主的。两岸不同的社会制度，不应构成和平统一的障碍。而且，中国政府注意到台湾与香港、澳门的不同特点，实现两岸和平统一之后，在台湾实行"一国两制"的内容，可以比香港、澳门更为宽松。台湾当局企图以"民主和制度之争"阻挠统一，妄想居住在中国大陆的十二亿多人实行台湾的政治、经济制度，是毫无道理的，也是不民主的。"要民主"不应成为"不要统一"的理由。两岸双方在这个问题上分歧的实质，绝不是要不要民主之争、实行哪种制度之争，而是要统一还是要分裂之争。

五、在国际社会中坚持一个中国原则的若干问题

中国政府对于国际社会普遍奉行一个中国政策表示赞赏。我们于一九九三年八月发表的《台湾问题与中国的统一》白皮书，在第五部分"国际事务中涉及台湾的几个问题"中，阐述了在有关与中国建交国同台湾的关系、国际组织与台湾的关系、与中国建交国同台湾通航、与中国建交国向台湾出售武器等问题上的立场和政策。在此，谨重申有关立场和政策。

台湾无权参加联合国及其他只有主权国家参加的国际组织。联合国是由主权国家组成的政府间国际组织。中华人民共和国政府在联合国的合法权利恢复后，联合国组织中的中国代表权问题已经获得彻底解决，根本不存在台湾当局加入联合国的问题。台湾当局声称联合国 2758 号决议只解决了"中国代表权问题"，没有解决"台湾的代表权问题"，要求"参与联合国"。这是制造"两个中国""一中一台"的分裂行径，是绝对不能允许的。联合国的所有成员国，都应遵守《联合国宪章》的宗旨、原则及有关联合国决议，遵循相互尊重主权和领土完整、互不干涉内政等国际关系准则，不以任何方式支持台湾加入联合国及只能由主权国家参加的其他国际组织。

对于某些允许地区参加的政府间国际组织，中国政府已经基于一个中国原则，根据有关国际组织的性质、章程和实际情况，以所能同意和接受的方式对台湾的加入问题作出了安排。台湾已作为中国的一个地区，以"中国台北"的名义，分别参加了亚洲开发银行（英文名称为 TAIPEI, CHINA）和亚太经合组织（英文名称为 CHINESE TAIPEI）等组织。一九九二年九月，世界贸易组织的前身关税及贸易总协定理事会主席声明指出，在中华人民共和国加入关贸总协定后，台湾可以"台湾、澎湖、金门、马祖单独关税区"（简称"中国台北"）的名义参加。世贸组织在审议接纳台湾加入该组织时，应坚持上述声明确定的原则。上述特殊安排，并不构成其他政府间国际组织及国际活动仿效的模式。

与中国建交的国家不能向台湾出售武器，或与台湾进行任何形式的军事结盟。凡是与中国建交的国家，都应本着互相尊重主权和领土完整、互不干涉内政的原则，不以任何形式或借口向台湾出售武器，或帮助台湾生产武器。台湾问题是中美关系中最核心、最敏感的问题。中美三个联合公报是两国关系健康、稳定发展的基础。二十多年来，美国承诺坚持一个中国政策，为自己带来了美

中建交、两国关系发展和台湾局势相对稳定的利益。令人遗憾的是，美国一再违反自己在"八一七公报"中对中国作出的庄严承诺，不断向台湾出售先进的武器和军事装备。现在，美国国会又有人炮制所谓《加强台湾安全法》，还企图将台湾纳入战区导弹防御系统。这是对中国内政的粗暴干涉和对中国安全的严重威胁，阻碍了中国的和平统一进程，同时也危害了亚太地区乃至世界的和平与稳定。对此，中国政府坚决反对。

中国政府以一个中国原则对待台湾的对外交往活动。台湾当局极力在国际上推行所谓"务实外交"，扩大所谓"国际生存空间"，其实质是制造"两个中国"、"一中一台"。中国政府理所当然地要坚决反对。同时，考虑到台湾经济社会发展的需要和台湾同胞的实际利益，中国政府对台湾同外国进行民间性质的经济、文化往来不持异议；并在一个中国前提下，采取了许多灵活措施，为台湾同外国的经贸、文化往来提供方便。例如，台湾可以"中国台北"的名义继续留在国际奥委会中。事实上，台湾与世界上许多国家和地区保持着广泛的经贸和文化联系，台湾同胞每年到国外旅游、经商、求学和进行学术、文化、体育交流活动的人员多达百万人次，年进出口贸易额高达2000多亿美元。这表明，坚持一个中国原则并不影响台湾同胞从事民间的对外交流活动，并未影响台湾正常的经贸、文化活动的需要。

中国政府保障台湾同胞在国外的一切正当、合法权益。台湾人民是我们的骨肉同胞。中国政府一贯致力于维护台湾同胞在国外的正当的、合法的权益。中国驻外国使领馆一向把加强与台湾同胞的联系、倾听台湾同胞的意见和要求、保障台湾同胞的利益作为自己的责任，尽可能帮助他们解决困难。在海湾战争中，中国使馆帮助滞留在科威特的台湾劳务人员安全撤离险境。日本阪神大地震发生后，中国使领馆及时抚慰受灾的台湾同胞。柬埔寨爆发内战后，中国使馆积极帮助生命财产受到严重威胁的台湾商人和旅游者安全转移和撤离。上述事例体现了中国政府对台湾同胞的关心和照顾。在海峡两岸实现统一后，台湾同胞更能够与全国各族人民一道充分共享中华人民共和国在国际上的尊严与荣誉。

结束语

中国具有五千年悠久历史。中华民族繁衍生息在中国这块土地上，各民族相互融合，具有强大的凝聚力，形成了崇尚统一、维护统一的价值观念。在漫长的历史过程中，中国虽然经历过改朝换代、政权更迭，出现过地方割据，遭遇过外敌入侵，特别是近代史上曾饱受外国列强的侵略和瓜分，但统一始终是中国历史发展的主流，每一次分裂之后都复归统一，并且都赢来了国家政治、经济、文化、科技的快速发展。台湾同胞具有光荣的爱国主义传统，在反抗外国侵略台湾的斗争中建立了卓越的功勋。中华人民共和国诞生后，中国人民倍加珍视得来不易的民族独立，坚决捍卫国家主权和领土完整，并为实现祖国的完全统一而努力奋斗。中国五千年的历史和文化深深地在中国人的心中根植了一种强烈的民族意识，这就是中国必须统一。中国政府希望国际社会始终如一地奉行一个中国政策，希望美国政府切实履行中美三个联合公报关于台湾问题的各项原则和自己作出的坚持一个中国政策的庄严承诺。

随着中国政府相继对香港、澳门恢复行使主权，全中国人民迫切期望早日解决台湾问题，实现国家的完全统一，不能允许台湾问题再无限期地拖下去了。我们坚信，在包括两岸同胞和海外侨胞在内的全中国人民的共同努力下，中国的完全统一一定能够实现。

——引自国务院台湾事务办公室网站，http://www.gwytb.gov.cn/bps/bps_yzyz.html。

【附录十二】胡锦涛在看望参加政协会议的民革台盟台联委员时强调：包括台湾同胞在内的全体中华儿女团结起来，共同为推进祖国和平统一大业而努力奋斗

　　2007年3月4日下午，中共中央总书记、国家主席、中央军委主席胡锦涛看望了参加全国政协十届三次会议的民革、台盟、台联委员，并参加联组会，听取委员们的意见和建议。他强调，我们要坚持以邓小平理论和"三个代表"重要思想为指导，继续贯彻"和平统一、一国两制"的基本方针和现阶段发展两岸关系、推进祖国和平统一进程的八项主张，继续以最大的诚意、尽最大的努力争取和平统一的前景，同时绝不容忍"台独"，绝不允许"台独"分裂势力以任何名义、任何方式把台湾从祖国分割出去。

　　中共中央政治局常委、全国政协主席贾庆林参加了看望和讨论。

　　联组会上，刘民复、陈正统、林盛中、陆锡蕾、孙南雄、陈杰、万鄂湘、谢克昌、刘亦铭、张庆成等10位委员先后发了言。

　　胡锦涛在认真听取了大家的发言后发表了重要讲话。他指出，解决台湾问题，实现祖国完全统一，是海内外中华儿女的共同心愿。长期以来，我们为此进行了不懈努力。但是，近年来，台湾岛内局势发生了重大、复杂的变化，"台独"分裂势力的活动不断加剧，给两岸关系和平稳定发展造成了严重影响。台湾当局不断在台湾政治、文化、教育等领域进行"台湾正名"、"去中国化"等"渐进式台独"活动，蓄意挑起两岸对立，竭力破坏大陆和台湾同属一个中国的现状。事实说明，"台独"分裂势力及其活动日益成为两岸关系发展的最大障碍，成为对台海地区和平稳定的最大现实威胁，如不予以坚决反对和遏制，势必严重威胁国家主权和领土完整，断送两岸和平统一的前景，危害中华民族的根本利益。

　　胡锦涛指出，当前，两岸关系中出现了一些有利于遏制"台独"分裂活动的新的积极因素，台海紧张局势出现了某些缓和的迹象，但反对"台独"分裂势力及其活动的斗争仍然是严峻的、复杂的。

胡锦涛就新形势下发展两岸关系提出了四点意见。

第一，坚持一个中国原则决不动摇。坚持一个中国原则，是发展两岸关系和实现祖国和平统一的基石。1949 年以来，尽管两岸尚未统一，但大陆和台湾同属一个中国的事实从未改变。这就是两岸关系的现状。这不仅是我们的立场，也见之于台湾现有的规定和文件。既然台湾和大陆同属一个中国，就不存在所谓大陆和台湾谁吞并谁的问题。当前两岸关系发展困难的症结，在于台湾当局拒绝一个中国原则，不承认体现一个中国原则的"九二共识"。解铃还需系铃人。只要台湾当局承认"九二共识"，两岸对话和谈判即可恢复，而且什么问题都可以谈。不仅可以谈我们已经提出的正式结束两岸敌对状态和建立军事互信、台湾地区在国际上与其身份相适应的活动空间、台湾当局的政治地位、两岸关系和平稳定发展的框架等议题，也可以谈在实现和平统一过程中需要解决的所有问题。对于台湾任何人、任何政党朝着承认一个中国原则方向所作的努力，我们都欢迎。只要承认一个中国原则，承认"九二共识"，不管是什么人、什么政党，也不管他们过去说过什么、做过什么，我们都愿意同他们谈发展两岸关系、促进和平统一的问题。我们希望台湾当局早日回到承认"九二共识"的轨道上来，停止"台独"分裂活动。只要确立了一个中国的大前提，我们对任何有利于维护台海和平、发展两岸关系、促进和平统一的意见和建议都愿意作出正面回应，也愿意在双方共同努力的基础上寻求接触、交往的新途径。

第二，争取和平统一的努力决不放弃。包括台湾同胞在内的 13 亿中国人民都热爱和平，真诚希望维护和享受和平，更希望自家骨肉兄弟能够和平解决自己的问题。和平解决台湾问题、实现祖国和平统一，符合两岸同胞的根本利益，符合中华民族的根本利益，也符合当今世界和平与发展的潮流。这是我们始终坚持为实现和平统一而不懈努力的根本原因。和平统一，不是一方吃掉另一方，而是平等协商、共议统一。实现两岸和平统一，是两岸同胞之福，是地区和世界之福。两岸和平统一了，可以弥合两岸因长期分离而造成的隔阂，使两岸同胞增进一家亲情；可以结束两岸在军事上的对抗，使两岸同胞共同致力于和平建设；可以使两岸经济更好地互补互利，使两岸同胞携手共谋发展；可以使两岸一起共同促进世界和平与发展的崇高事业，使两岸同胞共享伟大祖国的尊严和荣誉；可以真正确保国家主权和领土完整，使两岸同胞共同促进中华民族的伟大复兴。人民期盼和平，国家需要稳定。只要和平统一还有一线希望，我们就会进行百倍努力。我们真诚希望台湾有关人士和有关政党严肃思考这个重大问题，从民族大义出发，从两岸同胞的福祉出发，为保持台海和平、发展两岸关系、实现和平统一作出正确的历史性抉择。

第三，贯彻寄希望于台湾人民的方针决不改变。台湾同胞是我们的骨肉兄弟，是发展两岸关系的重要力量，也是遏制"台独"分裂活动的重要力量。"台独"分裂势力越是想把台湾同胞同我们分隔开来，我们就越是要更紧密地团结台湾同胞。无论在什么情况下，我们都尊重他们、信赖他们、依靠他们，并且设身处地地为他们着想，千方百计照顾和维护他们的正当权益。台湾农产品在大陆销售的问题，事关广大台湾农民的切身利益，要切实解决。如果两岸客运包机实现了"节日化"，还可以向常态化发展。两岸货运包机问题，也可以由两岸民间行业组织交换意见。我们将进一步陆续出台解决台湾同胞关心的问题、维护台湾同胞正当权益的政策措施。只要是对台湾同胞有利的事情，只要是对促进两岸交流有利的事情，只要是对维护台海地区和平有利的事情，只要是对祖国和平统一有利的事情，我们都会尽最大努力去做，并且一定努力做好。这是我们对广大台湾同胞的庄严承诺。

第四，反对"台独"分裂活动决不妥协。维护国家主权和领土完整，是国家的核心利益。任何人要危害中国的主权和领土完整，13 亿中国人民坚决不答应。在反对分裂国家这个重大原则问题上，我们决不会有丝毫犹豫、含糊和退让。"台独"分裂势力必须放弃"台独"分裂立场，停止一切"台独"活动。我们希望，台湾当局领导人切实履行 2 月 24 日重申的"四不一没有"的承诺和不通过"宪改"进行"台湾法理独立"的承诺，通过自己的实际行动向世人表明这不是一句可以随意背弃的空话。中国是包括 2300 万台湾同胞在内的 13 亿中国人民的中国，大陆是包括 2300 万台湾同胞在内的 13 亿中国人民的大陆，台湾也是包括 2300 万台湾同胞在内的 13 亿中国人民的台湾。任何涉及中国主权和领土完整的问题，必须由全中国 13 亿人民共同决定。我们相信，广大台湾同胞一定会同我们一道，坚定地维护国家主权和领土完整，坚定地维护中华民族的根本利益。

——摘自《人民日报》，2005 年 3 月 5 日，第 1 版。

【附录十三】反分裂国家法

（二○○五年三月十四日第十届全国人民代表大会第三次会议通过）

第一条　为了反对和遏制"台独"分裂势力分裂国家，促进祖国和平统一，维护台湾海峡地区和平稳定，维护国家主权和领土完整，维护中华民族的根本利益，根据宪法，制定本法。

第二条　世界上只有一个中国，大陆和台湾同属一个中国，中国的主权和领土完整不容分割。维护国家主权和领土完整是包括台湾同胞在内的全中国人民的共同义务。

台湾是中国的一部分。国家绝不允许"台独"分裂势力以任何名义、任何方式把台湾从中国分裂出去。

第三条　台湾问题是中国内战的遗留问题。

解决台湾问题，实现祖国统一，是中国的内部事务，不受任何外国势力的干涉。

第四条　完成统一祖国的大业是包括台湾同胞在内的全中国人民的神圣职责。

第五条　坚持一个中国原则，是实现祖国和平统一的基础。

以和平方式实现祖国统一，最符合台湾海峡两岸同胞的根本利益。国家以最大的诚意，尽最大的努力，实现和平统一。

国家和平统一后，台湾可以实行不同于大陆的制度，高度自治。

第六条　国家采取下列措施，维护台湾海峡地区和平稳定，发展两岸关系：

（一）鼓励和推动两岸人员往来，增进了解，增强互信；

（二）鼓励和推动两岸经济交流与合作，直接通邮通航通商，密切两岸经济关系，互利互惠；

（三）鼓励和推动两岸教育、科技、文化、卫生、体育交流，共同弘扬中华文化的优秀传统；

（四）鼓励和推动两岸共同打击犯罪；

（五）鼓励和推动有利于维护台湾海峡地区和平稳定、发展两岸关系的其他活动。

国家依法保护台湾同胞的权利和利益。

第七条　国家主张通过台湾海峡两岸平等的协商和谈判，实现和平统一。协商和谈判可以有步骤、分阶段进行，方式可以灵活多样。

台湾海峡两岸可以就下列事项进行协商和谈判：

（一）正式结束两岸敌对状态；

（二）发展两岸关系的规划；

（三）和平统一的步骤和安排；

（四）台湾当局的政治地位；

（五）台湾地区在国际上与其地位相适应的活动空间；

（六）与实现和平统一有关的其他任何问题。

第八条　"台独"分裂势力以任何名义、任何方式造成台湾从中国分裂出去的事实，或者发生将会导致台湾从中国分裂出去的重大事变，或者和平统一的可能性完全丧失，国家得采取非和平方式及其他必要措施，捍卫国家主权和领土完整。

依照前款规定采取非和平方式及其他必要措施，由国务院、中央军事委员会决定和组织实施，并及时向全国人民代表大会常务委员会报告。

第九条　依照本法规定采取非和平方式及其他必要措施并组织实施时，国家尽最大可能保护台湾平民和在台湾的外国人的生命财产安全和其他正当权益，减少损失；同时，国家依法保护台湾同胞在中国其他地区的权利和利益。

第十条　本法自公布之日起施行。

——摘自《人民日报》，2005 年 3 月 15 日，第 1 版。

【附录十四】胡锦涛：坚定不移沿着中国特色社会主义道路前进为全面建成小康社会而奋斗
——在中国共产党第十八次全国代表大会上的报告（节选）
（二〇一二年十一月八日）

十、丰富"一国两制"实践和推进祖国统一

香港、澳门回归以来，走上了同祖国内地优势互补、共同发展的宽广道路，"一国两制"实践取得举世公认的成功。中央政府对香港、澳门实行的各项方针政策，根本宗旨是维护国家主权、安全、发展利益，保持香港、澳门长期繁荣稳定。全面准确贯彻"一国两制"、"港人治港"、"澳人治澳"、高度自治的方针，必须把坚持一国原则和尊重两制差异、维护中央权力和保障特别行政区高度自治权、发挥祖国内地坚强后盾作用和提高港澳自身竞争力有机结合起来，任何时候都不能偏废。

中央政府将严格依照基本法办事，完善与基本法实施相关的制度和机制，坚定支持特别行政区行政长官和政府依法施政，带领香港、澳门各界人士集中精力发展经济、切实有效改善民生、循序渐进推进民主、包容共济促进和谐，深化内地与香港、澳门经贸关系，推进各领域交流合作，促进香港同胞、澳门同胞在爱国爱港、爱国爱澳旗帜下的大团结，防范和遏制外部势力干预港澳事务。

我们坚信，香港同胞、澳门同胞不仅有智慧、有能力、有办法把特别行政区管理好、建设好，也一定能在国家事务中发挥积极作用，同全国各族人民一道共享做中国人的尊严和荣耀。

解决台湾问题、实现祖国完全统一，是不可阻挡的历史进程。和平统一最符合包括台湾同胞在内的中华民族的根本利益。实现和平统一首先要确保两岸关系和平发展。必须坚持"和平统一、一国两制"方针，坚持发展两岸关系、推进祖国和平统一进程的八项主张，全面贯彻两岸关系和平发展重要思想，巩固和深化两岸关系和平发展的政治、经济、文化、社会基础，为和平统一创造更充分的条件。

我们要始终坚持一个中国原则。大陆和台湾虽然尚未统一，但两岸同属一个中国的事实从未改变，国家领土和主权从未分割、也不容分割。两岸双方应恪守反对"台独"、坚持"九二共识"的共同立场，增进维护一个中国框架的共同认知，在此基础上求同存异。对台湾任何政党，只要不主张"台独"、认同一个中国，我们都愿意同他们交往、对话、合作。

我们要持续推进两岸交流合作。深化经济合作，厚植共同利益。扩大文化交流，增强民族认同。密切人民往来，融洽同胞感情。促进平等协商，加强制度建设。希望双方共同努力，探讨国家尚未统一特殊情况下的两岸政治关系，作出合情合理安排；商谈建立两岸军事安全互信机制，稳定台海局势；协商达成两岸和平协议，开创两岸关系和平发展新前景。

我们要努力促进两岸同胞团结奋斗。两岸同胞同属中华民族，是血脉相连的命运共同体，理应相互关爱信赖，共同推进两岸关系，共同享有发展成果。凡是有利于增进两岸同胞共同福祉的事情，我们都会尽最大努力做好。我们要切实保护台湾同胞权益，团结台湾同胞维护好、建设好中华民族共同家园。

我们坚决反对"台独"分裂图谋。中国人民绝不允许任何人任何势力以任何方式把台湾从祖国分割出去。"台独"分裂行径损害两岸同胞共同利益，必然走向彻底失败。

全体中华儿女携手努力，就一定能在同心实现中华民族伟大复兴进程中完成祖国统一大业。

——摘自《人民日报》，2012 年 11 月 18 日，第 4 版。

【附录十五】习近平在中国共产党第十九次全国代表大会上的报告（节选）

十一、坚持"一国两制"，推进祖国统一

香港、澳门回归祖国以来，"一国两制"实践取得举世公认的成功。事实证明，"一国两制"是解决历史遗留的香港、澳门问题的最佳方案，也是香港、澳门回归后保持长期繁荣稳定的最佳制度。

保持香港、澳门长期繁荣稳定，必须全面准确贯彻"一国两制"、"港人治港"、"澳人治澳"、高度自治的方针，严格依照宪法和基本法办事，完善与基本法实施相关的制度和机制。要支持特别行政区政府和行政长官依法施政、积极作为，团结带领香港、澳门各界人士齐心协力谋发展、促和谐，保障和改善民生，有序推进民主，维护社会稳定，履行维护国家主权、安全、发展利益的宪制责任。

香港、澳门发展同内地发展紧密相连。要支持香港、澳门融入国家发展大局，以粤港澳大湾区建设、粤港澳合作、泛珠三角区域合作等为重点，全面推进内地同香港、澳门互利合作，制定完善便利香港、澳门居民在内地发展的政策措施。

我们坚持爱国者为主体的"港人治港"、"澳人治澳"，发展壮大爱国爱港爱澳力量，增强香港、澳门同胞的国家意识和爱国精神，让香港、澳门同胞同祖国人民共担民族复兴的历史责任、共享祖国繁荣富强的伟大荣光。

解决台湾问题、实现祖国完全统一，是全体中华儿女共同愿望，是中华民族根本利益所在。必须继续坚持"和平统一、一国两制"方针，推动两岸关系和平发展，推进祖国和平统一进程。

一个中国原则是两岸关系的政治基础。体现一个中国原则的"九二共识"明确界定了两岸关系的根本性质，是确保两岸关系和平发展的关键。承认"九二共识"的历史事实，认同两岸同属一个中国，两岸双方就能开展对话，协商解决两岸同胞关心的问题，台湾任何政党和团体同大陆交往也不会存在障碍。

两岸同胞是命运与共的骨肉兄弟，是血浓于水的一家人。我们秉持"两岸一家亲"理念，尊重台湾现有的社会制度和台湾同胞生活方式，愿意率先同台湾同胞分享大陆发展的机遇。我们将扩大两岸经济文化交流合作，实现互利互惠，逐步为台湾同胞在大陆学习、创业、就业、生活提供与大陆同胞同等的待遇，增进台湾同胞福祉。我们将推动两岸同胞共同弘扬中华文化，促进心灵契合。

我们坚决维护国家主权和领土完整，绝不容忍国家分裂的历史悲剧重演。一切分裂祖国的活动都必将遭到全体中国人坚决反对。我们有坚定的意志、充分的信心、足够的能力挫败任何形式的"台独"分裂图谋。我们绝不允许任何人、任何组织、任何政党、在任何时候、以任何形式、把任何一块中国领土从中国分裂出去！

同志们！实现中华民族伟大复兴，是全体中国人共同的梦想。我们坚信，只要包括港澳台同胞在内的全体中华儿女顺应历史大势、共担民族大义，把民族命运牢牢掌握在自己手中，就一定能够共创中华民族伟大复兴的美好未来！

——摘选自习近平：《决胜全面建成小康社会 夺取新时代中国特色社会主义伟大胜利——在中国共产党第十九次全国代表大会上的报告》，人民出版社，2017 年，第 54—56 页。

【附录十六】习近平：为实现民族伟大复兴　推进祖国和平统一而共同奋斗——在《告台湾同胞书》发表 40 周年纪念会上的讲话

（二〇一九年一月二日）

同志们，同胞们，朋友们：

今天，我们在这里隆重集会，纪念全国人民代表大会常务委员会《告台湾同胞书》发表 40 周年。值此新年之际，我代表祖国大陆人民，向广大台湾同胞致以诚挚的问候和衷心的祝福！

海峡两岸分隔已届 70 年。台湾问题的产生和演变同近代以来中华民族命运休戚相关。1840 年鸦片战争之后，西方列强入侵，中国陷入内忧外患、山河破碎的悲惨境地，台湾更是被外族侵占长达半个世纪。为战胜外来侵略、争取民族解放、实现国家统一，中华儿女前仆后继，进行了可歌可泣的斗争。台湾同胞在这场斗争中作出了重要贡献。1945 年，中国人民同世界各国人民一道，取得了中国人民抗日战争暨世界反法西斯战争的伟大胜利，台湾随之光复，重回祖国怀抱。其后不久，由于中国内战延续和外部势力干涉，海峡两岸陷入长期政治对立的特殊状态。

1949 年以来，中国共产党、中国政府、中国人民始终把解决台湾问题、实现祖国完全统一作为矢志不渝的历史任务。我们团结台湾同胞，推动台海形势从紧张对峙走向缓和改善、进而走上和平发展道路，两岸关系不断取得突破性进展。

——70 年来，我们顺应两岸同胞共同愿望，推动打破两岸隔绝状态，实现全面直接双向"三通"，开启两岸同胞大交流大交往大合作局面，两岸交流合作日益广泛，相互往来日益密切，彼此心灵日益契合。台湾同胞为祖国大陆改革开放作出重大贡献，也分享了大陆发展机遇。

——70 年来，我们秉持求同存异精神，推动两岸双方在一个中国原则基础上达成"海峡两岸同属一个中国，共同努力谋求国家统一"的"九二共识"，开启两岸协商谈判，推进两岸政党党际交流，开辟两岸关系和平发展道路，实现两岸领导人历史性会晤，使两岸政治互动达到新高度。

——70 年来，我们把握两岸关系发展时代变化，提出和平解决台湾问题的政策主张和"一国两制"科学构想，确立了"和平统一、一国两制"基本方针，进而形成了坚持"一国两制"和推进祖国统一基本方略，回答了新时代推动两岸关系和平发展、团结台湾同胞共同致力于实现民族伟大复兴和祖国和平统一的时代命题。

——70 年来，我们高举和平、发展、合作、共赢的旗帜，在和平共处五项原则基础上发展同各国的友好合作，巩固国际社会坚持一个中国原则的格局，越来越多国家和人民理解和支持中国统一事业。

——70 年来，我们始终着眼于中华民族整体利益和长远利益，坚定维护国家主权和领土完整，团结全体中华儿女，坚决挫败各种制造"两个中国"、"一中一台"、"台湾独立"的图谋，取得一系列反"台独"、反分裂斗争的重大胜利。

两岸关系发展历程证明：台湾是中国一部分、两岸同属一个中国的历史和法理事实，是任何人任何势力都无法改变的！两岸同胞都是中国人，血浓于水、守望相助的天然情感和民族认同，是任何人任何势力都无法改变的！台海形势走向和平稳定、两岸关系向前发展的时代潮流，是任何人任何势力都无法阻挡的！国家强大、民族复兴、两岸统一的历史大势，更是任何人任何势力都无法阻挡的！

同志们、同胞们、朋友们！

回顾历史，是为了启迪今天、昭示明天。祖国必须统一，也必然统一。这是 70 载两岸关系发展历程的历史定论，也是新时代中华民族伟大复兴的必然要求。两岸中国人、海内外中华儿女理应共担民族大义、顺应历史大势，共同推动两岸关系和平发展、推进祖国和平统一进程。

第一，携手推动民族复兴，实现和平统一目标。民族复兴、国家统一是大势所趋、大义所在、民心所向。一水之隔、咫尺天涯，两岸迄今尚未完全统一是历史遗留给中华民族的创伤。两岸中国人应该共同努力谋求国家统一，抚平历史创伤。广大台湾同胞都是中华民族一分子，要做堂堂正正的中国人，认真思考台湾在民族复兴中的地位和作用，把促进国家完全统一、共谋民族伟大复兴作为无上光荣的事业。

台湾前途在于国家统一，台湾同胞福祉系于民族复兴。两岸关系和平发展是维护两岸和平、促进两岸共同发展、造福两岸同胞的正确道路。两岸关系和平发展要两岸同胞共同推动，靠两岸同胞共同维护，由两岸同胞共同分享。中国梦是两岸同胞共同的梦，民族复兴、国家强盛，两岸中国人才能过上富足美好的生活。在中华民族走向伟大复兴的进程中，台湾同胞定然不会缺席。两岸同胞要携手同心，共圆中国梦，共担民族复兴的责任，共享民族复兴的荣耀。台湾问题因民族弱乱而产生，必将随着民族复兴而终结！

第二，探索"两制"台湾方案，丰富和平统一实践。"和平统一、一国两制"是实现国家统一的最佳方式，体现了海纳百川、有容乃大的中华智慧，既充分考虑台湾现实情况，又有利于统一后台湾长治久安。

制度不同，不是统一的障碍，更不是分裂的借口。"一国两制"的提出，本来就是为了照顾台湾现实情况，维护台湾同胞利益福祉。"一国两制"在台湾的具体实现形式会充分考虑台湾现实情况，会充分吸收两岸各界意见和建议，会充分照顾到台湾同胞利益和感情。在确保国家主权、安全、发展利益的前提下，和平统一后，台湾同胞的社会制度和生活方式等将得到充分尊重，台湾同胞的私人财产、宗教信仰、合法权益将得到充分保障。

两岸同胞是一家人，两岸的事是两岸同胞的家里事，当然也应该由家里人商量着办。和平统一，是平等协商、共议统一。两岸长期存在的政治分歧问题是影响两岸关系行稳致远的总根子，总不能一代一代传下去。两岸双方应该本着对民族、对后世负责的态度，凝聚智慧，发挥创意，聚同化异，争取早日解决政治对立，实现台海持久和平，达成国家统一愿景，让我们的子孙后代在祥和、安宁、繁荣、尊严的共同家园中生活成长。

在一个中国原则基础上，台湾任何政党、团体同我们的交往都不存在障碍。以对话取代对抗、以合作取代争斗、以双赢取代零和，两岸关系才能行稳致远。我们愿意同台湾各党派、团体和人士就两岸政治问题和推进祖国和平统一进程的有关问题开展对话沟通，广泛交换意见，寻求社会共识，推进政治谈判。

我们郑重倡议，在坚持"九二共识"、反对"台独"的共同政治基础上，两岸各政党、各界别推举代表性人士，就两岸关系和民族未来开展广泛深入的民主协商，就推动两岸关系和平发展达成制度性安排。

第三，坚持一个中国原则，维护和平统一前景。尽管海峡两岸尚未完全统一，但中国主权和领土从未分割，大陆和台湾同属一个中国的事实从未改变。一个中国原则是两岸关系的政治基础。坚持一个中国原则，两岸关系就能改善和发展，台湾同胞就能受益。背离一个中国原则，就会导致两岸关系紧张动荡，损害台湾同胞切身利益。

统一是历史大势，是正道。"台独"是历史逆流，是绝路。广大台湾同胞具有光荣的爱国主义传统，是我们的骨肉天亲。我们坚持寄希望于台湾人民的方针，一如既往尊重台湾同胞、关爱台湾同胞、团结台湾同胞、依靠台湾同胞，全心全意为台湾同胞办实事、做好事、解难事。广大台湾同胞不分党派、不分宗教、不分阶层、不分军民、不分地域，都要认清"台独"只会给台湾带来深重祸害，坚决反对"台独"分裂，共同追求和平统一的光明前景。我们愿意为和平统一创造广阔空间，但绝不为各种形式的"台独"分裂活动留下任何空间。

中国人不打中国人。我们愿意以最大诚意、尽最大努力争取和平统一的前景，因为以和平方式实现统一，对两岸同胞和全民族最有利。我们不承诺放弃使用武力，保留采取一切必要措施的选项，针对的是外部势力干涉和极少数"台独"分裂分子及其分裂活动，绝非针对台湾同胞。两岸同胞要共谋和平、共护和平、共享和平。

第四，深化两岸融合发展，夯实和平统一基础。两岸同胞血脉相连。亲望亲好，中国人要帮中国人。我们对台湾同胞一视同仁，将继续率先同台湾同胞分享大陆发展机遇，为台湾同胞台湾企业提供同等待遇，让大家有更多获得感。和平统一之后，台湾将永保太平，民众将安居乐业。有强大祖国做依靠，台湾同胞的民生福祉会更好，发展空间会更大，在国际上腰杆会更硬、底气会更足，更加安全、更有尊严。

我们要积极推进两岸经济合作制度化，打造两岸共同市场，为发展增动力，为合作添活力，壮大中华民族经济。两岸要应通尽通，提升经贸合作畅通、基础设施联通、能源资源互通、行业标准共通，可以率先实现金门、马祖同福建沿海地区通水、通电、通气、通桥。要推动两岸文化教育、医疗卫生合作，社会保障和公共资源共享，支持两岸邻近或条件相当地区基本公共服务均等化、普惠化、便捷化。

第五，实现同胞心灵契合，增进和平统一认同。国家之魂，文以化之，文以铸之。两岸同胞同根同源、同文同种，中华文化是两岸同胞心灵的根脉和归属。人之相交，贵在知心。不管遭遇多少干扰阻碍，两岸同胞交流合作不能停、不能断、不能少。

两岸同胞要共同传承中华优秀传统文化，推动其实现创造性转化、创新性发展。两岸同胞要交流互鉴、对话包容，推己及人、将心比心，加深相互理解，增进互信认同。要秉持同胞情、同理心，以正确的历史观、民族观、国家观化育后人，弘扬伟大民族精神。亲人之间，没有解不开的心结。久久为功，必定能达到两岸同胞心灵契合。

支持和追求国家统一是民族大义，应该得到全民族肯定。伟大祖国永远是所有爱国统一力量的坚强后盾！我们真诚希望所有台湾同胞，像珍视自己的眼睛一样珍视和平，像追求人生的幸福一样追求统一，积极参与到推进祖国和平统一的正义事业中来。

国家的希望、民族的未来在青年。两岸青年要勇担重任、团结友爱、携手打拼。我们热忱欢迎台湾青年来祖国大陆追梦、筑梦、圆梦。两岸中国人要精诚团结，携手同心，为同胞谋福祉，为民族创未来！

同志们、同胞们、朋友们！

长期以来，香港同胞、澳门同胞和海外侨胞关心支持祖国统一大业，作出了积极贡献。希望香港同胞、澳门同胞和海外侨胞一如既往，为推动两岸关系和平发展、实现祖国和平统一再立新功。

同志们、同胞们、朋友们！

世界上只有一个中国，坚持一个中国原则是公认的国际关系准则，是国际社会普遍共识。国际社会广泛理解和支持中国人民反对"台独"分裂活动、争取完成国家统一的正义事业。中国政府对此表示赞赏和感谢。中国人的事要由中国人来决定。台湾问题是中国的内政，事关中国核心利益和中国人民民族感情，不容任何外来干涉。

中国的统一，不会损害任何国家的正当利益包括其在台湾的经济利益，只会给各国带来更多发展机遇，只会给亚太地区和世界繁荣稳定注入更多正能量，只会为构建人类命运共同体、为世界和平发展和人类进步事业作出更大贡献。

同志们、同胞们、朋友们！

历史不能选择，现在可以把握，未来可以开创！新时代是中华民族大发展大作为的时代，也是两岸同胞大发展大作为的时代。前进道路不可能一帆风顺，但只要我们和衷共济、共同奋斗，就一定能够共创中华民族伟大复兴美好未来，就一定能够完成祖国统一大业！

——摘自《人民日报》，2019 年 1 月 3 日，第 2 版。

【附录十七】美国的对台军售武器清单
（自 1979 年中美正式建交之后）

1. 1979 年 7 月，美售台 48 架 F–5E 型战斗机，价值 2.4 亿美元。

2. 1979 年 11 月，美售台 500 枚"小牛"导弹，价值 2500 万美元，1982 年 11 月运交完毕。

3. 1980 年 1 月，美售台陆军"陶"式导弹、改良"鹰"式导弹、840 枚改良"小懈树"导弹，价值 2.8 亿美元。

4. 1980 年 7 月，美售台 14 门 M110A2 型自行榴弹炮，总价值 370 万美元。

5. 1982 年 4 月，美售台飞机维修零件，价值 64 万美元。

6. 1982 年 6 月，美售台 164 辆装甲运兵车、72 辆迫击炮车、31 辆指挥车，总值 9700 万美元。

7. 1982 年 8 月，美同意延长自 1972 年开始合作生产的 248 架 F–5F 战机，另增加 30 架的 F–5F 战机，金额 6.2 亿美元。

8. 1982 年 11 月，美售台军用战车，包括零部件及附属设备，价值 9700 万美元。

9. 1983 年 2 月，美同意售台 66 架 F–104G 型战斗机。

10. 1984 年 6 月，美售台 12 架 C–130 型军用运输机，价值 3.25 亿美元。

11. 1985 年 2 月，美同意售台 F–5 型、F–100 型、T–33 型、T–28 型军机的雷达及零件，总值 8600 万美元。

12. 1985 年 6 月，美同意售台 262 枚"小懈树"地空导弹，价值 9400 万美元。

13. 1986 年 8 月，美同意售台 2 架 S–2T 型反潜巡逻机、AN/TPQ–37 型雷达系统、提高 27 架 S–2E/G 型反潜机性能，合作生产 8 艘佩里级护卫舰，总价值 2.6 亿美元。

14. 1989 年，美售台 88 枚"标准"防空导弹，价值 4400 万美元。

15. 1990 年 8 月，美同意售台 F–5 型、F–104 型、C–130 型军机的雷达装备一批，价值 1.08 亿美元。

16. 1991 年 9 月，美售台 110 辆 M60A3 型主战坦克，价值 1.19 亿美元。

17. 1992 年，美同意售台 8 架 C–130 型运输机，价值 2.2 亿美元。

18. 1992 年 7 月，美同意租台 3 艘诺克斯级护卫舰，租金 2.3 亿美元，1993 年 7 月交付。

19. 1992 年 8 月，美同意向台出售 207 枚"标准"导弹，价值 1.26 亿美元。

20. 1992 年 9 月，美同意售台 150 架 F–16 型战斗机，价值 60 亿美元，第一批战机于 1997 年 4 月交付台湾。

21. 1993 年 1 月，美同意售台 200 枚"爱国者"导弹及其装备，价值 100 亿美元，1996 年 8 月开始运交台湾。

22. 1993 年 3 月，美同意售台 4 架 E–2T 型空中预警机，价值 9 亿美元，1995 年 9 月陆续运抵台湾。

23. 1993 年 6 月，美同意售台军用飞机零件、雷达和导航设备，价值 1.56 亿美元。

24. 1993 年 11 月，美同意售台 150 枚 Mk46 Mod5 型 RC 潜射鱼雷及相关的后勤支援组件，价值 5400 万美元。

25. 1994 年 2 月，美同意租台 3 艘诺克斯级护卫舰，租金 2.3 亿美元，1995 年 7 月交付。

26. 1994 年 9 月，美同意售台 4 艘 MSO 远洋扫雷舰，1995 年 2 月交付。

27. 1994 年 10 月，美同意租台 2 艘新港级登陆舰，租金 260 万美元，1995 年 2 月交付。

28. 1995 年 5 月，售台的 M60A3 型主战坦克首批 20 辆抵台，1996 年交付完毕，总计 160 辆，价值 2.23 亿美元。

29. 1996 年 8 月，美同意售台 1299 枚"毒刺"地对空导弹及相关配备，价值 4.2 亿美元。

30. 1996 年 9 月，美同意售台 110 枚 Mk46 Mod5 型反潜鱼雷，价值 6900 万美元。

31. 1997 年 3 月，美同意售台 54 枚 AGM–84A 型"鱼叉"空舰导弹、21 架 AH–1W 型攻击直升机和 11 架 S–70C 型反潜直升机，价值 2.32 亿美元。2000 年 6 月开始交付。

32. 1997 年 5 月，美同意售台 700 多枚 DMS 野战防空导弹系统，价值

5800 万美元。

33. 1997 年 5 月，美同意售台 2 艘诺克斯级护卫舰。

34. 1998 年，美同意售台 4 架 S–70C 型反潜直升机，价值 7000 万美元。

35. 1998 年 3 月，美同意售台 13 架 OH–58 型武装侦察直升机、21 架 AH–1W 型"超级眼镜蛇"攻击直升机、零配件及相关配备，总价值约 4. 52 亿美元。

36. 1998 年 8 月，美同意售台 58 枚"鱼叉"反舰导弹、110 枚反潜直升机载 Mk46 型反潜鱼雷、560 枚近程"毒刺"防空导弹及配件，总价值约 3.5 亿美元。

37. 1998 年 10 月，美同意售台 F–16 型战斗机的飞行训练及后勤辅助设备、28 套导航者神射手导航及瞄准吊舱，总价值约 4.4 亿美元。

38. 1999 年 4 月，美同意售台早期雷达预警防御系统，价值约 8 亿美元。

39. 1999 年 5 月，美同意售台 240 枚"地狱火"2 型空对地反坦克导弹、5 套 ANVRC–92E、SINC–GARS 型无线电系统、5 套情报电子战系统、5 辆高机动性多用途轮车和零部件及辅助装备等，价值 8700 万美元。

40. 1999 年 7 月，美同意售台 2 架 E–2T 型空中预警机和 F–16 型战斗机及运输机零部件，价值 5.5 亿美元。2003 年开始交付。

41. 2000 年 3 月，美同意售台 162 枚改良型"霍克"防空导弹、相关零配件，并对台陆军雷达进行升级，总价值 2.02 亿美元。

42. 2000 年 6 月，美同意售台 39 套 F–16 型战斗机的机载导航及瞄准吊舱、48 套 AN/ALQ–184 型电子反制吊舱，价值 3.56 亿美元。

43. 2000 年 9 月，美同意售台 200 枚 AIM–120C 型中程空对空导弹、71 枚"鱼叉"舰对舰导弹、146 辆 155 毫米自行火炮和陆军保密通讯设备，价值 13.08 亿美元。

44. 2001 年 4 月，美同意售台 4 艘基德级驱逐舰、8 艘柴电动力潜艇（迄今未实现）、12 架 P–3C 型"猎户座"反潜巡逻机（迄今未实现）、"爱国者"–3 型防空导弹等先进武器装备（迄今未实现），总价值约 180 亿美元。

45. 2001 年 10 月，美国宣布，向台湾出售 40 套"标枪"反坦克导弹系统，连同 360 枚导弹、零件等，总值约 5100 万美元。

46. 2002 年 9 月，美同意售台 182 枚"响尾蛇"空对空导弹、440 枚"地狱火"二型空对地反装甲导弹、54 辆两栖攻击和指挥车辆以及各种通讯装备和维修材料，总价值 5.2 亿美元。

47. 2003 年 11 月，美同意售台 200 枚 AIM–120C–5 型空空导弹。

48. 2004 年 4 月，美同意售台两套超高频率远程早期预警雷达及相关设备，总价值 17.8 美元。

49. 2007 年 3 月，美同意售台 453 枚 AIM–120C–5 型空空导弹和"小牛"空对地导弹，总价值 4.21 亿美元。

50. 2007 年，美将同意售台 66 架 F–16C/D 型战斗机，总价值超过台币 1200 亿新台币，约 37 亿美元。

51. 2007 年 9 月 13 日，美国国防部国防安全合作署宣布，将出售给台湾 12 架 P–3C 型反潜机，以及 144 枚"标准"–2 型导弹，总价值达 22.3 亿美元。

52. 2007 年 11 月 13 日，美国国防部通知国会，称可能向台湾出售价值 9.39 亿美元的"爱国者"导弹升级系统。

53. 2008 年 10 月 3 日，美国政府通知国会决定向台湾出售"爱国者"–3 反导系统、E–2T 型预警机升级系统、"阿帕奇"直升机等武器装备，总价值达 64.63 亿美元。

54. 2011 年 9 月 21 日，美国政府宣布了总额 58.52 亿美元的向台湾出售武器计划。

55. 2014 年美国政府向台湾出售 2 艘退役"派里级"巡防舰，总价值 4000 万美元。

56. 2015 年 12 月 17 日，美国政府宣布向台湾出售总额约 18.3 亿美元的武器装备，包含毒刺防空导弹、标枪反坦克导弹、"陶"式 –2B 反坦克导弹、AAV–7 两栖突击车，以及两艘佩里级护卫舰等武器。

57. 2017 年 6 月 29 日，美国国务院批准对台军售方案，包含有 7 个项目，总价值约 14.2 亿美元。

58. 2018 年 9 月 25 日，美国政府宣布价值 3.3 亿美元的对台军售案，包括 F–16、C–130、F–5 和 IDF 四款战斗机的配件及维修服务。

59. 2019 年 4 月 15 日，美国国防部国防安全合作局通知国会一笔价值 5 亿美元的对台军售订单，内容为 F–16 战斗机飞行员培训、维护及后勤项目。

60. 2019 年 3 月 26 日和 4 月 18 日，美国国防部网站上发布了对台军售商业合同公告，分别为美国军火商雷神公司获取的价值约 4998 万美元的海军舰艇的相关雷达翻修军售合同和价值 241.4 万美元的短程空对空导弹（AIM–9X

Block II 型响尾蛇导弹）以及相关配件（含响尾蛇导弹训练弹）的军售合同。

61. 2019 年 7 月 8 日，美国国务院批准向台湾出售总额为 22 亿美元的军事装备，包括 108 辆 M1A2T 主战坦克及相关配套设备，以及 250 枚"毒刺"便携式防空导弹等。

参考文献

中文文献：

1. 中华人民共和国外交部、中共中央文献研究室编：《毛泽东外交文选》，中央文献出版社、世界知识出版社，1994年。

2. 中共中央文献研究室编辑委员会编辑：《周恩来选集》，人民出版社（上），1980年。

3. 马芷苏主编、熊华源等撰，中共中央文献研究室编：《周恩来年谱》（中卷），中央文献出版社，1998年。

4. 中华人民共和国外交部、中共中央文献研究室编：《周恩来外交文选》，中央文献出版社，1990年。

5. 中华人民共和国外交部外交史研究室编：《周恩来外交活动大事记》，世界知识出版社，1993年。

6. 周恩来著，崔奇主编：《周恩来政论选》（下册），人民日报出版社，1993年。

7.《邓小平文选》，第二卷，人民出版社，1983年。

8.《邓小平文选》，第三卷，人民出版社，1993年。

9. 中共中央文献研究室编：《邓小平思想年谱：1975—1997》，中央文献出版社，1998年。

10. 外交部档案馆编：《伟人的足迹——邓小平外交活动大事记》，世界知识出版社，1998年。

11. 习近平：《决胜全面建成小康社会 夺取新时代中国特色社会主义伟大胜利——在中国共产党第十九次全国代表大会上的报告》，人民出版社，2017年。

12. 中共中央文献研究室编：《建国以来重要文献选编》（第1册），中央文献出版社，1992年。

13.《中美关系文件和资料选编》，人民出版社，1971 年。

14. 陶文钊：《中美关系史（1911—1949）》，重庆：重庆出版社，1997 年。

15. 陶文钊主编：《中美关系史（1949—1972）》，上海人民出版社，1999 年 11 月。

16. 陶文钊主编：《中美关系史（1972—2000）》，上海人民出版社，2004 年 7 月。

17. 国务院台湾事务办公室研究局编：《台湾问题文献资料选编》，人民出版社，1994 年。

18. 厦门大学台湾研究所、中国第一历史档案馆编：《康熙统一台湾档案史料选辑》，福建人民出版社，1983 年。

19. 连横：《台湾通史》，华东师范大学出版社，2006 年。

20. 复旦大学历史系中国近代史教研组编：《中国近代对外关系史资料选辑》（下卷），第 2 分册，上海人民出版社，1977 年。

21. 苏格：《美国对华政策与台湾问题》，世界知识出版社，1998 年。

22. 资中筠：《战后美国外交史》（上册），世界知识出版社，1994 年。

23. 高贤治：《台湾三百年史》，台北：台湾众文图书公司，1978 年。

24. 王芸生：《台湾史话》，中国青年出版社，1978 年。

25. 朱成虎：《中美关系的发展变化及其趋势》，江苏人民出版社，1998 年。

26.《中美关系资料汇编》，第 2 辑（上），世界知识出版社，1960 年。

27. [美]哈里·鲁门著，李石译：《杜鲁门回忆录》，第 2 卷《考验与希望的一年》，生活·读书·新知三联书店，1974 年。

28. 田桓主编，纪朝钦、蒋立峰副主编：《战后中日关系文献集》（1945—1970），中国社会科学出版社，1996 年。

29. 萧劲光：《萧劲光回忆录（续集）》，解放军出版社，1988 年。

30. 韩怀智、谭旌樵主编，王文显等撰稿：《当代中国军队的军事工作》，中国社会科学出版社，1989 年。

31. 张蓬舟主编：《中日关系五十年大事记：1932—1982》（第三卷），文化艺术出版社，2006 年。

32. 秦孝仪主编、中国国民党中央委员会党史委员会编印：《先"总统"蒋公思想言论总集》（第 26 卷），台北："中央文物供应社"，1984 年。

33. 韩念龙主编：《当代中国外交》，中国社会科学出版社，1988 年。

34. 颜声毅：《当代中国外交》，复旦大学出版社，2004 年。

35. 梅孜主编：《美台关系重要资料选编》，时事出版社，1997 年。

36. 冬梅编：《中美关系资料选编》，北京时事出版社，1982 年。

37. 田增佩主编：《改革开放以来的中国外交》，世界知识出版社，1993 年。

38. 刘连第、汪大为编著：《中美关系的轨迹——建交以来大事纵览》，时事出版社，1995 年。

39. 《太平洋挑战》，《现代国际关系译丛》，时事出版社，1986 年。

40. 刘连第编著：《中美关系的轨迹——1993 年—2000 年大事纵览》，时事出版社，2001 年。

41. 姜殿铭主编：《台湾一九九五》，九洲图书出版社，1996 年。

42. （晋）陈寿：《三国志》，中华书局，1982 年。

43. 《清实录·德宗实录》，中华书局，1987 年。

44. 梅孜主编：《美台关系重要资料选编》，时事出版社，1997 年。

45. 中国史学会主编：中国近代史资料丛刊《戊戌变法》（二），上海人民出版社，1953 年。

46. 中国史学会主编：中国近代史资料丛刊《中日战争》（一）、（四），上海人民出版社，1957 年。

47. 戚其章主编：中国近代史资料丛刊续编：《中日战争》（第 3 册），中华书局，1991 年。

48. 秦孝仪主编：中国国民党中央委员会党史委员会编印：《先总统蒋公思想言论总集》（第 26 卷），台北："中央文物供应社"，1984 年。

49. 刘丽华、张仕荣：《美国台海政策的演变分析（1945—2007）》，内蒙古大学出版社，2007 年。

50. 张仕荣：《甲午战争与台湾百年命运》，九州出版社，2017 年。

51. 张仕荣著：《21 世纪初期中美日安全关系中的台湾问题》，九州出版社，2010 年。

52. 张仕荣：《基于自组织理论构建台湾海峡两岸和平发展框架研究》，九州出版社，2013 年。

53. 张仕荣：《基于自组织理论解析美日台三边关系的结构性困境》，《当代亚太》，2009 年第 4 期。

54. [美] 达莱克著，伊伟等译：《罗斯福与美国对外政策》，商务印书馆，

1984 年。

55.[美] 哈丁：《美国和中国 1972 年以来的脆弱关系》，新华出版社，1993 年。

56.[美] 比尔·克林顿：《我的生活》，译林出版社，2004 年。

57.[美] 理查德·尼克松：《1999：不战而胜》，世界知识出版社，1997 年。

58. 张立平、周琪等：《意识形态与美国外交政策》，上海人民出版社，2006 年。

59. 宋强等：《中国可以说不——冷战后时代的政治与情感抉择》，中华工商联合出版社，1996 年。

60. 刘丽华：《从中美三个联合公报看美国对华政策》，《内蒙古师范大学学报》(哲社版)，1996 年第 4 期。

61. 刘丽华：《论美国对华政策调整的利益需求》，《内蒙古师范大学学报》(哲社版)，1998 年第 5 期。

62. 刘丽华：《论十一届三中全会以来中国对美外交的成功》，《内蒙古师范大学学报》(哲社版)，1998 年第 6 期。

63. 刘丽华：《论 70 年代以来美国对台湾政策的变动性与稳定性》，《内蒙古师范大学学报 (哲学社会科学版)》，1999 年第 6 期。

64. 刘丽华：《论 40—50 年代美国对台政策的变动性与稳定性》，《内蒙古师范大学学报 (哲学社会科学版)》，2000 年第 5 期。

65. 刘丽华：《美国对台政策的演变及中国的对策研究》，《内蒙古大学学报 (人文社会科学版)》，2006 年第 4 期。

66. 张清敏：《布什政府向台湾出售 F–16 战斗机的决定》，《美国研究》，2000 年，第 4 期。

67. 王逸舟：《"911 综合症"与国际安全》，《世界知识》，2001 年第 19 期。

68. 陶文钊：《布什当政以来的中美关系》，《同济大学学报》，2004 年第 2 期。

69. 李增田：《从鲍大可的著述看美国在台湾问题上的利益需求》，《国际论坛》，2004 年第 4 期。

70. 力军：《两岸"政经"之辩》，(香港)《广角镜》，2006 年 3 月。

71. 李晓岗：《美国对华政策调整与中美关系》，《中国社会科学院院报》，2006 年 4 月。

72. 孙力：《台海两岸分合历史之反思》，《史学集刊》，2003 年第 4 期。

73. 郭志超、吴春明：《台湾原住民"南来论"辨析——兼论"南岛语族"

起源》,《厦门大学学报》(哲学社会科学版),2002 年第 2 期。

74. 郝时远:《清代台湾原住民赴大陆贺寿朝觐事迹考》,《明清史》,2008 年第 4 期。

75. 习近平:《为实现民族伟大复兴 推进祖国和平统一而共同奋斗——在〈告台湾同胞书〉发表 40 周年纪念会上的讲话(2019 年 1 月 2 日)》,《人民日报》,2019 年 1 月 3 日。

76.《亚太经合组织第九次领导人非正式会议在上海举行》,《人民日报》,2001 年 10 月 22 日。

77.《唐家璇外长接受〈人民日报〉记者专访》,《人民日报》,2001 年 12 月 17 日。

78. 江泽民:《全面建设小康社会,开创中国特色社会主义事业新局面(一)——在中国共产党第十六次全国代表大会上的报告(2002 年 11 月 8 日)》,《人民日报》,2002 年 11 月 18 日。

79.《反分裂国家法(2005 年 3 月 14 日第十届全国人民代表大会第三次会议通过)》,《人民日报》,2005 年 3 月 15 日。

80. 李晓岗:《美国对遏制"台独"发挥了一定作用》,《学习时报》,2006 年 1 月 17 日。

81.《就当前两岸关系问题中台办、国台办受权发表声明》,《人民日报(海外版)》,2004 年 5 月 17 日。

82.《中国共产党总书记胡锦涛与中国国民党主席连战会谈新闻公报(二○○五年四月二十九日)》,《人民日报》,2005 年 4 月 30 日。

84.《首都各界纪念江泽民对台八项主张发表十周年》,《人民日报》,2005 年 1 月 29 日。

85.《胡锦涛在看望参加政协会议的民革台盟台联委员时强调:包括台湾同胞在内的全体中华儿女团结起来,共同为推进祖国和平统一大业而努力奋斗》,《人民日报》,2005 年 3 月 5 日。

86.《美上将谈 96 台海危机内幕:大陆是否动武成焦点》,《环球时报》,2004 年 11 月 24 日。

87.《美学者点评陈水扁领导下的民进党》,《国际先驱导报》,2004 年 5 月 25 日。

88.《布什三次严词警告陈水扁 在矛盾中展望中美关系》,《环球时报》,

2004 年 12 月 27 日。

89. 刘恩东:《新在何处：新版美国国家安全战略报告解析》,《学习时报》,第 331 期，2006 年 4 月 18 日。

90. 洪源:《美国插手台海战争的可能性有多大？》,《紫荆》，2004 年 2 月 18 日。

91. 邸永君:《"中华民族多元一体"理论的创立、内涵及其影响》,《中国社会科学院院报》，2003 年 4 月 17 日。

92.《中国发表 2004 年国防白皮书》,《人民日报（海外版）》，2004 年 12 月 28 日。

93. Michael S. Frost，*Taiwan's Security and United States Policy: Executive and Congressional Strategy in 1978-1979* (School of Law，University of Maryland，1982).

94. Lasaster, M.L.*The changing of the guard, president clinton and the security of Taiwan* [M].Boulder: West-view Press，1995 .

95. FRUS，1958-1960，Vol. 19.

电子文献及相关网址：

1. 国务院台湾事务办公室、国务院新闻办公室:《台湾问题与中国的统一》（1993 年 8 月 31 日），新华网，http://news.xinhuanet.com/ziliao/2003-01/23/content_704463.html。

2. 中国网—台湾百科，http://www.china.com.cn/chinese/zta/439081.htm。

3. 中国军网—解放军报，2005 年 10 月 24 日。

4. 何仲山:《台湾光复的伟大意义》,《学习时报》，www.studytimes.com.cn。

5. 杨贵华:《万炮轰金门》，人民网，2002 年 7 月 15 日。

6.《蒋介石斥新西兰提案鼓吹"台独"》,《新华澳报》，华夏经纬网，2003 年 10 月 24 日。

7. "与台湾关系法"：中美关系 25 年风波频现的根源，新浪网，http://news.sina.com.cn/c/2004-04-09/17183114351.shtml

8.《里根时期的中国政策》，凤凰网，http://news.phoenixtv.com/home/news/cankao/regantimes/200406/11/272502.html。

9.Thomas Donnelly，*The Underpinnings of Bush Doctrine*，凤凰网，http://

www.aei.org/publications/pubID.15845/pub_detail.asp。

10. 国务院新闻办公室:《中国的民主政治建设》,2005 年 10 月,人民网,http://gov.people.com.cn/GB/46733/46844/3783456.html。

11.《陈水扁就职演说全文》,(新加坡)《联合早报》,http://www.zaobao.com/special/newspapers/2004/05/others200504zb.html。

12.《台湾概况与台湾问题》,国务院台湾问题办公室编,国台办官网 http://www.gwytb.gov.cn/zlzx/twwt.htm。

13.《于泽远:什么是"九二共识"?》,联合早报网,http://www.zaobao.com/special/china/taiwan/pages8/taiwan050512h.html。

14.《王建民:两岸三方的差异与互动模式变化》,华夏经纬网,http://www.huaxia.com/la/hxjj/2006/00460304_2.html。

15.《欧洲时报文章:"反分裂国家法"和民心 顺侨意》,新浪网,http://news.sina.com.cn/c/2005-03-15/18395367900s.shtml。

16.《中国时报:陈水扁是美国军政府的行政长官?》,中国新闻网,http://www.chinanews.com.cn/hb/news/2009/10-12/1905008.shtml。

后　记

　　本书是笔者多年来研究台湾问题和祖国统一的部分成果汇总，也完成了多年来的一个愿望，就是在给研究生授课时有一本可以随时供学生翻阅的台湾问题研究的简明书稿，既要呈现一定的学理框架，同时要集成原始的资料精华，当然就我本人学术水平而言还无法主编这样一部正规的教材，仅仅尽一份绵薄之力。

　　我本人 2000 年读硕士研究生，导师是内蒙古大学刘丽华教授，刘丽华主要研究中美关系中的台湾问题，对我开始研究台湾问题教益很深，2007 年刘丽华老师出版多年研究成果《美国台海政策的演变分析 》一书，我做了一些协助工作。2003 年，我在中央党校攻读博士学位，2006 年在导师刘建飞教授指导下完成博士论文《21 世纪初中美日安全关系中的台湾问题》，并于 2010 年出版。2011 年我获得国家社科基金青年项目（项目批准号："11CZZ024"），其结项成果《基于自组织理论构建台湾海峡两岸关系和平发展框架研究》于 2013 年出版。2016 年在九州出版社的支持下完成《甲午战争与台湾百年命运》一书，并于 2017 年年初出版，2018 年获得中央党校"科研创新二等奖"。此外，我近年写作的有关台湾问题的一部分公开发表的文章也收录于此书中，还有一些文章论述散见于书中各章节。

　　我近年来一直为中央党校国际战略院国际关系专业硕士研究生和博士生讲授"台湾问题研究"这门课，2013 年曾被评为中央党校"学位研究生精品课程"。因为台湾问题的政策性和政治性都很强，有的学生对一些问题把握得并不深入，需要反复提醒课程重点和难点，因此觉得出版一部类似教科书的书稿恰当其时。我一度曾经希望整理后尽快出版，但是毕竟仓促，加之 2012 年后习近平总书记对台一系列论述需要认真吸收领会，时至今日此书才得以交付出版，也算好事多磨。

2018 年 11 月，我调任中央党校（国家行政学院）"一国两制"与国家统一研究所所长，同时也被选聘为中央党校创新工程"一国两制与国家统一"项目首席专家，这本书也算是给我们刚刚成立的新机构的献礼，也属于"一国两制与国家统一"创新项目的阶段性成果！

同时感谢九州出版社王守兵老师的多年支持，感谢编辑王海燕老师在本书编辑过程中的辛苦劳作。

感谢刘建飞老师多年来对我在台湾问题及国家统一领域的研究工作全面悉心指导！同时，感谢在写作过程中，中央党校（国家行政学院）国际战略研究院各位领导、老师们的鼎力帮助！

最后，我指导的中央党校研究生张培、冯晨曦、胡婷等协助修改和校订了一部分报告文稿，真是新人辈出。同时感谢我的爱人、父母、兄长等家人在写作、研究期间给我的大力支持。

张仕荣

2019 年立秋前夕于中央党校大有北里